Maya 三维动画设计与制作

主　编　朱伟华
副主编　曹　屹

北京希望电子出版社
Beijing Hope Electronic Press
www.bhp.com.cn

内 容 简 介

本书以理论知识的阐述为主线，辅以讲解众多的应用案例，详细介绍Maya软件的主要功能。本书共9章，分别讲述了Maya入门知识、Maya基础操作、多边形基础建模、多边形高级建模、NURBS基础建模、NURBS优化建模、灯光技术、材质与纹理、摄影机与渲染技术等内容，在每章的“实战演练”栏目中均选取了典型商业应用案例进行详解。

本书结构合理，图文并茂，易教易学，适合作为三维动画设计与制作相关课程的教材，也可作为广大三维动画设计制作人员的参考用书。

图书在版编目（CIP）数据

Maya三维动画设计与制作 / 朱伟华主编. -- 北京 : 北京希望电子出版社, 2022.8（2025.7重印）

ISBN 978-7-83002-838-1

Ⅰ. ①M… Ⅱ. ①朱… Ⅲ. ①三维动画软件 Ⅳ. ①TP391.41

中国版本图书馆CIP数据核字(2022)第152141号

出版：北京希望电子出版社

地址：北京市海淀区中关村大街22号
中科大厦A座10层

邮编：100190

网址：www.bhp.com.cn

电话：010-82620818（总机）转发行部
010-82626237（邮购）

经销：各地新华书店

封面：黄燕美

编辑：李小楠

校对：周卓琳

开本：787mm×1092mm 1/16

印张：15.5

字数：368千字

印刷：三河市骏杰印刷有限公司

版次：2025年7月1版6次印刷

定价：55.00元

前　言
PREFACE

计算机、互联网、移动网络技术的迭代更新为数字创意产业提供了硬件和软件基础，而Adobe、Corel、Autodesk等企业提供了先进的软件和服务支撑。数字创意产业的飞速发展迫切需要大量熟练掌握相关技术的从业者。2020年，中国第一届职业技能大赛将平面设计、网站设计与开发、3D数字游戏、CAD机械设计等技术列入竞赛项目，这一举措引领了高技能人才的培养方向。

职业院校是培养数字创意技能人才的主力军。为了培养数字创意产业发展所需的高素质技能人才，我们组织了一批具备较强教研能力的院校教师和富有实战经验的设计师共同策划编写了本书。本书注重数字技术与美学艺术的结合，以实际工作项目为脉络，旨在使读者能够掌握视觉设计、创意设计、数字媒体应用开发、内容编辑等方面的技能，成为具备创新思维和专业技能的复合型人才。

写/作/特/色

1. 项目实训，培养技能人才

对接职业标准和工作过程，以实际工作项目组织编写，注重专业技能与美学艺术的结合，重点培养学生的创新思维和专业技能。

2. 内容全面，注重学习规律

将Maya软件的常用功能融入经典案例，便于知识点的理解与吸收；采用“知识学习→实战演练→知识拓展”的编写模式，符合轻松易学的学习规律。

3. 编写专业，团队能力精湛

选择具备先进教育理念和专业影响力的院校教师、企业专家参与教材的编写工作，充分吸收行业发展中的新知识、新技术和新方法。

4. 融媒体教学，随时随地学习

教材知识、案例视频、教学课件、配套素材等教学资源相互结合，互为补充；二维码轻松扫描，随时随地观看视频，实现泛在学习。

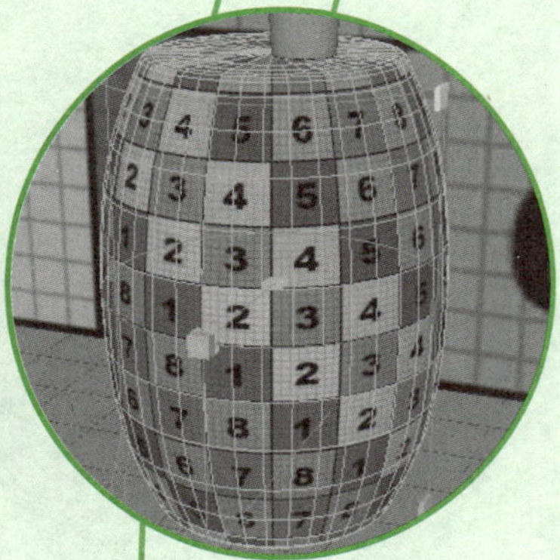

课/时/安/排

全书共9章，建议总课时为68课时，具体安排如下：

章节	内容	理论教学	上机实训
第1章	Maya入门知识	2课时	2课时
第2章	Maya基础操作	4课时	4课时
第3章	多边形基础建模	4课时	4课时
第4章	多边形高级建模	4课时	4课时
第5章	NURBS基础建模	4课时	4课时
第6章	NURBS优化建模	4课时	4课时
第7章	灯光技术	4课时	4课时
第8章	材质与纹理	4课时	4课时
第9章	摄影机与渲染技术	4课时	4课时

本书结构合理，讲解细致，特色鲜明，侧重于综合职业能力与职业素质的培养，融“教、学、做”于一体，适合应用型本科院校、职业院校、培训机构作为教材使用。为方便教学，本书还为用书教师提供了与书中内容同步的教学资源包（包括课件、素材、视频等）。

本书由朱伟华担任主编，曹屹担任副主编。这些老师在长期工作中积累了大量经验，在写作过程中始终坚持严谨、细致的态度，力求精益求精。由于编者水平有限，书中疏漏之处在所难免，希望读者朋友批评指正。

编　者

2022年8月

目 录
CONTENTS

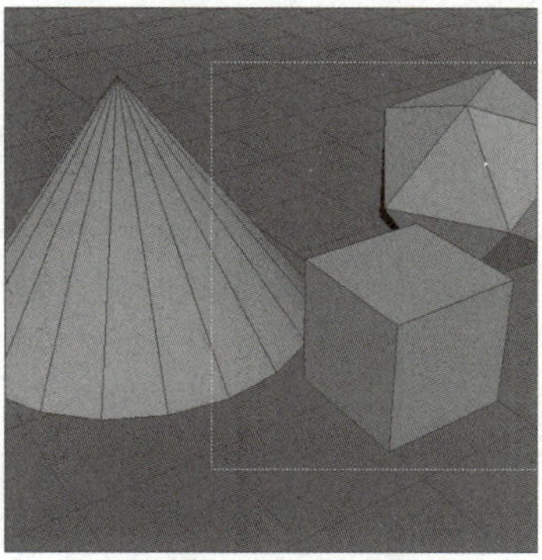

第1章 Maya入门知识

第2章 Maya基础操作

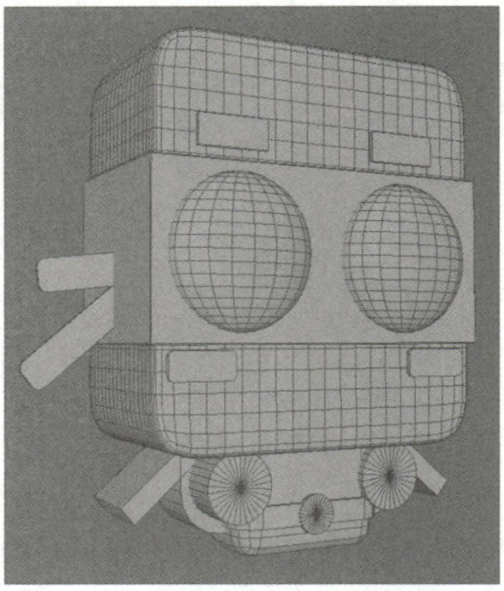

第3章 多边形基础建模

第4章 多边形高级建模

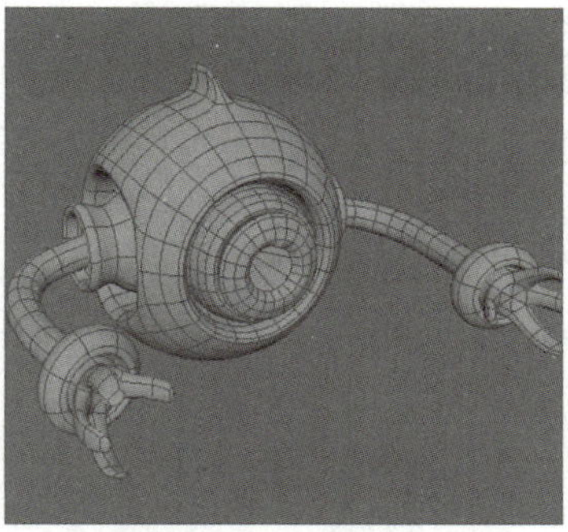
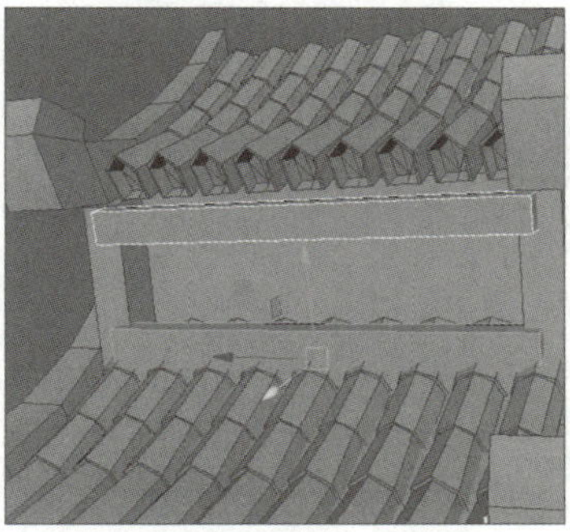
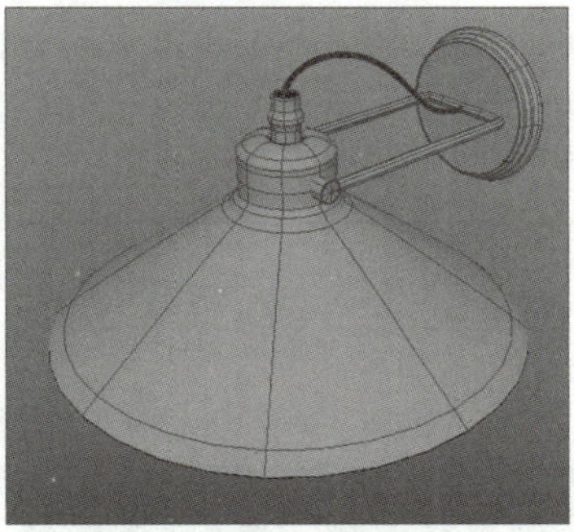

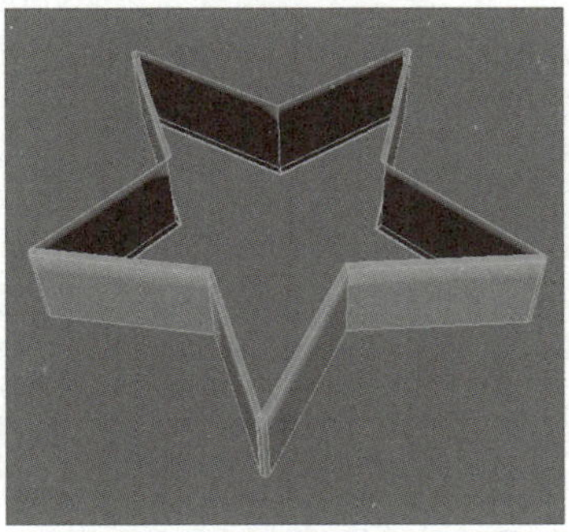

第5章 NURBS基础建模

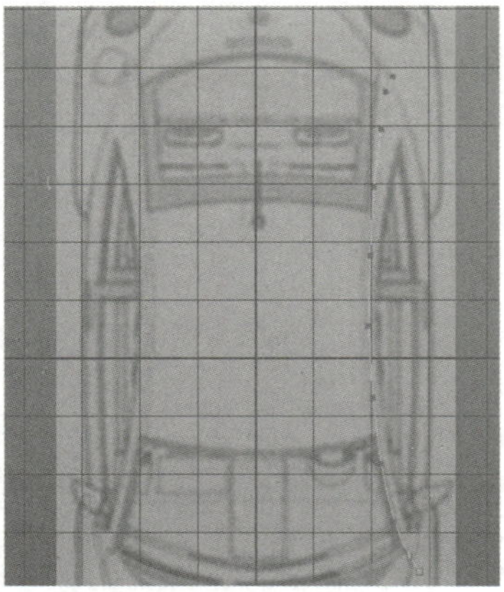
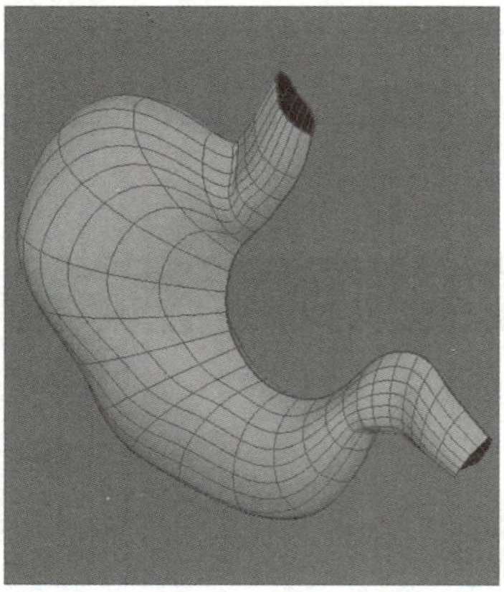

第6章 NURBS优化建模

第7章 灯光技术

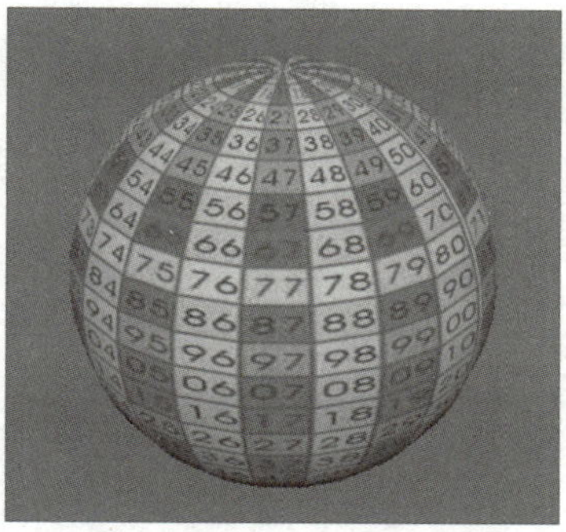

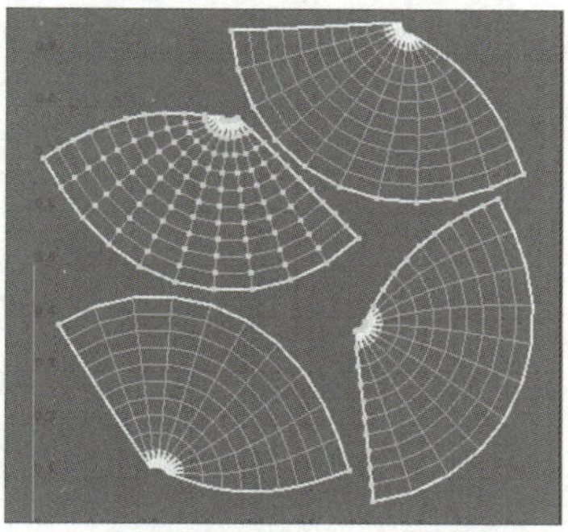

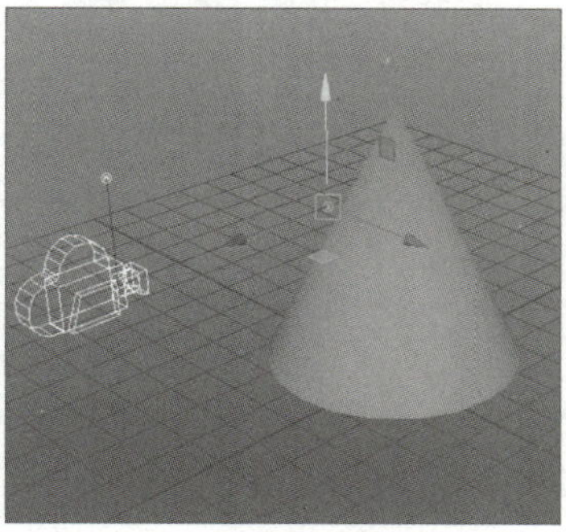

第8章 材质与纹理

第9章 摄影机与渲染技术

第1章

Maya入门知识

内容导读

Maya是一款强大的三维制作软件，从1998年的第一个版本问世到由Autodesk公司出品的最新版本，其功能越来越完善，几乎提供了三维创作需要的所有功能，如模型创建、材质设计、摄影机与灯光布置、动画特效、场景渲染等，制作效率极高。

本章首先介绍动画的概念和动画制作的基本流程，然后带大家快速认识Maya的工作界面，熟悉并了解Maya不同的功能模块，学习并掌握工作区域的基本操作和不同视图的切换方式，学会在软件中创建基本对象的方法，并利用基础操作工具和相关编辑菜单制作简单的入门作品。

1.1 动画的概念

动画的英文为Animation，该词源于拉丁文字根的anima，意思为“灵魂”。动词animate的意思为“赋予生命”，引申为“使某物活起来”。因此，Animation可以解释为经由创作者的努力，使原本不具有生命特征的物体像获得生命一般活动起来。

动画的概念发展至今，Animation一词可以说已经得到了很好的诠释。无论是手绘的二维动画，计算机制作的三维动画，还是逐格拍摄的定格动画等，都是由创作者赋予其灵魂而使得原本不具备生命特征的图片、模型等活了起来，展现出人们看到的动画作品。因此，动画的概念可以定义为：经由创作者控制和制作，使原本不具备生命或者不存在的东西像获得生命一般地活动，并最终将其以可重现的媒介记录下来的艺术作品。

现在已经有越来越多的艺术表现形式和元素加入动画制作中，这使得动画的形式越来越丰富。不过总体来看，可以将动画分为二维动画和三维动画两种。

二维动画和三维动画有两种区分方式：一是指画面风格，即是否使用具有立体感的画面进行艺术表现，早期的手绘动画多采用二维形式，而计算机动画则多是展现三维世界；二是指制作手段，即在动画制作过程中各元素是否能通过旋转视角来看到其侧面。这两种区分方式虽然相似但并不容易混淆，本书主要采用后一种解释：以Animate等软件制作的通常为二维动画，而三维动画则主要是用Maya、3ds Max、Softimage等软件制作的。

1.2 动画制作的基本流程

一般而言，动画制作可以分为前期设计部分、中期制作部分和后期处理部分。

1.2.1 前期设计部分

前期设计部分是构建动画核心概念的过程，是创造动画灵魂的环节。在这一部分里，主要有剧本创作、概念设定、分镜与故事板制作等工序。

1. 剧本创作

剧本创作是所有动画制作的开始，也是构建动画整个框架的过程。通常来说，剧本创作阶段属于文学创作阶段，通过阅读剧本，可以在脑海中初步形成整个故事的脉络，对故事中的主要场景和主要任务有一个相对明确的概念，甚至是较为具体的画面，但此时每个人脑海中的画面是不同的。剧本是以极其详尽并且具体的形式描绘故事的一种特殊的文学形式。剧本既可以是原创故事，也可以是对已有故事的改编（需要获得授权）。

2. 概念设定

概念设定是对故事中一切出现的元素进行图像化的过程，复杂而艰巨，大到宇宙太空、山川河流，小到锅碗瓢盆、路边杂草等，都需要一一进行分析、确认。例如，主人公的发型就需要根据其所处的时代背景、成长环境、当前的精神状态和经历等进行不同的设计，并体现到具体的画面中。

概念设定不仅仅是将剧本中提及的内容表现出来，更是通过细节的设计引导观众真正走进故事，帮助观众去理解故事。概念设定使人们终于可以不通过文字和想象而是真实地“看到”动画制作者将要制作的工序。

角色设定（如图1-1所示）负责设计角色的体型、服饰、特征、动作等，其工作不仅要使后续的动画制作者了解角色的外貌，还必须告诉他们角色的特征、眼神、表情和动作等，以及以不同角度观察同一角色面部的不同效果，这些角色包括人、动物、幻想角色等。除了造型以外，可能出现的细部结构、运动方式、生物特征等也必须标明。

与角色设定相对应的是场景设定（如图1-2所示），即画面中所有不参与表演的物体或者“死”的物体，包括角色活动的主要场地，例如城堡、宫殿、树屋等，也包括大量的自然景观，例如天空、火山、海洋等。场景设定的重要性不亚于角色设定，它是决定动画作品真实感的重要组成部分。

图 1-1

图 1-2

3. 分镜与故事板制作

分镜与故事板其实是一个意思，都是将剧本中的故事以精确到镜头的方式详尽地描绘出来，只不过部分分镜仅仅通过文字进行说明，而故事板则必须包含具体的画面叙述。

分镜制作是一个过渡环节，从这一环节开始，需要更多地考虑实际的画面因素，包括每一个镜头的景别、内容、镜头转换等，可以说，此时已经可以看出整个动画的雏形了。

■1.2.2　中期制作部分

这一部分是制作动画中各个元素的过程，是制造动画血肉的环节。不同的动画类型，需要不同的制作流水线。

以三维动画为例，三维动画更多地依托于软件制作，其制作流水线更加规范化和普适化，通常可以分为模型制作、动画调整、特效模拟、渲染效果四部分，当然还有配音配乐。

（1）模型制作

它是将概念设定中的角色和场景等元素在三维软件中真实再现出来的过程，其中也包含材质贴图的绘制工作。模型根据用途的不同有不同的制作标准，通常以“面数”为衡量单位。游戏制作会要求尽量少的面数，而动画则要求较高的面数，在软件许可的情况下，尽可能地满足艺术要求。材质贴图是模型制作中非常重要的部分，不同物体的质感区别主要靠材质贴图来实现。在制作模型时并非完全按照设定制作，部分不影响动画整体效果的区域可以依靠图案来模仿，这可以极大地减少计算需求，或者在相同的计算能力下，将资源分配给更需要的区域来制作更细腻的效果。

（2）动画调整

它是为角色模型构建骨骼并控制其按照剧情表演的工序，其中包含对镜头运动的控制。

骨骼动画是三维软件最主要的动画制作形式，它通过一节一节的骨骼来带动整个角色的表演，如图1-3所示。先进的骨骼动画系统可以极大地降低动画制作的难度。骨骼控制模型使用的是蒙皮，即设定骨骼的各个部分是如何控制模型的表面的。角色的表演有时也会直接根据演员的表演来获得数据，现在这一技术已经非常普及，这就是动作捕捉技术。

（3）特效模拟

它也可以被称为“模拟”，即通过计算机而非手动的方式来模仿真实的或者想象出来的效果，这一环节的制作通常具有画面复杂、计算量大、有固定的物理定律影响等特点。模拟是三维动画很有代表性的一个技术环节，角色的毛发、肌肉，场景中的水、烟、火和碰撞、破碎、爆炸等效果均可通过软件内置的工具和公式来制作完成。如图1-4所示为利用三维软件制作的头发效果。

（4）渲染效果

它是三维动画的着色过程，着重控制光对于整个场景中各个元素的影响，从而尽可能完美地展现想要的效果。渲染之前的环节，实际上是在软件中完成各个元素的呈现，而如果想要看到这些呈现的效果，就需要有对光的处理，需要有光照到物体上并摄入镜头，这是软件模拟的原理。如果能够抛开现实的影响，而将渲染单纯看作着色的过程，可以更加深刻地理解渲染这一环节。如图1-5所示为在不同环境中的渲染效果。

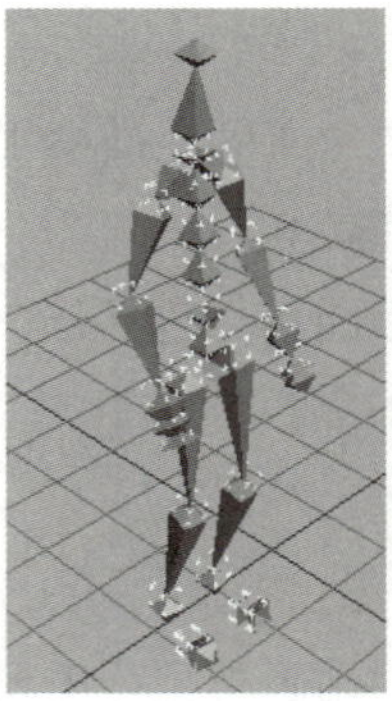

图 1-3

图 1-4

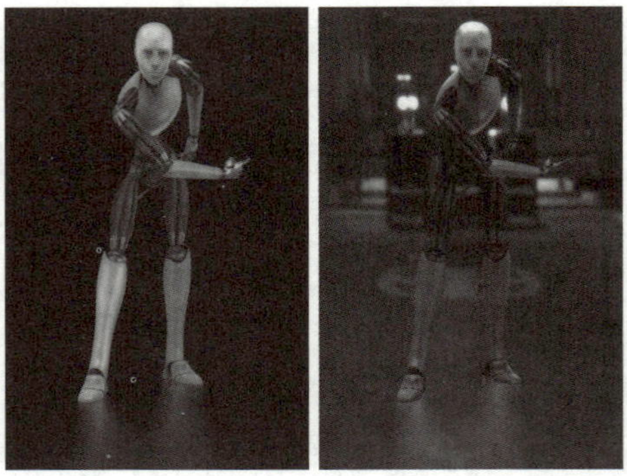

图 1-5

■1.2.3　后期处理部分

这一部分是将制作好的各个元素整合起来的过程。后期处理环节其实与中期制作环节几乎是同时开始的，只是相对于中期制作来说，后期处理需要之前环节完成的素材才能工作，在制作开始时会相对轻松，但越接近全片完成，各个环节汇集过来的素材就越多，需要处理的镜头也越多，时间就越紧张。

后期处理部分只有两道工序：合成和剪辑。合成是将之前制作出来的各个元素组合成一个个镜头的过程，是一个非常需要其他制作环节配合的工作，毕竟其素材均由之前的环节制作而成。剪辑是将镜头组织并衔接起来，使其能够完整地讲述整个动画故事的最终制作环节。

1.3 Maya的应用领域

作为目前世界上流行的三维动画软件之一，Maya在CG行业占据了领导地位，被广泛应用于游戏动画、影视特效、工业造型等领域。

1. 游戏动画

Maya不仅包括一般三维和视觉效果的制作功能，还能够结合最先进的建模、数字化布料模拟、毛发渲染、运动匹配技术，制作出有很强立体感的游戏动画作品。其中，栩栩如生的角色动画、精美绝伦的场景动画都令人叹为观止。如图1-6、图1-7所示为动画和游戏中的一些画面。

图 1-6

图 1-7

2. 影视特效

影视作品中实拍无法表现的一些画面效果，后期都可以利用Maya来完成，如各种变异的角色、翻山越岭的场面，以及大楼崩塌、汽车爆炸、烟火、闪电等效果。如图1-8、图1-9所示为影视作品中的一些画面。

图 1-8

图 1-9

3. 工业造型

Maya超强的建模功能也被应用在汽车、机械制造、产品包装等行业，以模拟创建产品外观造型或制作产品的宣传动画。如图1-10所示为利用Maya制作的汽车外观效果。

图 1-10

1.4 Maya的工作界面

想要快速掌握Maya的操作技巧，必须熟悉Maya的工作界面与基础操作。下面对Maya的工作界面进行简单的介绍。

■1.4.1 界面构成

启动应用程序后进入Maya的工作界面，可以看到该工作界面主要由标题栏、菜单栏、状态行、工具架、工具箱、工作区、通道盒/层编辑器、动画控制区、命令行和帮助行等多个部分组成，如图1-11所示。

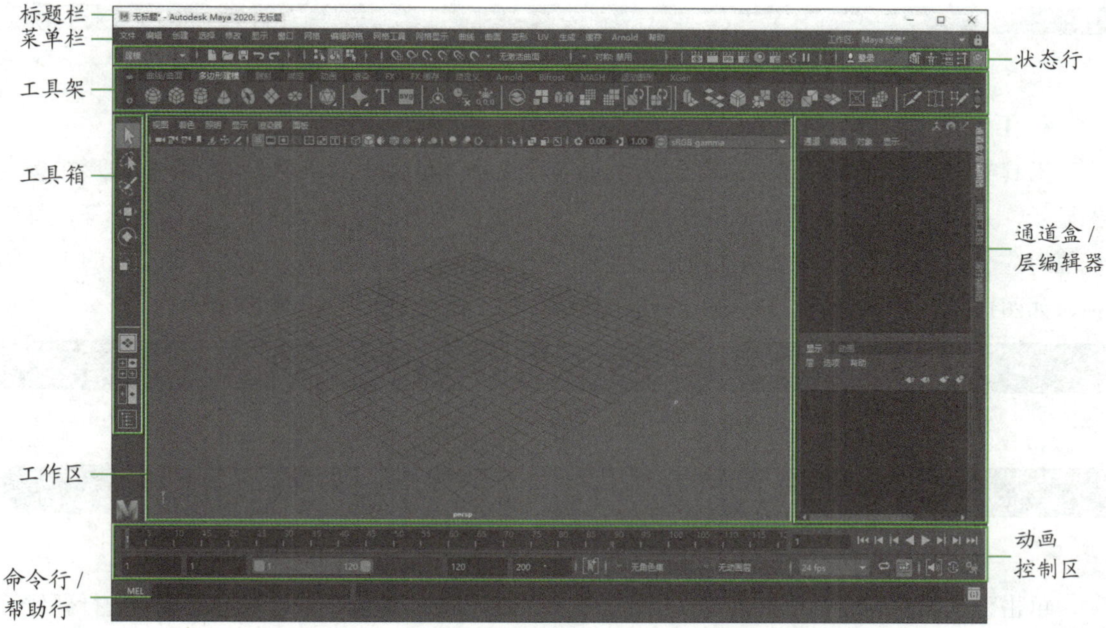

图 1-11

1. 标题栏

标题栏主要用于显示文件的相关信息，包括Maya的图标、当前软件的版本、文件的存储路径和名称等，如图1-12所示。

图 1-12

2. 菜单栏

菜单栏包括Maya所有的命令和工具。因为Maya的命令非常多，所以对菜单进行了模块化的分区，主要有“建模”“绑定”“动画”“FX”“渲染”“自定义”6种模块，如图1-13所示。除了通过列表切换模块，也可以按F2~F6键切换前5种模块。

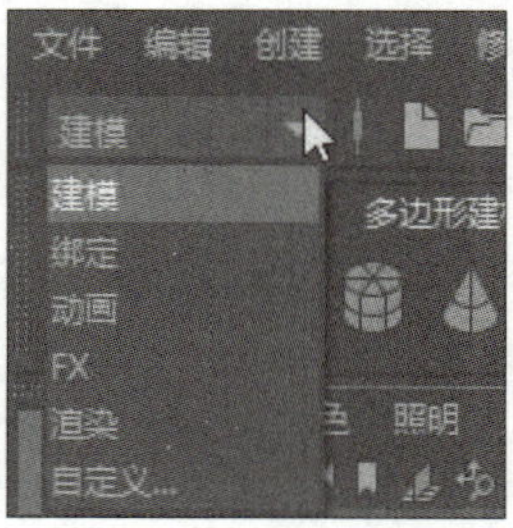

图 1-13

不同的模块具有不同的功能作用，除了10个公共菜单不会变动外，其余的菜单都归纳在不同的模块中。当切换模块时，会显示出对应该模块功能的菜单，如图1-14所示为“建模”模块的菜单。

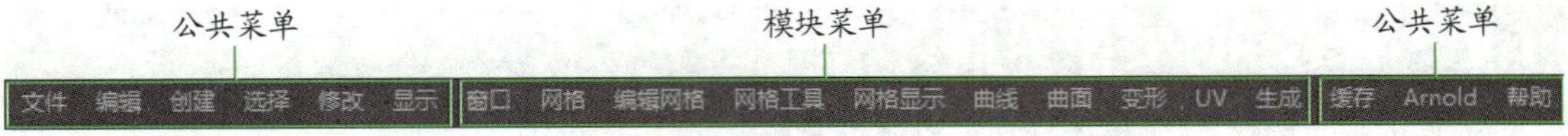

图 1-14

3. 状态行

Maya的状态行也称为工具栏，这里有一些常用的视图操作及显示按钮，如模块选择器、遮罩选择、捕捉开关、编辑器开关等，都是按组进行排列的，可通过单击“显示/隐藏”按钮将其展开或者折叠，如图1-15所示。

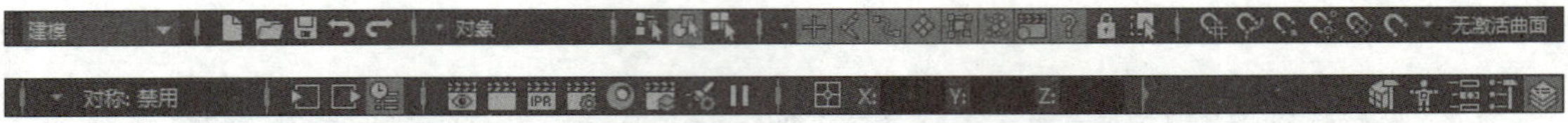

图 1-15

4. 工具架

工具架在状态行的下方，它集合了Maya各个模块下最常用的命令，并以图标的形式按类别显示，每个图标就是相应命令的快捷链接。工具架分为上、下两个部分，上部为标签，每个标签对应了Maya具体的一个功能模块，通过对标签进行切换，可在下方显示出不同的工具图标，如图1-16、图1-17所示分别是“多边形建模”和“曲线/曲面”标签下的工具。

图 1-16

图 1-17

单击工具架左侧的“项目菜单”按钮，会弹出工具架的编辑菜单，对可工具架进行新建、删除或加载等编辑操作，如图1-18所示。

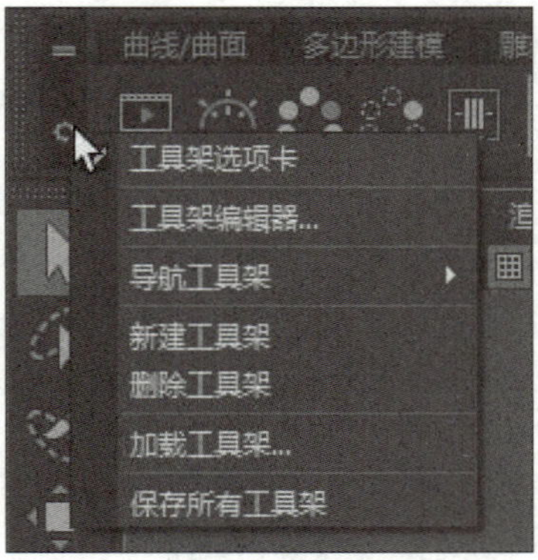

图 1-18

5. 工具箱

Maya的工具箱可分为3个部分，如图1-19所示。首先是对于操作对象最常用的工具，包括选择工具、套索工具、绘制选择工具、移动工具、旋转工具、缩放工具，然后是视图布局工具，最底部是Maya网站的链接按钮。

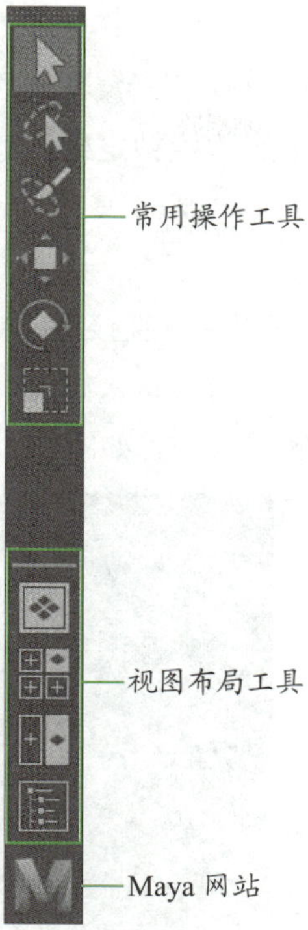

图 1-19

6. 工作区

Maya的工作区是作业的主要活动区域，大部分工作会在这里完成，建模、动画和渲染等操作都需要通过这个工作区进行观察，如图1-20所示。

与大多数三维软件一样，Maya的工作区视图也分为四个视图，分别是顶视图、侧视图、前视图和透视视图。可以直接通过工具箱中的视图布局工具图标对视图进行切换，也可以通过空格键切换最近切换过的两个视图。

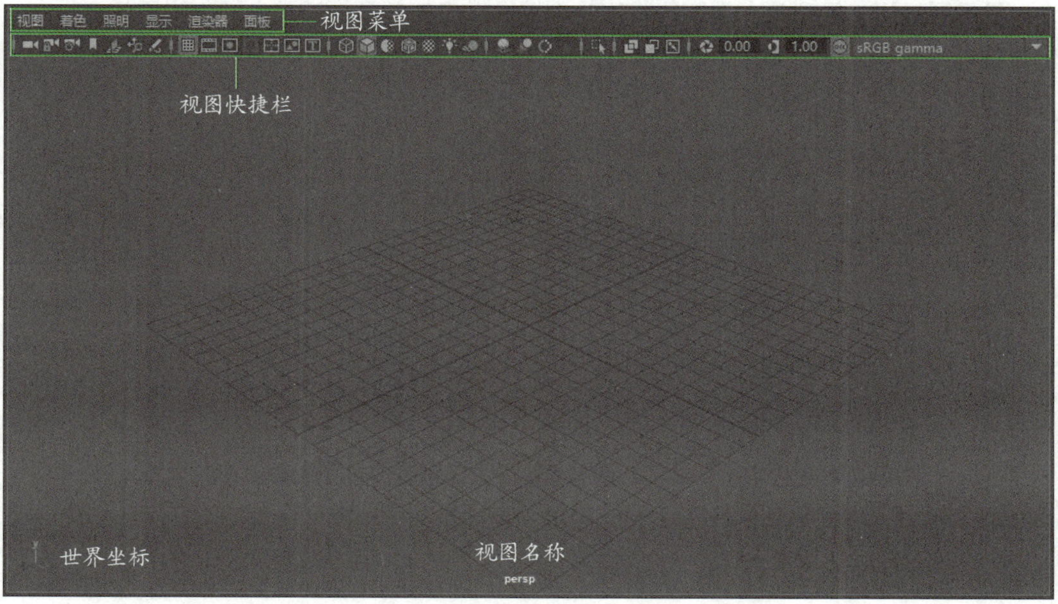

图 1-20

7. 通道盒/层编辑器

通道盒（Channel Box）是用于编辑对象属性的最快捷、最高效的工具。使用该工具，可对属性快速设置关键帧，以及锁定、解除锁定或创建表达式。与属性编辑器相似，可使用通道盒修改对象的属性值。

（1）通道盒

通道盒的功能十分强大，利用它可直接访问Maya对象的变化属性及构成元素，通道盒会即时反映出属性数值的变化，也可直接输入修改。对某一属性右击会弹出一个快捷菜单，通过菜单里的命令可进行设置关键帧等操作，如图1-21所示。

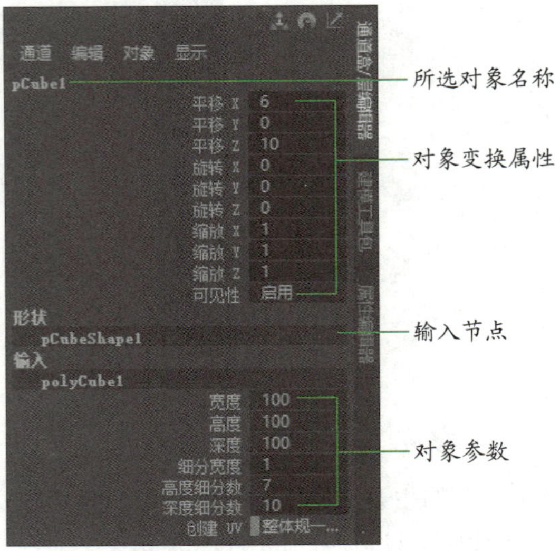

图 1-21

（2）层编辑器

Maya中的层有两种类型，分别是显示层和动画层，如图1-22所示。

- **显示层：**用来管理放入层内的物体是否被显示出来。可将场景中的物体添加至层内，然后对其进行隐藏、选择和模板化等操作。
- **动画层：**可对动画设置层。

单击按钮可打开“编辑层”对话框，在该对话框中可设置层的“名称”“显示类型”“颜色”，以及是否可见和是否使用预设颜色等，如图1-23所示。

图 1-22

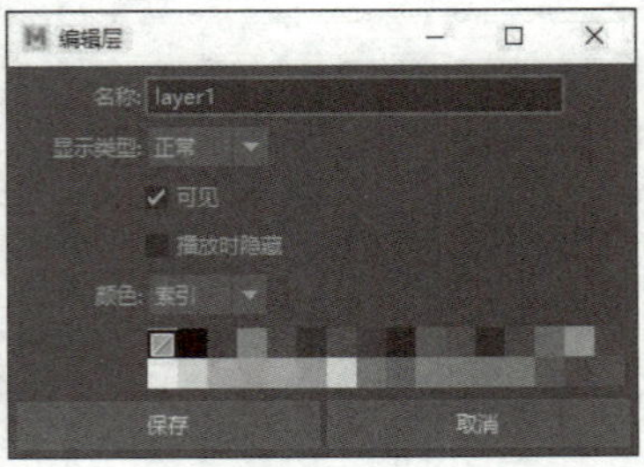

图 1-23

8. 动画控制区

动画控制区是专门用来制作和播放动画的重要区域，实际上包括两个区域，分别是时间滑块区域和范围滑块区域。其中，时间滑块区域中包括播放按钮和当前时间指示器。范围滑块区域中包括动画开始时间和动画结束时间、播放开始时间和播放结束时间、范围滑块、“自动关键帧切换”按钮和“动画首选项”按钮，如图1-24所示。

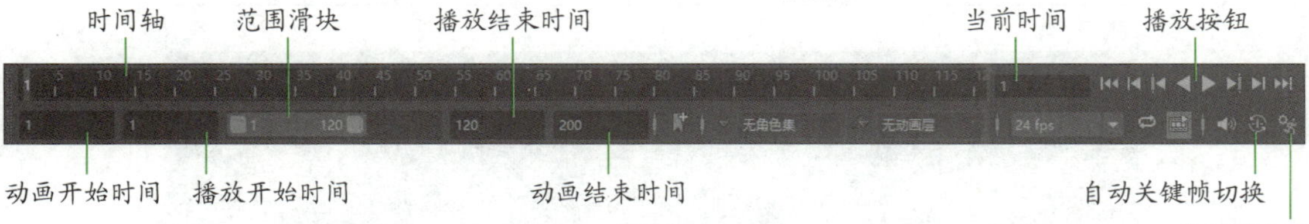

图 1-24

9. 命令行/帮助行

在工作界面最底部的是命令行和帮助行，如图1-25所示。命令行分为命令输入栏、命令回馈栏和脚本编辑器3个区域。命令输入栏是用来输入MEL语言的地方。命令回馈栏会在操作出现错误时及时进行错误信息的提示。帮助行主要用于显示工具和当前选择的简短帮助提示。通常情况下，在选择一种工具后，会在帮助行出现该工具的名称和使用方法。

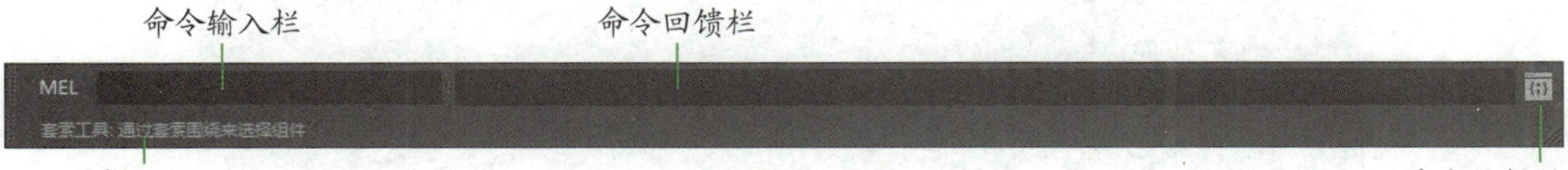

图 1-25

■1.4.2 设置界面UI元素

在工作时并不需要将所有的元素都显示出来，可以选择将一些不常用的界面元素进行隐藏。隐藏界面元素的方法包括以下两种：

第1种：执行“显示”→“题头显示”命令，勾选或取消勾选相应的复选框就可显示或隐藏对应的界面，如图1-26所示。

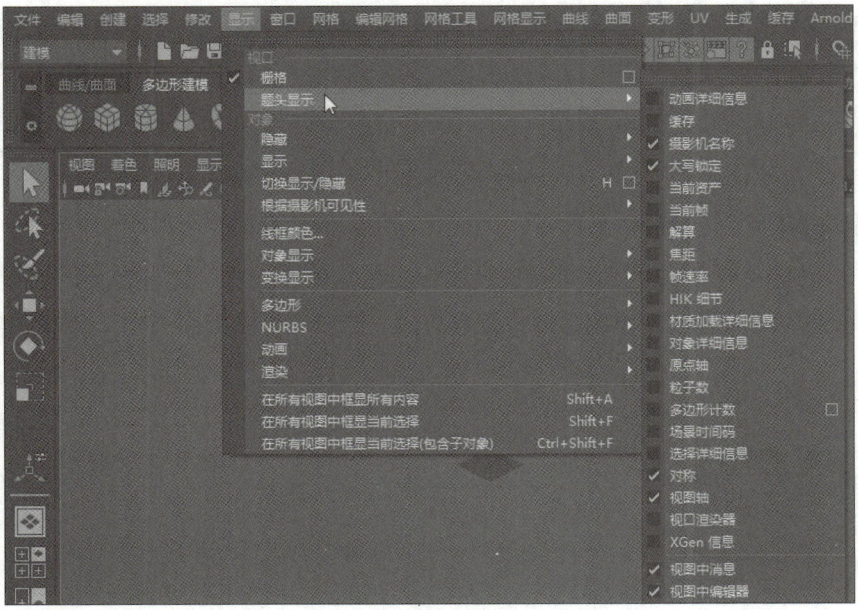

图 1-26

第2种：执行“窗口”→“设置/首选项”→“首选项”命令，打开“首选项”对话框，在左侧列表中选择“UI元素”选项，即可在右侧选择要显示或隐藏的界面元素，最后单击“保存”按钮即可，如图1-27所示。

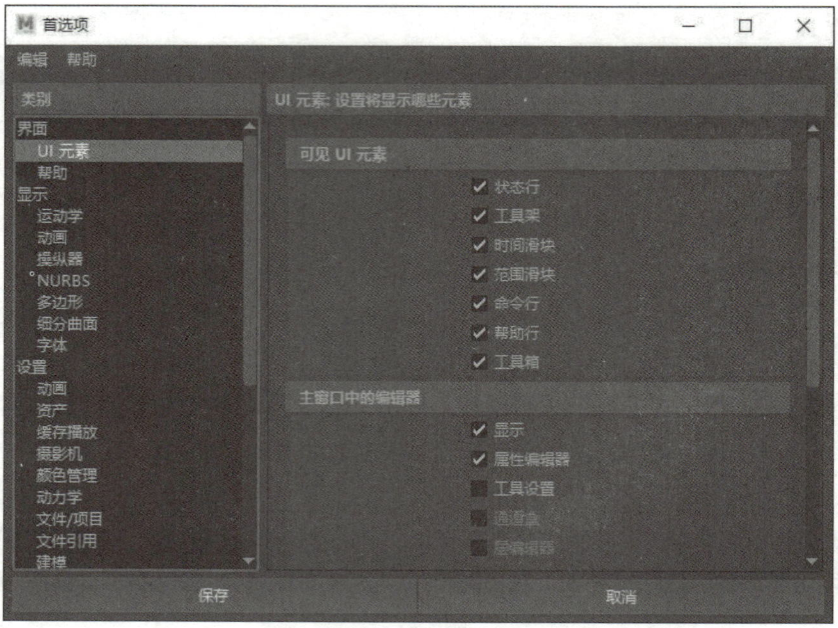

图 1-27

1.5 视图的基本操作

使用Maya创建场景时，经常需要从多个视图观察模型。必须熟练掌握视图的操作与切换，才能更好地提升工作效率。下面将对视图的操作、视图的切换与视图菜单进行介绍。

1.5.1 视图的操作

视图其实就是Maya的工作平台，在创建对象和编辑物体时经常需要调整不同的角度和远近，这就需要快速地调整视图的视角。每个视图实际上就是一台摄影机，人们所观察的画面是摄影机镜头中的画面，对视图的操作也是对摄影机的操作。

1. 旋转视图

使用Alt+鼠标左键可以对视图进行旋转操作。在旋转视图时，鼠标指针会变成状态，如图1-28所示。若想使视图仅在水平方向或垂直方向上旋转，可使用Shift+Alt+鼠标左键来完成旋转操作。

你学会了吗？

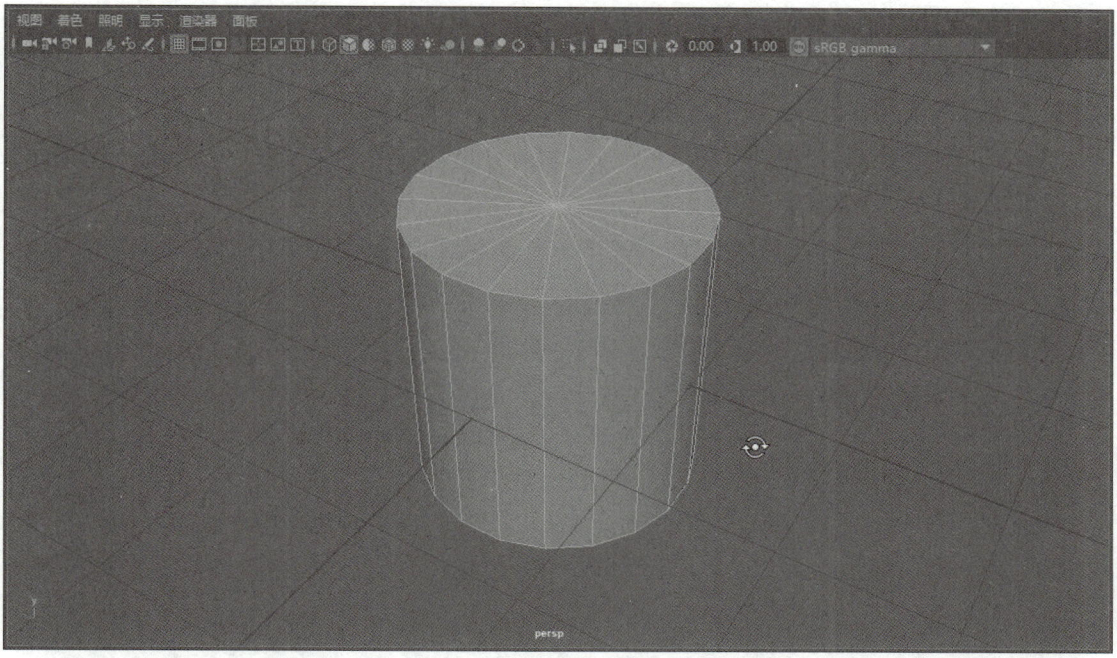

图 1-28

技巧提示： 对视图的旋转操作只能在透视视图中进行，因为其他视图（如顶视图、前视图、侧视图）都属于正交视图，只可进行水平移动和远近缩放，旋转功能默认是被锁定的。

2. 平移视图

使用Alt+鼠标中键可以任意移动视图。在移动视图时，鼠标指针会变成✥状态，如图1-29所示。也可使用Shift+Alt+鼠标中键在水平或垂直方向上进行视图的移动操作。

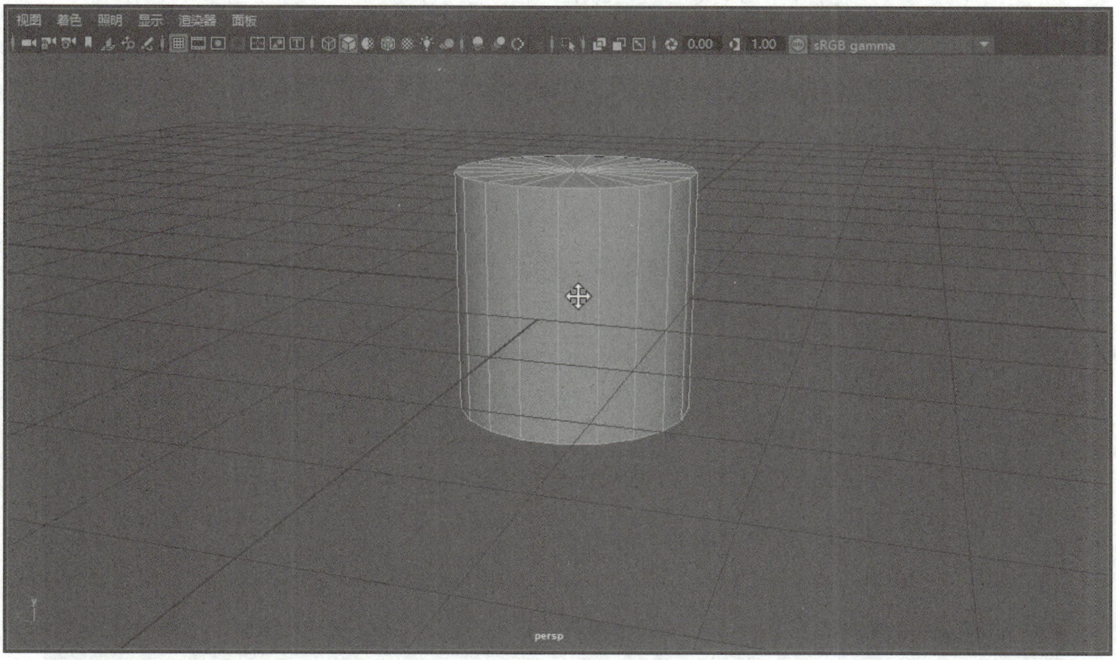

图 1-29

3. 缩放视图

缩放视图就是改变镜头与场景的远近距离。使用Alt+鼠标右键可对视图进行缩放，此时鼠标指针会变成状态，也可直接滑动鼠标滚轮来控制视图的缩放，如图1-30所示。

可以对视图进行局部缩放，使用Ctrl+Alt+鼠标左键在视图中框选出一个区域，释放鼠标后，该区域将被放大至最大。

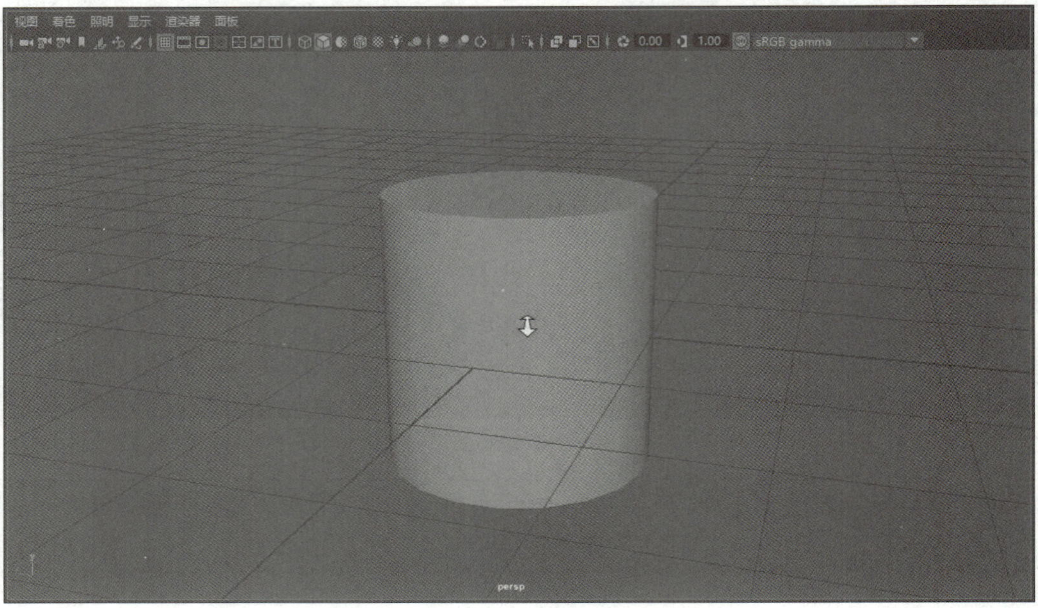

图 1-30

4. 最大化显示选定对象

当视图中未选中任何对象时，按F键可以使场景中所有对象在当前视图中最大化显示，如图1-31所示。

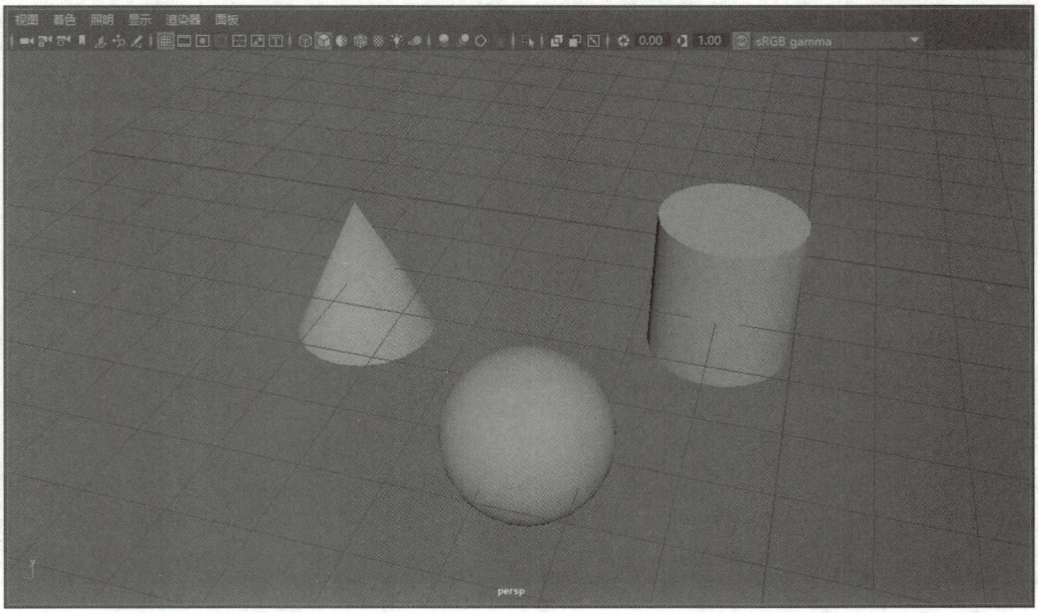

图 1-31

若选定场景中的某个对象，再按F键可以使选定对象在当前视图最大化显示，如图1-32所示。

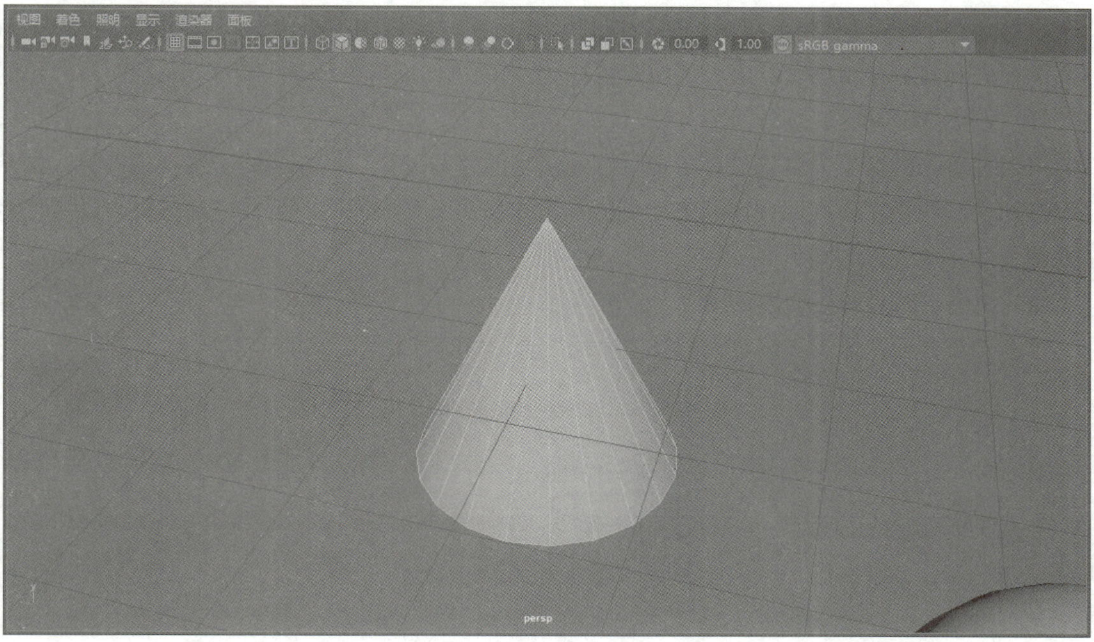

图 1-32

如果是处于四视图的显示状态下，可以按Shift+F组合键一次性将全部视图中的选定对象最大化显示，如图1-33所示。

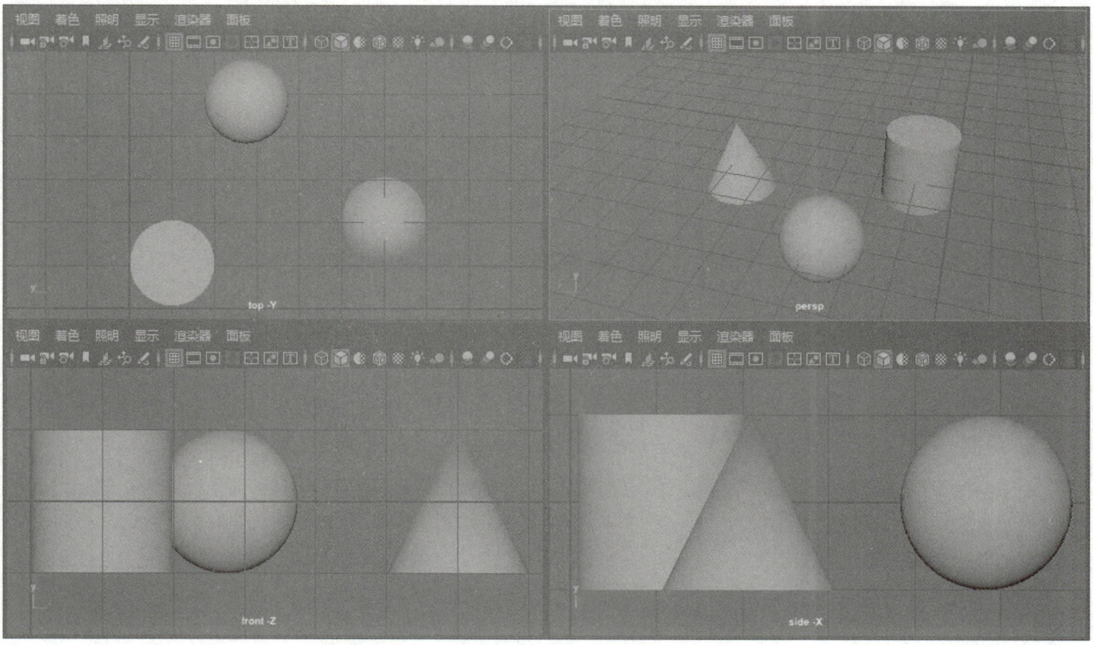

图 1-33

5. 最大化显示场景中所有对象

按A键时，可将当前场景中所有对象全部最大化显示在当前视图中。在四视图显示状态下，按Shift+A组合键可将所有视图场景中的对象全部最大化显示。

■1.5.2 视图的切换

在Maya中，既可在单个视图中进行操作，也可在多个视图组合中进行操作，这样便于从不同的视角观察和编辑场景对象。下面介绍3种常用的视图切换方法。

（1）用快捷键进行切换

可通过单击键盘上的空格键在单个视图和四视图之间进行切换。当处于透视视图时，按空格键会切换到四视图；在四视图状态下将鼠标指针移动至某一视图内再按空格键便会最大化当前视图。

（2）用单击布局图标切换视图

单击工作界面左侧工具箱下方的视图布局工具图标切换视图，如图1-34所示。

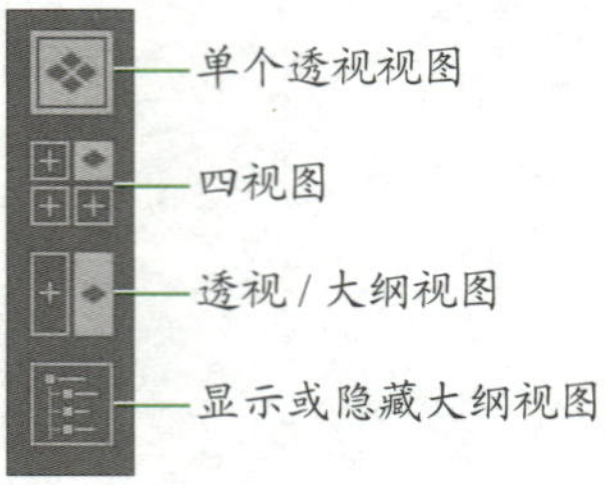

图 1-34

（3）使用热盒菜单切换视图

按住空格键不放，打开热盒菜单，可通过移动鼠标指针来选择相对应的视图，如图1-35所示。

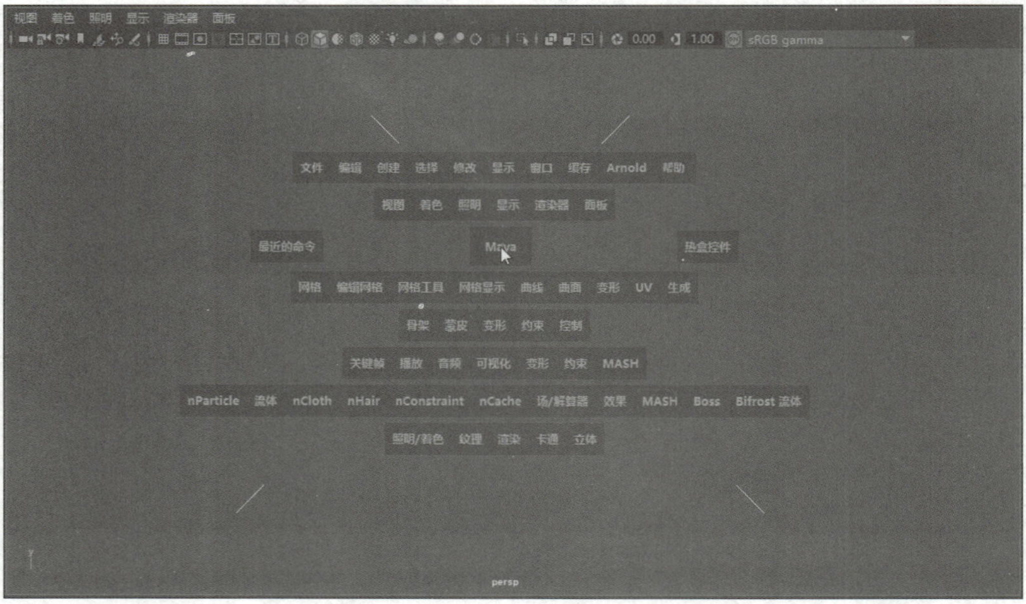

图 1-35

■1.5.3 视图菜单

视图菜单在工作区的顶部，主要用来调整当前视图，包含“视图”“着色”“照明”“显示”“渲染器”“面板”6个菜单组。

（1）视图

“视图”菜单组中的命令主要用于选择并调整摄影机及视图等，如图1-36所示。

（2）着色

在操作复杂场景时，Maya会消耗大量资源，这时可通过不同的显示方式来提高运算速度，在“着色”菜单组中提供了各种显示命令，如图1-37所示。

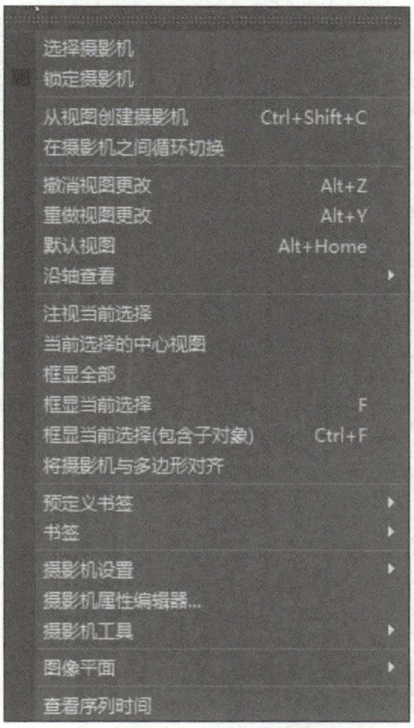

图 1-36

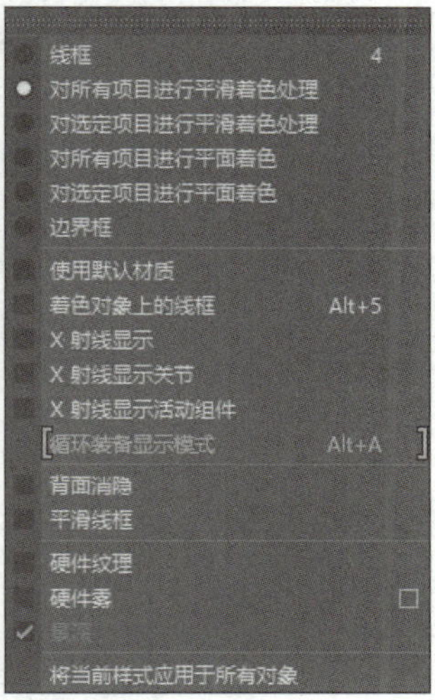

图 1-37

通常会用使用数字键4和5在线框显示模式和着色显示模式之间进行切换，以方便观察和操作，如图1-38所示为线框显示模式，如图1-39所示为着色显示模式。

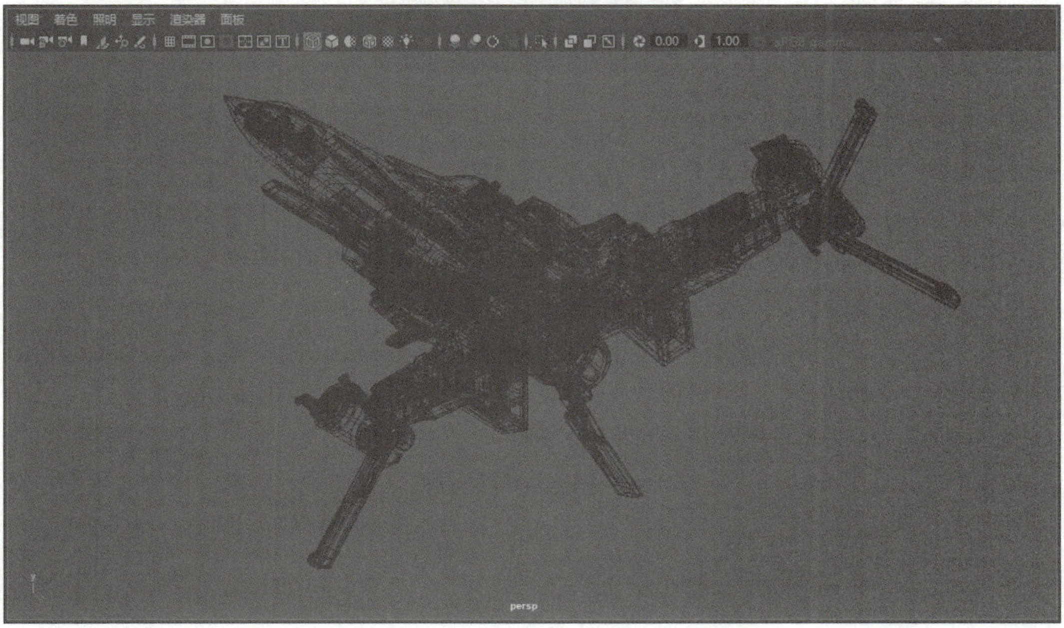

图 1-38

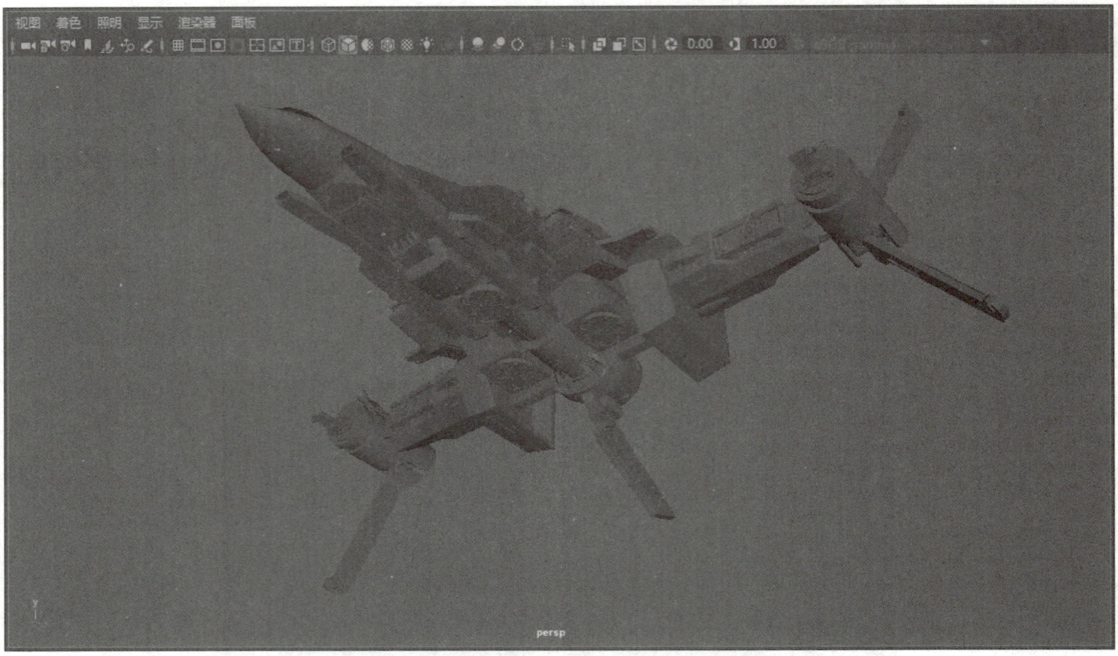

图 1-39

（3）照明

“照明”菜单组中提供了一些灯光的显示方式，如图1-40所示。

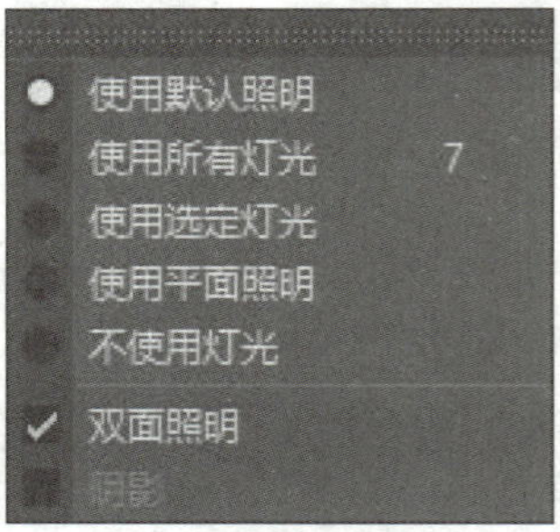

图 1-40

（4）显示

Maya的显示过滤功能可将场景中的某一类对象暂时隐藏，以方便观察和操作。在“显示”菜单组中取消相应选项的选中状态就可隐藏对应类型的对象，如图1-41所示。

（5）渲染器

在“渲染器”菜单组中提供了“Viewport 2.0”和“Arnold”两种显示视图对象品质的方式。视图显示的品质越高，计算机的负荷就越大，但会得到较好的即时显示效果。

（6）面板

利用“面板”菜单组中的命令可调整视图的布局方式，如图1-42所示。良好的视图布局有利于提高工作效率，其中，利用“沿选定对象观看”命令可以选择对象为视点来观察场景，通常用于摄影机或灯光等有具体方向性的对象上。

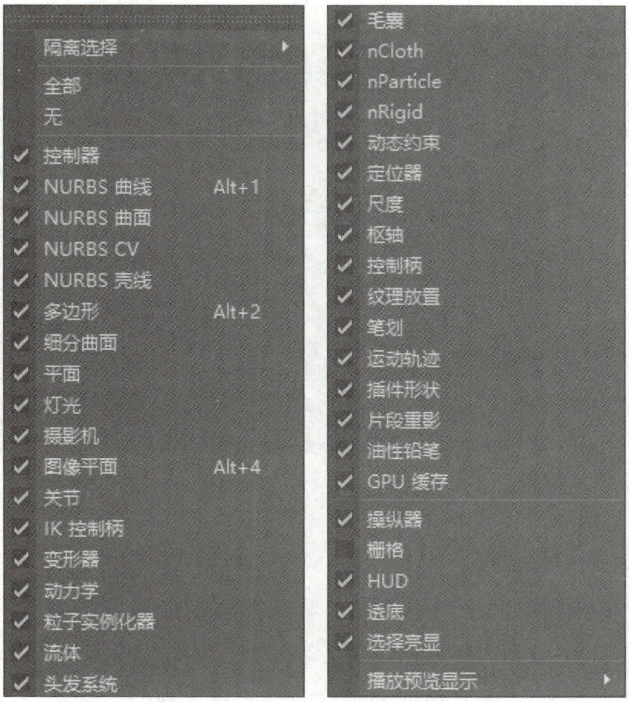

图 1-41

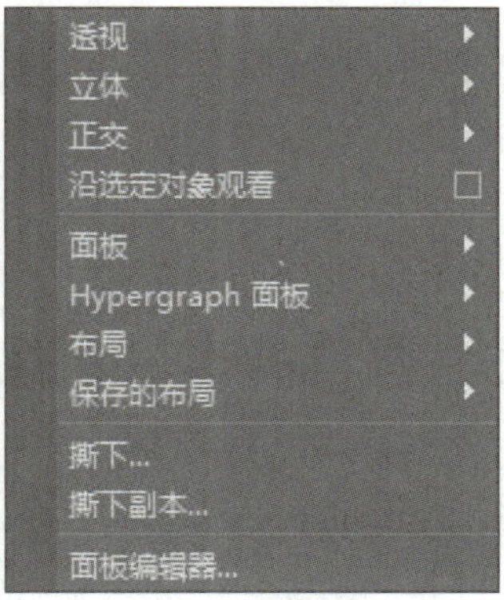

图 1-42

■1.5.4 视图背景色

Maya预设了很多界面颜色，在实际工作中可以根据需要调整界面颜色。可以通过Alt+B组合键快速在“视图”面板中切换不同的背景颜色，如图1-43所示。

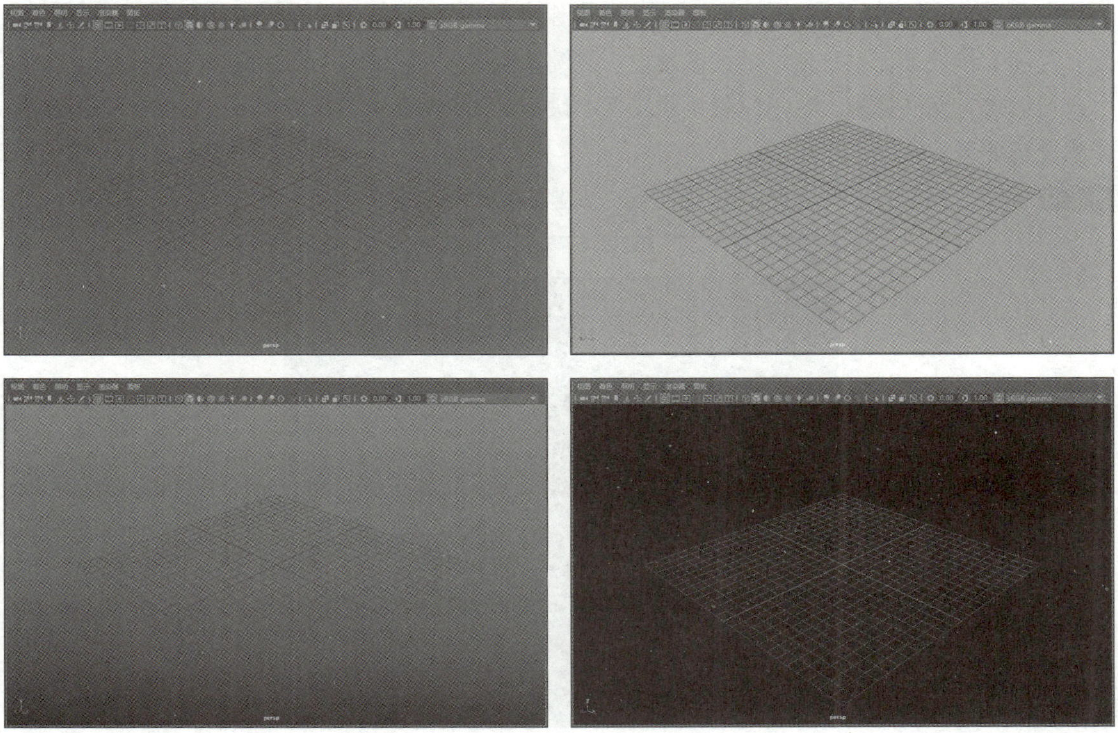

图 1-43

此外，也可以执行“窗口”→“设置/首选项”→“颜色设置”命令，通过“颜色”对话框对用户界面、“视图”面板和视图背景的颜色等进行自定义设置，如图1-44所示。

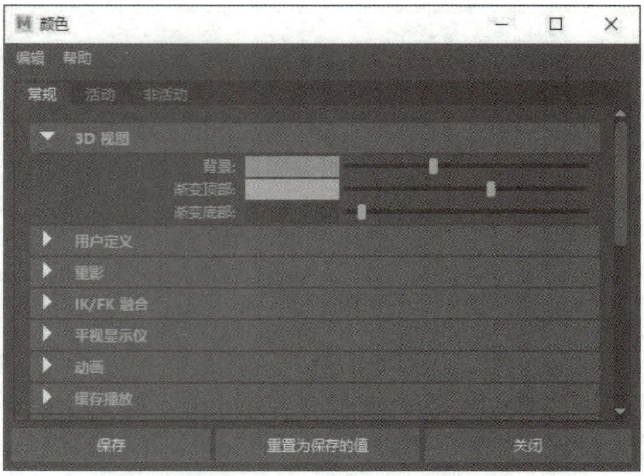

图 1-44

1.5.5 栅格的显示和隐藏

打开Maya后，默认情况下每个视图窗口都会显示栅格。如果需要对栅格进行隐藏，可以通过以下方法进行操作。

- 打开“显示”菜单，取消勾选“栅格”命令即可将栅格隐藏。再次执行该命令，可以将栅格显示。
- 在视图顶部的面板工具栏中单击“栅格”按钮。

1.6 快捷键的设置

Maya是一款功能强大的三维软件，在操作过程中结合快捷键的使用能够更好地操作软件，提高工作效果。系统提供了很多预设快捷键，还有一部分命令没有指定快捷键，可以根据个人习惯自定义快捷键。这里以材质编辑器的快捷键为例介绍自定义快捷键的方法，具体操作步骤介绍如下。

步骤01 执行“窗口”→“设置/首选项”→“热键编辑器”命令，如图1-45所示。

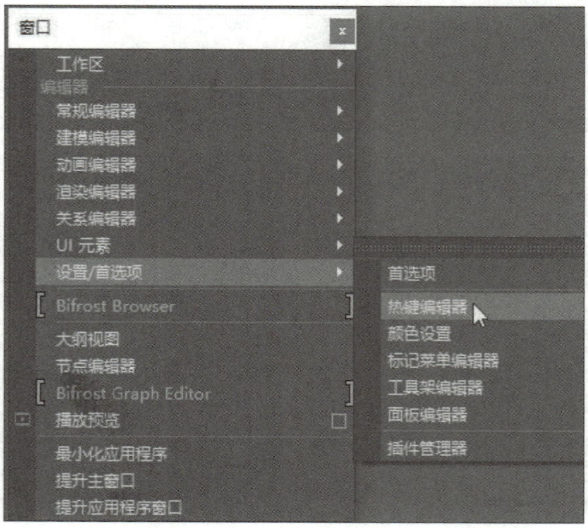

图 1-45

步骤02 打开“热键编辑器”对话框，如图1-46所示。

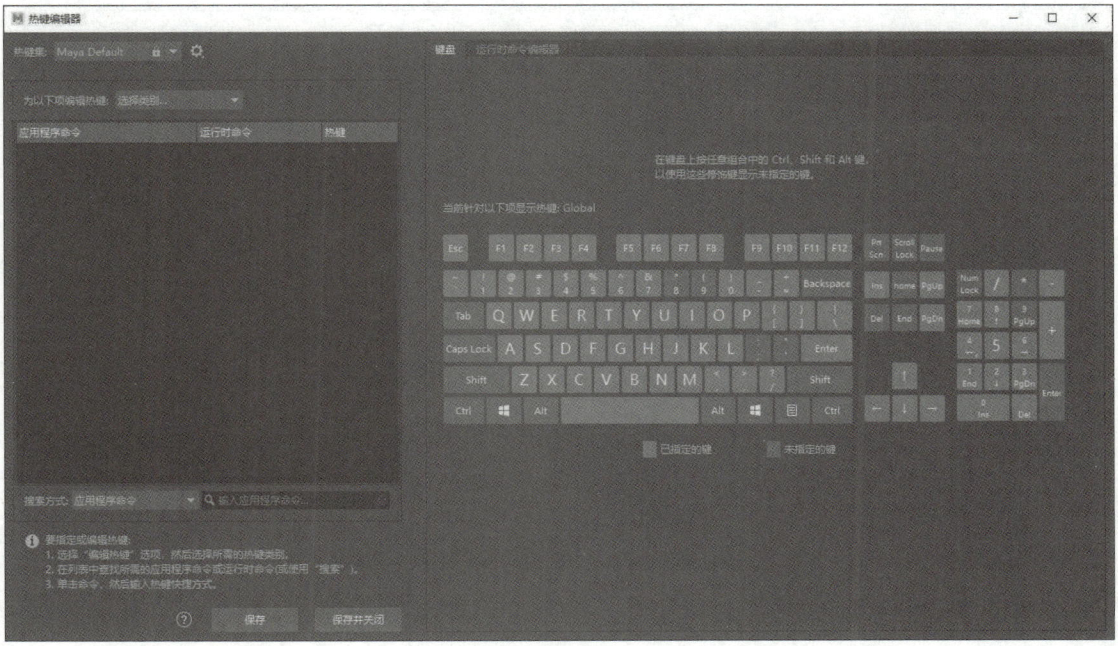

图 1-46

步骤03 在左侧“为以下项编辑热键”下拉列表中选择“Menu items”（菜单项）选项，然后在下面的列表中选择“窗口”→“渲染编辑器”→“Hypershade”命令，可以看到该命令是没有快捷键的，如图1-47所示。

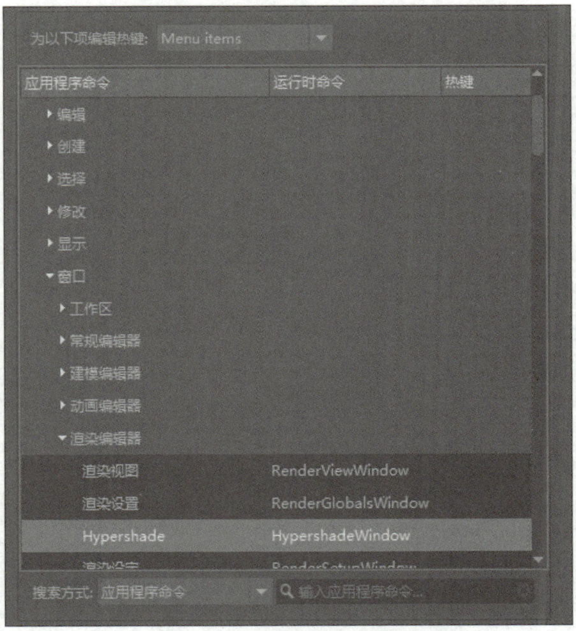

图 1-47

步骤04 单击“热键”栏，然后按M键，如图1-48所示。

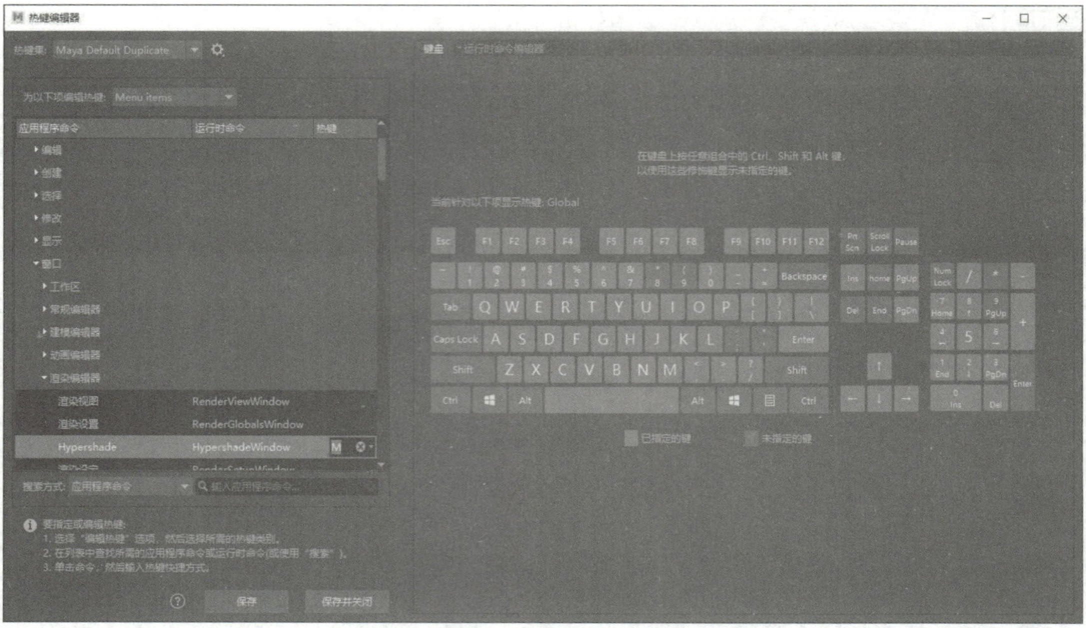

图 1-48

步骤05 在空白处单击，然后单击“保存并关闭”按钮关闭“热键编辑器”对话框，此时在命令回馈栏会提示“首选项已保存”等信息，如图1-49所示。

图 1-49

步骤06 此时按M键，即可快速打开Hypershade（材质编辑器），如图1-50所示。

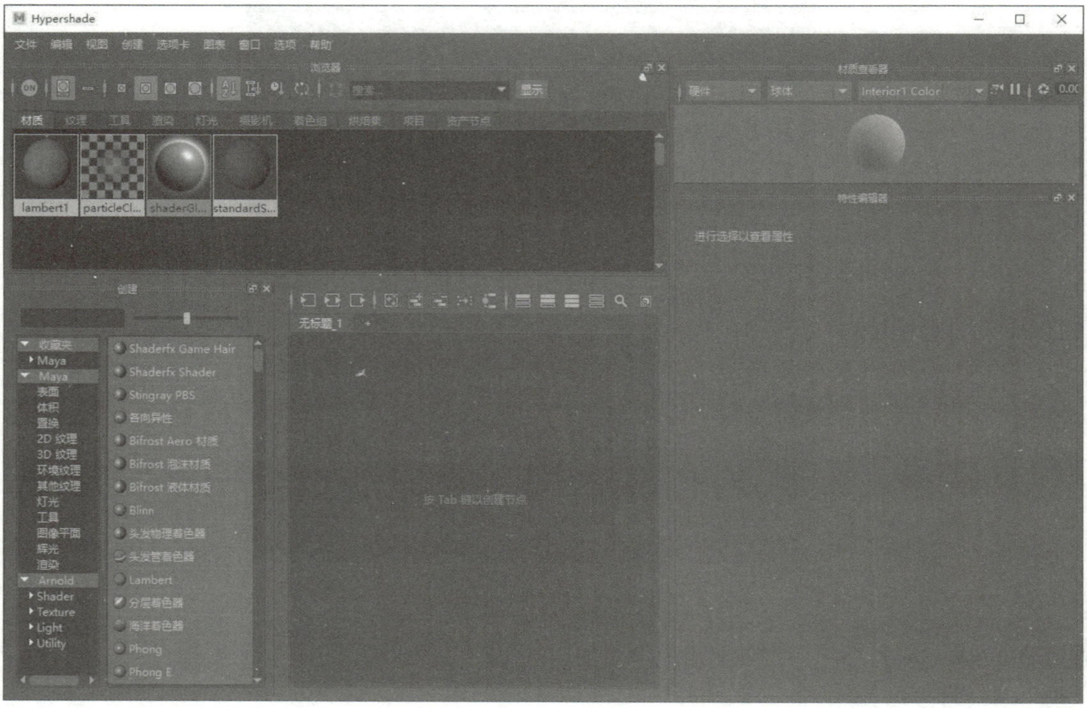

图 1-50

实战演练 自定义工作界面

在使用Maya之前，可以对工作界面进行设置，使其成为习惯使用的界面，以便于更好地编辑内容。

扫码观看视频

步骤01 启动Maya，默认的Maya界面如图1-51所示。

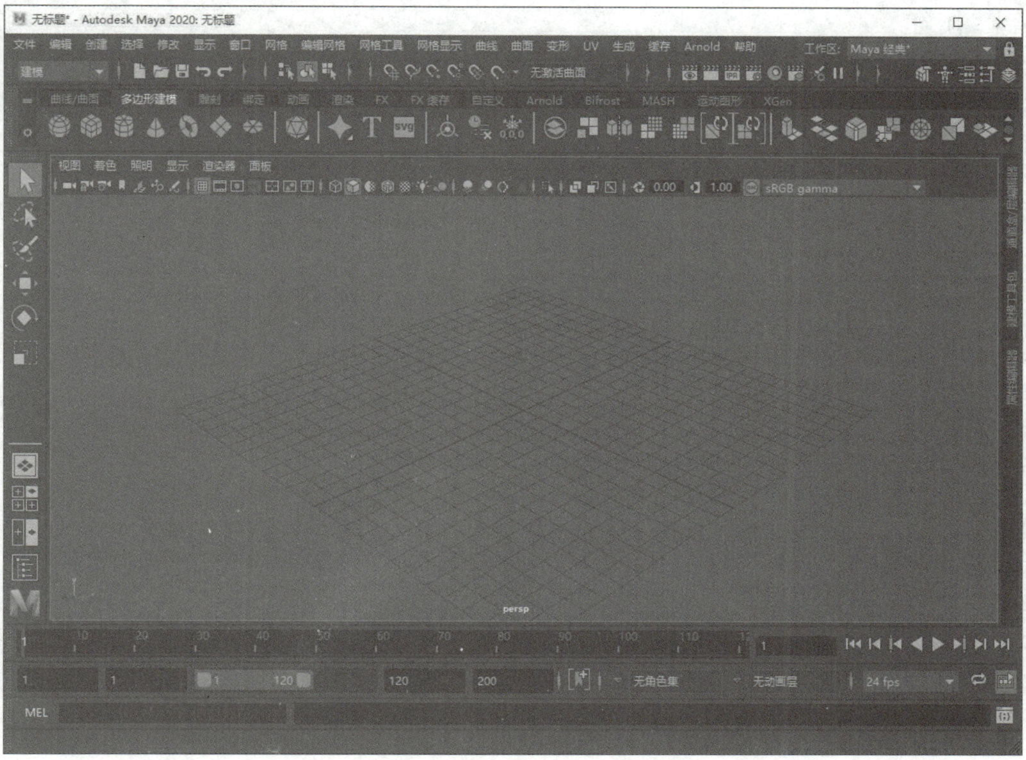

图 1-51

步骤02 在“显示”菜单中单击“栅格”命令右侧的设置按钮，打开“栅格选项”对话框，在“颜色”属性组中拖动滑块，分别调整“轴”和“栅格线和编号”属性的颜色，如图1-52所示。

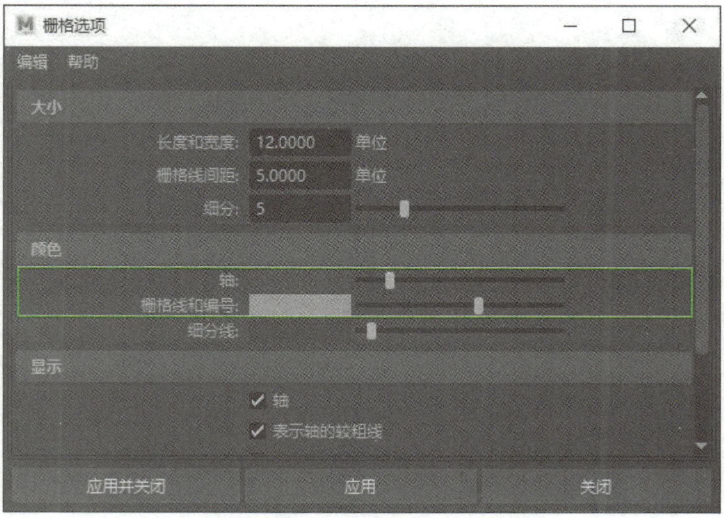

图 1-52

步骤03 单击“应用并关闭”按钮关闭对话框，可以看到工作界面中网格的变化，如图1-53所示。

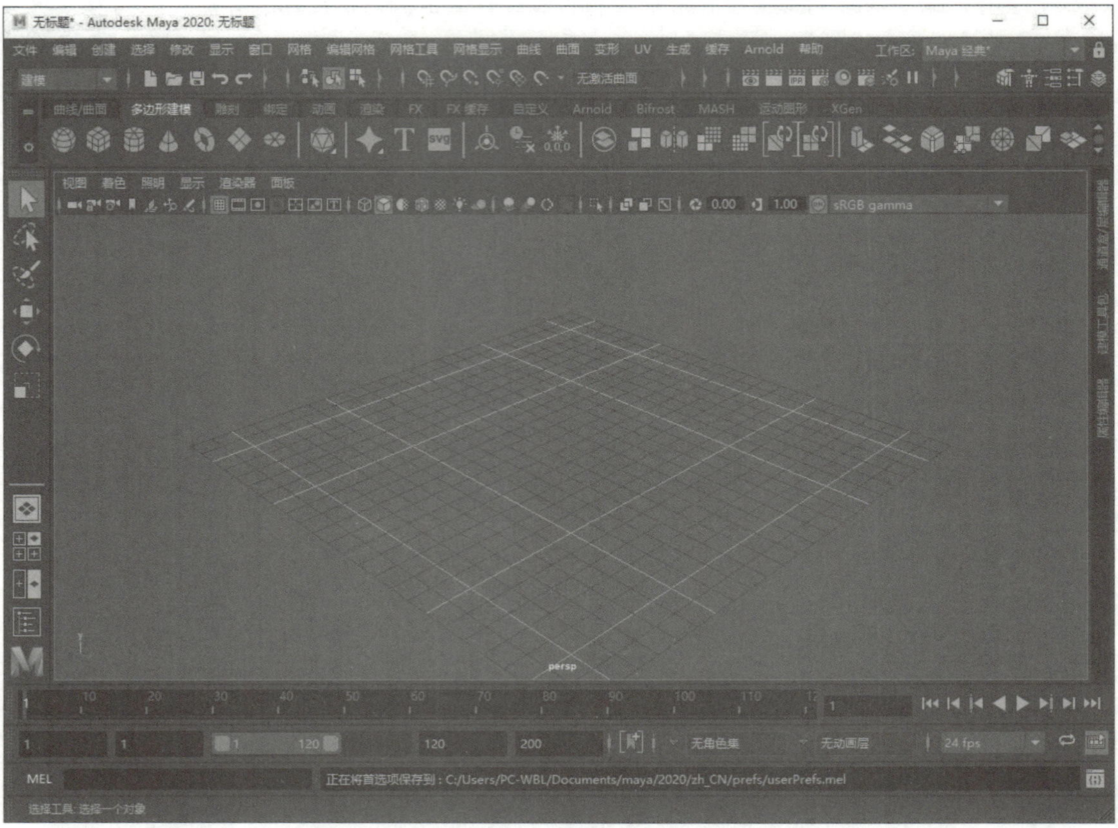

图 1-53

步骤04 执行“显示”→“题头显示”命令，在“题头显示”列表中勾选“多边形计数”复选框，如图1-54所示。

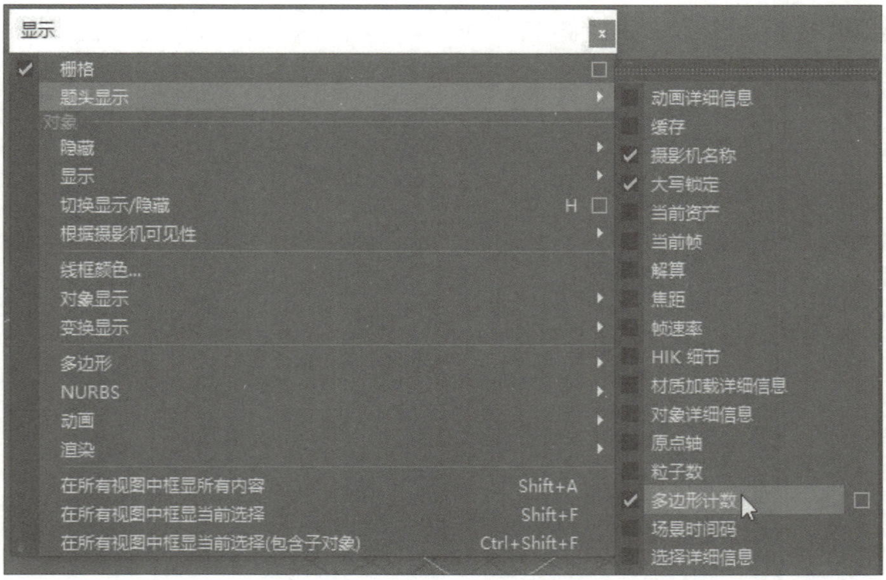

图 1-54

步骤05 此时在工作区的左上角显示出场景中多边形的顶点、边、面、三角形和UV的数量，如图1-55所示。

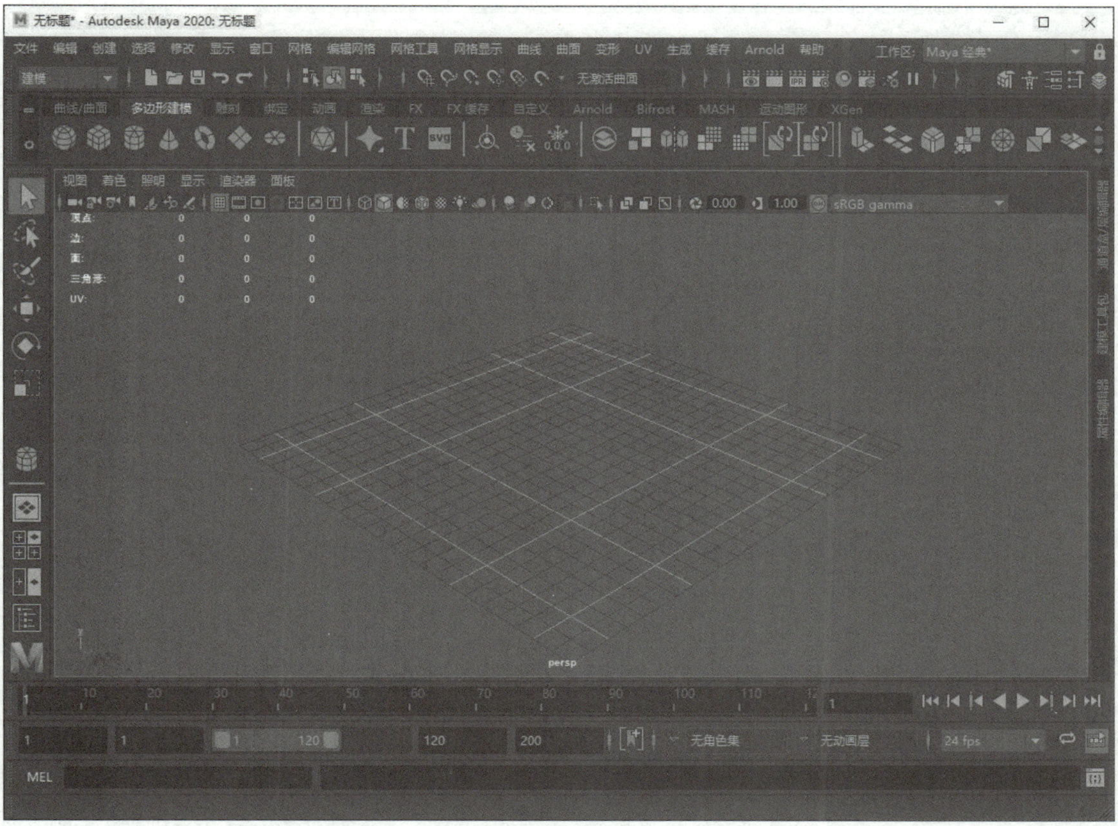

图 1-55

学习体会

第 2 章

Maya 基础操作

内容导读

本章将通过制作一套桌椅模型，学习多边形基本体的创建和变换方式，如何复制对象及进行编辑，以及如何对多个对象进行统一性的操作等，并对Maya编辑菜单中的相关命令进行深入的了解。在完成这一章的学习后，可以将生活中许多常见的形状和较简单的物体制作成3D模型。

数字资源

【本章素材来源】："素材文件\第2章"目录下

【本章实战演练最终文件】："素材文件\第2章"目录下

2.1 文件的基本操作

Maya的“文件”菜单中提供了一些文件管理的相关命令，通过这些命令可以对文件进行新建场景、打开场景、保存场景等操作。

■2.1.1 新建场景

执行“文件”→“新建场景”命令（如图2-1所示），或按Ctrl+N组合键，即可创建一个空白场景。新建场景的同时会关闭当前场景，如果当前场景未保存，系统会自动提示用户是否进行保存，如图2-2所示。

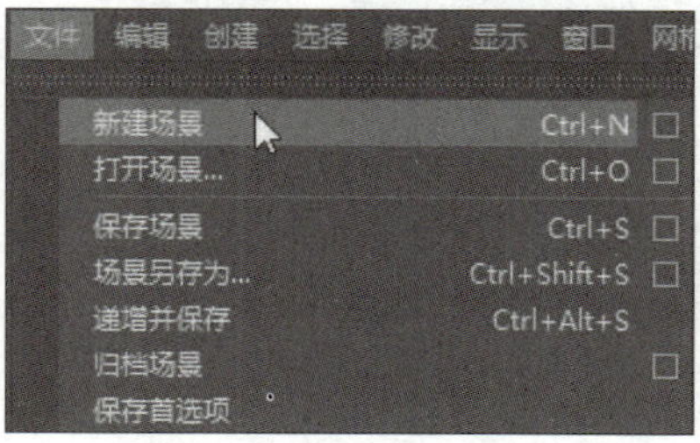

图 2-1

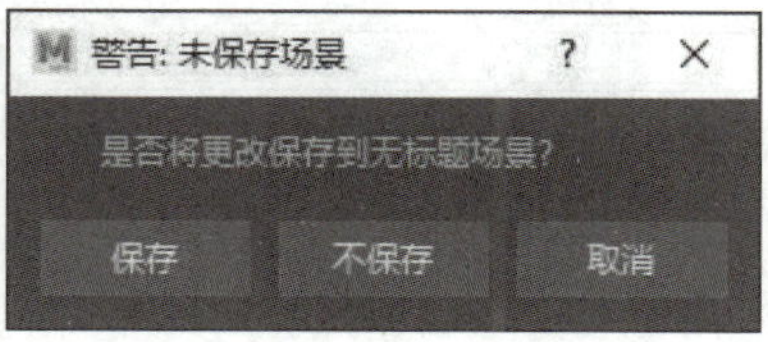

图 2-2

■2.1.2 打开场景

执行“文件”→“打开场景”命令，或按Ctrl+O组合键，会打开“打开”对话框，在该对话框中选择相应文件打开即可，如图2-3、图2-4所示。打开新场景的同时会关闭当前场景，如果当前场景未保存，系统会自动提示用户是否进行保存。

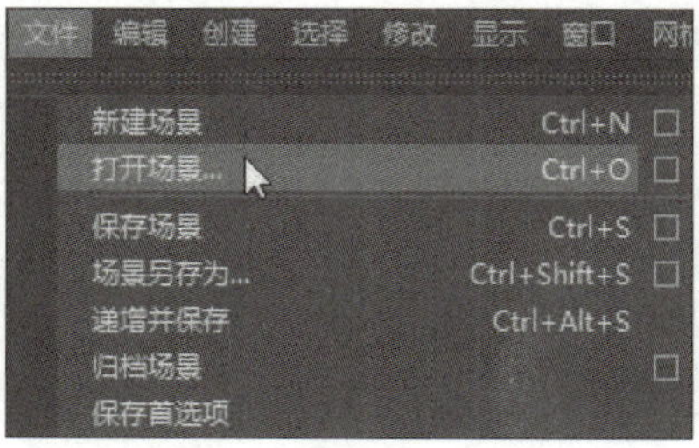

图 2-3

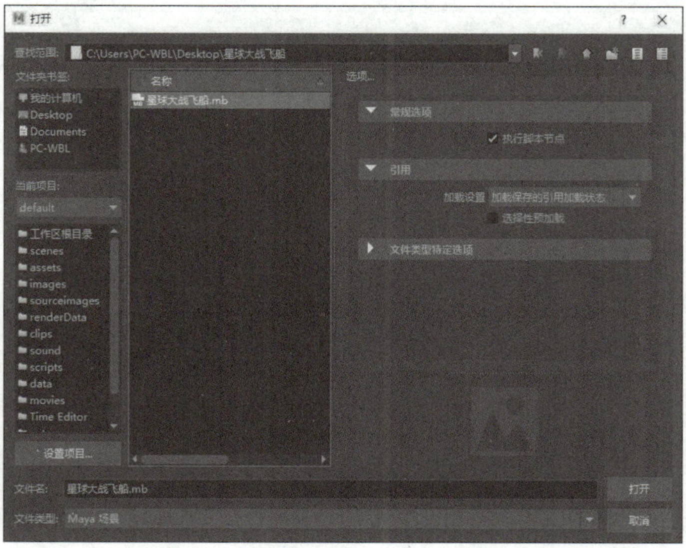

图 2-4

■2.1.3 保存场景

执行“文件”→“保存场景”命令，或按Ctrl+S组合键，可保存当前场景。如果之前没有保存场景文件，会弹出“另存为”对话框，用于设置保存路径和文件名，如图2-5所示。

执行“文件”→“场景另存为”命令，可以将当前场景另存一份并打开。

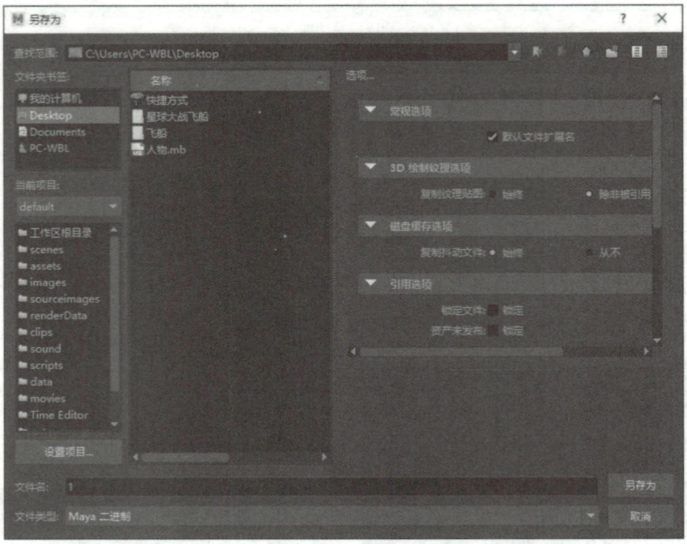

图 2-5

■2.1.4　场景归档

执行“文件”→“归档场景”命令，可以将制作好的场景文件进行打包处理，包括模型、贴图、光子缓存等，该功能特别适合复杂的场景。操作完毕可以发现，场景文件所在文件夹中增加了一个后缀名为.zip的压缩文件。

2.2　变换对象

在使用Maya进行创作时，熟练掌握场景的基本操作是必备技能。Maya的工具箱中提供了进行变换操作最基本的工具，如选择工具、移动工具、旋转工具和缩放工具等，这些工具在实际工作中使用的频率相当高，如图2-6所示。

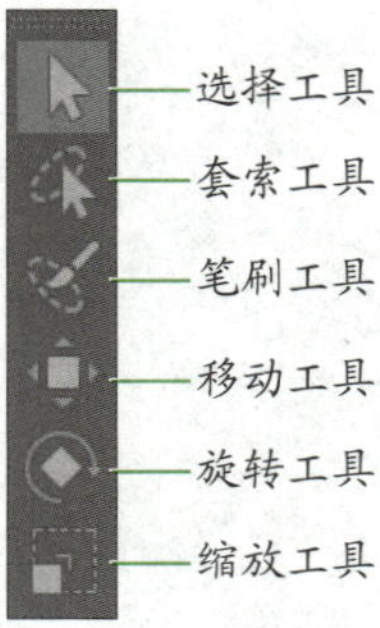

图 2-6

■2.2.1　选择操作

在Maya中的大多数操作都是针对特定对象执行的，有可能是单个模型，也有可能是单个元素，必须在工作区中选择对象，才可应用某些修改操作。因此，选择操作是建模和创建作品的基础。

（1）选择工具

使用选择工具选取单个对象时只需要单击该对象即可，被选中的对象会呈绿色高亮线框显示，如图2-7所示。按住鼠标左键，在场景中拖动出一个虚线框，释放鼠标后，只要是处于虚线框内的对象都将被选择，这通常被称为“框选”，如图2-8所示。

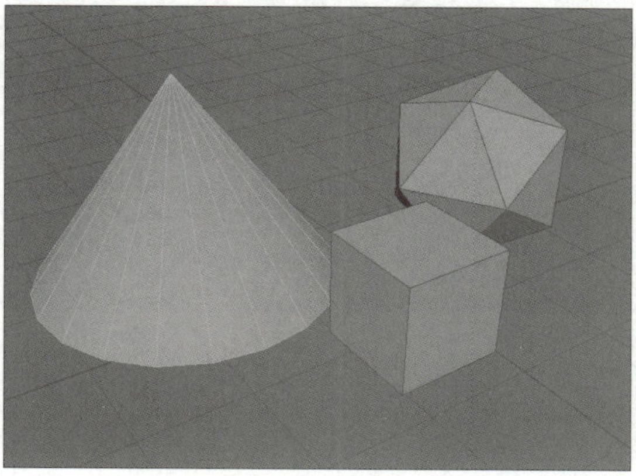

图 2-7

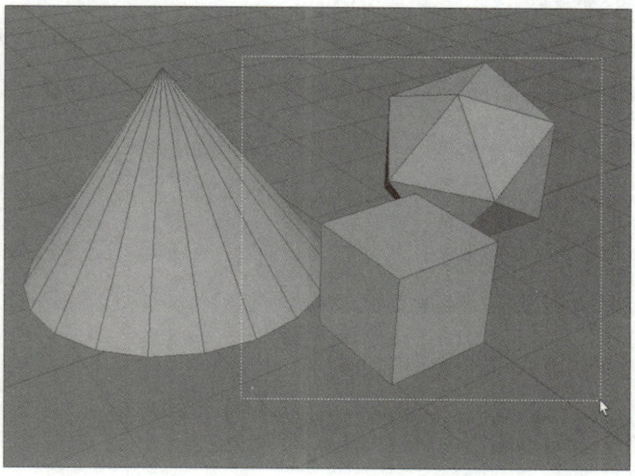

图 2-8

技巧提示：按住Shift键可以加选对象，按住Ctrl键则可以减选对象，在视图的空白处单击即可取消选择。

（2）套索工具

使用套索工具勾画出一个区域，即可选中该区域内的对象；通常在选取例如多个分布不均的顶点元素时可使用套索工具，如图2-9、图2-10所示。

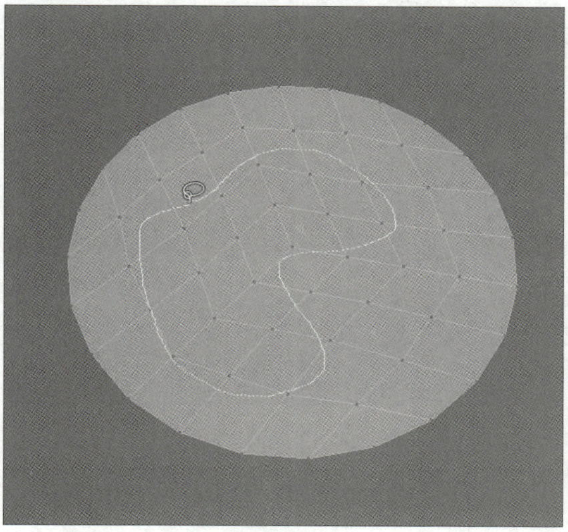

图 2-9

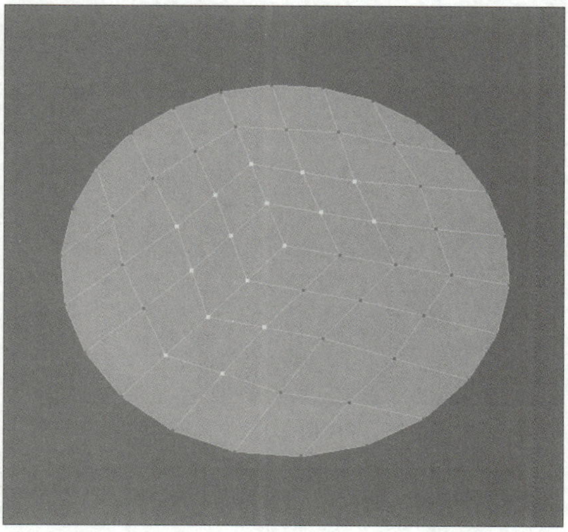

图 2-10

（3）绘制选择工具

绘制选择工具只能用来选取模型的构成元素（例如顶点、边、面），并可通过按B键+鼠标左键来调整笔刷的大小范围，如图2-11、图2-12所示。

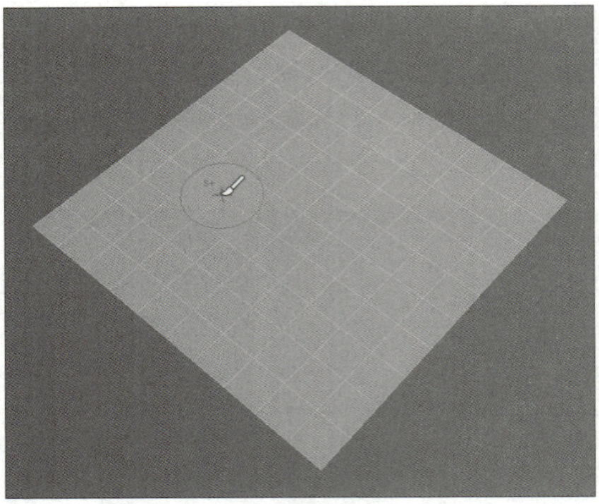

图 2-11

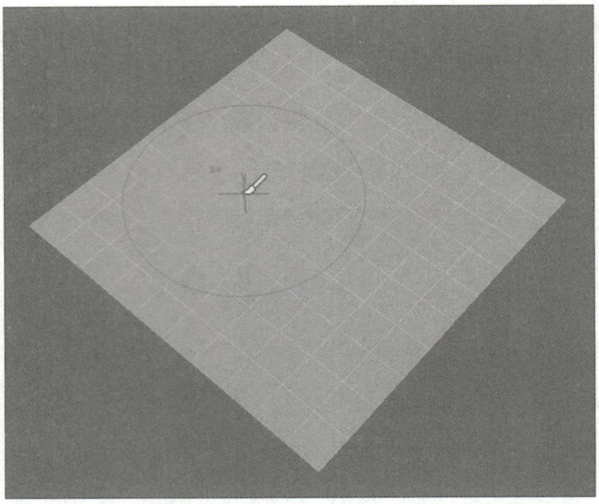

图 2-12

■2.2.2 移动操作

使用移动工具可直接选中对象，并进行后续的移动操作。移动对象是在三维空间中进行的，有分别对应x、y、z 3个轴向的控制器，在场景中3个轴向分别以红、绿、蓝色进行表示，如图2-13所示。

拖动相应的轴向手柄可在该轴向上水平移动，如图2-14所示。

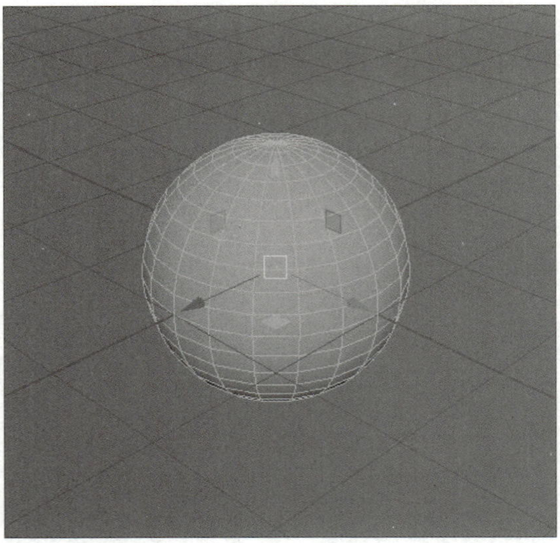

图 2-13

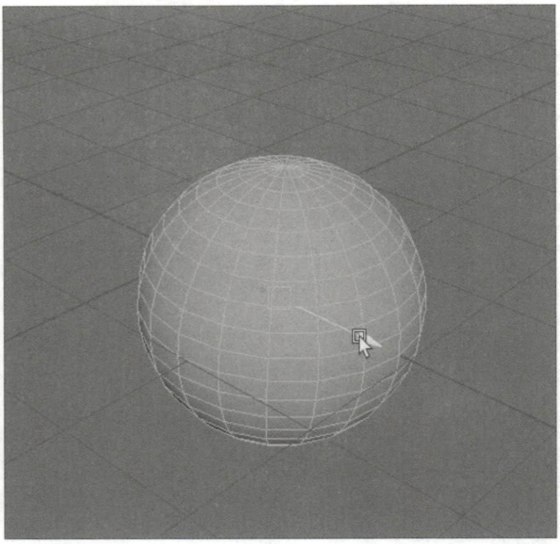

图 2-14

❗ 技巧提示：激活移动工具选择对象后，按键盘上的“+”键可以放大轴向手柄，按“-”键可以缩小轴向手柄。

在轴心中间有一个方块，将鼠标指针放在方块上进行拖动，也可达到移动对象的目的。但在透视视图中使用这种移动方法很难控制对象的移动位置，一般会在正交视图中进行操作，如图2-15所示。

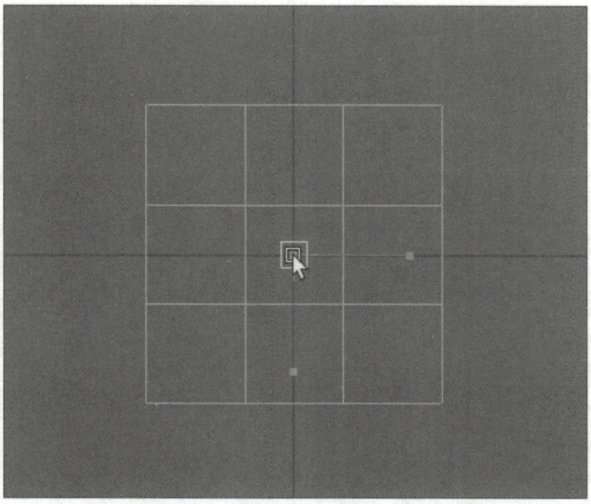

图 2-15

■2.2.3 旋转操作

使用旋转工具可对对象进行旋转操作。与移动工具类似，旋转工具也有自己的控制器，有*x*、*y*、*z* 3个轴向，也分别用红、绿、蓝色表示，如图2-16所示。将鼠标指针放在对应的轴向线圈上进行拖动，即可在选择的轴向上进行旋转，如图2-17所示。

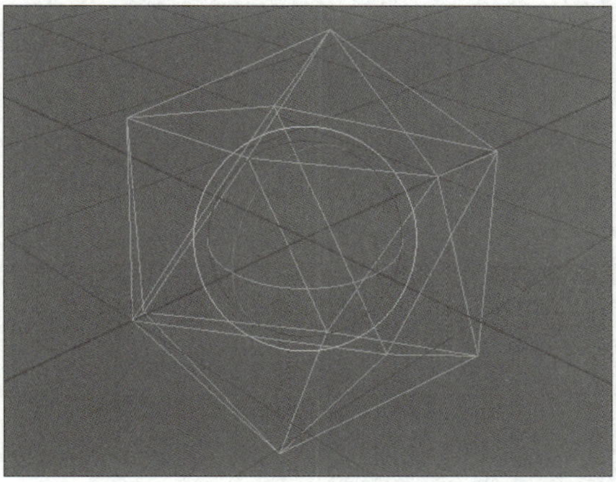

图 2-16

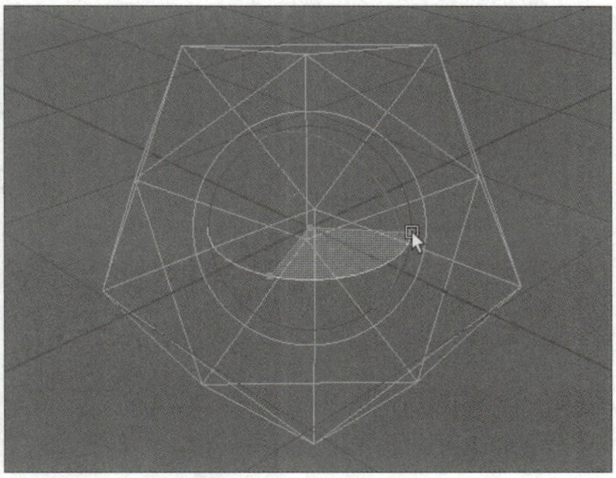

图 2-17

如果将鼠标指针放在控制器中间的空白处进行拖动，则可在任意方向上进行旋转，如图2-18所示。

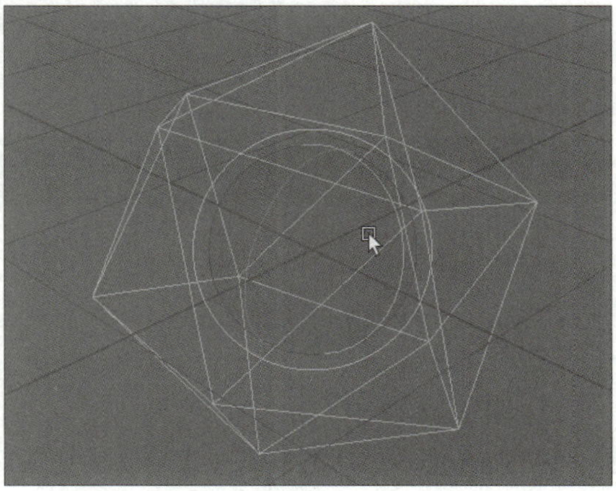

图 2-18

■2.2.4 缩放操作

使用缩放工具可对对象进行自由缩放操作。缩放工具同样具有3个轴向控制器，如图2-19所示。可将鼠标指针放置在某一轴向的方块上拖动，进行单轴的缩放操作，如图2-20所示。

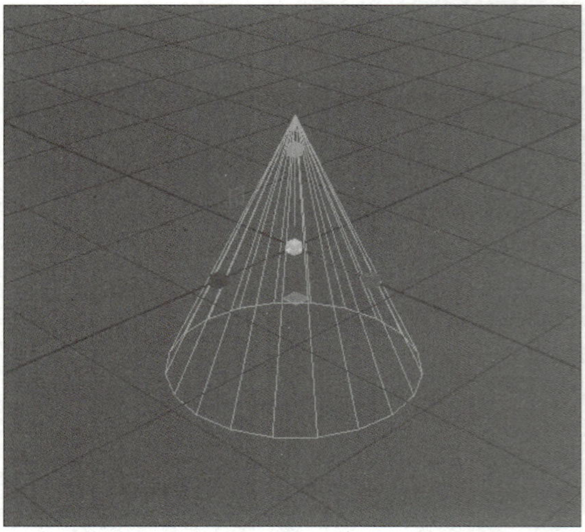

图 2-19

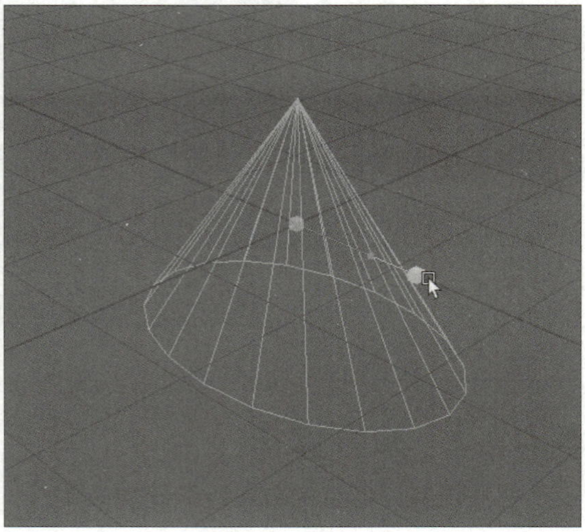

图 2-20

如果想要整体地缩放对象，可使用鼠标指针拖动控制器中心的黄色方块，如图2-21所示。

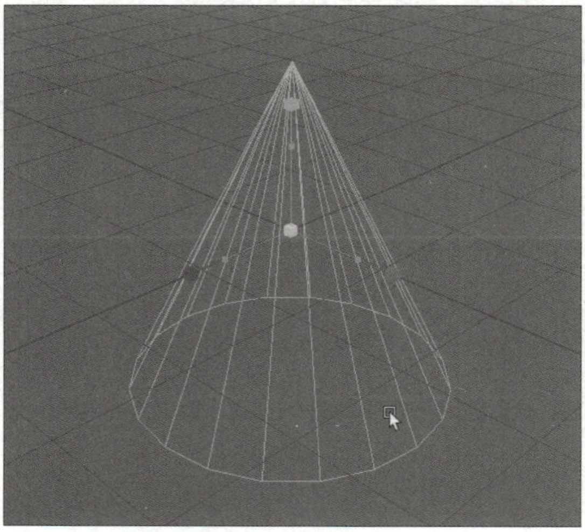

图 2-21

2.3 编辑对象

在进行编辑前需要先学习几个简单的操作方式，这样才能更加方便、快捷地完成作品。

■2.3.1 复制操作

1. 原位复制

在Maya中最常用的复制方式是原位复制，可执行“编辑”→“复制”命令，或是按Ctrl+D组合键，如图2-22所示。

原位复制的对象和原对象是重叠在一起的，需要使用移动工具将复制出来的对象移动至其他位置，如图2-23所示。

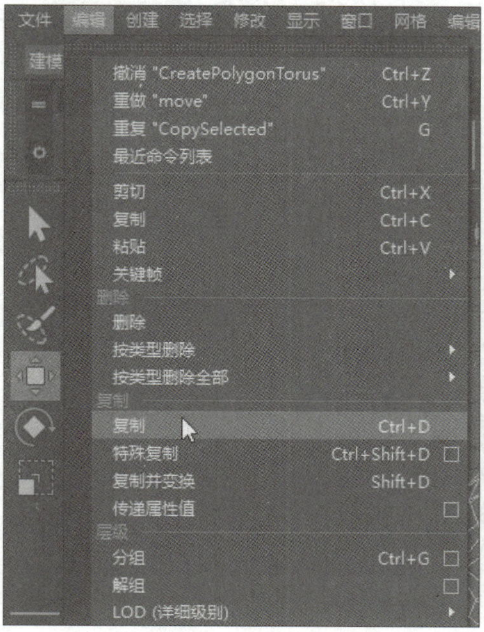

图 2-22

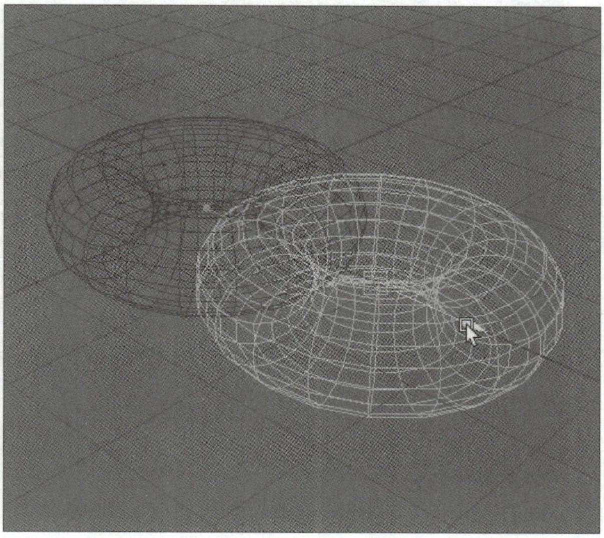

图 2-23

2. 特殊复制

特殊复制也被称为“关联复制”。利用特殊复制，可复制原始对象的副本对象，也可复制原始对象的实例对象，如图2-24所示。单击“特殊复制”命令右侧的设置按钮■，弹出“特殊复制选项”对话框，可在其中选择复制的类型及复制出的对象的变换属性等，如图2-25所示。

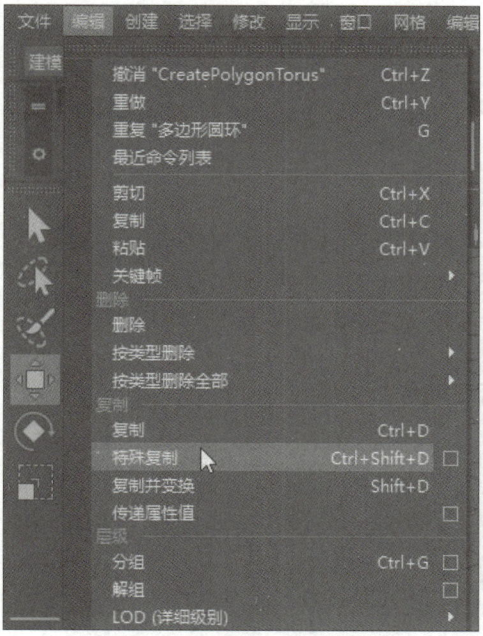

图 2-24

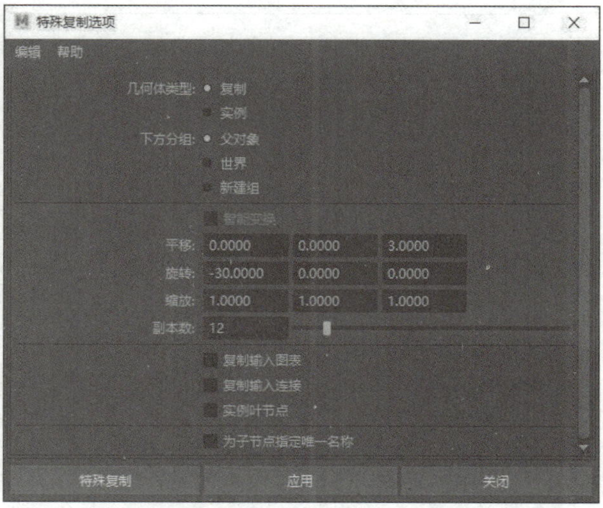

图 2-25

单击“应用”按钮，即可在视图中预览复制效果，如图2-26所示。

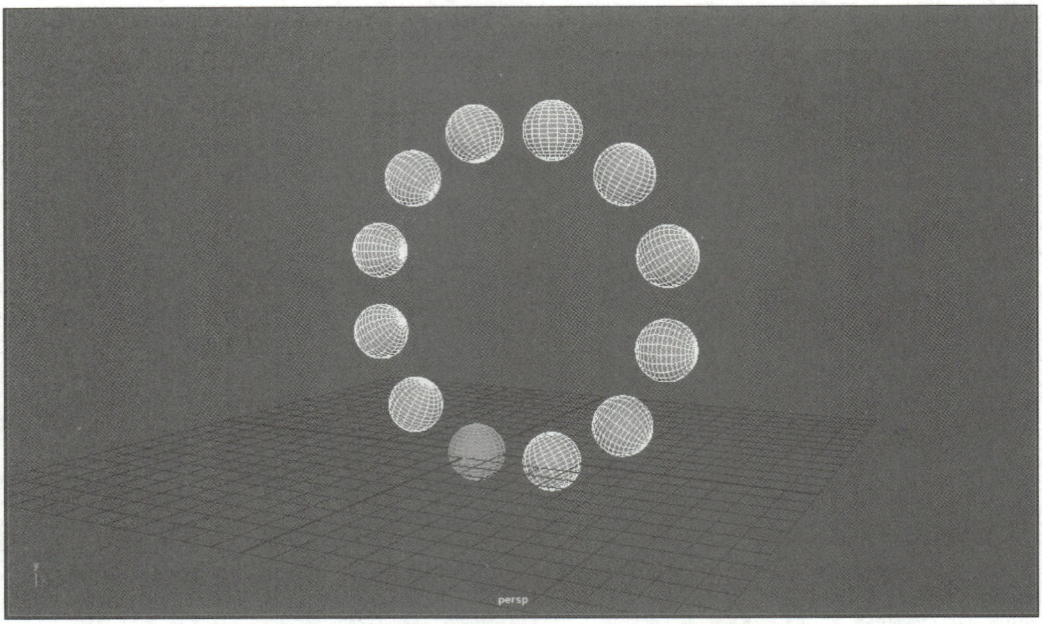

图 2-26

副本对象是复制出来的独立对象，而实例对象则是会与原始对象产生关联的对象。当修改原始对象时，复制出来的实例对象也会随之发生相同的改变。

3. 复制并变换

“复制并变换”命令提供了智能复制功能，不仅可用来复制对象，还可将对象的变换属性（如移动、旋转、缩放等）一起复制。复制所选对象并使用当前控制器应用已执行的上一个变换，效果如图2-27所示。

图 2-27

■2.3.2 编组操作

在Maya中创建的对象都具有独立性。如果同时编辑多个对象，就需要将其组合在一起。在复杂的场景中，编组的最大好处在于可自由地在组合个体之间进行切换，既可对组的整体进行统一编辑，又可切换到组中的独立个体进行单独修改。

1. 编组

选中需要进行编组的所有对象，执行“编辑”→“分组”命令，或者按Ctrl+G组合键，即可将所选对象编组。

2. 取消编组

若要取消编组，则选中编组对象，执行“编辑”→“解组”命令即可。

3. 组的选择和切换

在对场景对象进行编组操作后，如取消了当前组的选择状态，要想再次选中组时需要使用一些特别的选择方式。执行“窗口”→“大纲视图”命令，在大纲视图中选择编好的组；或单独选中某一组内成员对象，然后按方向键↑键，也可切换至组的选择上，如图2-28所示。

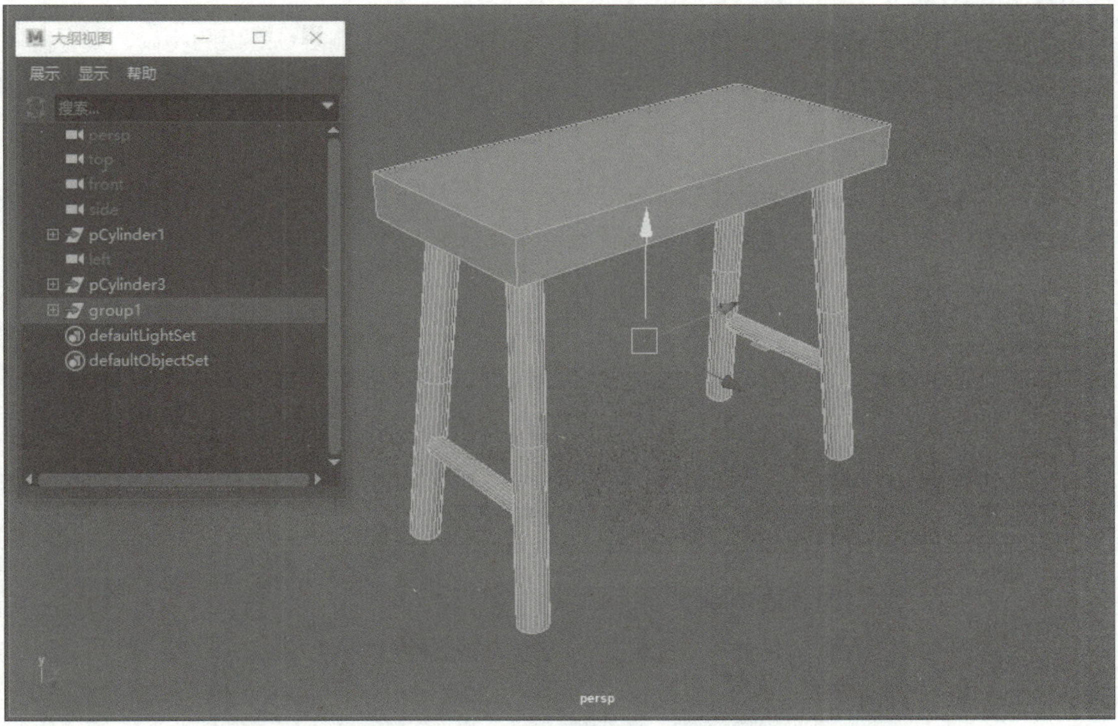

图 2-28

■2.3.3 删除操作

当有些对象创建得不理想，或不想其出现在创建的场景中时，就可将其删除，“编辑”菜单中提供了3种删除方式，如图2-29所示。

下面将介绍两种删除方式。

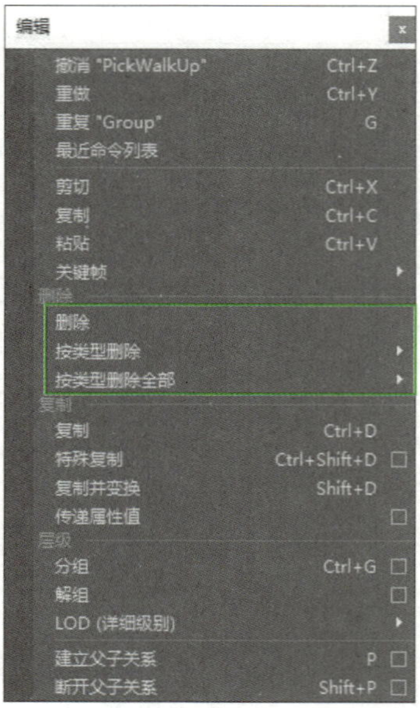

图 2-29

1. 删除对象

当物体处于对象模式下时，可执行“编辑”→“删除”命令删除场景内的物体，或直接使用Delete键快速删除。

2. 按类型删除

执行“编辑”→“按类型删除”命令，可删除选定对象的某一类型参数。执行“编辑”→“按类型删除全部”命令，可删除场景内某一特定类型物体。

■2.3.4　显示与隐藏操作

隐藏功能非常重要，在编辑对象时，有的物体会被其他物体遮挡住，这时就可以使用隐藏功能将其暂时隐藏起来，待处理好场景后再将其显示出来。

执行“显示”→“隐藏”命令，在其级联菜单中提供了多种隐藏方式，可以根据需要选择隐藏选定对象、未选定对象、指定类型对象等，如图2-30所示。

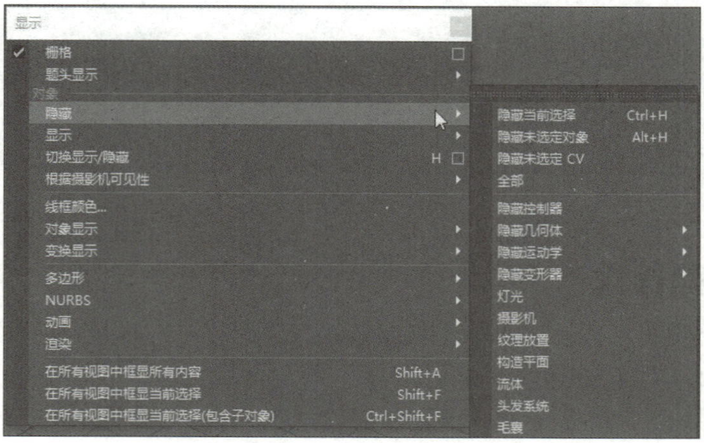

图 2-30

■2.3.5 撤消与重复操作

进行一系列操作后，Maya会自动记录操作过程，可利用“撤消”命令对错误的操作进行撤回，也可以恢复该操作；当出现重复操作时，可以利用“重复”命令快速地完成工作，如图2-31所示。

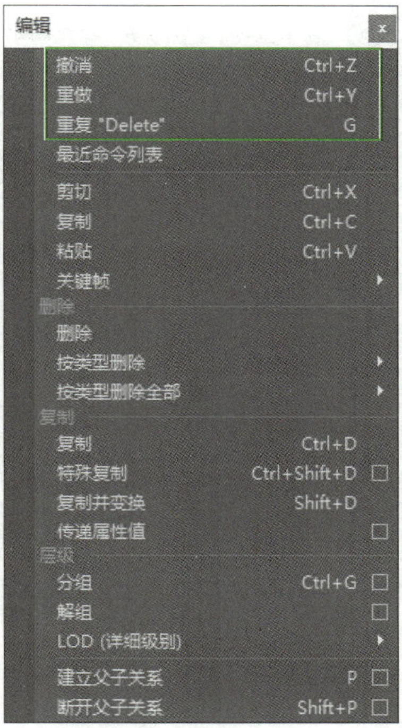

图 2-31

1. 撤消

在软件使用过程中难免会遇到一些操作失误的情况，这时候可执行“编辑”→“撤消”命令或使用Ctrl+Z组合键撤消相关操作。

2. 重复

当需要对不同的对象进行相同的操作时，可执行“编辑”→“重复”命令或使用G键重复相关操作。

2.4 修改对象

在对对象进行操作的过程中，很多时候不仅可以进行基本的变换操作，还可以对对象的其他属性进行修改，此时就需要执行“修改”菜单中的相关命令。

■2.4.1 冻结变换和居中枢纽

下面对冻结变换与居中枢纽进行简单介绍。

1. 冻结变换

所谓冻结变换，其实就是对所选对象的变换属性进行归零的一种操作。选中对象，执行

“修改”→“冻结变换”命令，即可将所选对象的变换属性归零，如图2-32所示。单击“冻结变换”命令右侧的设置按钮▣，打开“冻结变换选项”对话框，在该对话框中可选择冻结对象和调整法线设置的相关参数，图2-33所示。

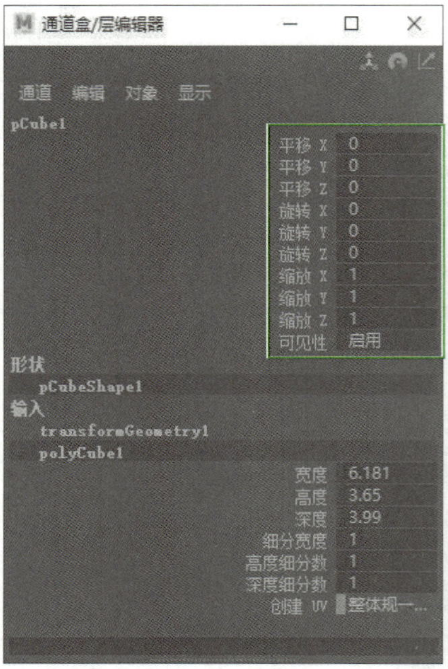

图 2-32

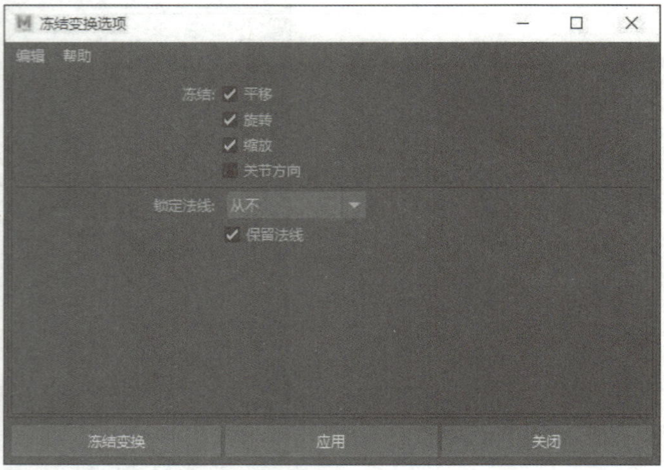

图 2-33

2. 居中枢纽

在对象的编辑过程中，对象的中心枢纽有时候并不处于对象的正中心，这使得在对其操作时会产生一定的难度。此时可选择对象，执行“修改”→“居中枢纽”命令，使枢纽居中，如图2-34、图2-35所示。

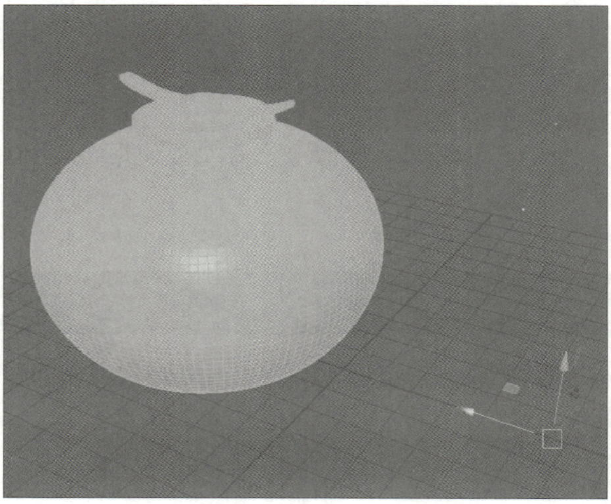

图 2-34

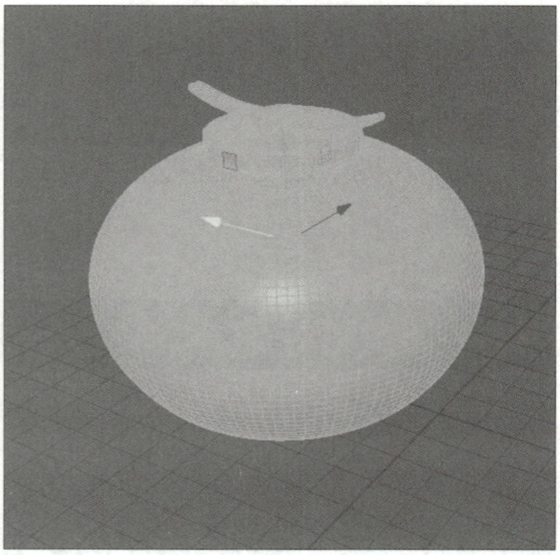

图 2-35

■2.4.2 修改对象的中心点

某些情况下需要使对象的中心点脱离对象的中心，并将其移动到某个特定的位置，此时可选中对象，按Insert键或D键，移动控制器，对象的外形将发生改变，变成移动与旋转的混合造型（如图2-36所示），然后便可任意移动对象的中心点，再次按Insert键或D键可以退出中心点编辑状态，如图2-37所示。

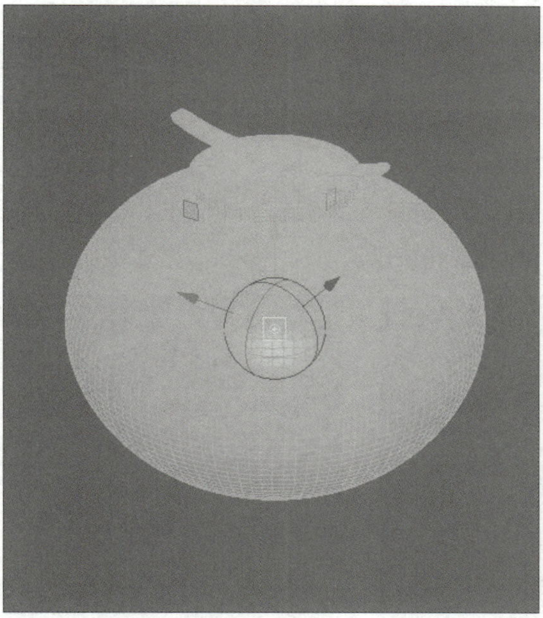

图 2-36

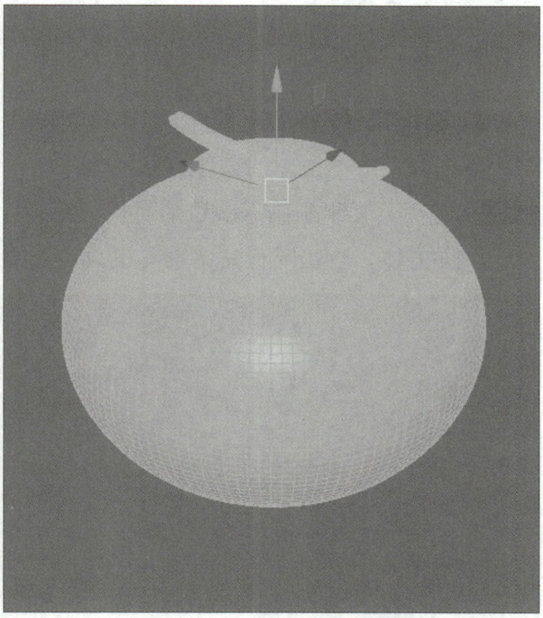

图 2-37

■2.4.3 捕捉工具

在Maya的状态行中提供了6种捕捉对象开关，如图2-38所示。在使用过程中可选择单击相应按钮激活捕捉开关或使用相应的快捷键。

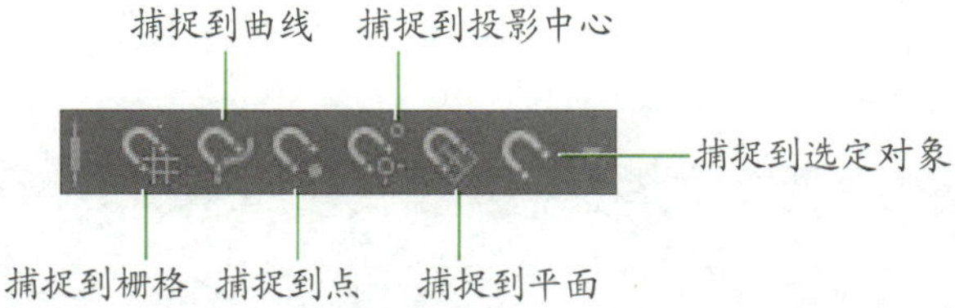

图 2-38

- **捕捉到栅格：**激活该开关后，使用移动工具移动对象，会发现鼠标指针在移动的过程中会对经过的栅格点自动捕捉定位。快捷键为X。
- **捕捉到曲线：**激活该开关后，可捕捉到已存在的曲线。快捷键为C。
- **捕捉到点：**激活该开关后，可捕捉到对象的顶点。快捷键为V。
- **捕捉到投影中心：**激活该开关后，可以将CV点或EP点捕捉到选定对象的中心。
- **捕捉到平面：**激活该开关后，在透视视图中创建的曲线是以摄影机正对的平面进行创建的；如果不激活该开关，创建的曲线将会平行于*xy*轴的平面。
- **捕捉到选定对象：**激活该开关后，可以将一个对象作为参照物，在该参照物的表面上进行建模。

实战演练 制作方形桌椅模型

通过在Maya中创建对应的多边形基本体，并将其组合成桌椅模型，可以更加深入地了解模型基本体的创建和变换方式，对象的复制和相关的编辑方法，以及对多个对象进行编组以进行整体性操作的技巧。

扫码观看视频

1. 制作桌子

首先介绍桌子模型的创建方法。

步骤 01 选择工具架中的“多边形建模”标签，然后单击该标签下的“多边形立方体”按钮，创建一个立方体，再在通道盒中设置参数，如图2-39、图2-40所示。

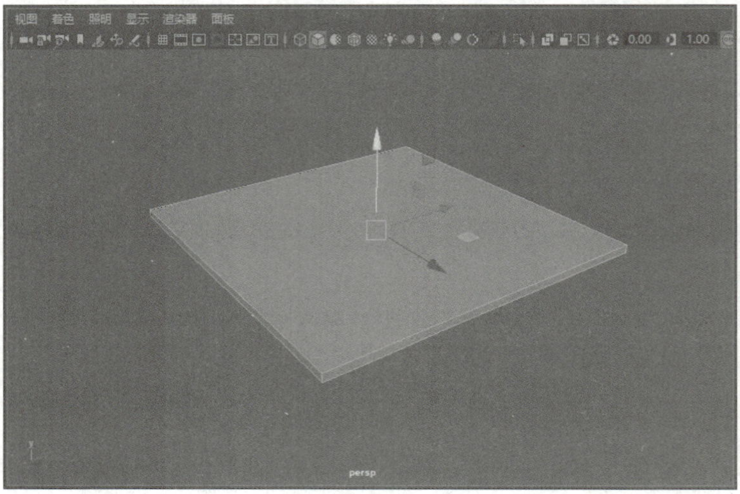

图 2-39

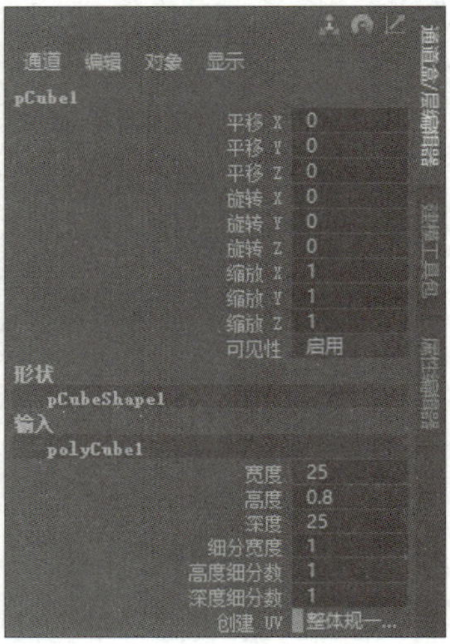

图 2-40

步骤 02 继续创建多边形立方体，使用缩放工具调整立方体的宽度和高度，再调整位置，将其作为桌腿，如图2-41所示。

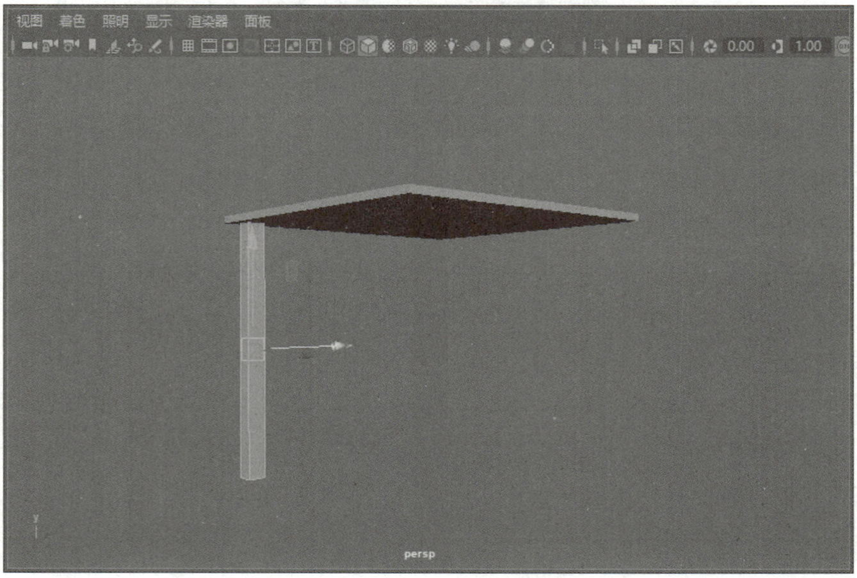

图 2-41

步骤 03 按空格键打开热盒菜单，拖动鼠标指针切换到顶视图，按住Shift键复制桌腿模型，如图2-42所示。

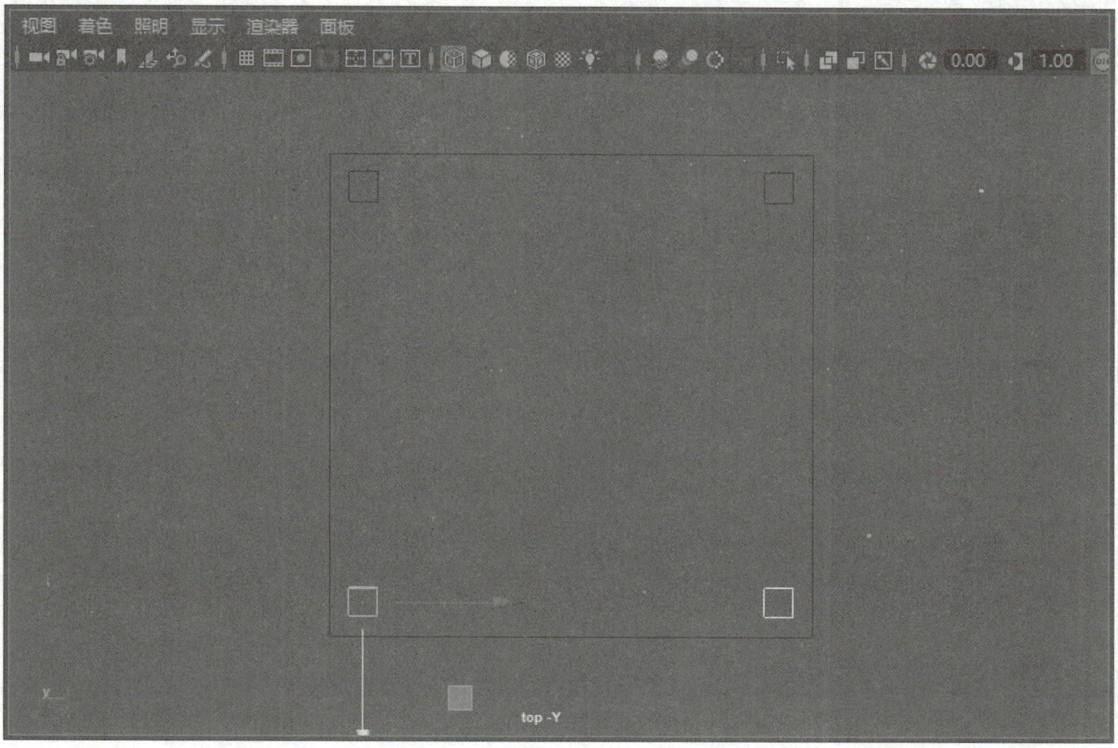

图 2-42

步骤 04 执行“创建”→“多边形基本体”命令，在展开的菜单中选择“交互式创建”选项，如图2-43所示。

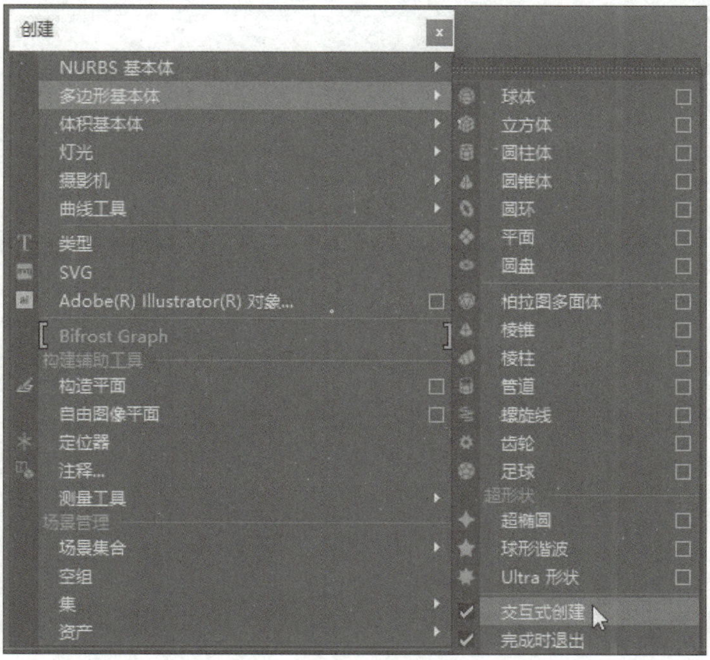

图 2-43

步骤05 在侧视图中创建一个长方体，并调整位置，将其作为挡板，如图2-44所示。

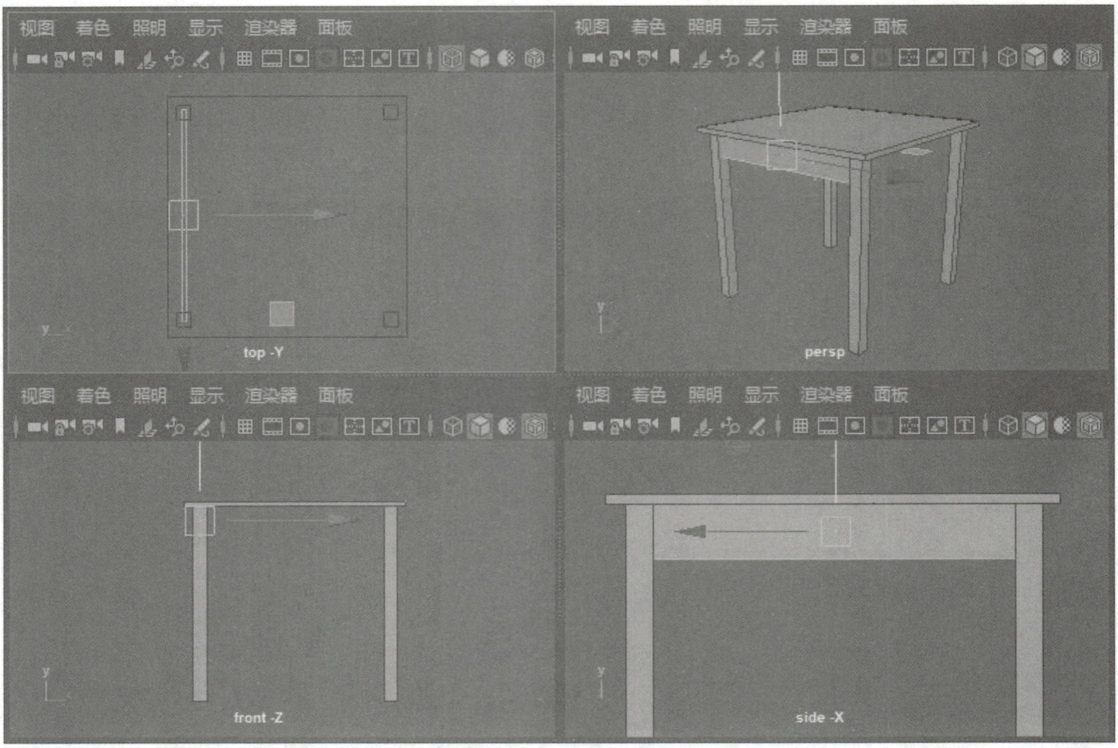

图 2-44

步骤06 按住Shift键复制长方体，将其调整到模型的另一侧，如图2-45所示。

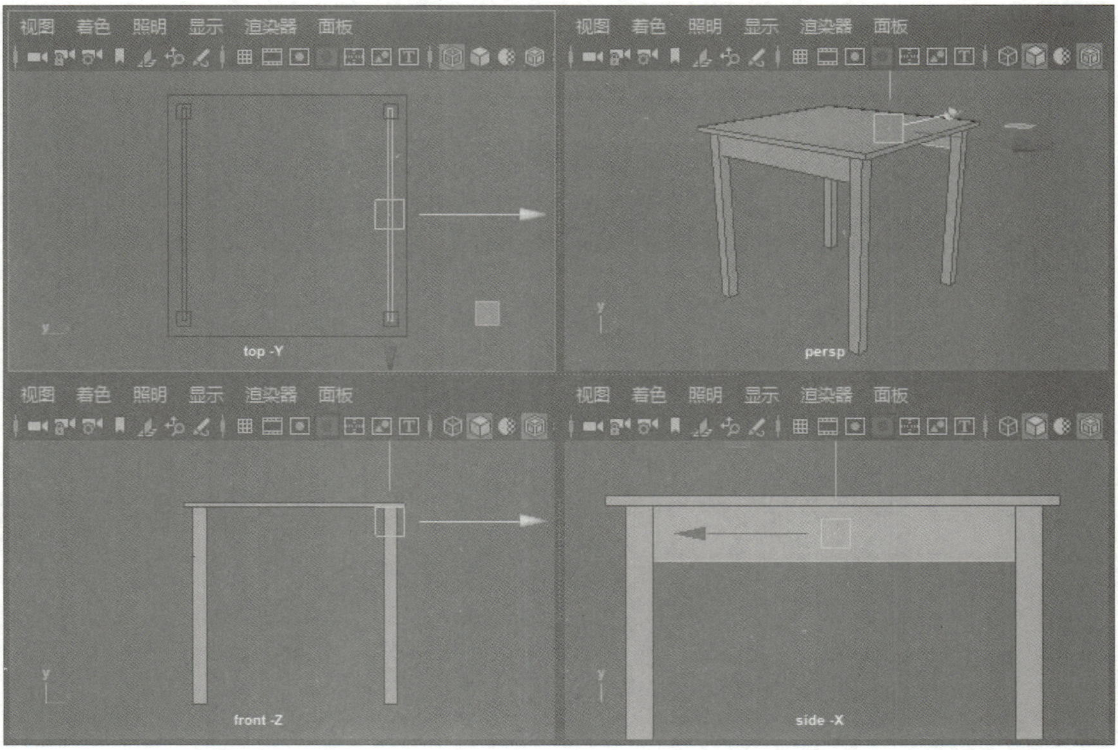

图 2-45

步骤07 切换到顶视图，按Shift+D组合键复制对象，利用旋转工具旋转对象90°，并调整对象的位置，再复制对象，制作四面的挡板，如图2-46所示。

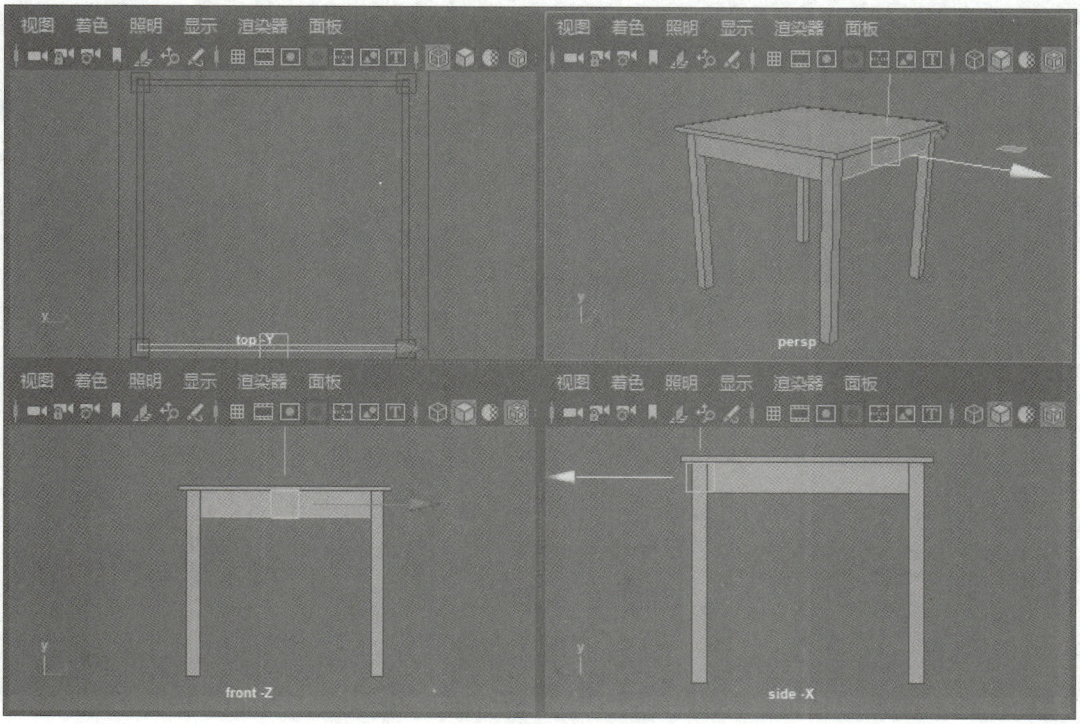

图 2-46

步骤08 选择四面的挡板，按住Shift键向下复制，并将其调整到合适的位置，如图2-47所示。

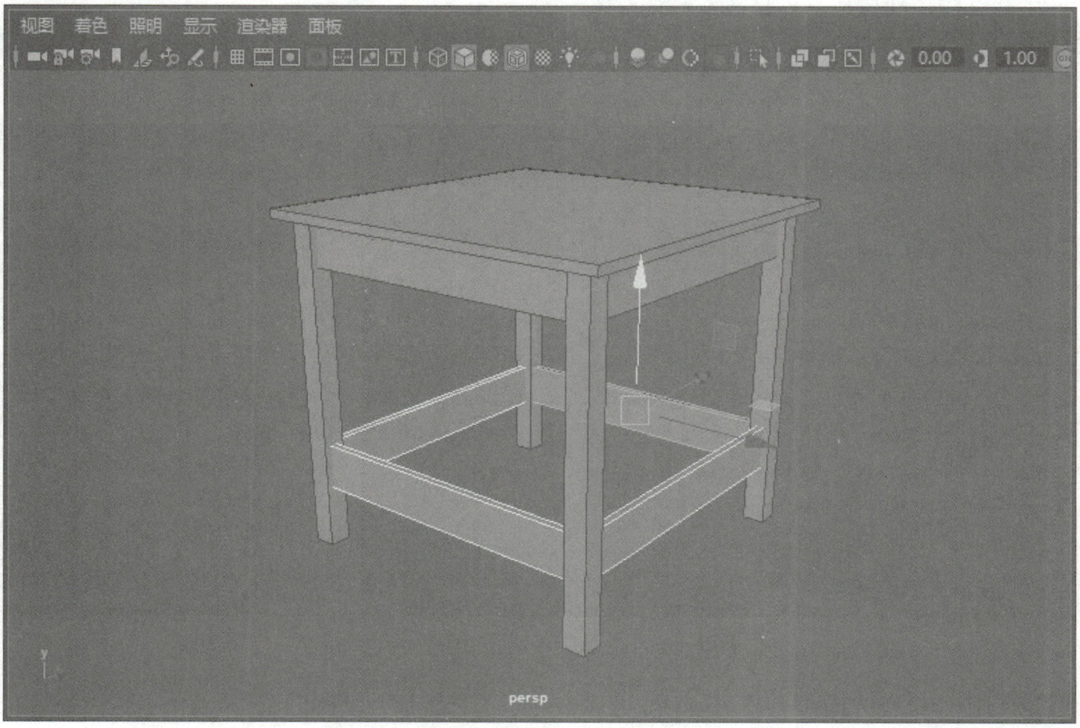

图 2-47

步骤09 选择缩放工具，沿垂直方向缩放对象，如图2-48所示。

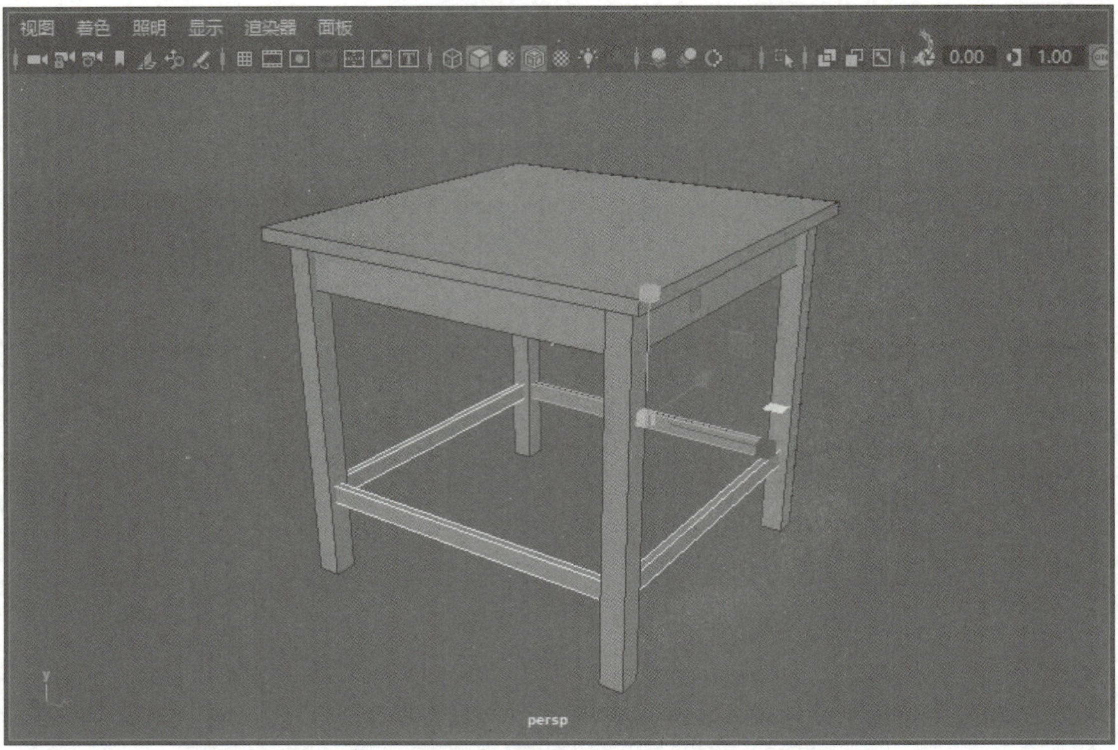

图 2-48

2. 制作椅子

下面介绍快速制作方形椅子的操作方法。

步骤01 在工具架中单击“多边形立方体”按钮，按住Shift键创建立方体，并在通道盒中设置参数，如图2-49、图2-50所示。

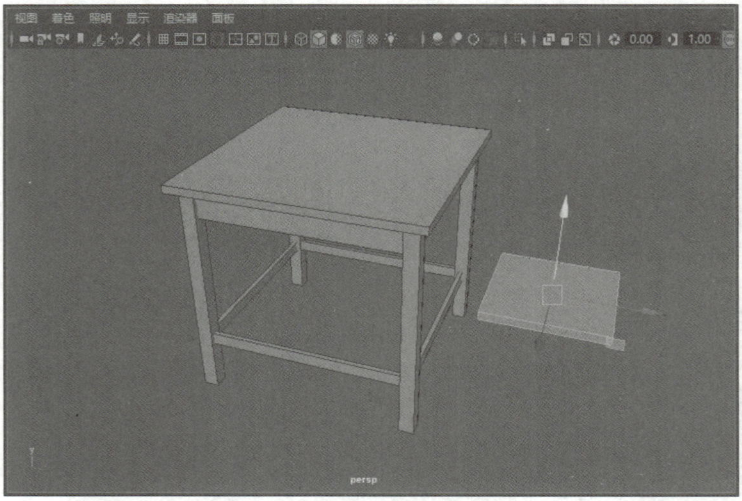

图 2-49

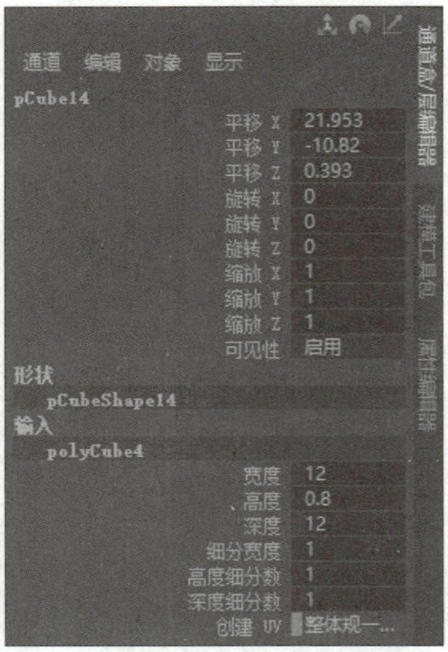

图 2-50

步骤02 与制作桌腿的操作一致，创建立方体，然后进行缩放并复制以制作4条椅子腿，如图2-51所示。

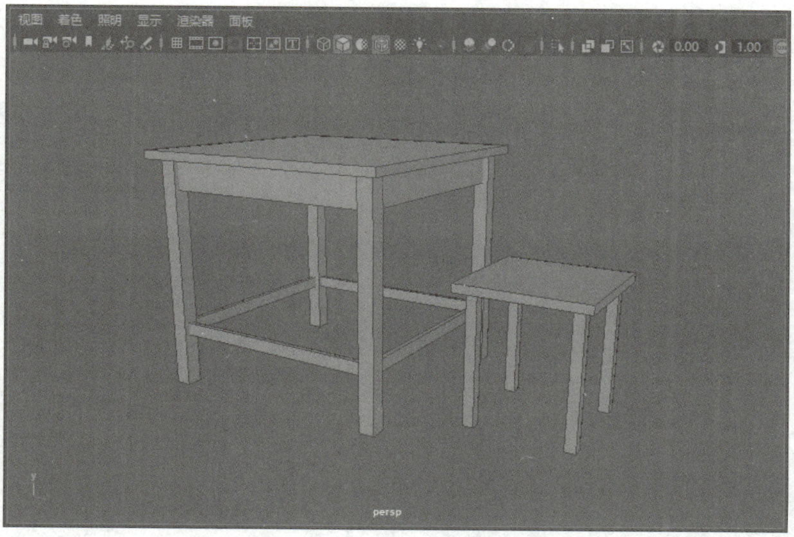

图 2-51

步骤03 直接复制椅腿结构并调整其角度以制作椅背，如图2-52所示。

步骤04 按Shift+D组合键复制椅背结构，然后缩放并复制椅背中间较细的结构，如图2-53所示。

图 2-52

图 2-53

步骤05 复制椅背结构并旋转角度，将其作为靠背的横梁，如图2-54所示。

步骤06 再次缩放并复制椅腿结构，如图2-55所示。

图 2-54

图 2-55

步骤07 将制作好的椅子模型全部选中，按Ctrl+G组合键将对象编组，以方便对其进行整体性的操作，如图2-56所示，然后可打开透视视图来观察和选择编好的组。

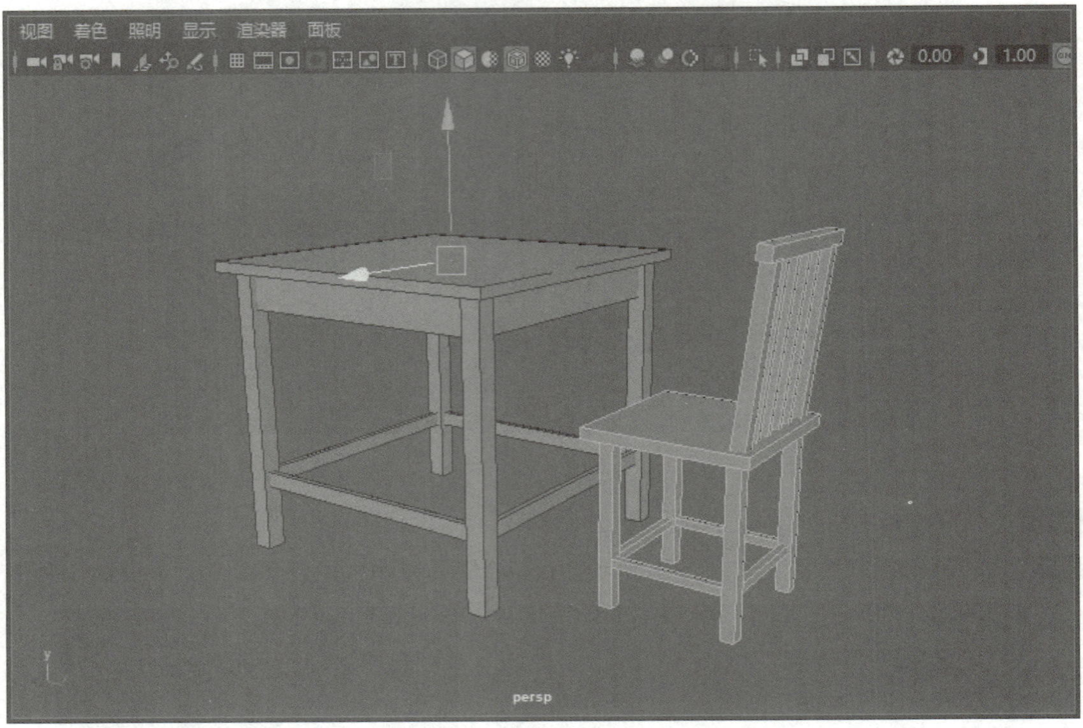

图 2-56

步骤08 选择旋转工具，切换到顶视图，按住Shift键旋转并复制椅子模型，如图2-57所示。

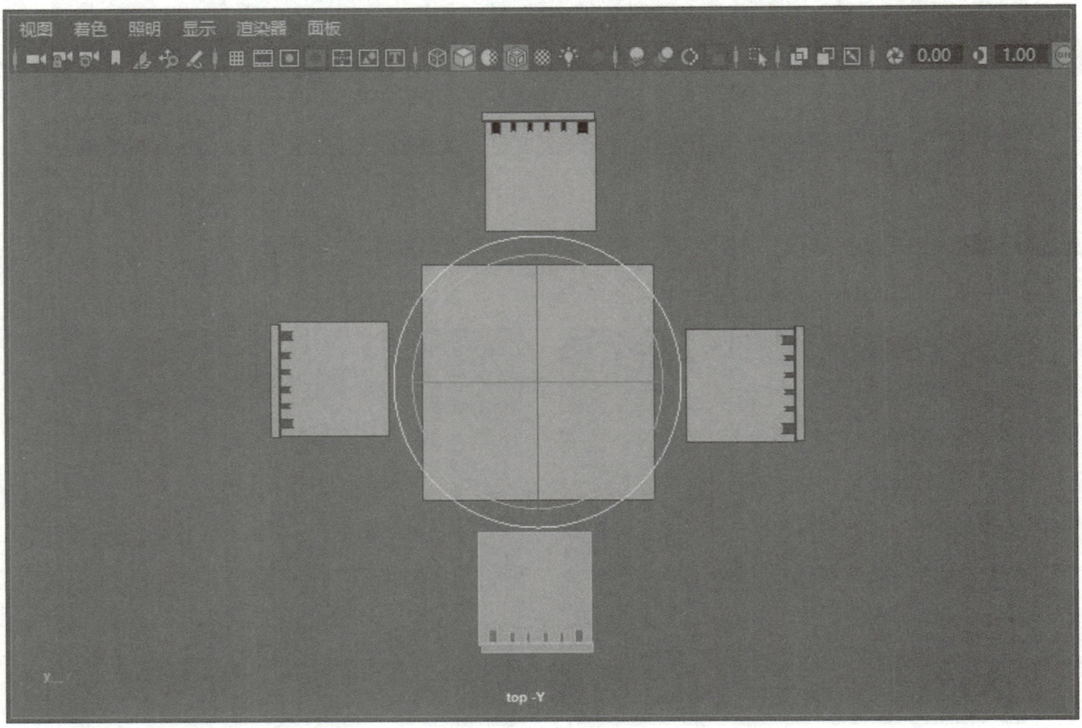

图 2-57

步骤 09 切换到透视视图，模型的最终效果如图2-58所示。

图 2-58

知识拓展 动态分镜

1. 动态分镜的产生

动态分镜是一个介于分镜和剪辑之间的环节，也可以理解为是集分镜与剪辑于一身的环节。在大的流程上讲，它位于分镜故事板制作之后，远远早于剪辑，但是从真正的制作手段上讲，它又更多地使用剪辑的手段。

动态分镜的产生是随着计算机技术的发展而逐步衍化而来的。最开始，人们会根据制作的需求在纸上绘制不同精细程度的分镜。当这种故事板精细到一定程度时，实际上就已经具备了动态分镜的雏形。随着计算机技术的发展，动画制作者们发现可以用现有的动画软件故事板进一步处理动画，以更多地体现时间、画面等因素的作用，于是就产生了制作动态分镜的初步构想。如今，动态分镜已经成为一种成熟的动画预演环节，并且在三维动画制作流程中发挥着越来越重要的作用。三维软件所具备的预览功能，为动态分镜的发展提供了强有力的支持，如图2-59所示。

图 2-59

2. 动态分镜的概念

动态分镜，顾名思义，就是“动态形式的分镜”。

首先，动态分镜是分镜的一种形态，它具备作为分镜的功能，同时可达到分镜的制作目的——指导动画制作。从这方面看，动态分镜实际上是动画制作前期的一个环节。

其次，动态分镜区别于一般分镜最主要的特点是，动态分镜要将时间、表演、画面等各种因素加进去，要体现出更具体、更详细的画面变化和情节变化等。可以这么说，分镜是剧本的具象化，而动态分镜则是剧本的详尽化。

再次，动态分镜与人们看到的最终画面相比仅仅是画面完成度的区别，在情节发展、画面布局、镜头转换等方面均已定型，只需要在各个镜头制作出来之后再进行精细剪辑即可。因此，动态分镜对于动画制作中期具有极强的指导作用。甚至可以说，在完成动态分镜的制作后，动画导演的工作已经完成了大半，剩下的更多的是动画制作者们自己的发挥。

总之，动态分镜就是可视化的分镜头脚本。在动态分镜中，既需要做到尽可能详细地将脑海中的画面具象化地表现出来，也要为接下来的工序提供可参考的模板，使其有据可依。

3. 动态分镜的制作手段

随着计算机图形图像技术的发展，已经可以在完成原画设定之后迅速地开始动态分镜的制作，甚至可以与分镜头脚本同步完成。

动态分镜的制作包括二维制作手段和三维制作手段，下面以三维制作手段为例进行讲解。

三维制作手段是在三维软件功能的基础上发展而来的，通过三维软件预览并截取镜头，再由剪辑软件完成最终的衔接。截取预览镜头由动画导演指导，使其更接近剪辑的工序。

动态分镜的优势在于它可以贯穿之后的整个动画制作过程，最开始可以用粗略的三维模型或者图形代替场景、角色等元素，迅速地将整个故事的框架搭建起来，并进行各个镜头的加工，然后逐渐完善各个镜头，以获得非常接近最终画面的视觉效果；而需要拍摄的部分，动画导演可以通过动态分镜指导演员来表演。当然，这种动态分镜的缺陷也比较明显，它与故事板的功能有很多重复，很难迅速制作出来，需要在三维软件里达到一定的完成度。

三维制作手段通常是使用3ds Max、Maya、Softimage等三维软件完成各个镜头的制作，并使用Premiere完成最终的剪辑，如图2-60所示。使用三维软件可以在很大程度上模拟实际的拍摄过程，同时能够很好地表现出角色之间以及角色与场景之间的互动和位置关系；缺点是需要在完成初步的场景搭建之后才能开始。

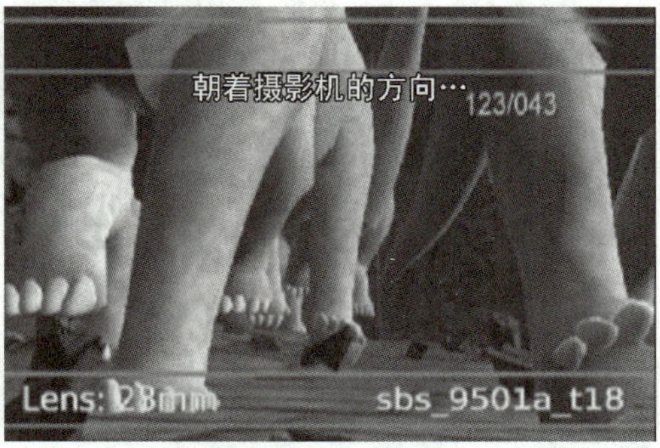

图 2-60

4. 动态分镜式剪辑

动态剪辑极大地优化了动画制作流程，使工作效率有了数倍的提高，这也和动画本身的特殊性有关。动画的平均制作成本比较高，尤其是画面的获得，每获得一个可以呈现在屏幕中的画面都需要很多道工序，一个细微的修改都会使之前的工序返工。动态分镜在动画制作前期和中期出现，又介入后期剪辑，无论是对角色动画的制作还是对镜头语言的表现，都起到了很好的指导作用。

动态分镜的出现对于三维动画乃至整个动画领域都具有极为重要的意义，由此引出“动态分镜式剪辑”的概念。动态分镜式剪辑是将动态分镜制作和剪辑合二为一，从分镜脚本一产生，剪辑就介入动画制作中，利用动态分镜迅速地构建故事的骨架，并逐步完善各个环节和镜头。如图2-61所示为动画片《海底总动员》的动态分镜式剪辑。

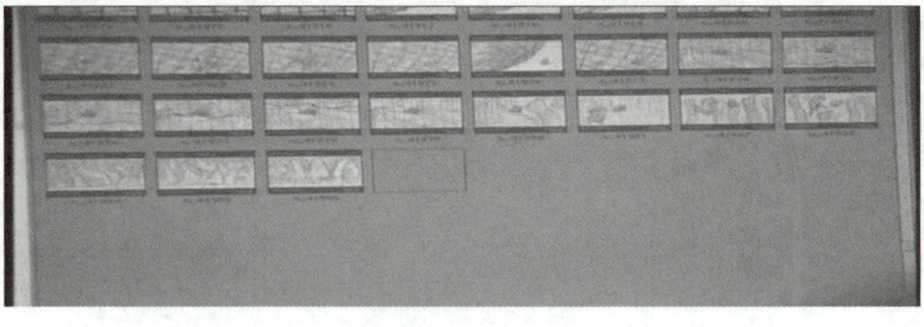

图 2-61

Maya

第3章

多边形基础建模

内容导读

本章将开始学习多边形模型构成元素的相关知识，学习如何对多边形模型的网格进行合理的划分，以及如何通过操作与编辑相关的构成元素来调整模型的形状，还会对多边形右键菜单中的基础命令进行讲解。

数字资源

【本章素材来源】："素材文件\第3章"目录下

【本章实战演练最终文件】："素材文件\第3章"目录下

3.1 创建基本对象

在现实生活中，物体都有一定的形状，有的十分规则，有的不太规则。Maya提供了多种规则的基本几何体，可直接在场景内创建，如图3-1所示。

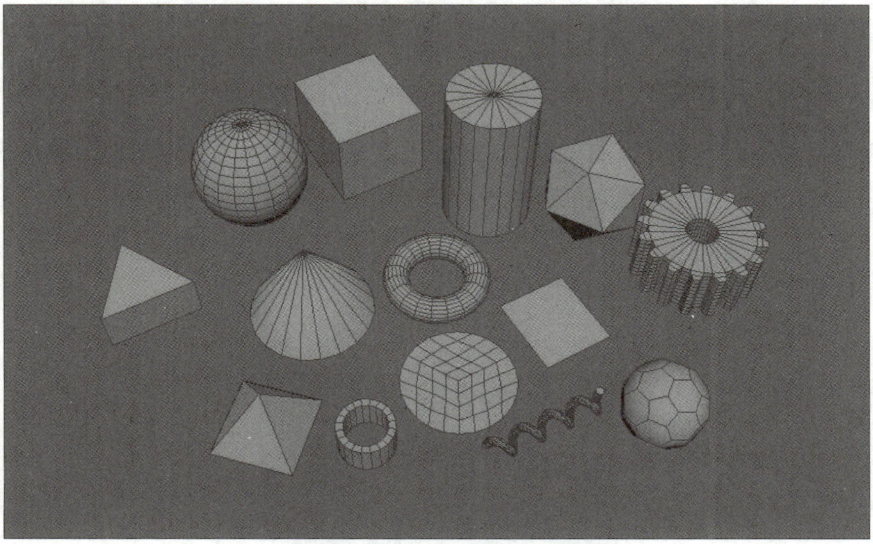

图 3-1

■3.1.1 创建对象

以创建多边形基本体为例，想要找到完整的多边形基本体列表，需要打开“创建”菜单，在其中直接选择对应的几何体，如图3-2所示。

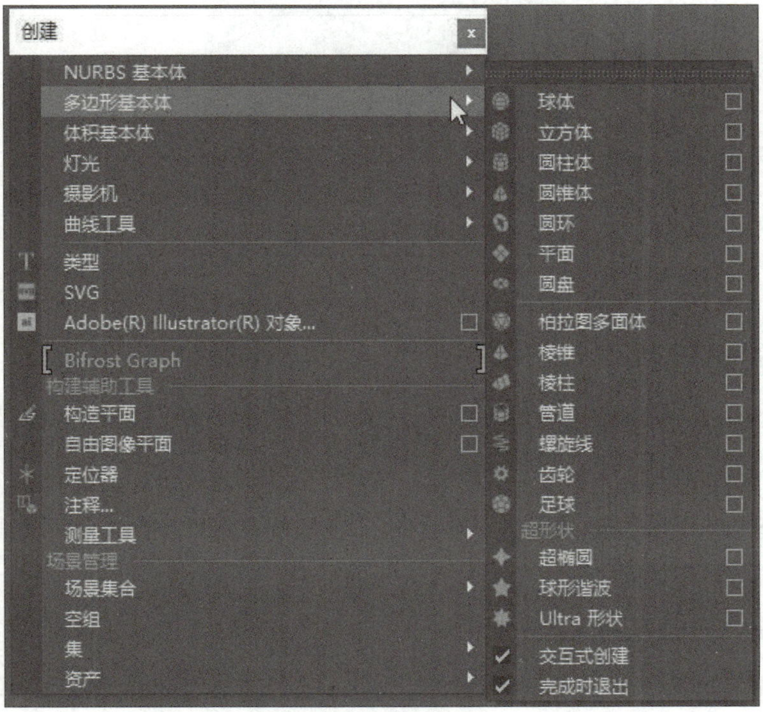

图 3-2

也可使用工具架中的按钮来选择创建的基本体类型，如图3-3所示。

图 3-3

■3.1.2　交互式创建

在创建对象时可选择交互式或非交互式。交互式创建是指可通过对鼠标与键盘的控制来调整基本体的创建结果；而非交互式创建则是指单击选择命令后直接在场景内生成一个默认设置的基本体。

可通过菜单中的交互式选项来进行创建模式的切换，如图3-4所示。

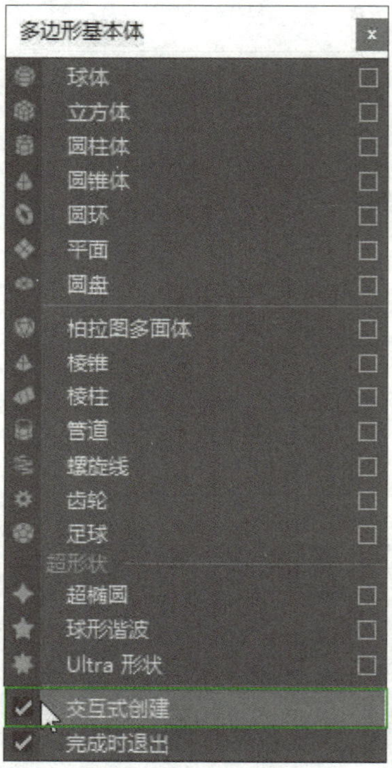

图 3-4

■3.1.3　创建过程

不同的基本体会有不同的交互式创建过程，有的只需要1次操作，有的则需要多次。

1. 以创建球体为例

选择“球体”基本体选项，然后按住鼠标左键在场景内拖动，控制球体的创建位置及大小，松开鼠标即可完成基本体的创建。

2. 以创建管道基本体为例

需要经过3次操作，第1次操作确定管道的位置和直径，第2次操作确定管道的高度，第3次操作确定管道内壁的厚度，如图3-5～图3-7所示。

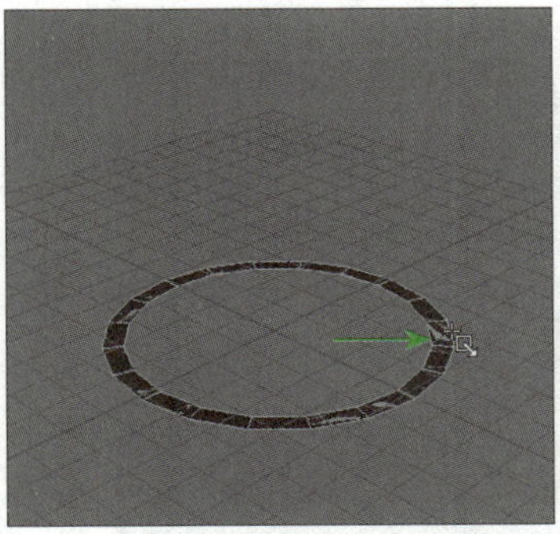

图 3-5

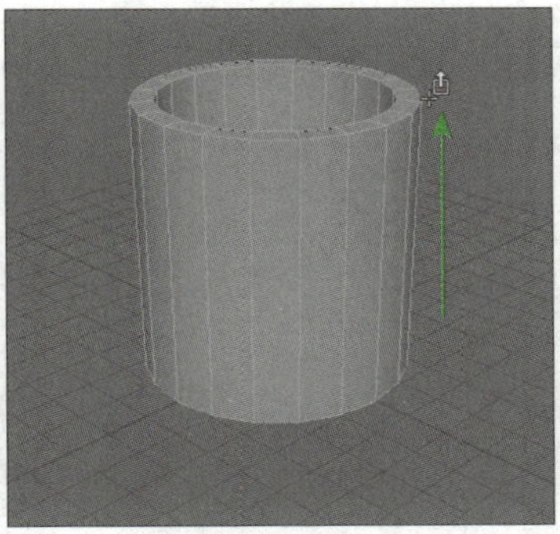

图 3-6

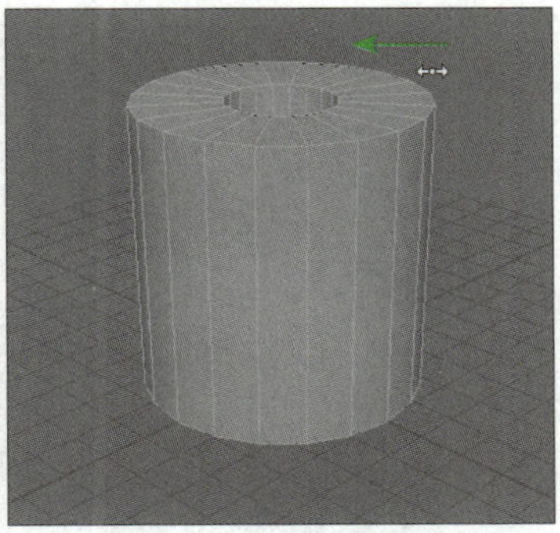

图 3-7

要创建一个等比例的基本体时，还需按住Shift键。

■3.1.4 通道盒参数

基本体创建完成后，打开通道盒，便可观察到基本体的对应信息。这里将信息分为变换参数和属性参数两类。

1. 变换参数

在物体的变换参数中主要有平移、旋转、缩放3种类型，与对象的变换操作一一对应，在使用控制器变换对象的同时可观察通道盒中变换参数的变化，也可直接在变换参数中输入数值以达到精准修改，如图3-8、图3-9所示。

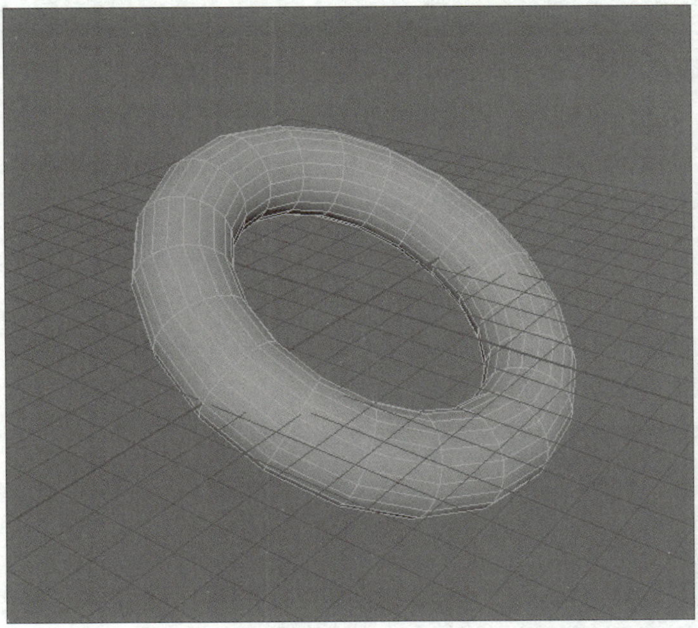

图 3-8

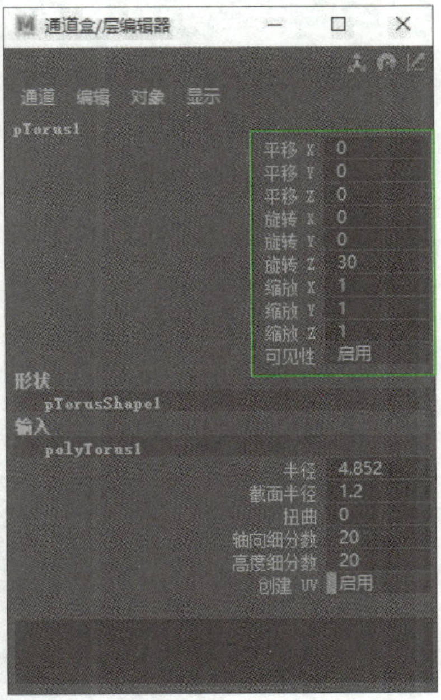

图 3-9

2. 属性参数

在“输入”属性里可直接观察到对象的构成参数，例如基本体的宽度、高度、深度及3个轴向上的细分线段数。与变换属性相同，这里的数值都可通过直接输入来修改模型的结构，如图3-10、图3-11所示。

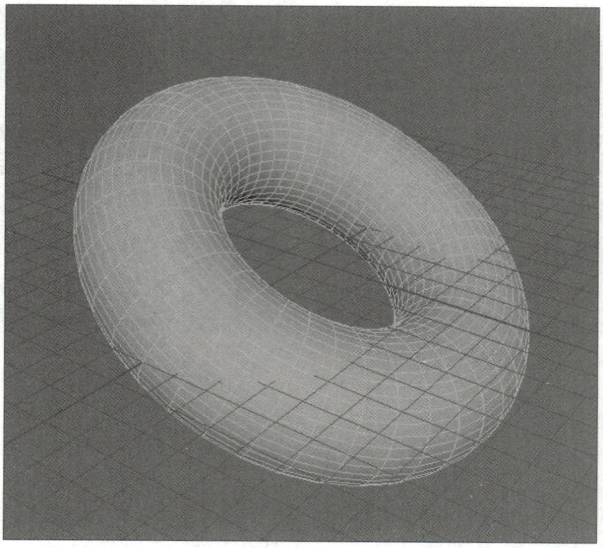

图 3-10

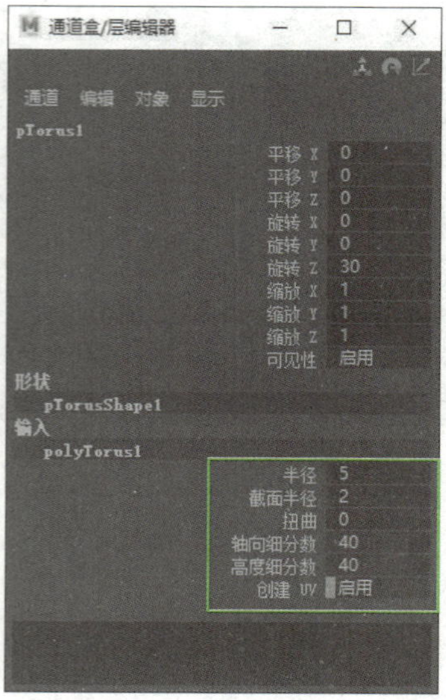

图 3-11

知识链接

Maya 默认的单位是 cm（厘米），Maya 的动力学和灯光衰减都是基于默认的单位 cm（厘米）。当将 Maya 与 Rhino、3ds Max 等三维软件进行交互使用时，一定要注意统一单位。

3.2 多边形建模基础

多边形建模是一种非常直观的建模方式，也是Maya中极为重要的一种建模方法。它比较容易理解，也非常适合初学者学习，在建模的过程中可以提供更多的想象空间和修改余地。

多边形建模虽然有很大的优势，但是当创建的模型较为复杂时，物体上的调节点会非常多，这就需要使用者对空间的构造有比较好的把握能力，合理地划分网格。

3.2.1 多边形的概念

多边形是指由顶点和顶点之间的边构成的n边形。多边形对象就是由n个多边形构成的集合，可以是封闭的空间也可以是开放的空间，如图3-12所示。

图 3-12

多边形对象与NURBS对象有着本质的区别。NURBS对象是参数化的曲面，有严格的UV走向；多边形对象是三维空间里一系列离散的点构成的拓扑结构，编辑起来相对自由。

■3.2.2 多边形建模方法

目前，多边形建模方法已经相当成熟，大多数三维软件都有多边形建模系统。由于多边形的调节比较自由，所以很适合创建生物和建筑类的模型。

多边形建模方法有很多。根据目标构造的不同可以采取不同的多边形建模方法，但大部分都遵循从整体到局部、从个体到组合的建模流程，如图3-13所示。

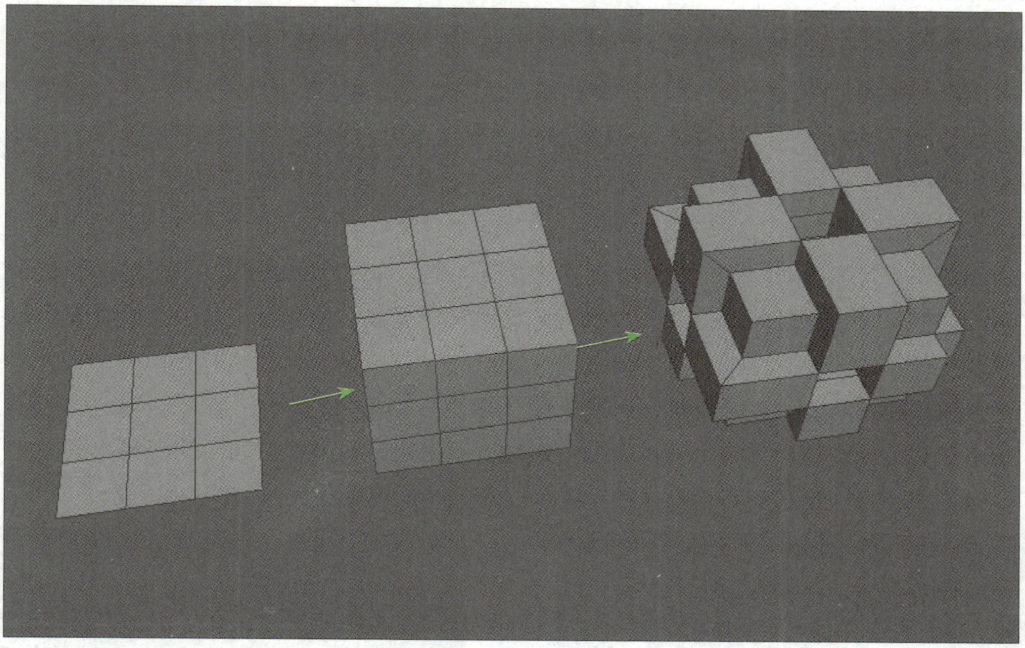

图 3-13

■3.2.3 多边形的构成元素

多边形对象的组成元素有顶点、边和面，还包括多边形的法线和UV坐标。

1. 顶点

在多边形对象上，边与边的交点是这两条边的顶点，也就是多边形的基本构成元素，如图3-14所示。

2. 边

边是多边形基本构成元素中的线，它是顶点之间的边线，也是多边形对象上的棱边，如图3-15所示。

3. 面

在多边形对象上，3个或3个以上的点用直线连接起来形成的闭合区域被称为“面”。面的种类比较多，包括从三边围成的三角面到由n边围成的n边面。在Maya中通常使用三边形或四边形，大于四边的面使用得较少，四边形如图3-16所示。

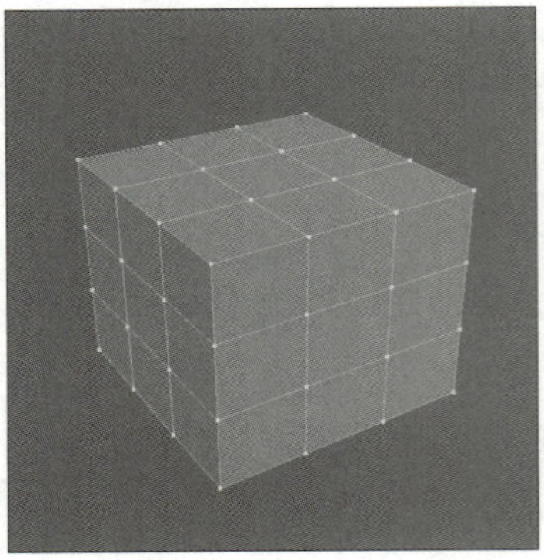

图 3-14

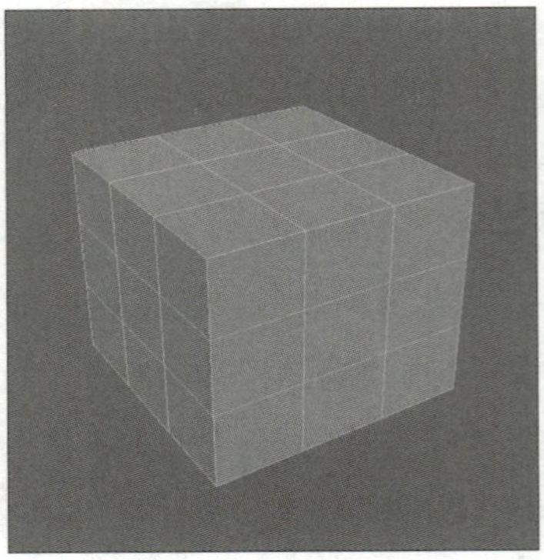

图 3-15

图 3-16

4. 法线

法线是一条虚拟的直线，它与多边形的表面垂直，用来确定表面的方向。Maya中的法线可以分为面法线和顶点法线两种。

（1）面法线

面法线用来定义多边形面的正面，与多边形面垂直。如果面法线的方向不对，那么在渲染多边形的时候可能会出现错误的效果。执行“显示”→“多边形”→“面法线”命令，即可显示面法线，如图3-17所示。

（2）顶点法线

顶点法线是从多边形顶点发射出来的一组线，用来决定两个多边形面的视觉光滑程度。执行“显示”→“多边形”→“顶点法线”命令，即可显示顶点法线，如图3-18所示。

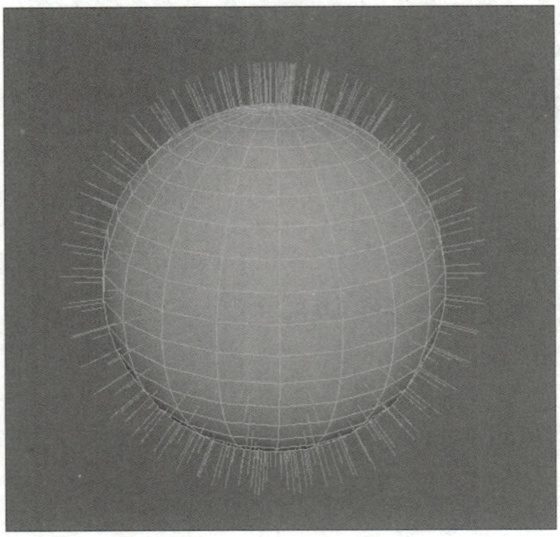

图 3-17

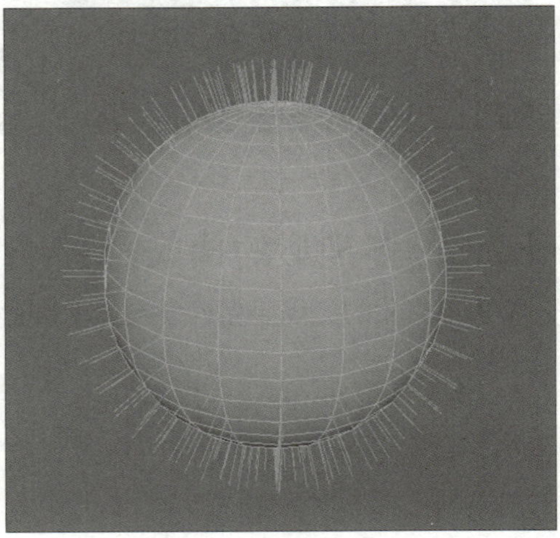

图 3-18

5. UV坐标

为了将二维纹理图案映射到三维模型的表面上，需要建立三维模型空间形状和二维纹理的描述体系，然后在两者之间建立关联关系。描述三维模型的空间形状使用三维直角坐标，而描述二维纹理平面则使用另一套坐标系统，即UV坐标。

多边形的UV对应着每个顶点，呈褐色点显示，如果需要编辑UV坐标，则需要在UV编辑器里进行操作，如图3-19所示。

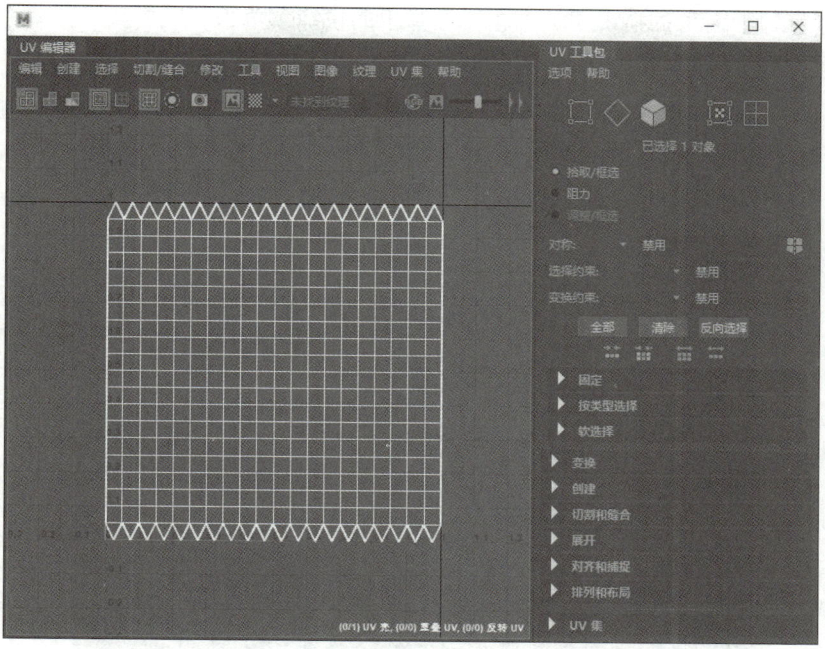

图 3-19

3.3 多边形构成元素的操作

在建模的同时会运用到多种多边形，因此，初学者应该学会如何使用多种元素构成多边形。

3.3.1 多边形右键菜单

使用多边形右键快捷菜单可快速地创建和编辑多边形对象。在没有选择任何多边形对象的情况下，按住Shift键右击，在弹出的快捷菜单中可以看到一些多边形基本体的创建命令，如图3-20所示。

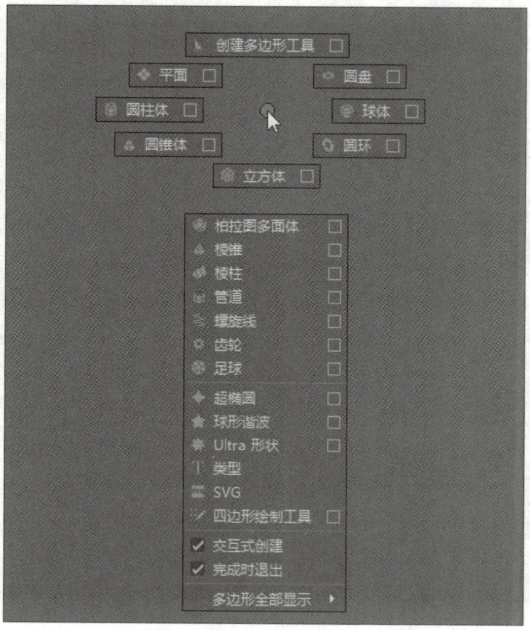

图 3-20

在选择了多边形对象的情况下，右击，在弹出的快捷菜单中可以看到一些多边形的次物体级别命令，如图3-21所示。

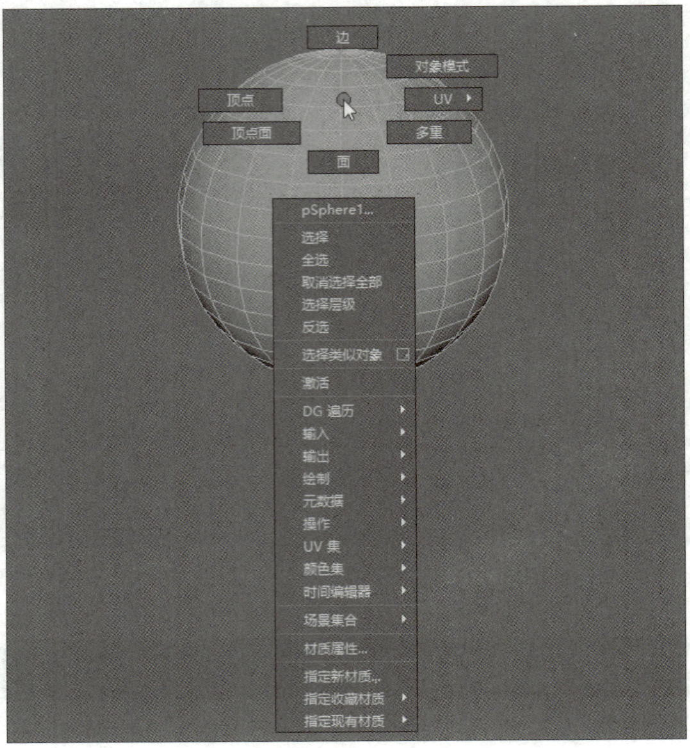

图 3-21

在进入了次物体级别后（如进入了面级别），按住Shift键，右击，在弹出的快捷菜单中可以看到一些编辑次物体级别（如面）的工具与命令，如图3-22所示。

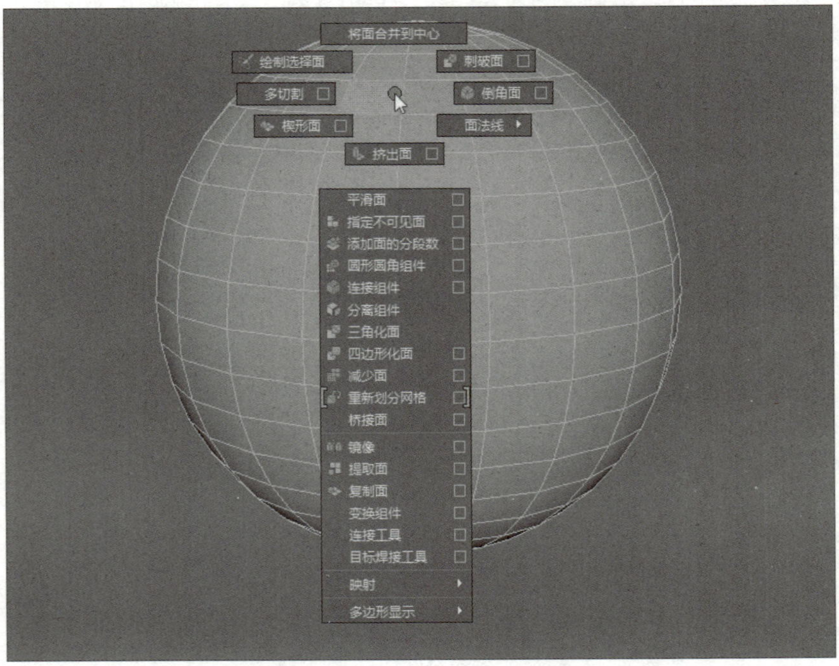

图 3-22

■3.3.2 基础构成元素的操作

首先需要进入多边形构成元素的编辑模式，可以通过右键菜单，即选中多边形对象，右击，在弹出的快捷菜单中将鼠标指针移动到对应的构成元素名称上；也可以使用快捷键，按F9键进入顶点层级，按F10键进入边层级，按F11键进入面层级，按F8键还原至物体层级。

在编辑多边形构成元素时，可选中对应的元素，然后使用移动、旋转、缩放工具来改变多边形的形状，如图3-23所示。

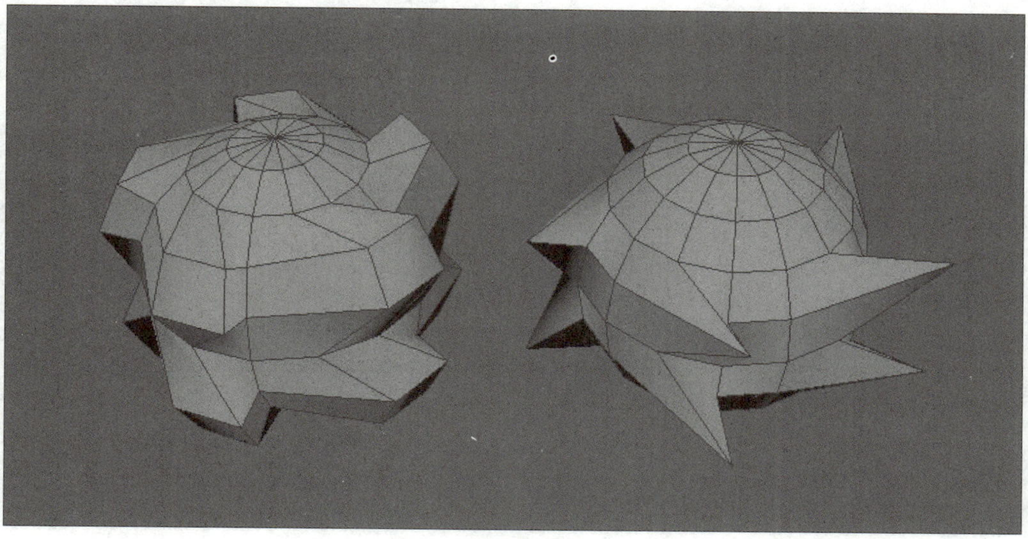

图 3-23

■3.3.3 编辑多边形法线

在物体创建完成后，如果不显示法线，可执行“显示”→“多边形”→“面法线”（或“顶点法线”）命令来显示法线，如图3-24所示。

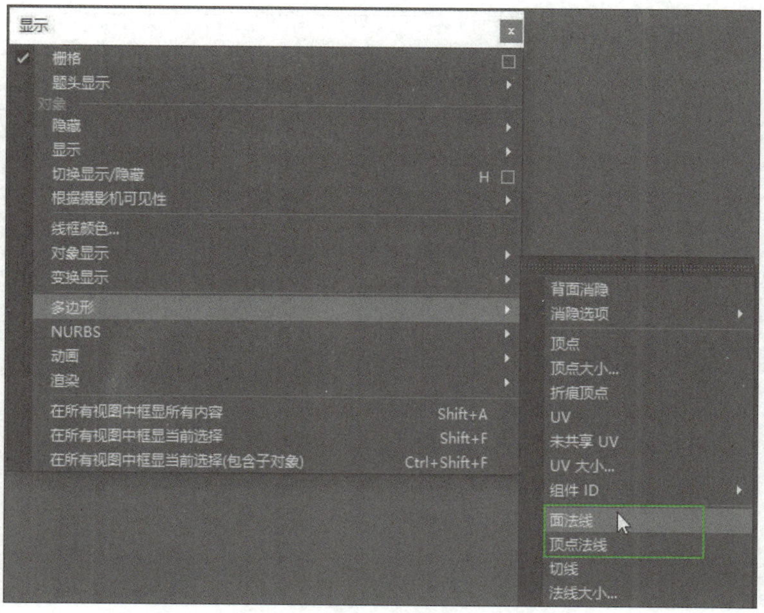

图 3-24

如果法线的方向不对，则可执行“网格显示”→“反向”命令来校正法线的方向，如图3-25所示，操作前后的对比效果如图3-26、图3-27所示。

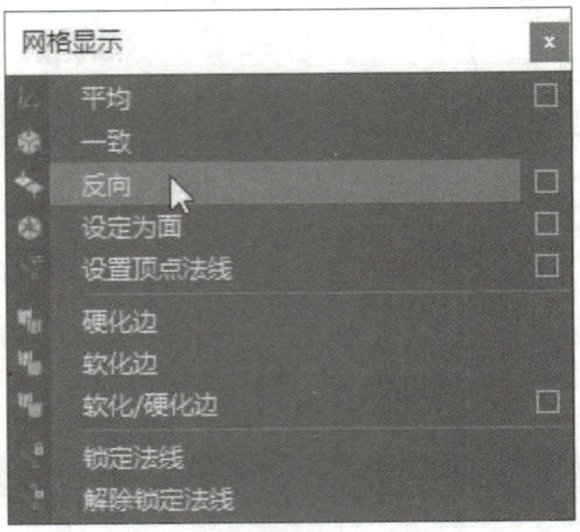

图 3-25

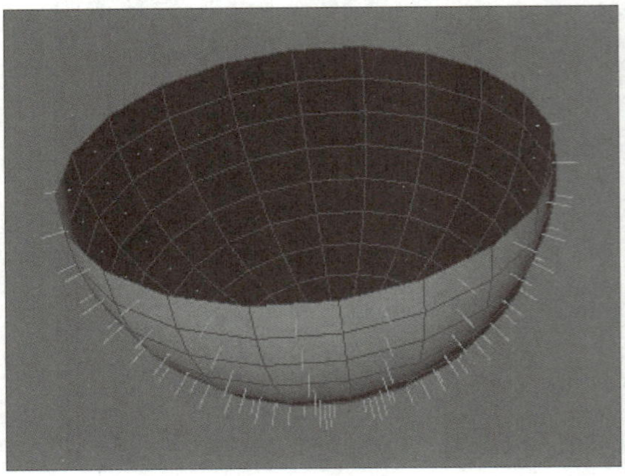

图 3-26

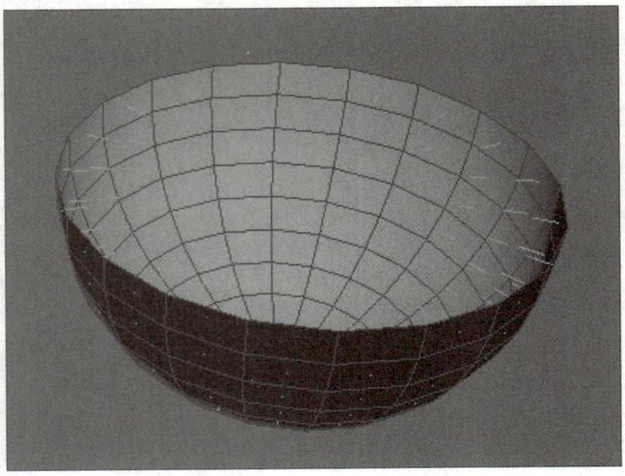

图 3-27

■3.3.4 修改对象的构成参数

可在创建对象的初期，通过修改基本体的创建参数来改变对象的结构。以圆柱体为例，执行“创建”→“多边形基本体”→“圆柱体”命令，在“工具设置”面板的圆柱体基本体的设置区中，可对圆柱体的具体构成参数进行调整，如图3-28、图3-29所示。

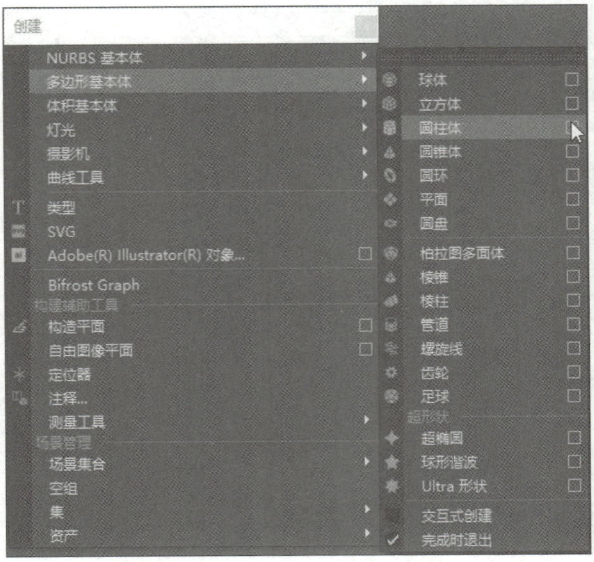

图 3-28

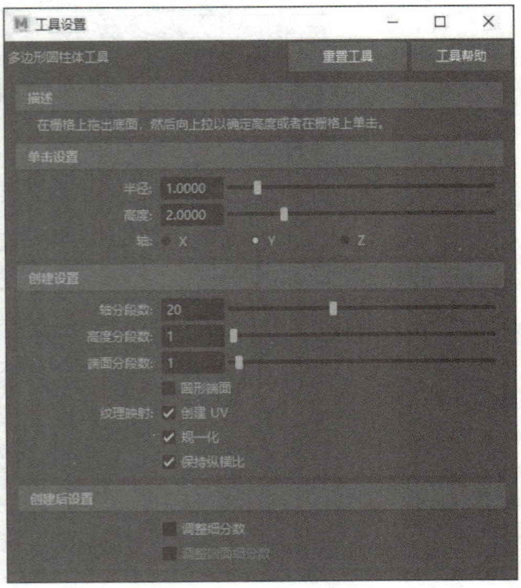

图 3-29

完成模型创建后，在没有对元素层级的内容进行修改前，也可在通道盒中的“输入”设置区进行修改，如图3-30所示。

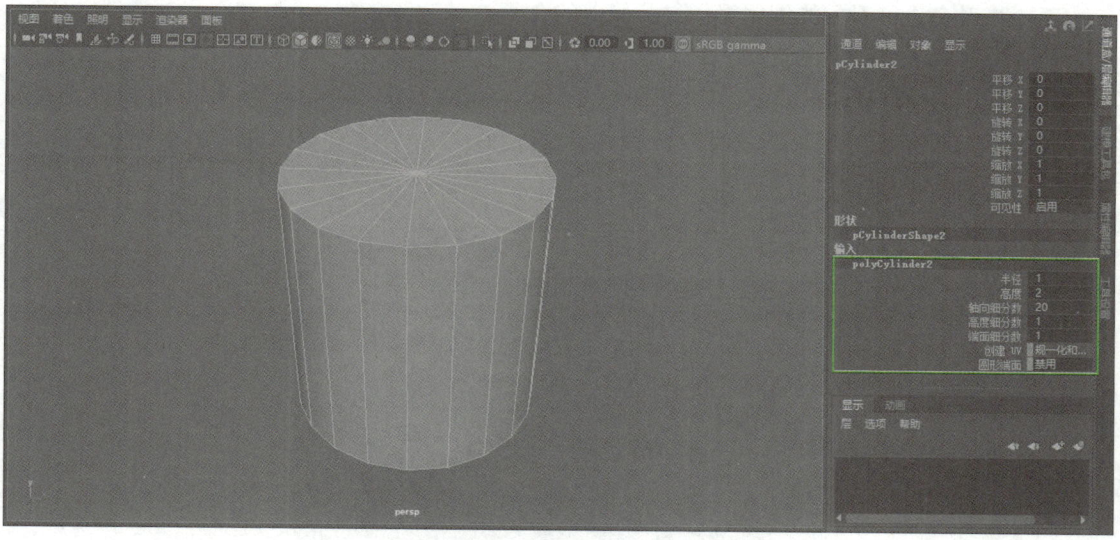

图 3-30

■3.3.5 删除构成元素

在多边形建模过程中经常需要删除多余的构成元素来简化模型。在完成一个多边形对象的创建后，进入边或者面的编辑模式，选中要删除的边或面，按空格键或Delete键即可将其删除，如图3-31所示。

图 3-31

如果要删除多边形的顶点，可以执行“编辑网格”→“删除顶点/边”命令。

3.4 编辑多边形对象

下面将对多边形对象的编辑操作进行简单的介绍。

■3.4.1 布尔运算

在Maya中，布尔运算是一种比较实用和直观的建模方法，是通过并集、差集和交集这3种方式使一个对象作用于另一个对象，如图3-32所示。

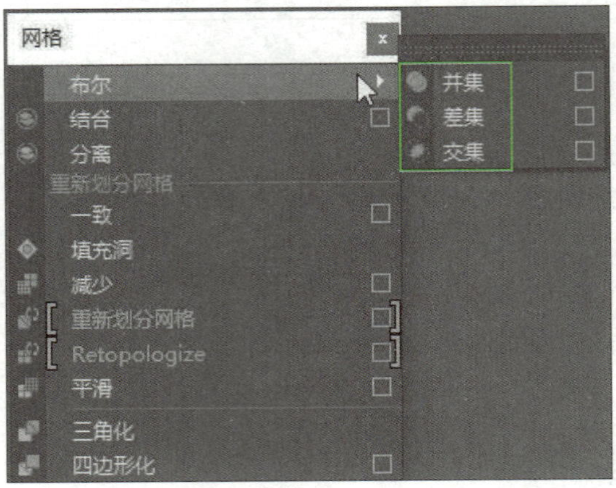

图 3-32

下面介绍多边形布尔运算的具体操作。

创建一个圆柱体和一个圆锥体，调整它们的大小及位置，如图3-33所示。

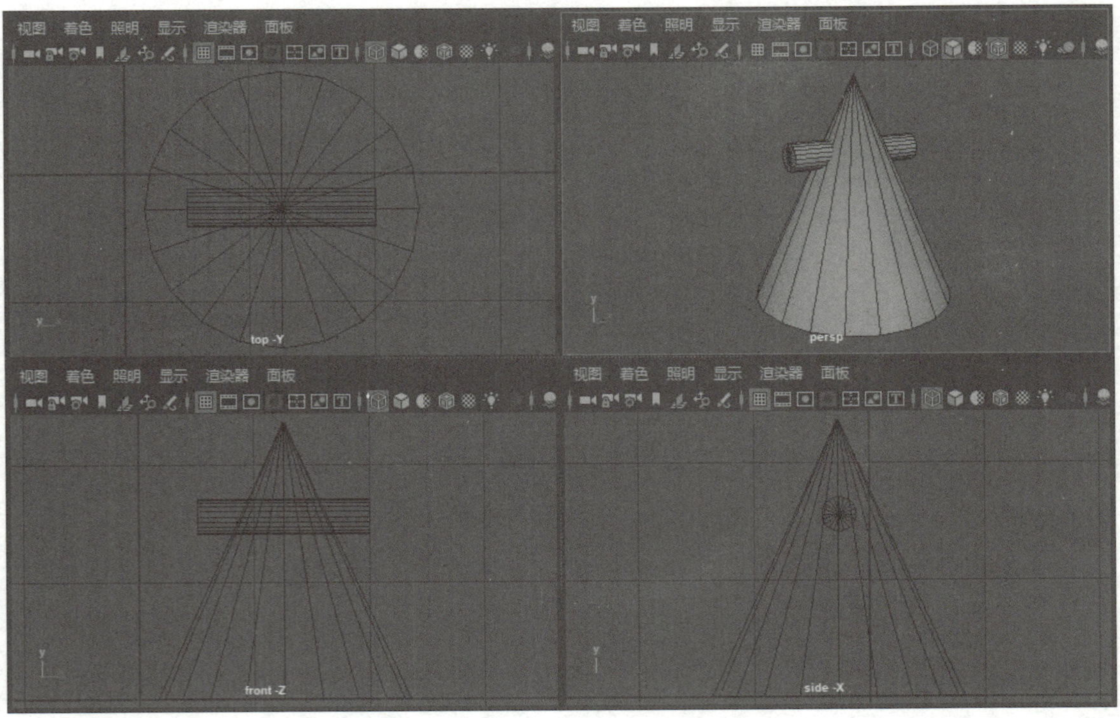

图 3-33

1. 并集运算

对选中的圆锥体和圆柱体使用并集命令，此时会发现，圆柱体和圆锥体已经结合成为一个对象，如图3-34所示。

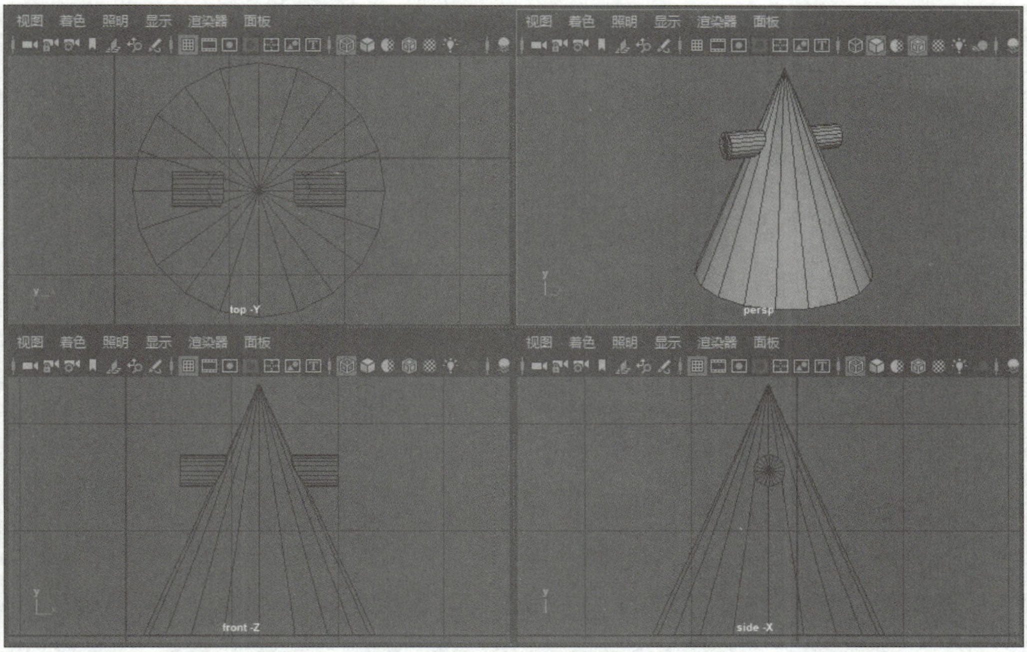

图 3-34

2.差集运算

对选中的圆柱体和圆锥体使用差集命令，此时会发现，圆锥体被圆柱体减去了一部分，如图3-35所示。

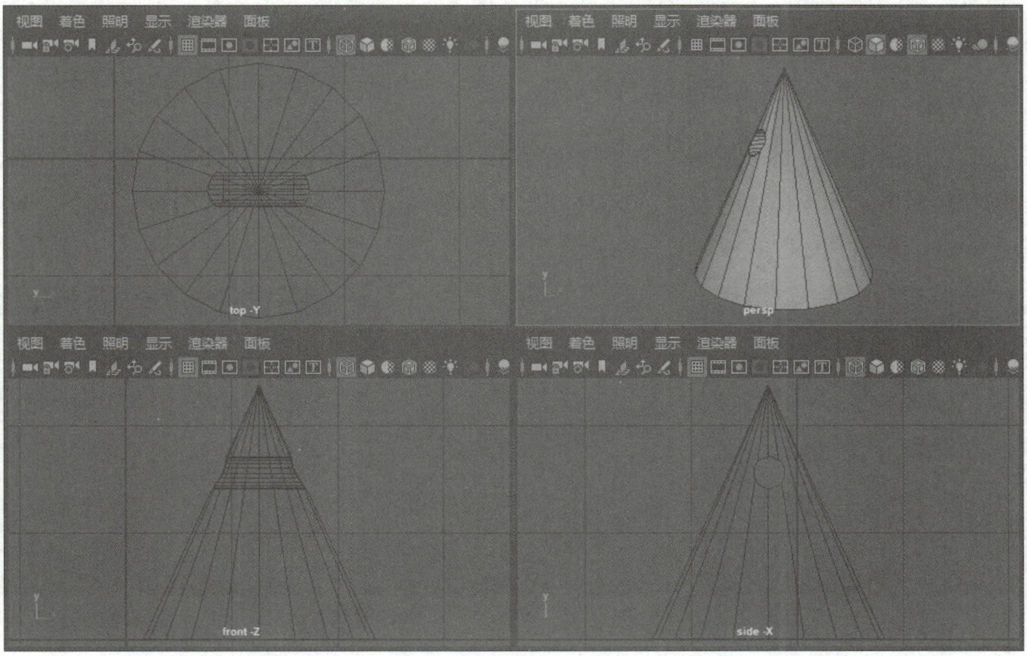

图 3-35

3. 交集运算

对选中的圆柱体和圆锥体使用交集命令，此时会发现，圆锥体和圆柱体重叠的部分被保留下来，如图3-36所示。

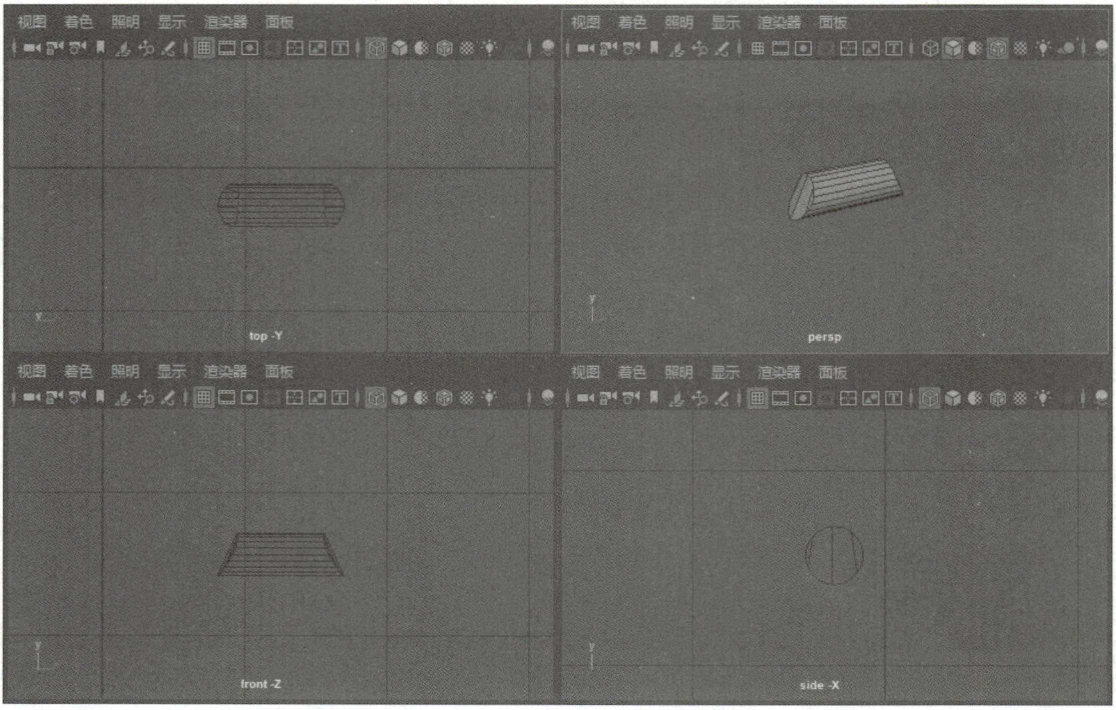

图 3-36

■3.4.2 结合和分离

在Maya中，可利用“结合”和“分离”命令快速合并对象或分离对象。下面简单介绍结合和分离的操作方法。

1. 结合

在多边形建模中，可以使用“结合”命令将两个或者两个以上的对象合并成一个对象，在结合的时候对象之间不需要有重叠的区域。选择对象，执行“网格”→“结合”命令，即可将其合并为一个对象，如图3-37～图3-39所示。

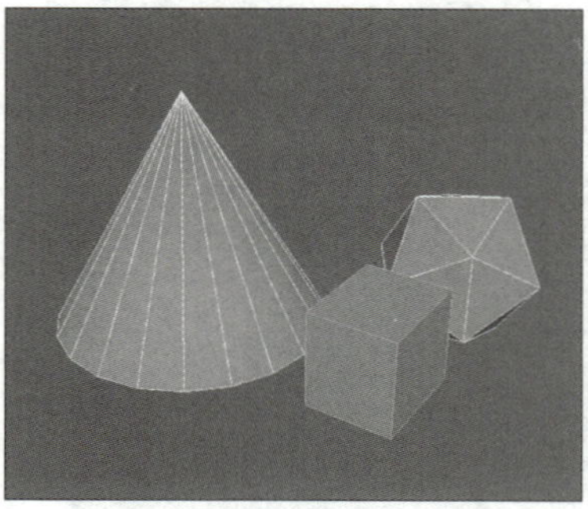
图 3-37

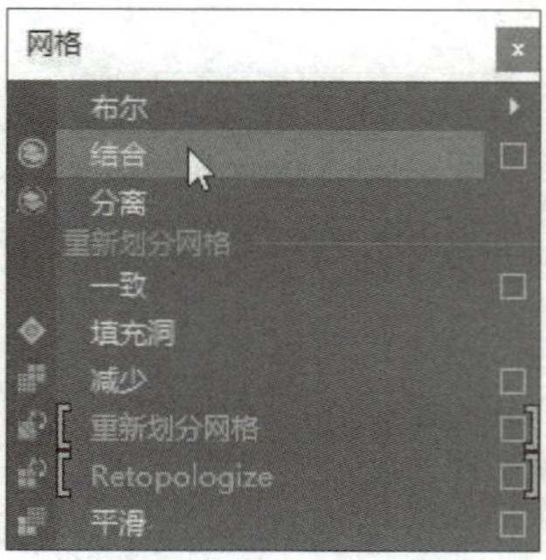

图 3-38

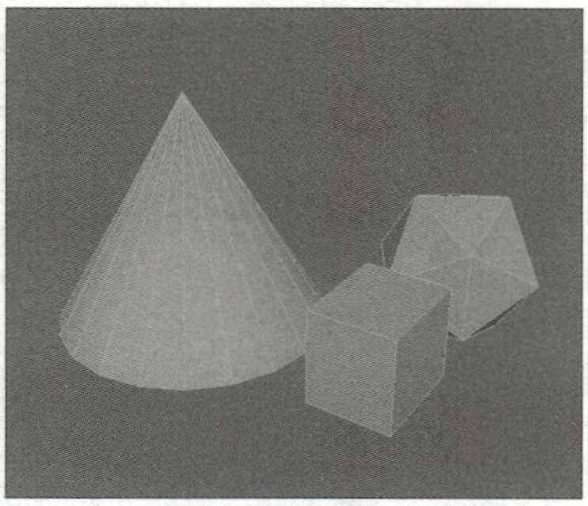
图 3-39

2. 分离

“分离”命令与“结合”命令的功能相反，可以将使用过“结合”命令并留有操作记录的多个对象进行分离，也可以将本身是开放的、没有公共边的对象进行分离。选择对象，执行“网格”→“分离”命令即可将对象分离。

3.5 网格的重新划分

下面讲解如何使用多种方法对网格进行重新划分。

■3.5.1 减少与平滑

利用“减少”命令可以简化多边形的面。如果一个模型的面数太多，就可以使用该命令对其进行简化。选择多边形，执行“网格”→“减少”命令，即可均匀减少多边形的面数，如图3-40、图3-41所示。

图 3-40

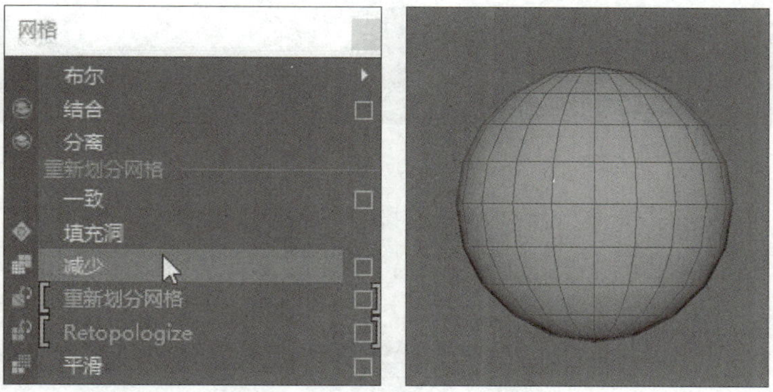

图 3-41

“平滑”命令是多边形建模中使用率比较高的命令。它通过细分面来使多边形变得光滑，细分的面越多，模型就越光滑。它的使用方法很简单，选择模型，执行“网格”→“平滑”命令即可，如图3-42、图3-43所示。

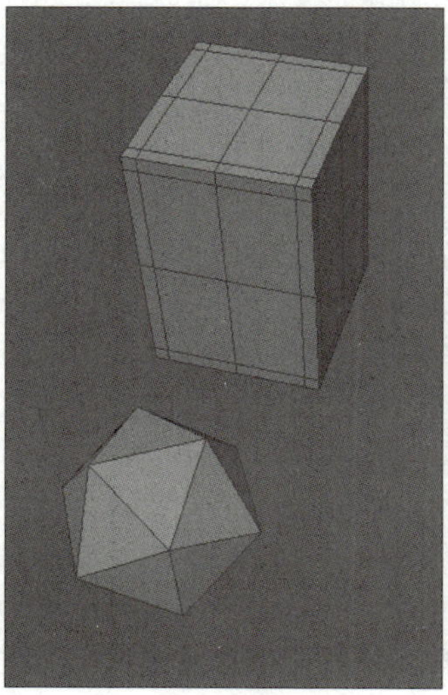

图 3-42

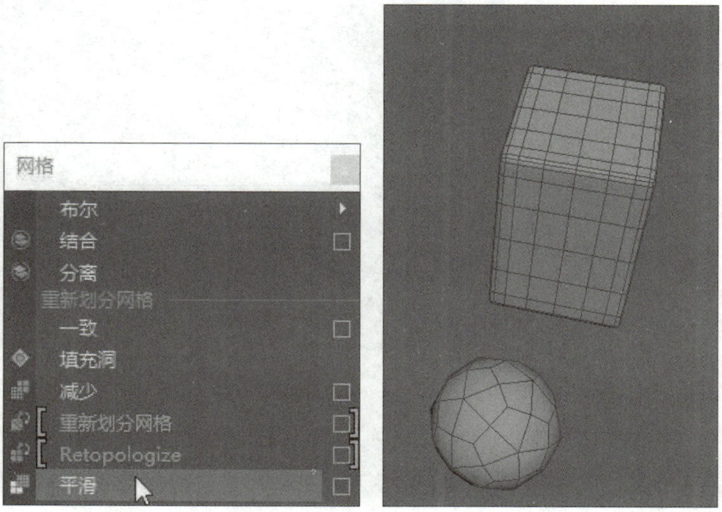

图 3-43

■3.5.2 镜像几何体和镜像切割

在创建有对称关系的模型时，例如家具、人物等，只需要创建一半就可以了，然后选择这一半模型，执行“网格”→“镜像”命令，就会镜像复制出另一半模型以合并成一个完整的模型，如图3-44、图3-45所示。

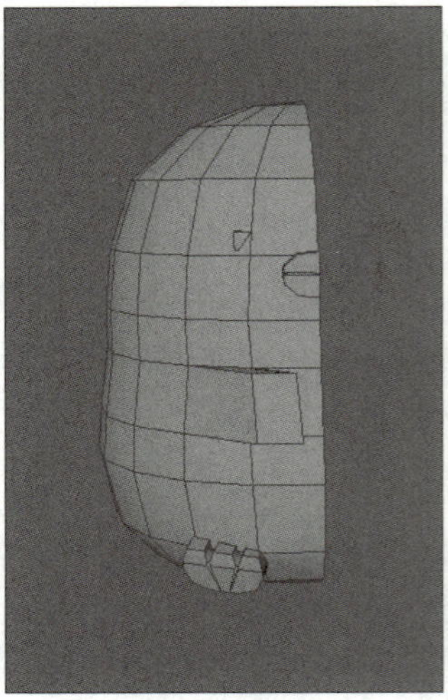

图 3-44

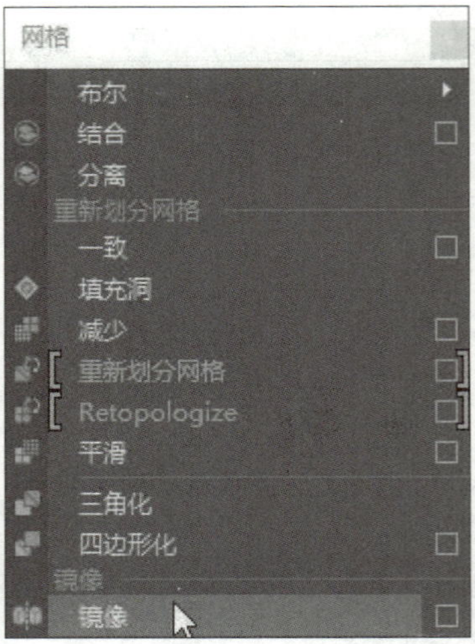

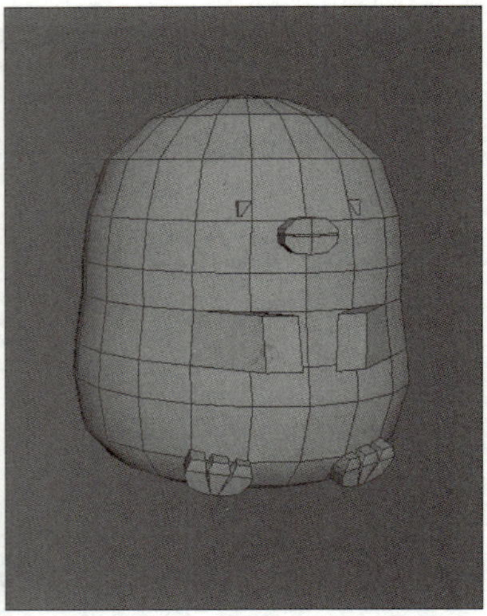

图 3-45

单击“镜像”命令右侧的设置按钮▣，打开“镜像选项”对话框，在其中可以对镜像的“几何体类型”“镜像轴位置”“镜像轴”“镜像方向”等进行具体的调节，如图3-46所示。

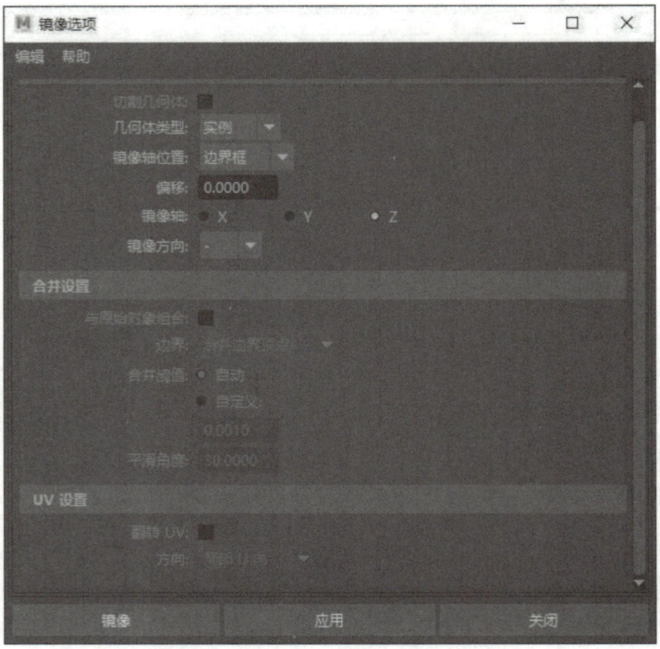

图 3-46

在某些情况下，可能需要剪切掉物体的一部分并进行镜像，这时可以在“镜像选项”对话框中勾选“切割几何体”复选框，视图中会出现一个控制柄和旋转轴，用于对镜像物体进行移动、旋转等操作，如图3-47所示。

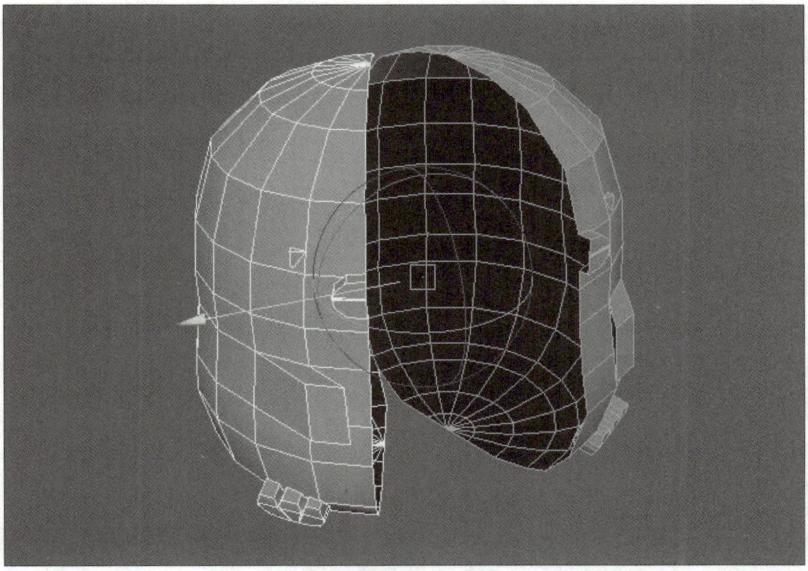

图 3-47

执行镜像操作后，也有参数面板可以对模型进行调节，如图3-48所示。

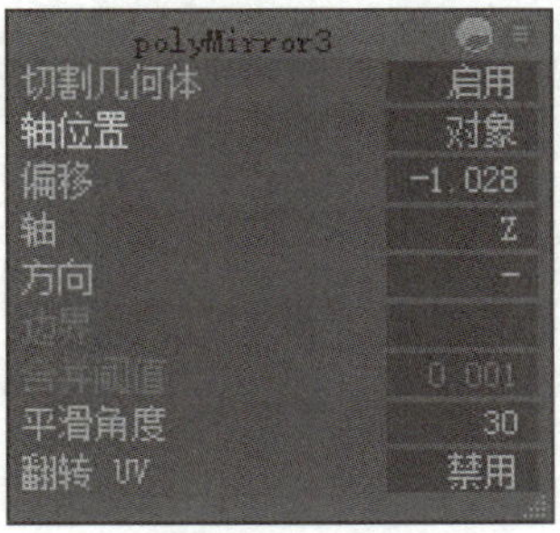

图 3-48

你学会了吗?

实战演练 制作卡通小龟模型

本案例将通过组合和修改对象的形状来制作一个简单的卡通小龟模型。在制作过程中可以更加深入地了解和学习模型细分的方法，通过调整构成元素来修改模型形状的技巧，以及相关网格命令的使用。

步骤 01 打开Maya，切换到前视图，在工作区的“视图”菜单下执行“图像平面”→“导入图像”命令，如图3-49所示，在弹出的“打开”对话框中找到素材文件“卡通小龟.jpg”，单击“打开”按钮，将其导入工作区，作为制作参考图，如图3-50所示。

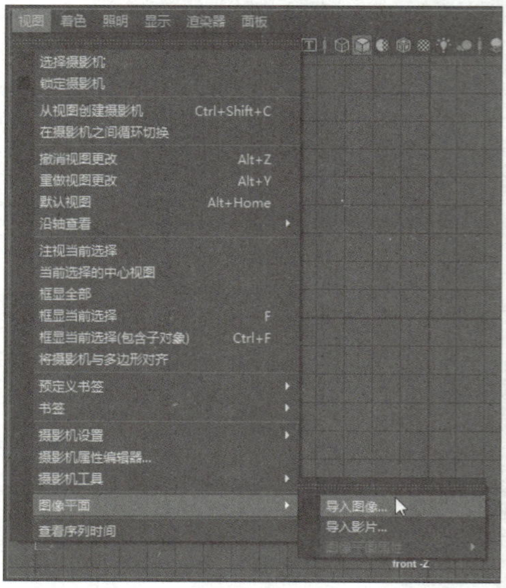

图 3-49

图 3-50

步骤 02 制作头部模型。单击“多边形立方体”按钮，自动创建一个多边形立方体；在通道盒中设置该立方体的大小，并调整其位置；在“视图”面板中取消“栅格”显示，并激活线框模式，如图3-51、图3-52所示。

步骤 03 选中模型，右击，进入顶点编辑模式，根据参考图使用移动工具修改模型四边顶点的位置以贴合造型，如图3-53所示。

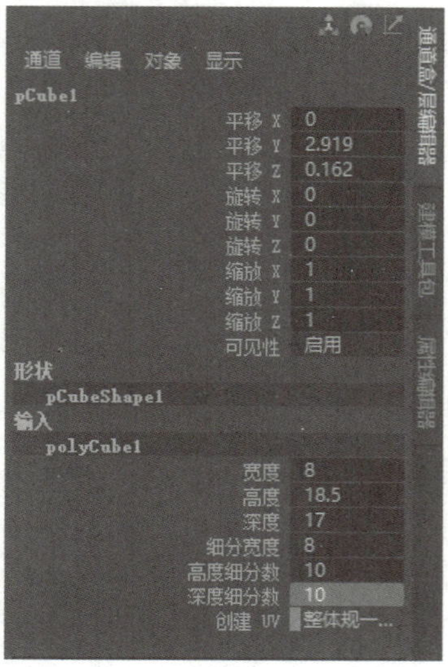

图 3-51

图 3-52

图 3-53

步骤04 切换到透视视图，进入边编辑模式，按住Shift键选择如图3-54所示的边线。

步骤05 执行“编辑网格”→“倒角”命令，并在通道盒中设置“分数”和“分段”参数，在视口中可以预览倒角效果，如图3-55所示。

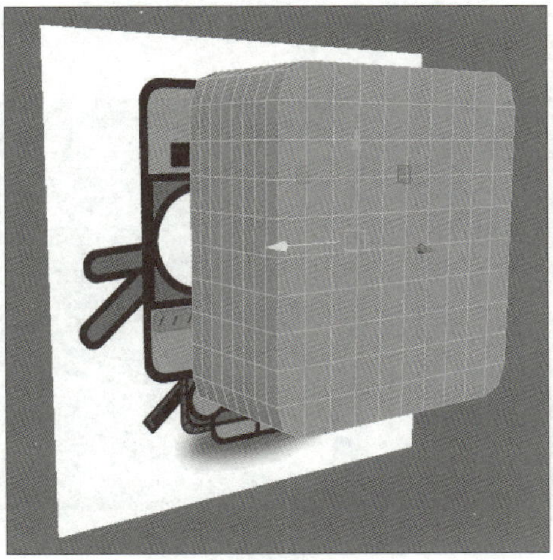

图 3-54

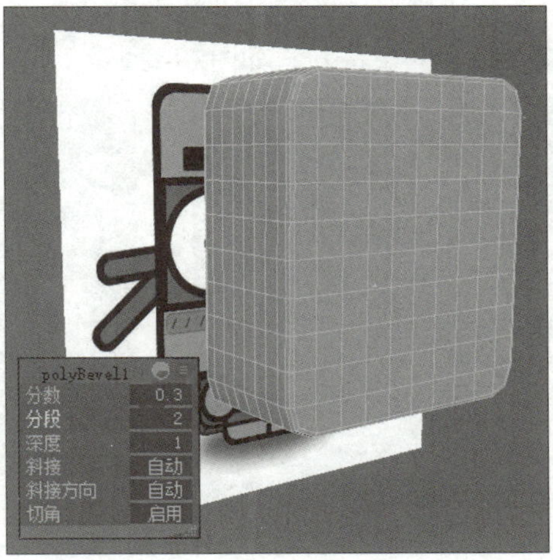

图 3-55

步骤06 进入对象模式，执行“网格”→“平滑”命令，使对象变得平滑，如图3-56所示。

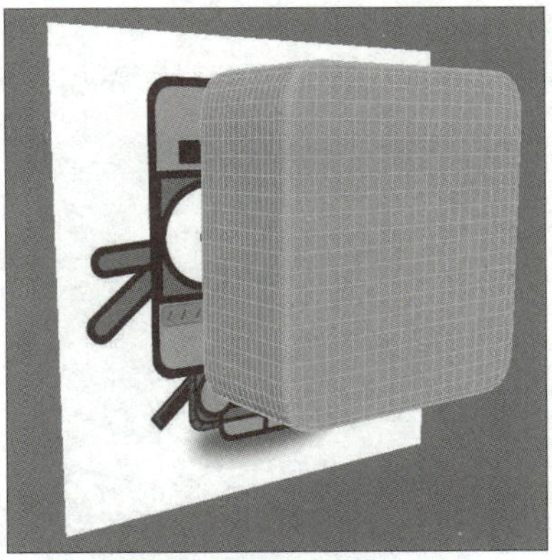

图 3-56

步骤07 制作眼罩模型。单击“多边形立方体”按钮，再次创建一个多边形立方体，在通道盒中修改其参数，效果如图3-57所示。

步骤08 进入面编辑模式，删除顶部和底部的两个面，如图3-58所示。

图 3-57

图 3-58

步骤 09 进入对象模式，执行“编辑网格”→“挤出”命令，设置“厚度”为0.2，将面挤出厚度，如图3-59所示。

步骤 10 进入边编辑模式，全选边线，执行“编辑网格”→“倒角”命令，对边线进行倒角处理，参数保持默认设置，如图3-60所示。

步骤 11 调整对象位置，如图3-61所示。

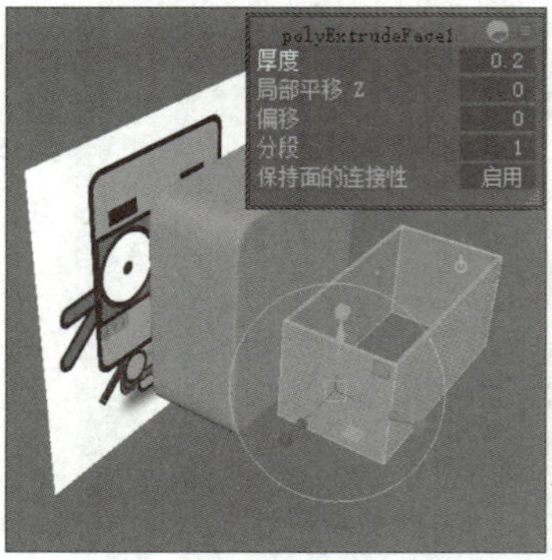

图 3-59

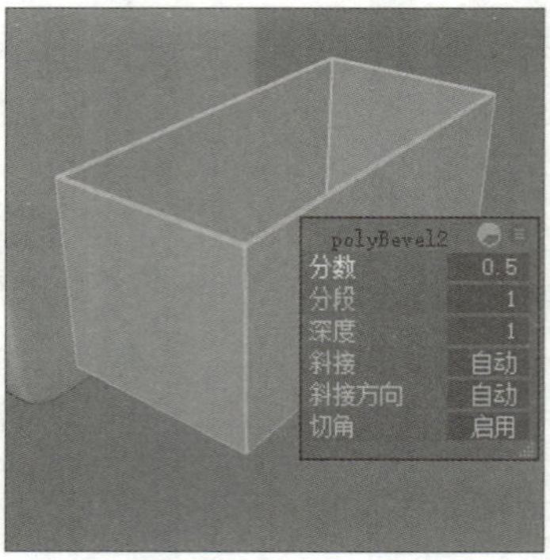

图 3-60

图 3-61

步骤 12 制作飘带模型。创建一个多边形长方体，将其宽度、高度和深度分别设置为0.2、1.5和6，并调整其位置和角度，如图3-62所示。

步骤 13 进入边编辑模式，选择如图3-63所示的两条边。

步骤 14 执行“编辑网格”→“倒角”命令，设置“分段”参数，制作倒角效果，如图3-64所示。

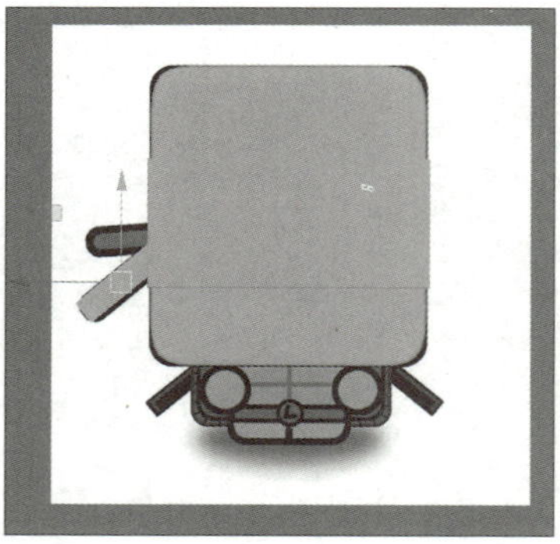

图 3-62

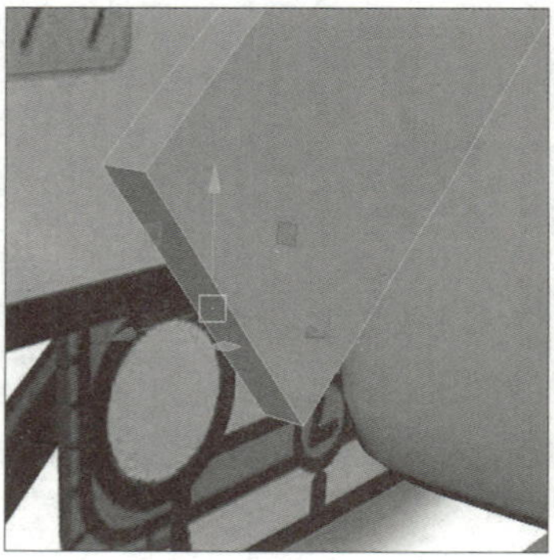

图 3-63

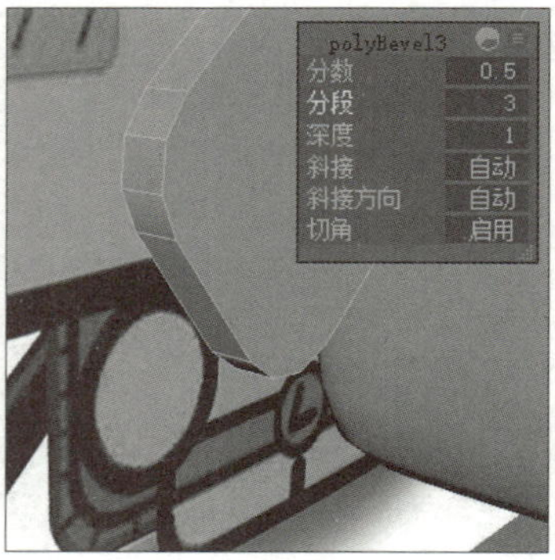

图 3-64

步骤 15 使用相同方法，制作有倒角效果的多边形，作为另一根飘带和腮红，如图3-65所示。

步骤 16 制作眉毛和眼睛。创建多边形长方体，作为眉毛，如图3-66所示。

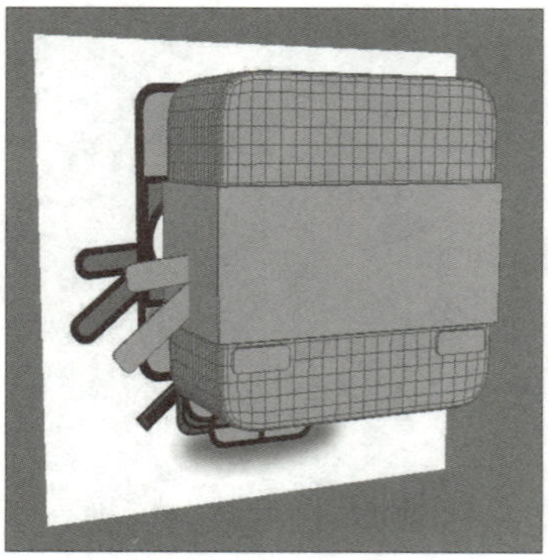

图 3-65

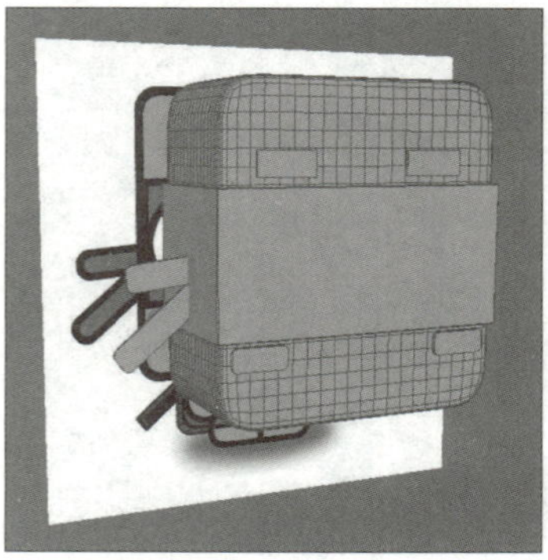

图 3-66

步骤17 单击“多边形球体”按钮，创建球体，将半径设置为3.5，效果如图3-67所示。

步骤18 切换到透视视图，调整球体位置，使用缩放工具沿x轴缩放对象，如图3-68所示。

图 3-67

图 3-68

步骤19 复制球体对象，完成头部模型的制作，如图3-69所示。

步骤20 制作身体模型。创建多边形长方体，将其宽度、高度和深度分别设置为4、4和12，如图3-70所示。

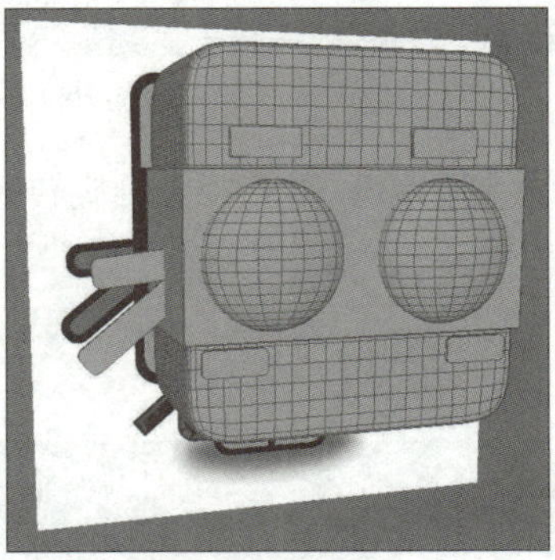

图 3-69

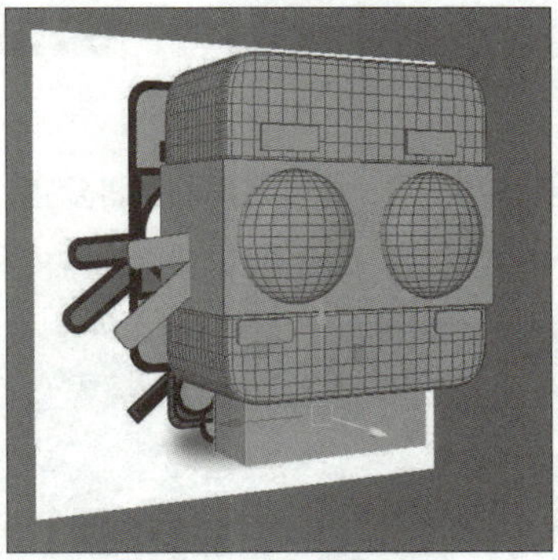

图 3-70

步骤21 进入边编辑模式，选择下方的两条边，执行“编辑网格”→“倒角”命令，设置“分段”参数，制作倒角效果，如图3-71所示。

步骤22 选择背面的一圈边线，执行“编辑网格”→“倒角”命令，设置“分数”和“分段”参数，制作背面的倒角效果，如图3-72、图3-73所示。

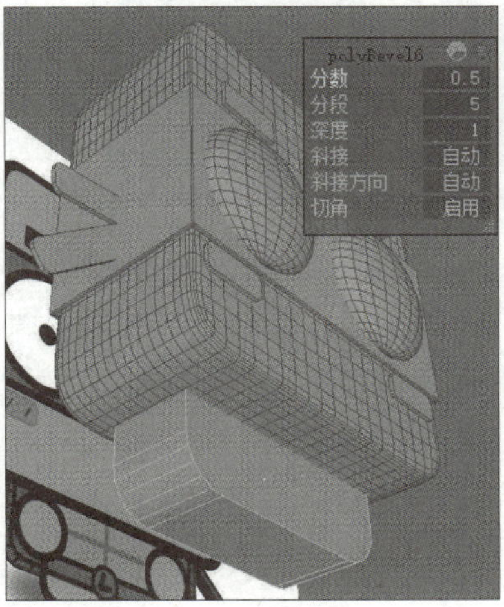

图 3-71

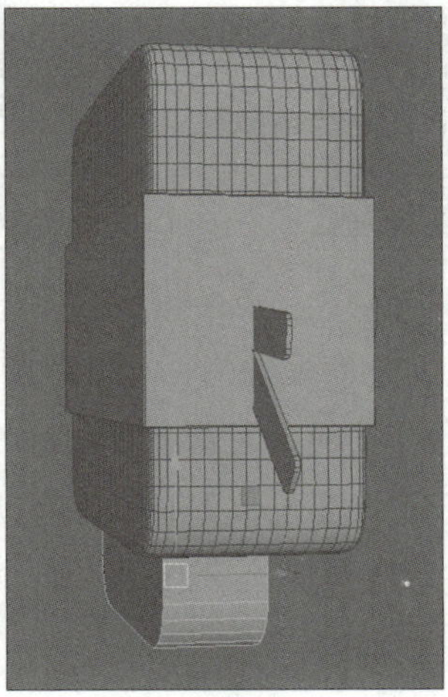

图 3-72

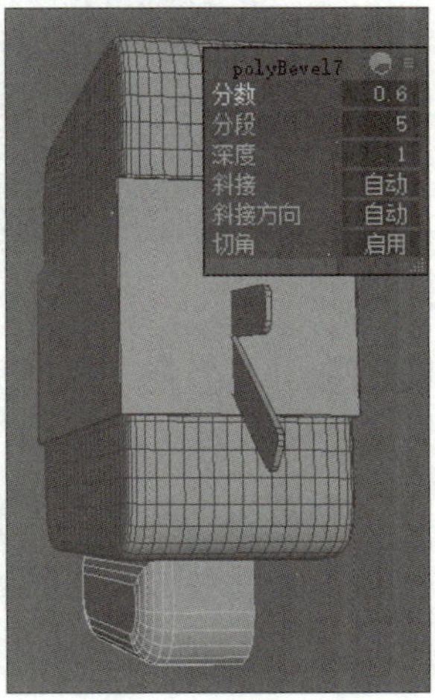

图 3-73

步骤23 创建宽度、高度和深度分别为4、6和7.5的长方体，使用“倒角”命令对其底部进行倒角处理，如图3-74、图3-75所示。

步骤24 使用制作眼罩的方法，制作宽度、高度、深度和挤出厚度分别为4、1、7.5和0.2的腰带，如图3-76所示。

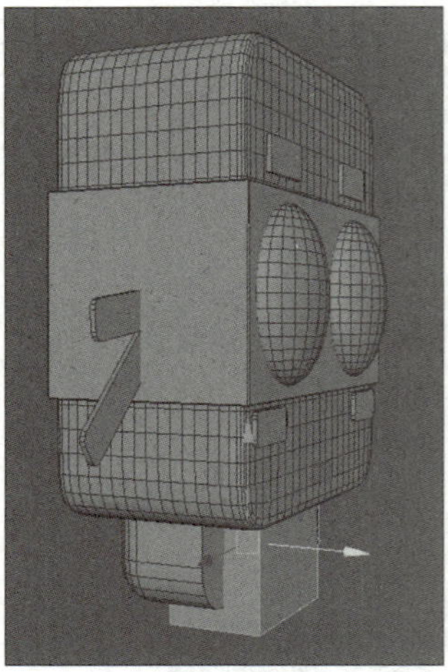

图 3-74

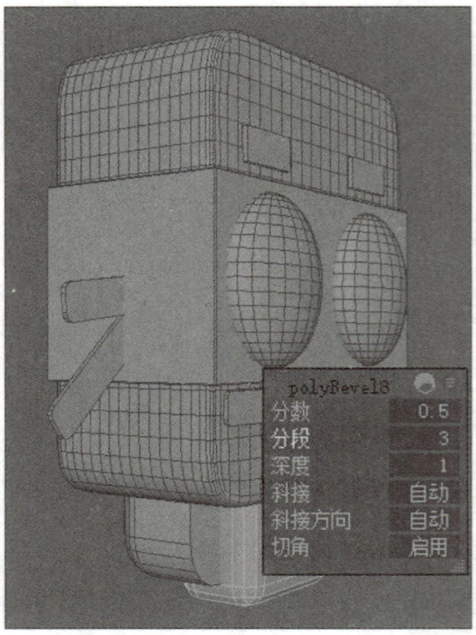

图 3-75

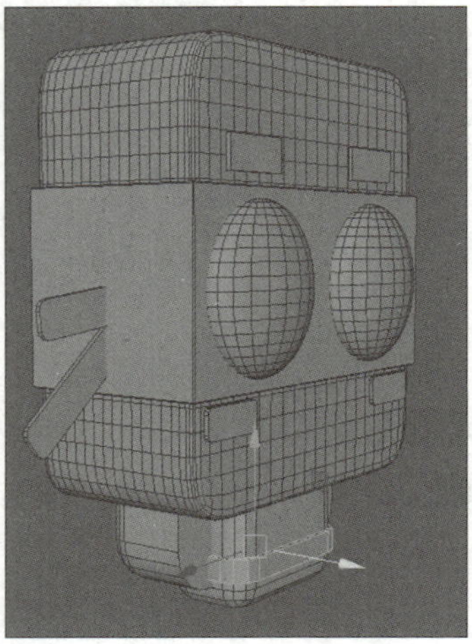

图 3-76

步骤25 创建半径、高度和轴向细分度分别为0.9、0.2和30的多边形圆柱体，绕z轴旋转90°，作为腰带上的徽章，如图3-77、图3-78所示。

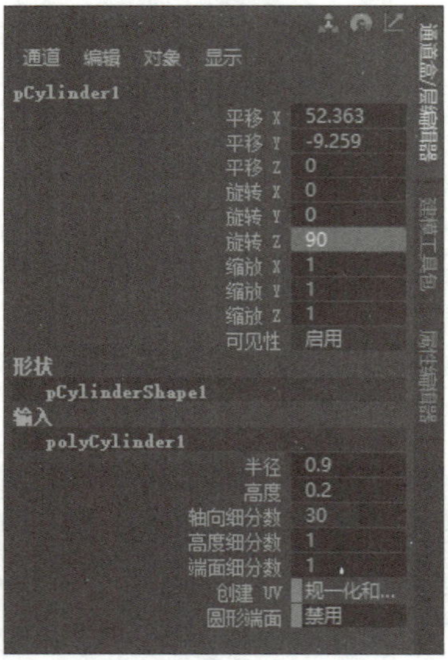

图 3-77

图 3-78

步骤26 创建半径、高度和轴向细分度分别为1.6、2和30的多边形圆柱体，绕z轴旋转90°，调整其位置并进行复制操作，制作出小龟的足部，如图3-79、图3-80所示。

步骤27 创建宽度、高度和深度分别为3.5、1和4的多边形长方体，绕x轴旋转40°，如图3-81所示，复制对象并将其调整到身体两侧。至此，卡通小龟模型制作完成，最终效果如图3-82所示。

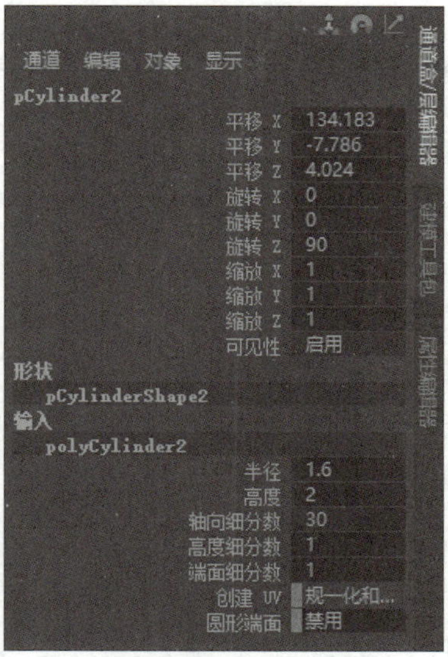

图 3-79

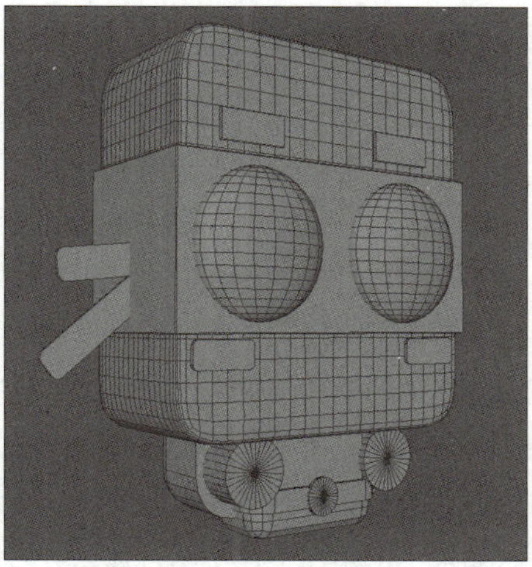
图 3-80

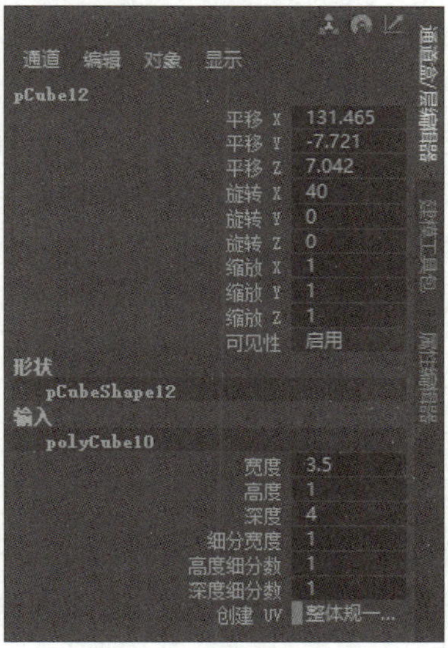

图 3-81

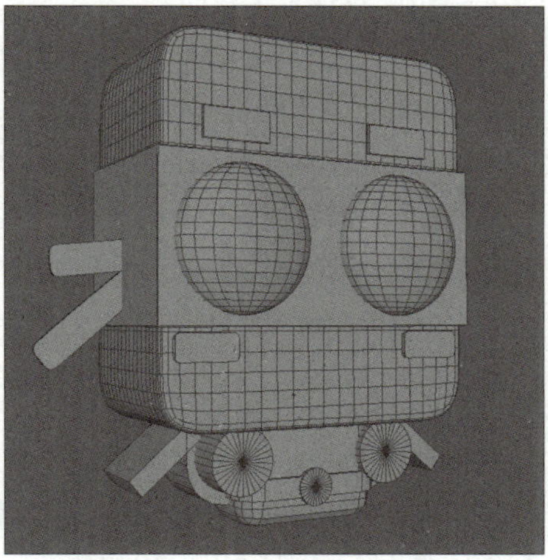
图 3-82

你学会了吗?

知识拓展 角色设计

角色设计是基于造型艺术的一种综合创作，是将多种人文社会的精神属性通过一定的途径和方法赋予无生命、无智慧的符号或物体，使之在虚构的叙事情节或矛盾冲突的演绎下，能够凸显其饱满的个性特点与形象魅力，并与观众、情节三者之间形成互动的张力及相互影响，实现审美体验。图3-83所示为动画片《超人总动员》的角色设计。

社会学意义上的角色定位是指群体成员适应角色要求，接受群体行为规范，符合群体发展需要的过程。而动画概念创作中的角色定位主要是指如何设计作为推动情节发展主体的角色，使其为剧本服务、为主题服务，如何结合角色形象塑造更好地实现矛盾冲突，更深刻地反映创作主旨。如果一个角色定位不明，那么势必影响整个故事的情节构架，影响剧本中情节的推进与发展，使观众感到困惑，同样，该角色的形象也会因其不确定性导致造型定位的不确定，最终毁掉整个作品。

图 3-83

一般情况下，根据剧作手段，可以将角色分为主要角色、次要角色、辅助角色或群众角色。主要角色中又可以分为正面角色和反面角色，当然也会出现介于正、反面之间或者随着情节发生本质变化的矛盾角色。不同角色在形象、造型、色彩暗示等方面应区别于其他角色，并具备一定的显著可识别特征，这些特征或多或少都与角色定位有内在的关联。

角色设计有3种创作模式，确定自己的设计属于哪种模式，有助于用更高的效率创作出更好的作品。这3种模式是针对性创作、开放性创作和主题性创作。

1. 针对性创作

针对性创作模式是一种很典型的创作方式。大多数情况是根据已有剧本或故事进行具体角色的设计创作，也有可能是在构思情节的同时为情节设计角色。动画领域广泛的二次创作也大多属于针对性创作的范畴。针对性创作可以用简单的关键词表达出来，如图3-84所示，是从“故事”到“角色”的创作。

图 3-84

2. 开放性创作

该模式往往为广大的自由插画家所喜爱，因为这种创作模式相对要自由得多，更接近于传统美术创作那样发散式、无拘束的创作方式。但毕竟角色设计不是纯绘画，在设计中仍然要考虑角色与其创作背景及大环境的内在联系等问题。此外，开放式创作还经常被用在系列动画片的前期阶段。也就是说，在没有固定剧本、没有成熟的情节构思的情况下设计出动画角色，然后利用这个角色作为“演员”去完成一系列故事。这种做法最早在学院派的试验动画中出现过，后来进入商业运作领域并获得了成功。人们将这种方式称为“角色开发”。广为大家熟知的迪斯尼米老鼠的诞生及其成长与辉煌就来自这种开放式创作。如今，米老鼠已经成为家喻户晓的动画明星角色，“主演”过上百部动画片了。

在这种创作方式下，“故事”与“角色”的关系被反转了过来。由角色衍生出故事构思，或者是围绕角色进行故事编写，如图3-85所示。

图 3-85

3. 主题性创作

该模式具有更强的命题性与任务性，如图3-86所示。与针对性创作有相似之处，但所受限制更明显一些。将主题性创作单列出来的一个主要原因，是如今的角色设计很大程度上也包括吉祥物设计。这个领域在以前被认为是CI或VI设计的扩展部分，但随着动画艺术影响力的逐渐扩大，各大赛事、会议及机构对吉祥物设计的重视程度越来越高，设计要求越来越高，其商业运营手段也越来越高明。这些都是建立在将吉祥物作为“有生命的动画形象”的认知基础上的。可想而知，吉祥物的形象属性与其所蕴含的内在的、庞大的文化暗示意义相结合，可以诞生出多么具有冲击力的经济价值与文化价值。例如，历届奥运会的吉祥物凝聚了一个民族乃至一个国家的设计精英的心血。

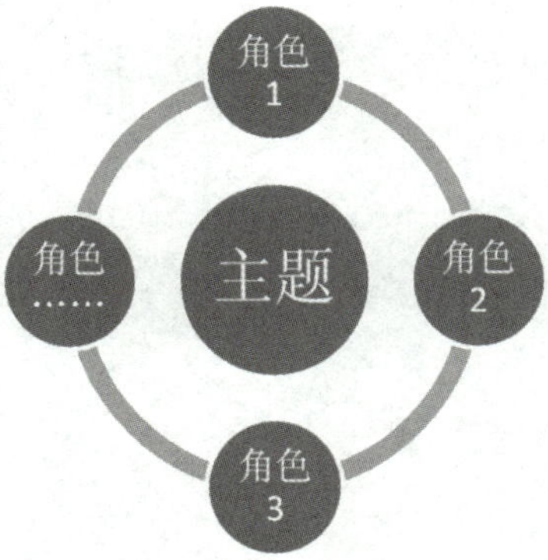

图 3-86

了解了角色设计，有助于更有效地进行创作活动，事半功倍地创作出更具有生命力与感染力的动画角色。当然，这3种创作模式相互之间也经常进行转换，或者说，在设计实践的过程中三者之间不断进行变通。总之，灵活掌握设计原则与设计定位，不墨守陈规，方可游刃有余地进行动画创作。

第 4 章

多边形高级建模

内容导读

本章将介绍多边形构成元素比较复杂且具有技巧性的一些操作，以及多边形建模中“编辑网格”和“网格工具”两个菜单中的常用命令，并列举了与结构添加以及修改有关的重要工具。掌握这些操作技能，有助于更加灵活、便捷地完成建模工作。

数字资源

【本章素材来源】：“素材文件\第4章”目录下

【本章实战演练最终文件】：“素材文件\第4章”目录下

4.1 多边形建模的高级操作

多边形建模不仅是指对点、线、面元素进行变换的简单操作，还包括对模型不断进行结构的删减、添加及修改的复杂操作，因此，需要学习和掌握多边形网格菜单中的相关工具以帮助完成建模。

■4.1.1 添加分段

“添加分段”命令可用于对整体模型或者所选择的局部模型添加分段，其与“平滑”命令的不同之处在于“添加分段”命令不会改变模型的外形，“添加分段”命令如图4-1所示。

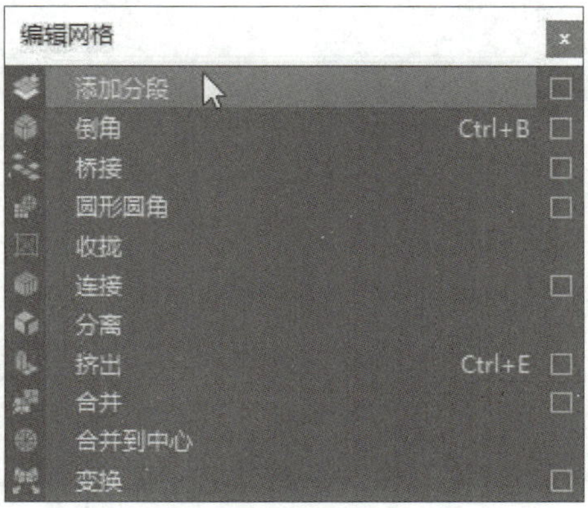

图 4-1

在实际操作中直接选中模型，执行“编辑网格”→“添加分段”命令，并对分段的数量进行设置，即可在视图中看到分段效果，如图4-2、图4-3所示。

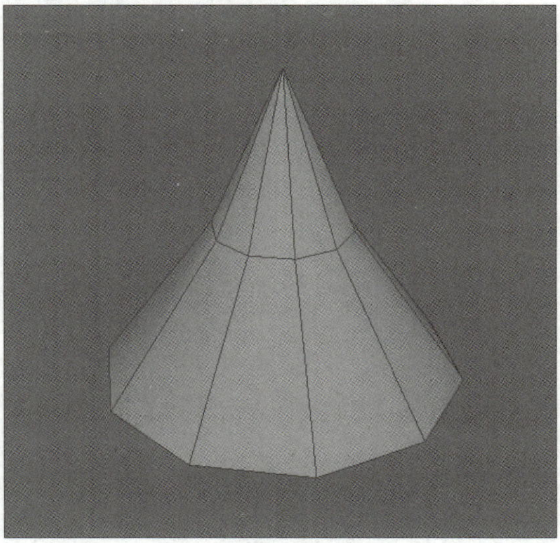
图 4-2

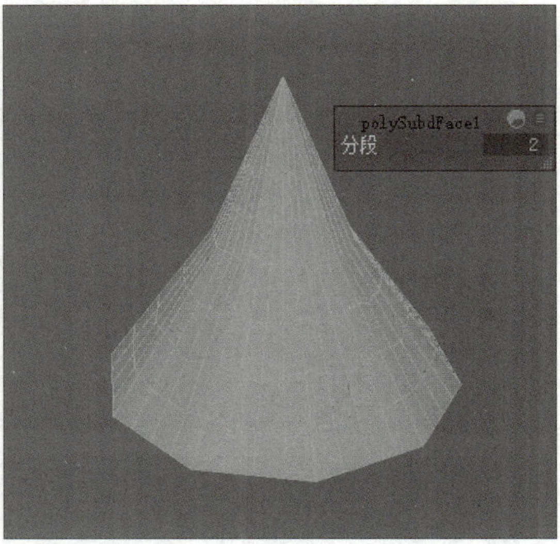

图 4-3

也可以切换到多边形构成元素的选择状态，选中模型的局部区域来添加分段，如图4-4、图4-5所示。

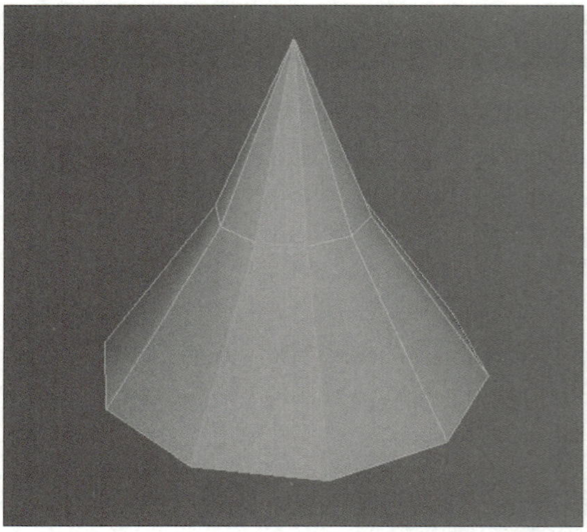

图 4-4

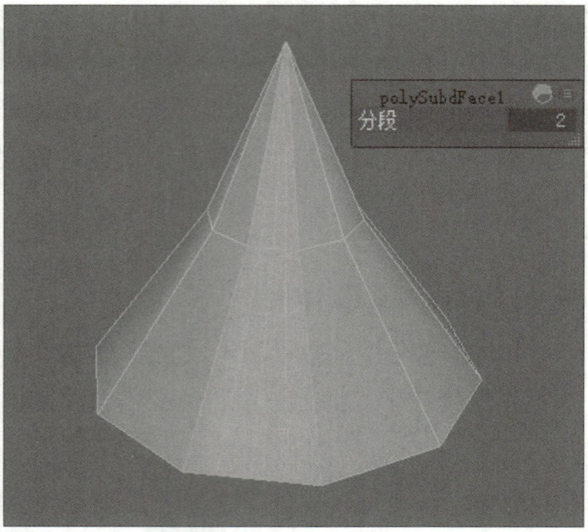

图 4-5

■4.1.2 挤出

“挤出”命令是多边形建模的重要手段之一，其使用结果相当于在选定元素的基础上生成新的多边形结构，“挤出”命令如图4-6所示。使用“挤出”命令时，不同的操作方式和参数设置会得到不同的结果。下面以面元素为例示范几种挤出的操作方式。

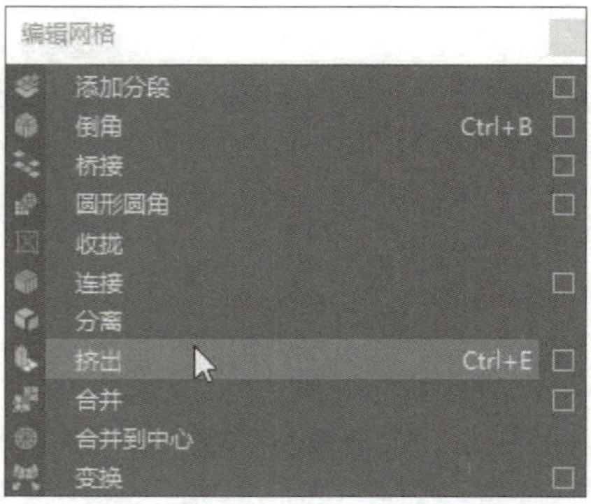

图 4-6

1. 挤出和修改

切换到面的选择模式，按住Shift键连续选择4个面并选择“挤出”命令，此时会出现“挤出”命令的控制柄，如图4-7、图4-8所示。

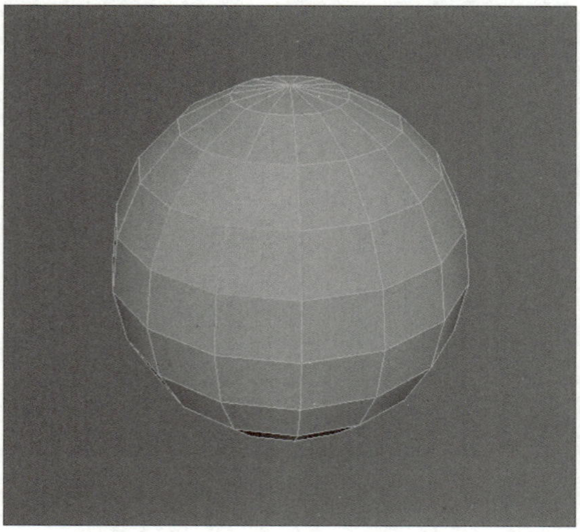

图 4-7

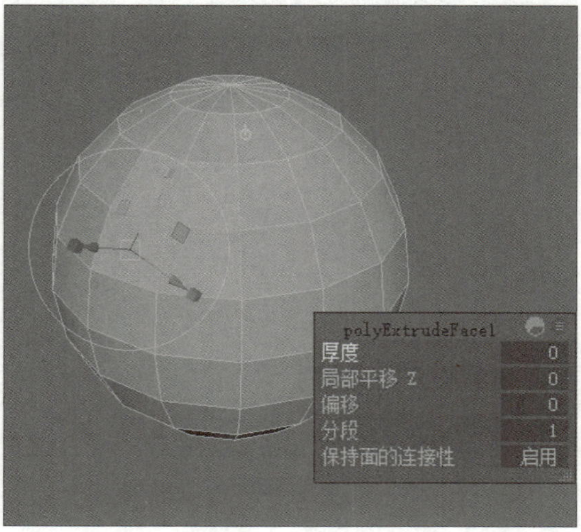

图 4-8

可拖动方向箭头移动新挤出的面，如图4-9所示；还可单击控制柄上的小方块对面进行缩放操作，如图4-10所示。

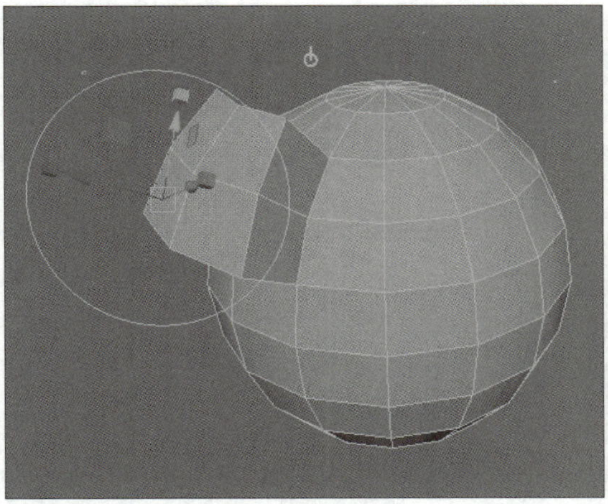

图 4-9

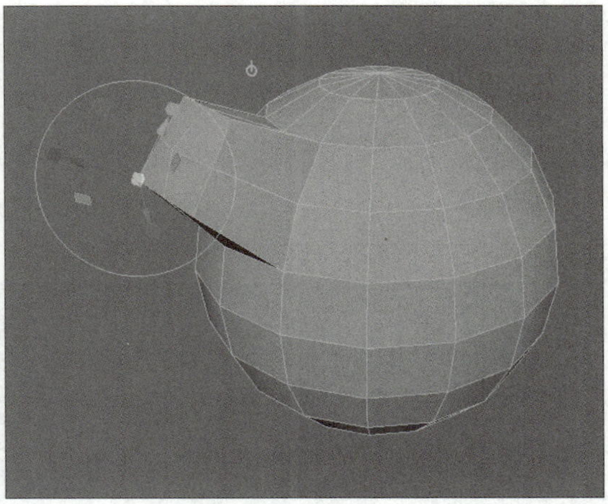

图 4-10

除了使用控制柄控制挤出面的状态，也可通过出现在视图中的参数面板调整挤出的面，如“厚度”和“偏移”参数，如图4-11所示。

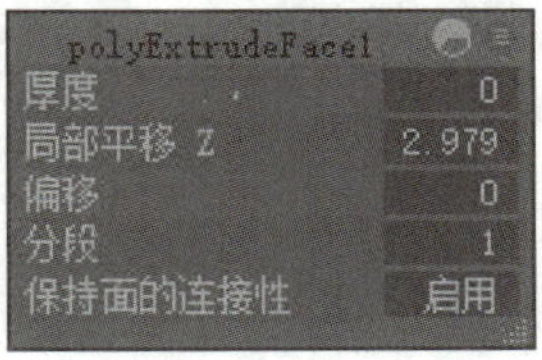

图 4-11

2. 沿曲线挤出

选择需要挤出的面，按住Shift键加选创建好的曲线，使用“挤出”命令，并调整“分段”数值，如图4-12、图4-13所示。

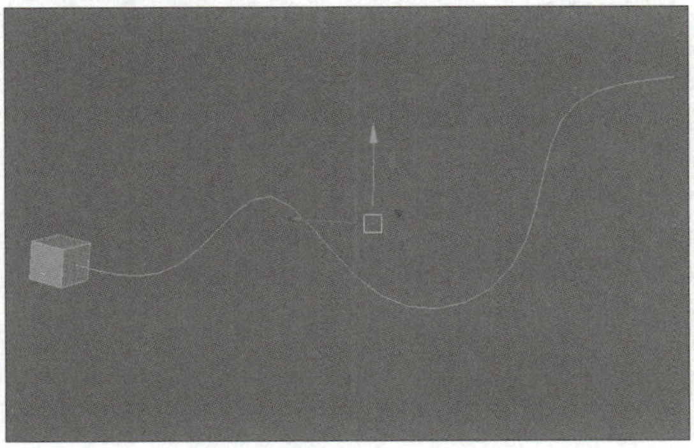

图 4-12

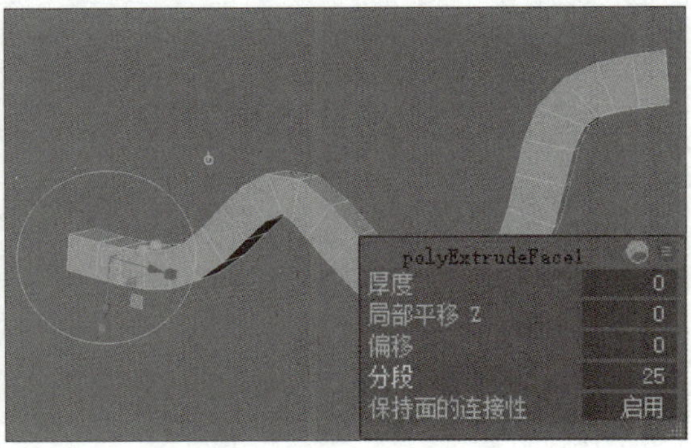

图 4-13

> **技巧提示**：在选择挤出的面时，需要从热盒菜单中选择面模式。如果从“建模工具包”面板中选择面模式，则无法加选曲线。

“挤出”命令还有两个比较常见的调整参数，即“锥化”和“扭曲”。执行“编辑网格”→“挤出”命令，单击右侧的设置按钮■，在“挤出面选项”对话框中进行预先调整，或者在应用命令之后在右侧的属性编辑器中对属性进行调整，如图4-14、图4-15所示。

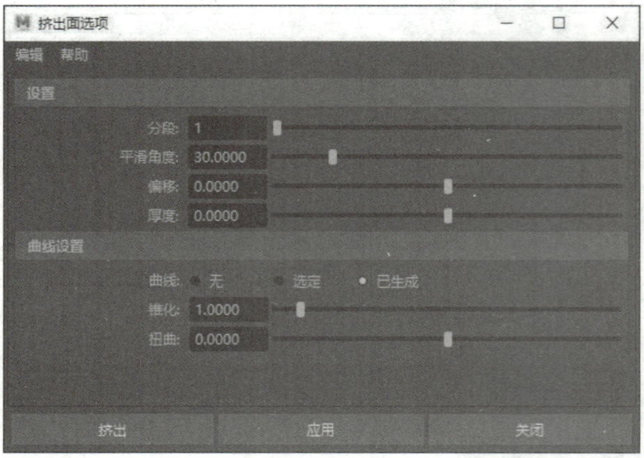

图 4-14

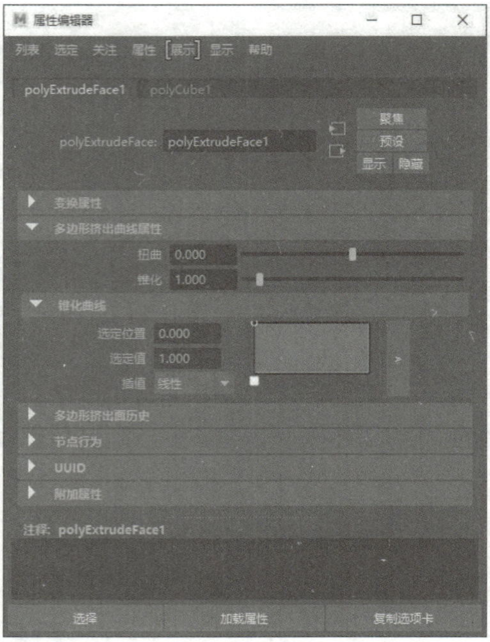

图 4-15

3. 修改连接线

在某些情况下对选中的相连的多个面一起挤出时，希望得到的挤出面互相分开，并可以按住每个面独有的法线分别进行移动。要实现这一效果，可在使用“挤出”命令后，在弹出的面板内对“保持面的连接性”属性进行修改，如图4-16、图4-17所示。

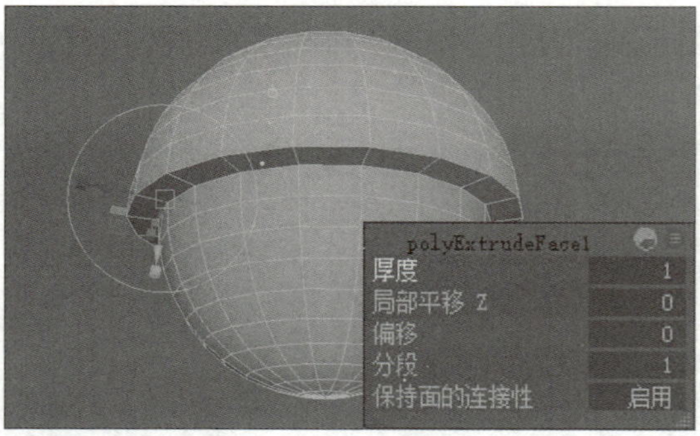

图 4-16

图 4-17

■4.1.3 倒角

现实生活中绝大多数物体都有倒角。利用“倒角”命令可使模型面与面的公共边上产生新的倒角面，“倒角”命令如图4-18所示。

在实际操作中，可直接对模型整体使用“倒角”命令。选择模型，执行“编辑网格”→“倒角”命令，如图4-19、图4-20所示。

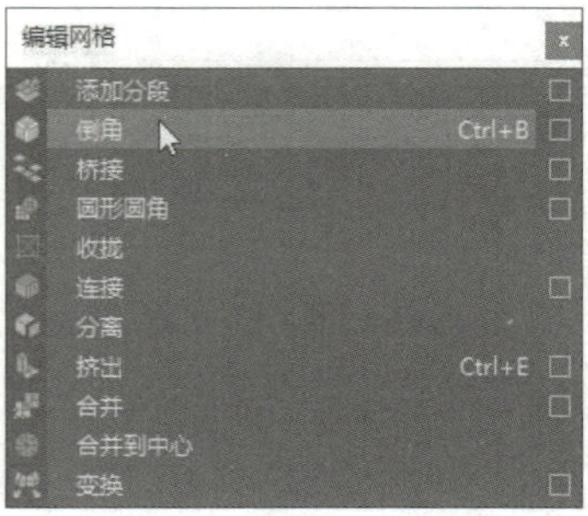

图 4-18

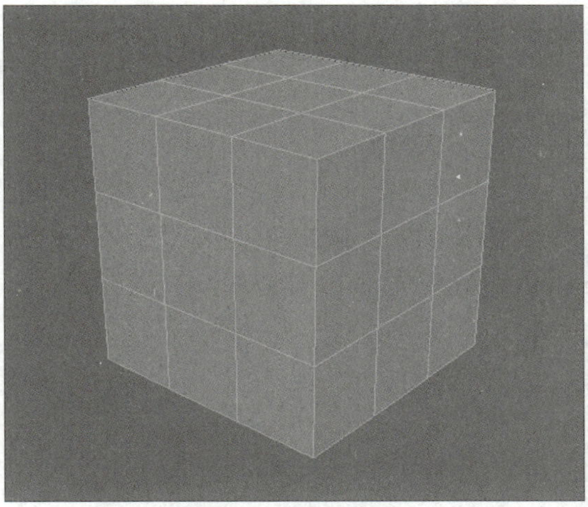

图 4-19

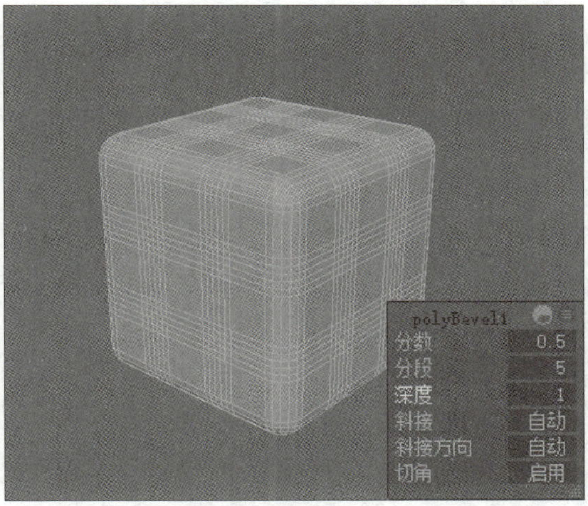

图 4-20

但在大多数情况下，会选择需要进行倒角处理的模型局部单独使用“倒角”命令。如图4-21所示为切换至模型的边选择模式，选择边元素，执行“倒角”命令；也可通过修改倒角的“分数”及“分段”数值来决定倒角面的平滑程度，如图4-22所示。

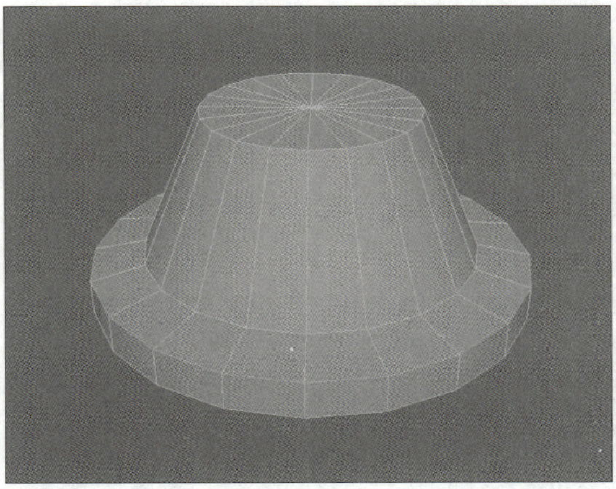

图 4-21

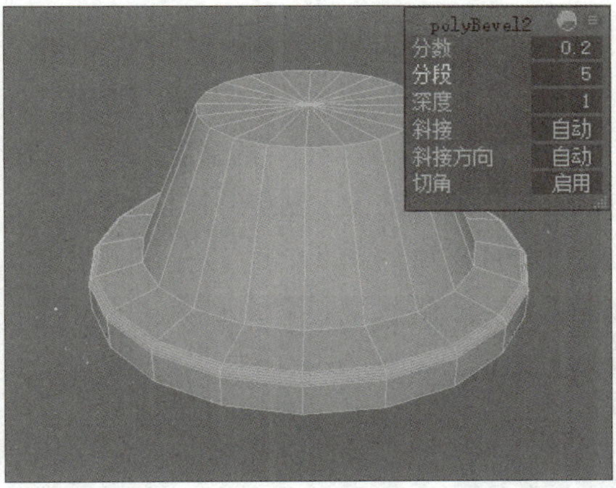

图 4-22

■4.1.4 合并

执行“编辑网格”→“合并”命令，可将模型上的两个或者多个点合并成一个点，“合并”命令如图4-23所示。

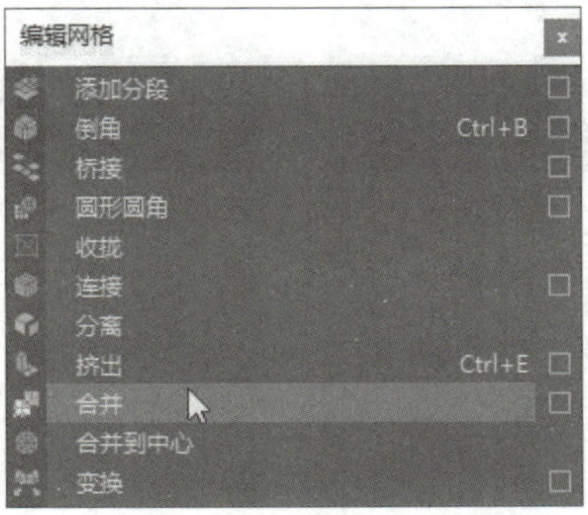

图 4-23

在实际操作中，选择需要进行合并的顶点，执行“合并”命令，效果如图4-24、图4-25所示。

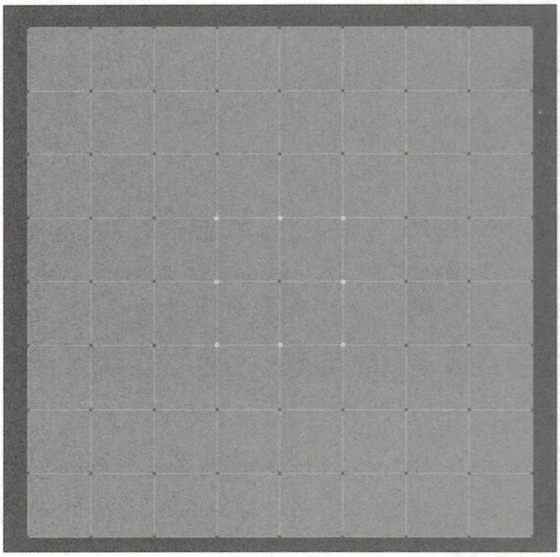

图 4-24

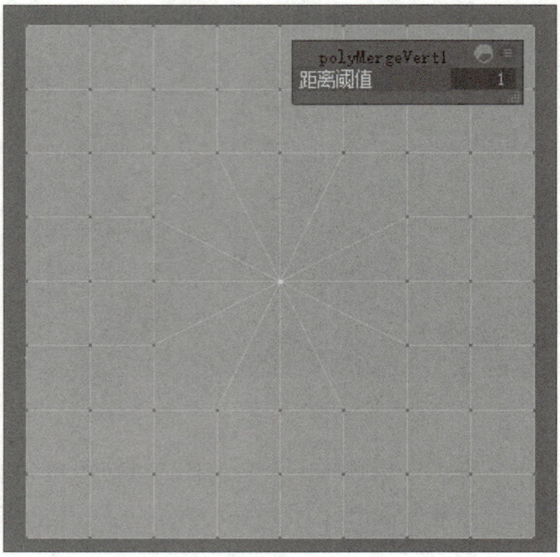

图 4-25

在对接和缝合模型时通常会使用“合并”命令将同一模型中断开的部位链接在一起，在操作中需要同时选中多个顶点，这时会调整“合并”命令的“距离阈值”参数，如图4-26所示。

“距离阈值”是指合并的强度。多个点进行合并时，由于点和点之间的距离不同，可能会出现合并失败或者多点黏连到一点的现象，这时根据点的距离远近合理调节阈值就显得尤为重要，如图4-27所示。

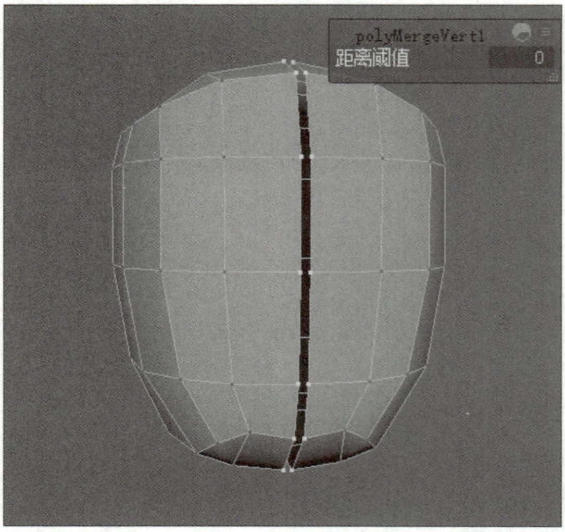

图 4-26

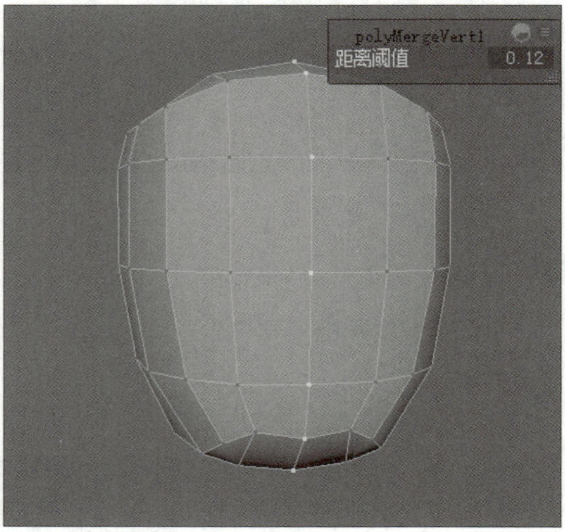

图 4-27

■4.1.5 多切割

“多切割”命令可用于在多边形的边上通过依次进行单击，创建新的线段以分割原有的多边形面。

执行“网格工具”→“多切割”命令，在多边形的边上单击以创建切割点，拖动鼠标指针至多边形的下一条边，单击即可创建新的边，然后右击则完成线段的创建，如图4-28、图4-29所示。

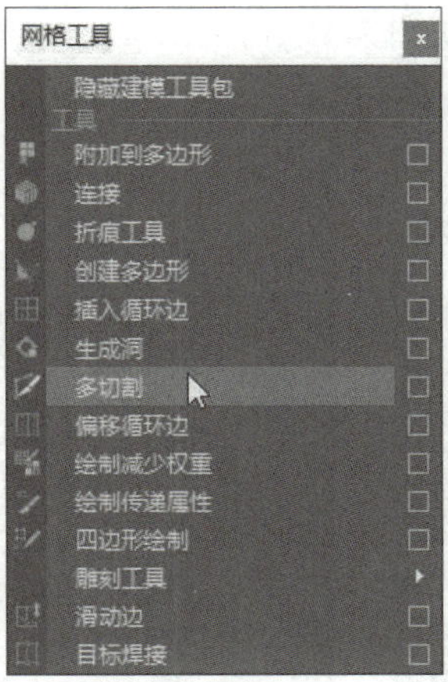

图 4-28

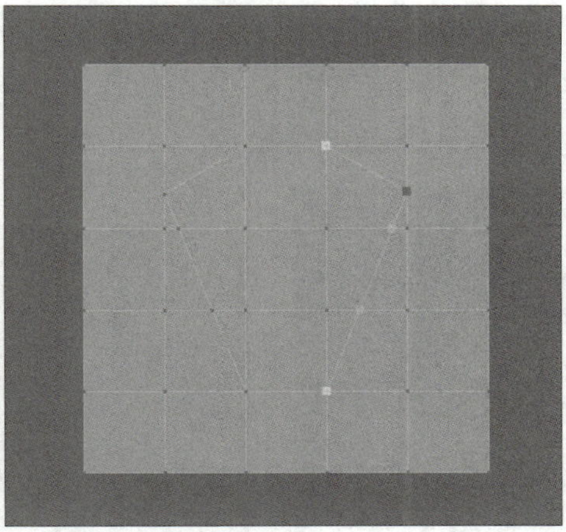

图 4-29

技巧提示：在操作时，最后结束时的切割点必须定位到已有的线上，否则操作不成立。

在“多切割”命令的“工具设置”面板中，可通过设置“捕捉步长”参数来控制切割点在线段上的创建位置，这里设置“捕捉步长%”参数为50，如图4-30所示。

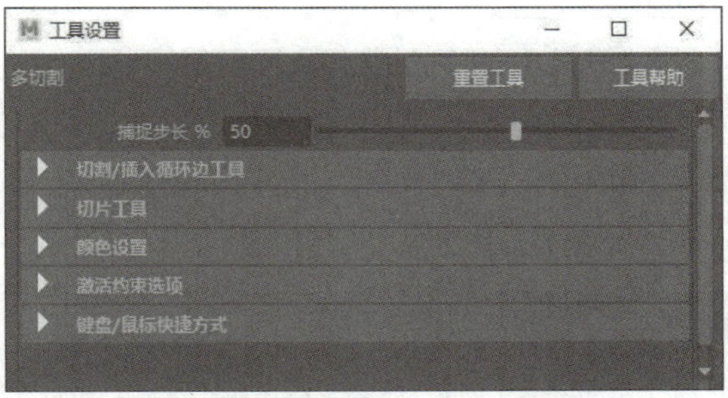

图 4-30

按住Shift键时，切割点会自动捕捉到原有线段的中心位置，再按住Shift键捕捉下一条线段的中心位置，即可创建新的线段，如图4-31、图4-32所示。

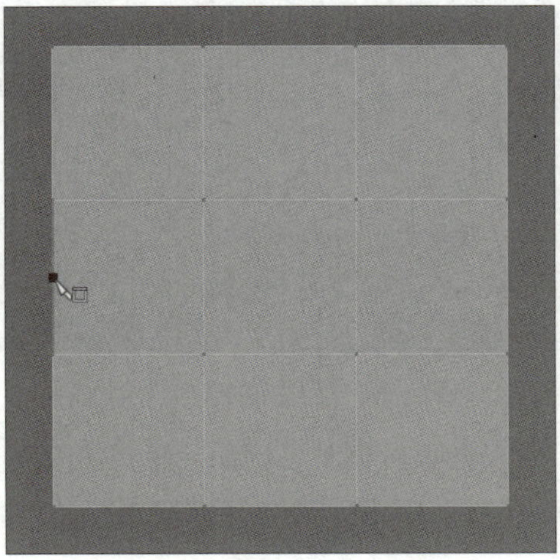

图 4-31

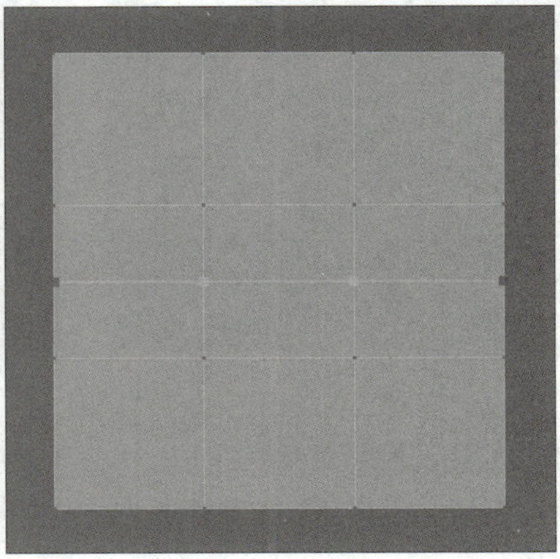

图 4-32

■4.1.6 滑动边

“滑动边”命令可用于使选中的边在原有的水平面内进行移动而不改变模型的形状。选中需要移动的边，执行“网格工具”→“滑动边”命令，然后按住鼠标中键进行拖动，即可在水平面内移动边，如图4-33～图4-35所示。

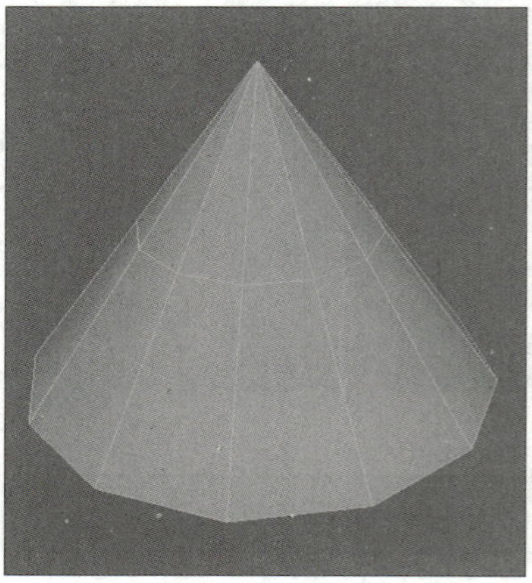

图 4-33

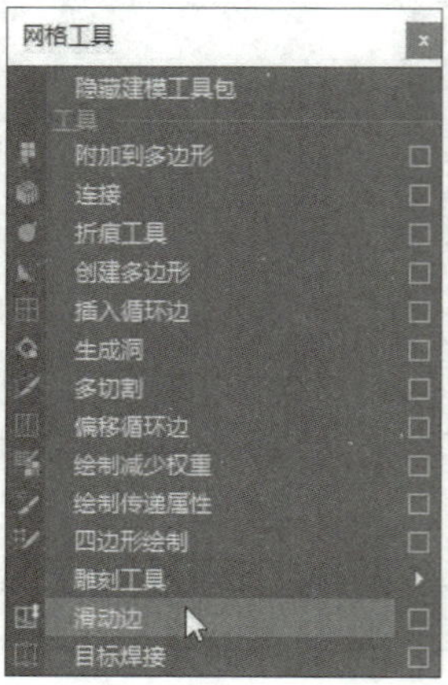

图 4-34

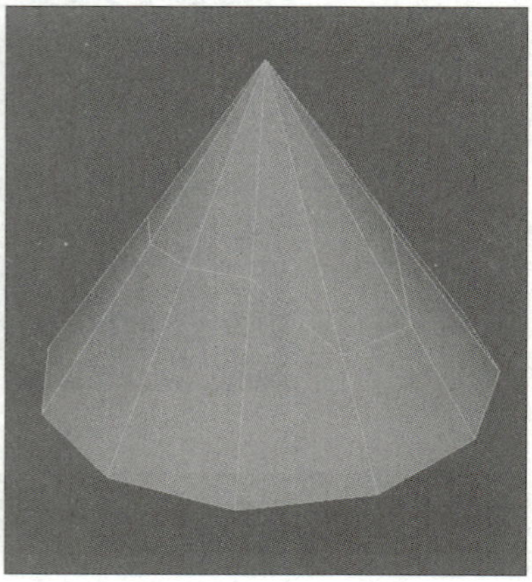

图 4-35

■4.1.7 插入循环边

“插入循环边”工具可用于在原有的多边形上插入一条环形边，如图4-36所示。

在实际操作中，执行“网格工具”→“插入循环边”命令，在原有边上单击，可在当前位置插入一圈环形的边。如果在单击后拖动鼠标指针，可滑动插入循环边的虚线，松开鼠标即确定插入，其“工具设置”面板如图4-37所示。

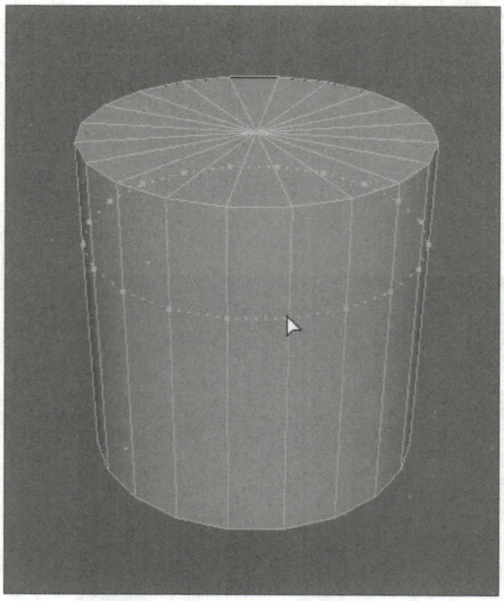

图 4-36

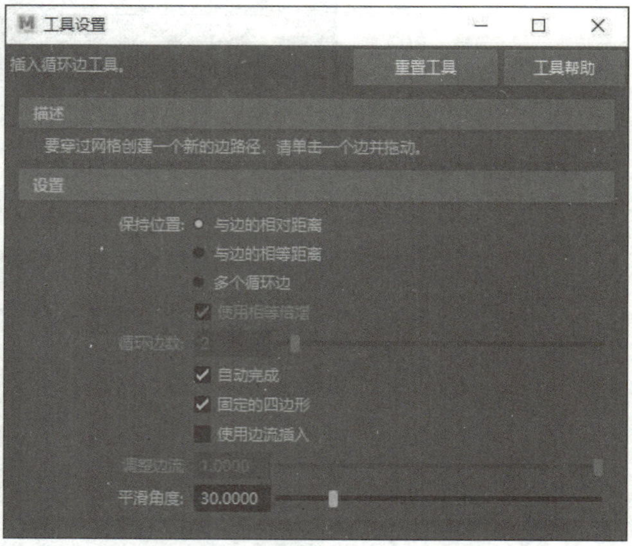

图 4-37

在“工具设置”面板中，可对“循环边数”等参数进行调整。例如，想在某线段上等分插入两条线段，可将插入位置切换为“多个循环边”并将“循环边数”调整为3，如图4-38、图4-39所示。

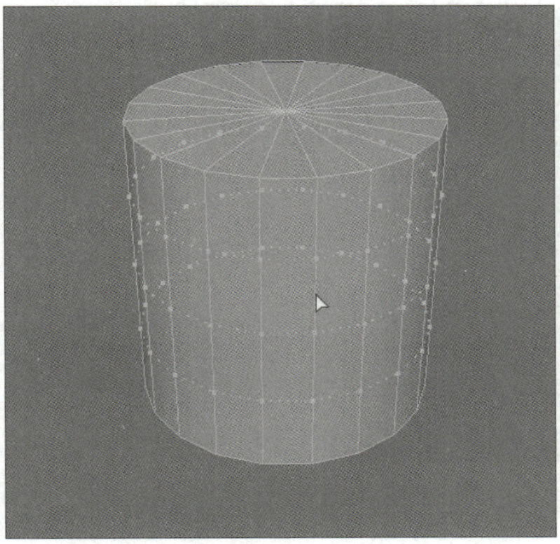

图 4-38

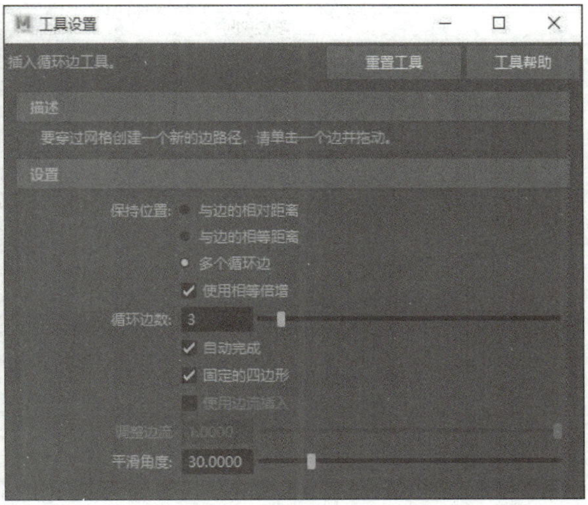

图 4-39

知识链接

为弧形多边形添加循环边后，按住 Shift 键打开热盒菜单，从中选择“编辑边流”命令，可以改变边的位置。当参数为 0 时，所选边线会移动到附近其他边的中间，从而形成平面，如图 4-40 所示；当参数为 1 时，可变换选定边的曲面曲率以遵循周围网格的曲率，如图 4-41 所示。

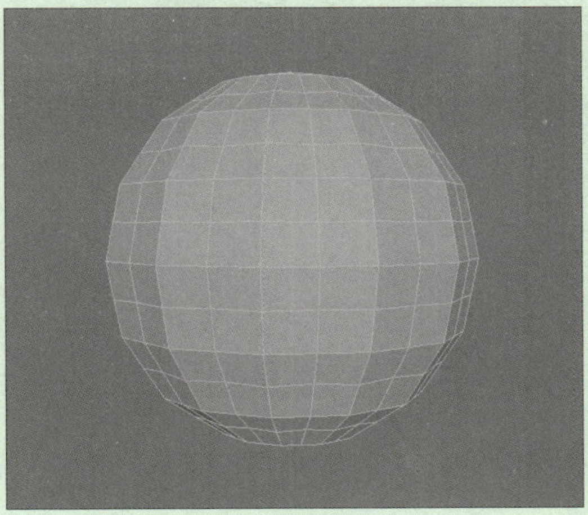

图 4-40

图 4-41

■4.1.8　偏移循环边

“偏移循环边”命令可用于以偏移的方式在原有边的两侧添加新的边，“偏移循环边”命令如图4-42所示。

在操作过程中，执行“网格工具”→“偏移循环边”命令后，将鼠标指针移动到模型上原有的某条边上，按住鼠标左键进行拖动，即可在原有边的两侧添加新的边，并可沿着鼠标指针的拖动控制距离，如图4-43所示。

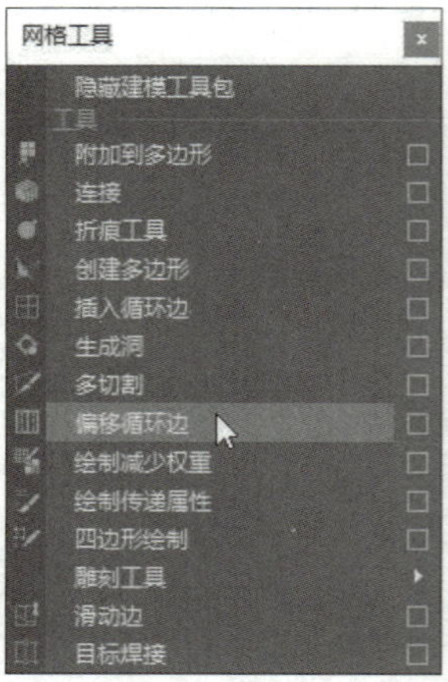

图 4-42

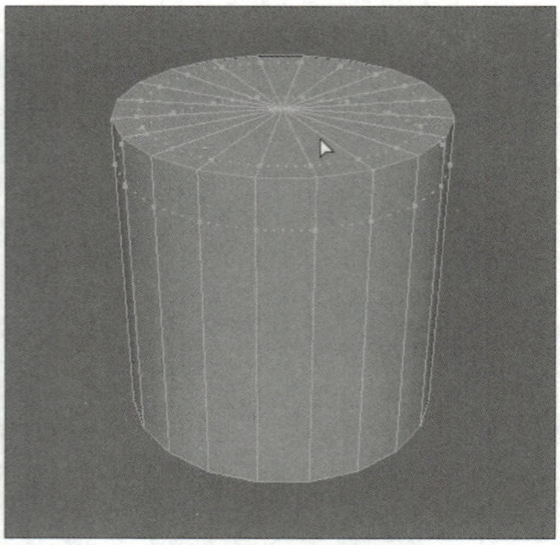
图 4-43

■4.1.9 填充洞

使用“填充洞”命令可以填充多边形上的洞，并且可以一次性填充多个洞。选择多边形，执行“网格”→“填充洞”命令，系统会自动将洞口补好，如图4-44、图4-45所示。

图 4-44

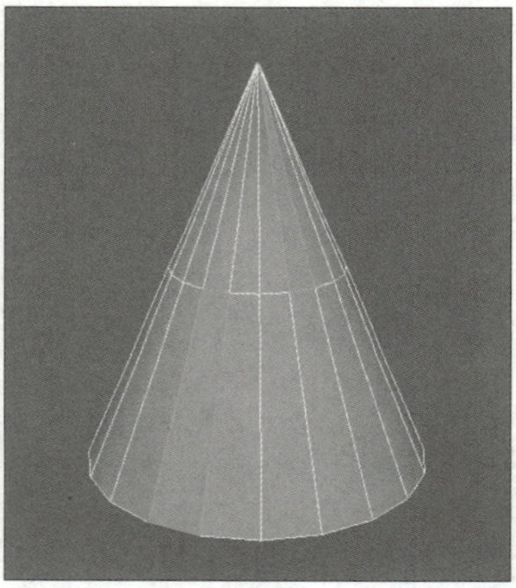
图 4-45

■4.1.10 复制面与提取面

“复制”与“提取”命令非常相似，都是对模型的面元素进行单独性的操作，两种命令如图4-46所示。

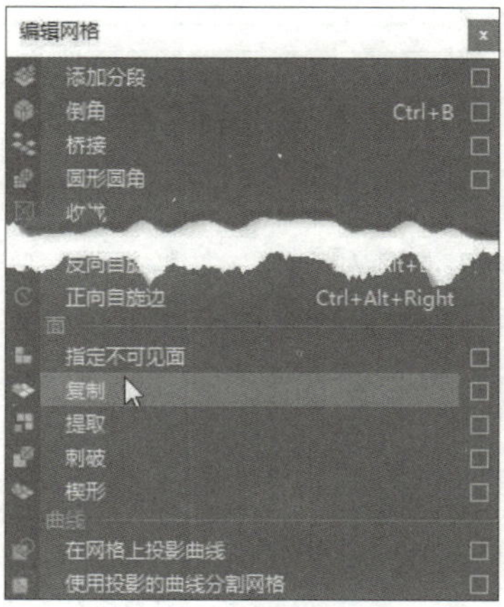

图 4-46

“复制”命令会保持原有模型不变，重新复制出一个所选面，如图4-47所示。“提取”命令则是对原有模型上所选面的一种剥离，如图4-48所示。执行两种命令的结果都会得到两个模型。

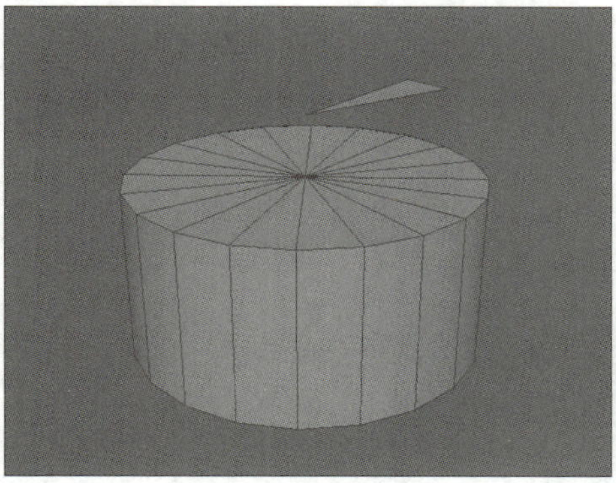

图 4-47

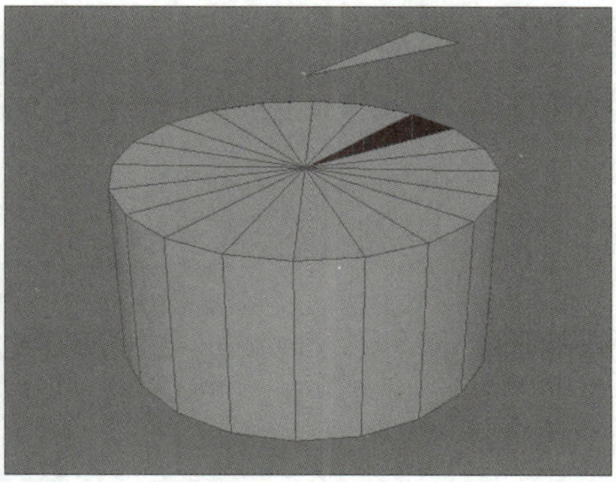

图 4-48

■4.1.11 刺破面

“刺破”命令可用于在选定面上自动添加对角分割线，并由此产生一个中心顶点，“刺破”命令如图4-49所示。

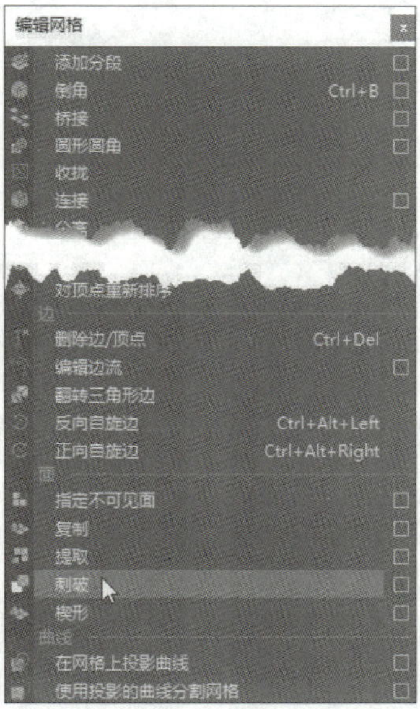

图 4-49

在实际操作中，选中面后直接执行“刺破”命令即可，产生的对角分割线数量由面本身的角数决定，如图4-50、图4-51所示。

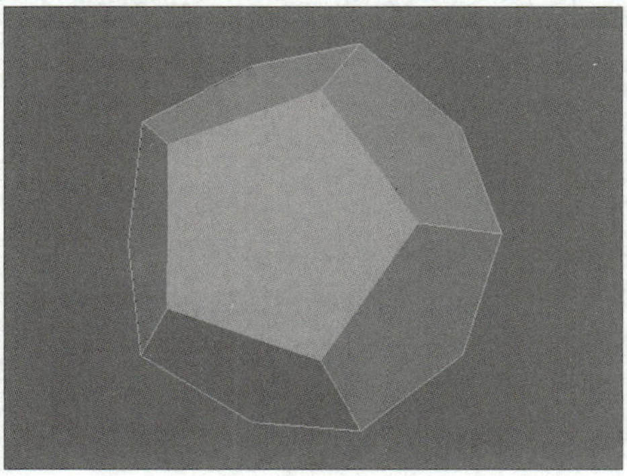

图 4-50

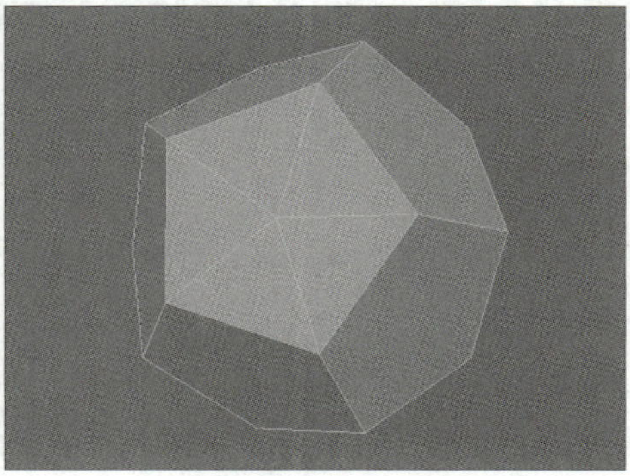

图 4-51

■4.1.12 楔形面

“楔形”命令可用于使选定面朝着指定方向进行翻转，产生一个带弧度的圆角结构，“楔形”命令如图4-52所示。

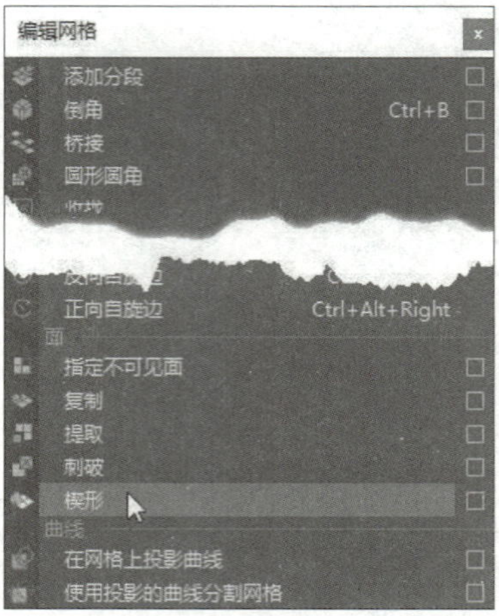

图 4-52

在实际操作中，选择了面之后还需要加选一条所选面周围的线段以指定所选面的翻转方向，如图4-53、图4-54所示。

图 4-53

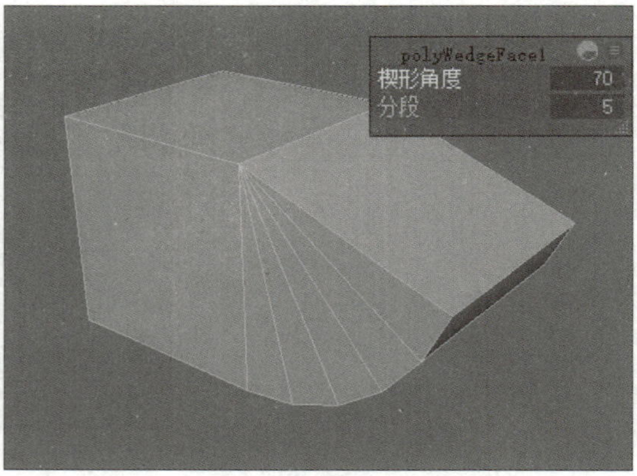

图 4-54

4.2 多边形网格显示

本节将介绍影响多边形模型显示效果的相关属性和工具。

■4.2.1 一致

“一致”命令用于统一多边形法线方向，可快速将同一物体的法线进行统一，“一致”命令如图4-55所示。

选择面，执行“网格显示”→“一致”命令，即可快速将物体的所有法线统一方向，实际操作前后效果如图4-56、图4-57所示。

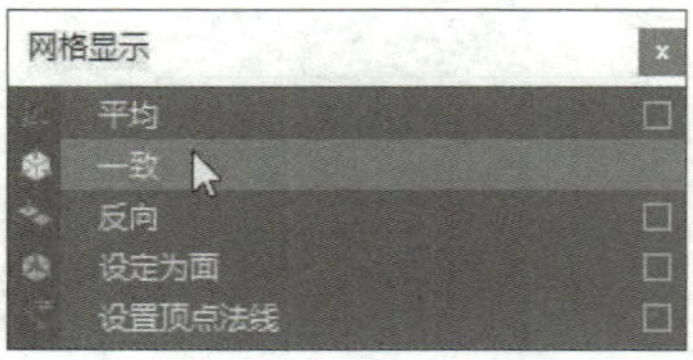

图 4-55

图 4-56

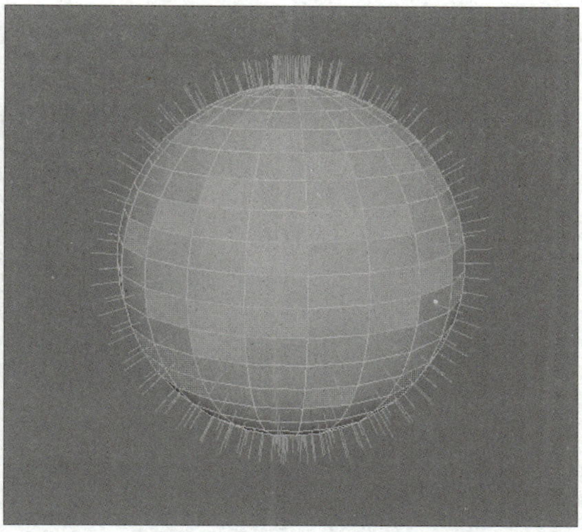

图 4-57

■4.2.2 反向

“反向”命令可用来调整在多边形模型的制作过程中产生的一些反向法线。使用“反向”命令后，可将法线的方向调整过来，“反向”命令如图4-58所示。

图 4-58

在实际操作中，选择法线反向的面，执行“网格显示”→“反向”命令反转法线，实际操作前后效果如图4-59、图4-60所示。

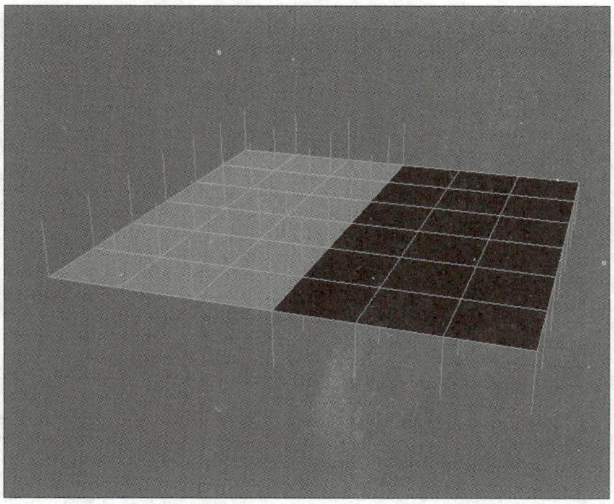

图 4-59

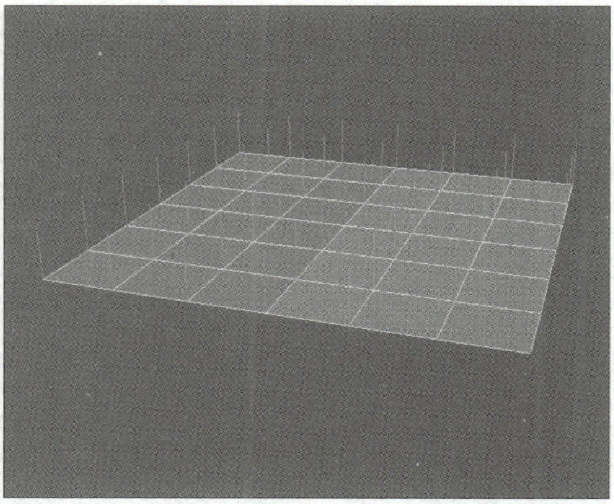

图 4-60

■4.2.3 软化边和硬化边

“软化边”和“硬化边”命令可用于通过改变点的法线方向，软化或硬化多边形的边界，从而影响渲染结果，“软化边”和“硬化边”命令如图4-61所示。

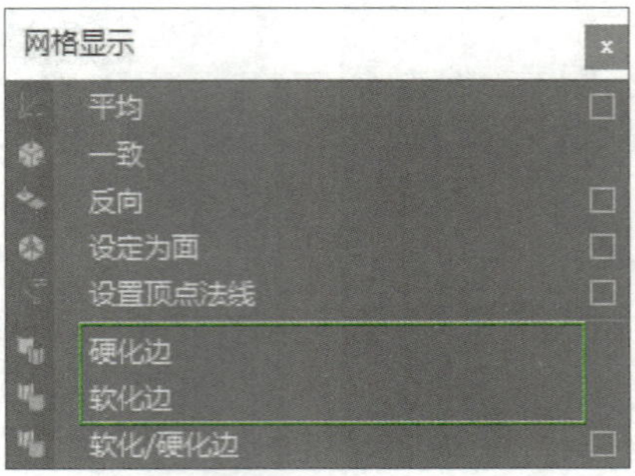

图 4-61

执行“软化边”命令前后的效果如图4-62、图4-63所示。

图 4-62

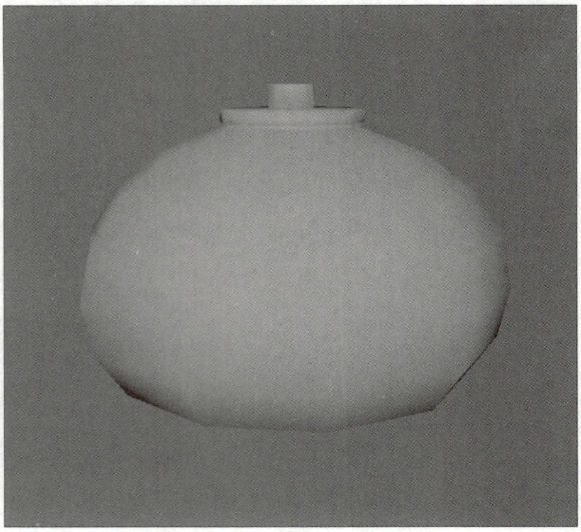

图 4-63

执行“硬化边”命令前后的效果如图4-64、图4-65所示。

图 4-64

图 4-65

实战演练 制作卡通房屋模型

合理利用多边形建模的相关命令来制作一个卡通房屋模型。在制作过程中可以更加深入地了解和学习多边形建模的知识，掌握“网格”菜单、“编辑网格”菜单、“网格工具”菜单下的常用命令。

扫码观看视频

步骤01 制作房屋的大体形状。在场景正中心创建多边形立方体，并使用缩放工具将其调整至合适大小，如图4-66所示。

步骤02 右击切换到面编辑模式下，选择几何体上方的面，在工具架中单击“挤出”按钮，拖动控制柄挤出面，并在挤出的过程中调整新的挤出面的厚度及大小，制作出房屋的形状，如图4-67～图4-69所示。

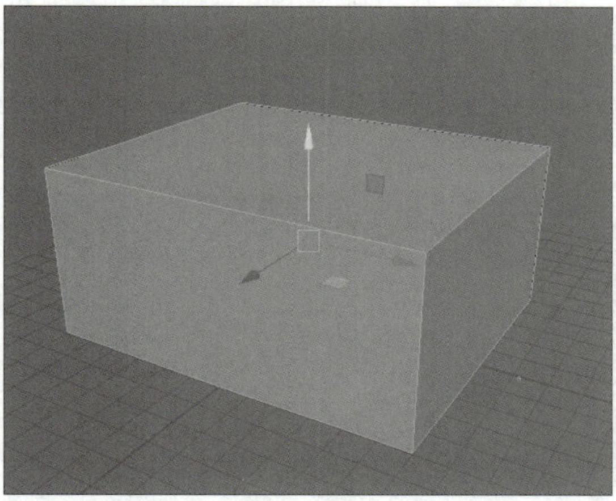

图 4-66

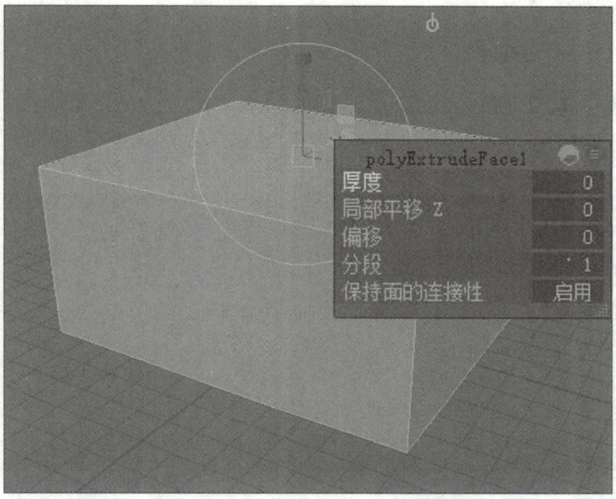

图 4-67

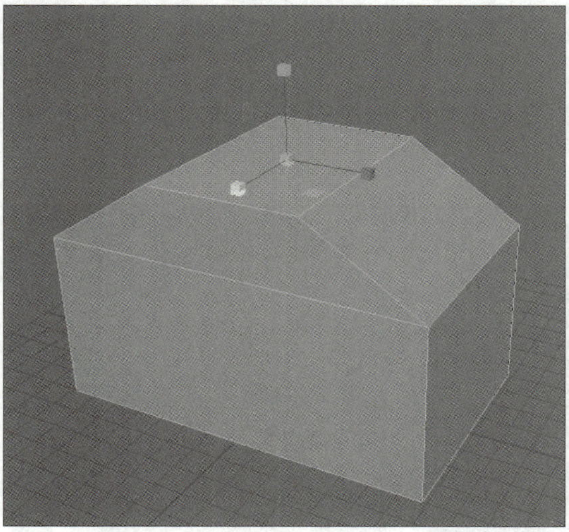

图 4-68

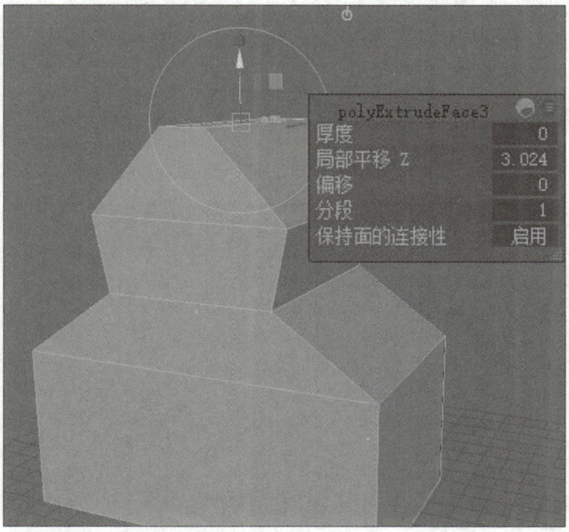

图 4-69

步骤03 使用“插入循环边”命令在几何体的下方插入一圈循环边，如图4-70所示。

步骤04 选中几何体下方被线段分割后的面，使用“挤出”命令增加基础面的厚度，制作房屋底部的结构，如图4-71所示。

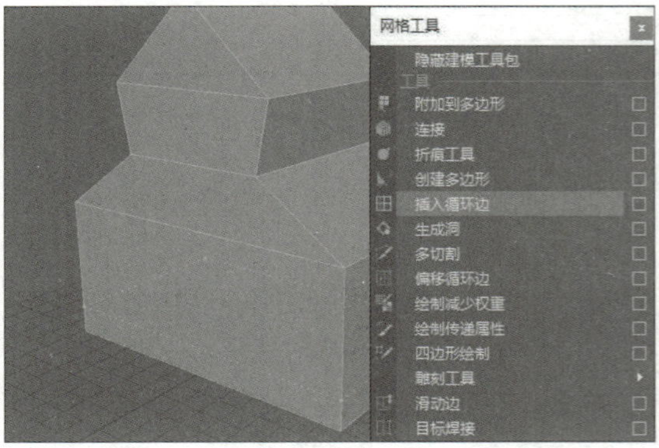

图 4-70

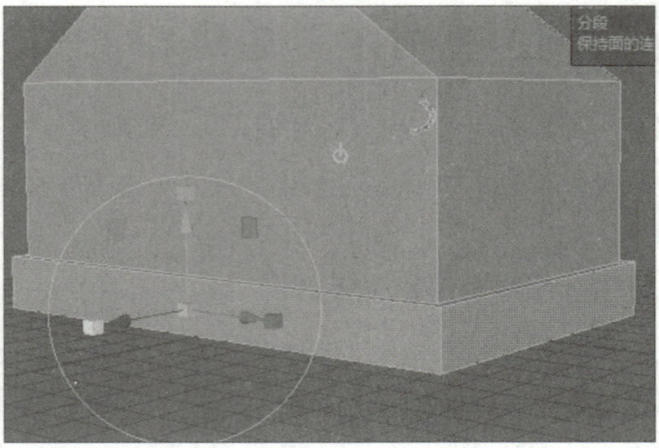

图 4-71

步骤 05 选中几何体最下方的循环边，使用缩放工具将其向外缩放，制作出略微倾斜的角度，如图4-72所示。

步骤 06 制作正面进门的台阶。创建一个多边形立方体，并使用“挤出”命令依次制作台阶的厚度和两侧延伸出来的结构，如图4-73所示。

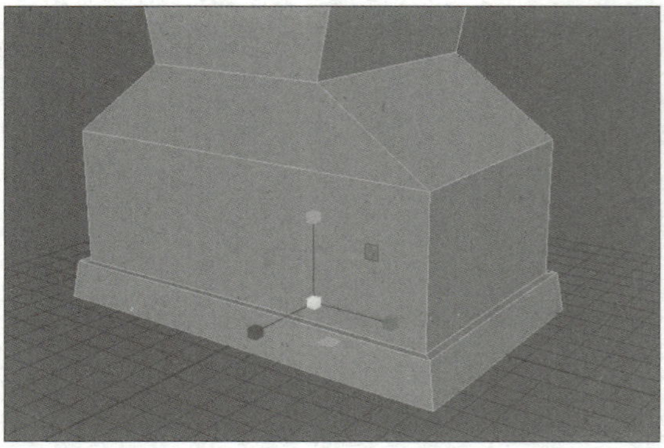

图 4-72

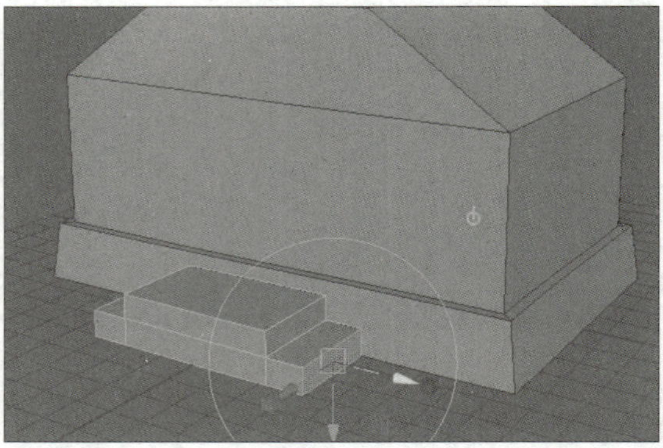

图 4-73

步骤 07 创建多边形立方体，切换至立方体的顶点，调整模型的形状为梯形，将其放至与台阶相匹配的位置，如图4-74、图4-75所示。

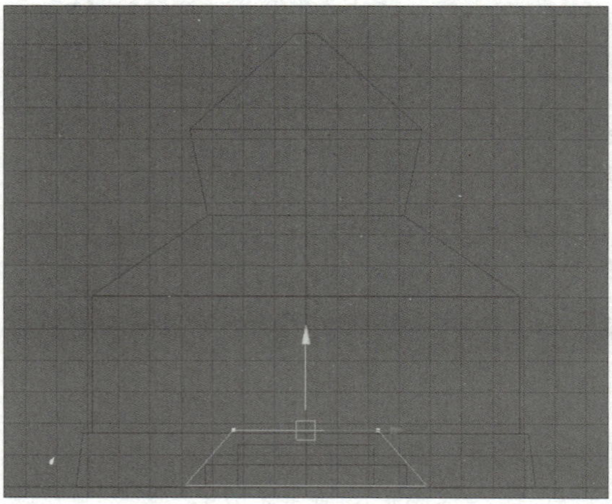

图 4-74

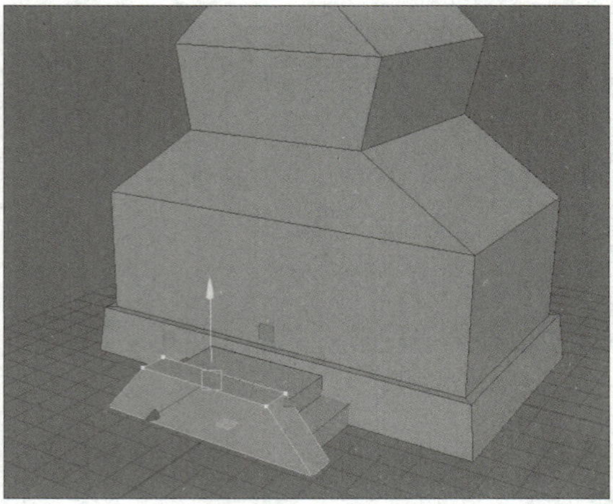

图 4-75

步骤08 使用“插入循环边”命令添加对应的结构线段，并使用“挤出”命令为分割的面挤出厚度，如图4-76、图4-77所示。

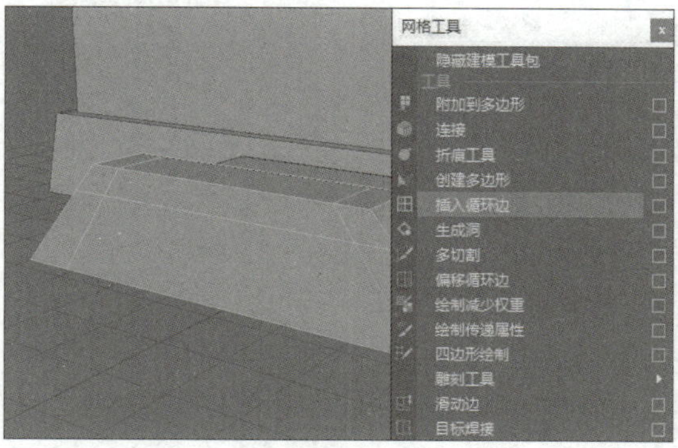

图 4-76

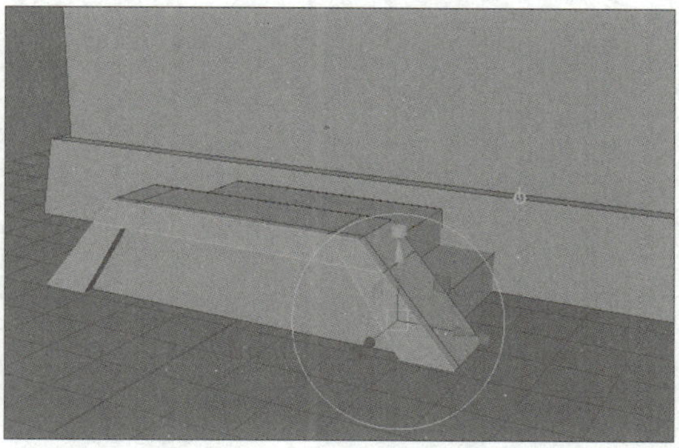
图 4-77

步骤09 制作房屋侧面的结构。创建一个长方体，调整其角度及位置，将其作为侧面的房梁，如图4-78所示。

步骤10 调整房梁下端面的大小，使用“插入循环边”命令插入适当分段，如图4-79所示。

扫码观看视频

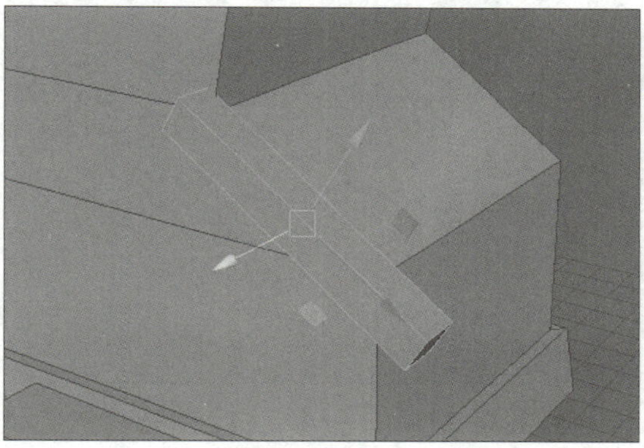
图 4-78

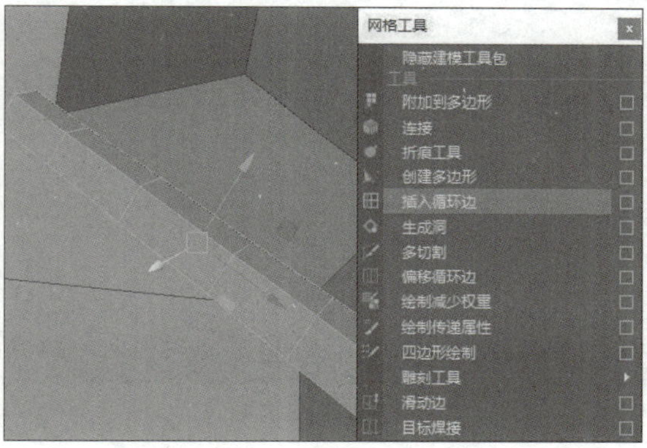

图 4-79

步骤11 进入顶点编辑模式，调整房梁模型的形状，制作弧形的走势，如图4-80示。

步骤12 使用“挤出”命令挤出房梁末端的面，制作凸起的结构，如图4-81、图4-82所示。

步骤13 按Ctrl+D组合键，使用“复制”命令复制另一侧的房梁模型，并将其移动到相应的位置，如图4-83所示。

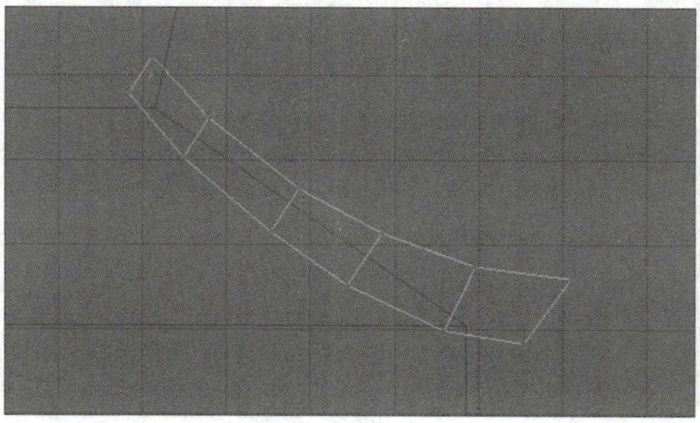
图 4-80

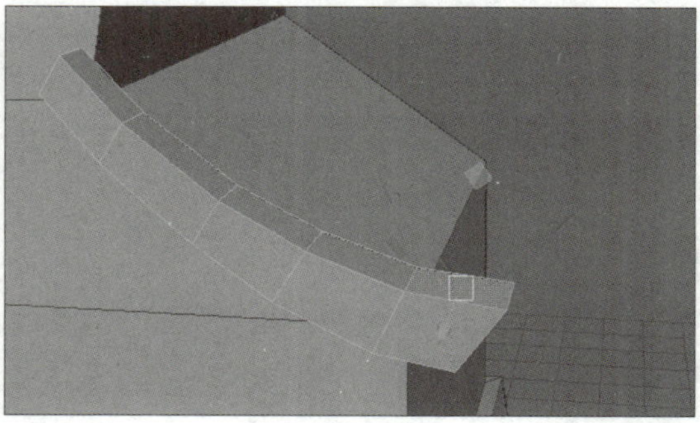
图 4-81

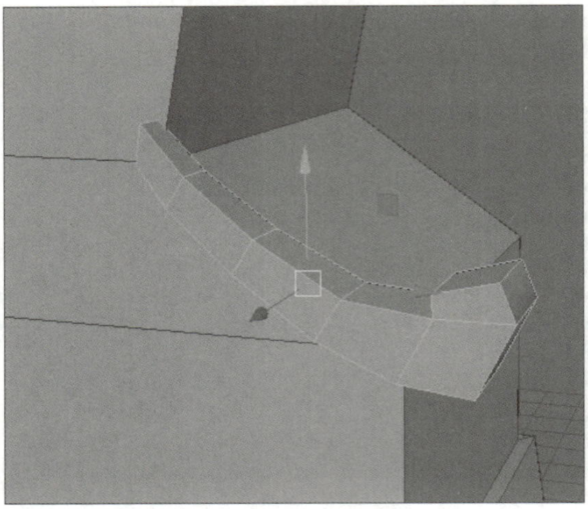

图 4-82

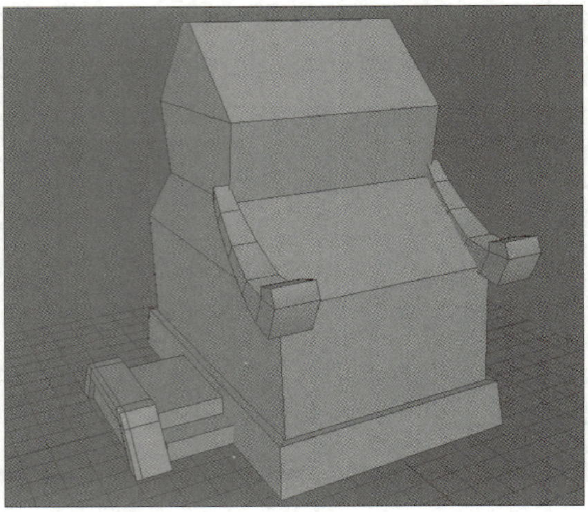

图 4-83

步骤 14 制作瓦片的结构。创建一个多边形圆柱体并修改其“轴向细分数”参数，如图4-84所示。

步骤 15 进入面编辑模式，删除圆柱体一半的面，调整其大小并将其放置在屋檐的位置，如图4-85所示。

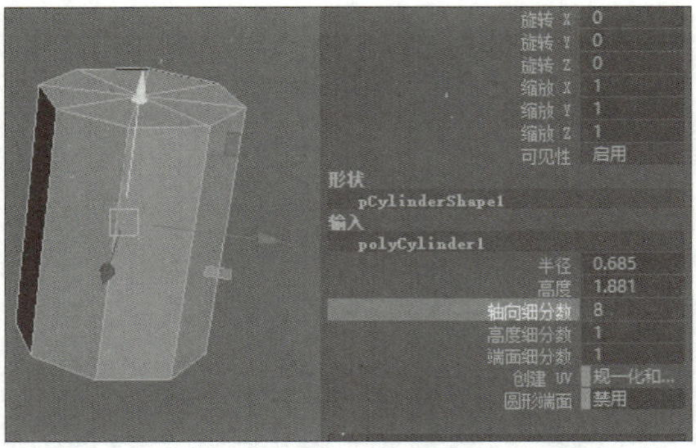

图 4-84

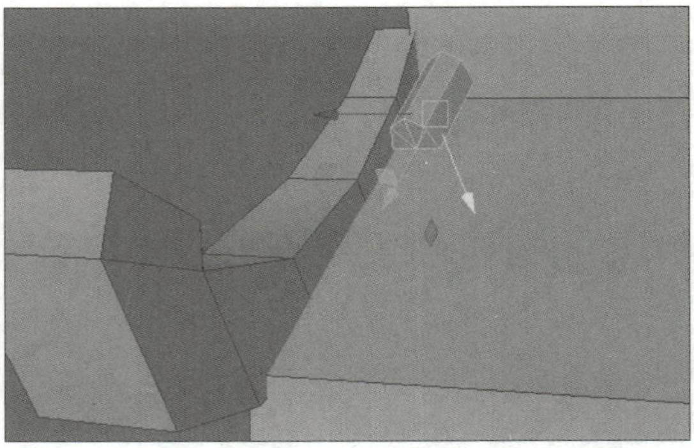

图 4-85

步骤 16 使用“多切割”命令在半圆柱体上创建线段，如图4-86所示。

步骤 17 选择半圆柱体被分割后内部的面，依次向外挤出厚度并调整其走势，如图4-87、图4-88所示。

步骤 18 将半圆柱体最后的分割面向内挤出，如图4-89所示。

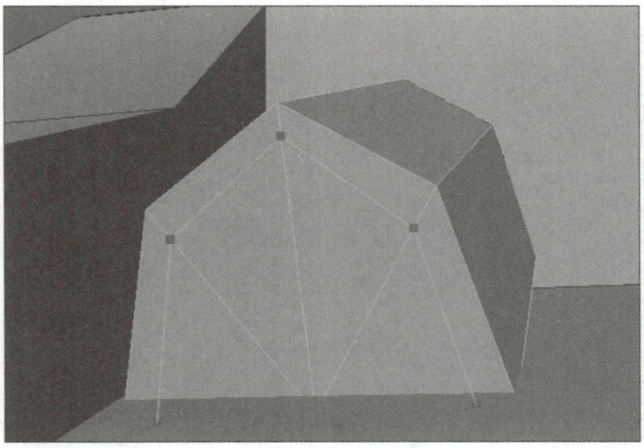

图 4-86

图 4-87

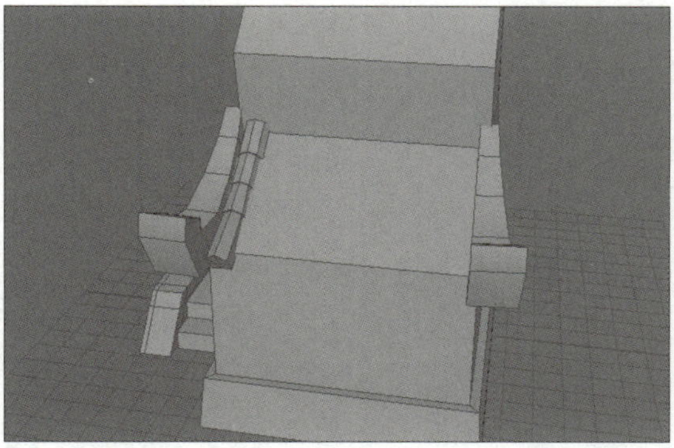

图 4-88

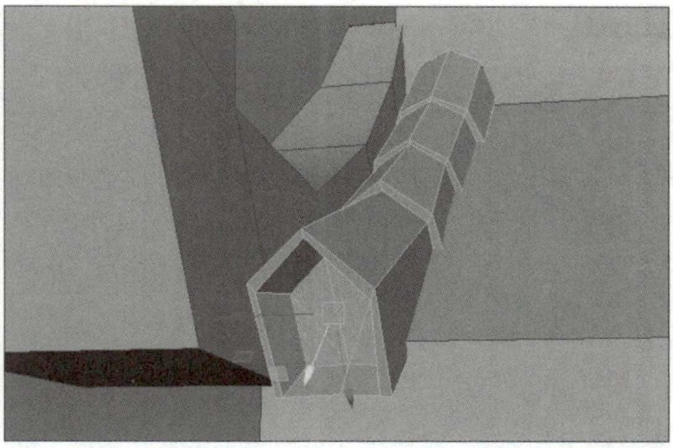

图 4-89

步骤19 制作完成一列完整的瓦片结构后，按Shift+D组合键，以特殊复制的方式依次向右移动复制，制作一整面屋顶结构，如图4-90所示。

步骤20 制作二层的房屋结构。使用“插入循环边”命令在房屋模型的两侧分别插入循环边，并使用“挤出”命令将两侧的面向外挤出厚度，如图4-91所示。

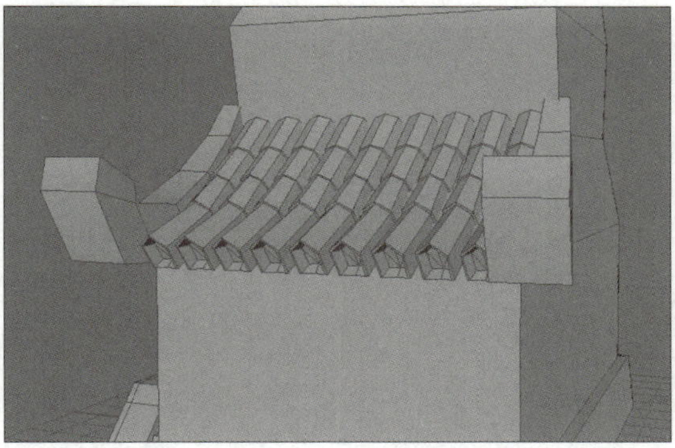

图 4-90

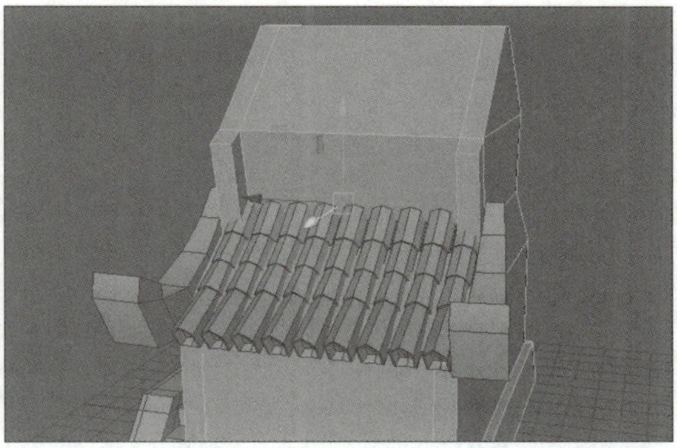

图 4-91

步骤21 复制房屋下方两侧的房梁模型，并调整其“变换”属性，如图4-92所示。

步骤22 复制房屋下方的一整面瓦片结构，并适当调整“变换”属性以匹配屋顶结构，如图4-93所示。

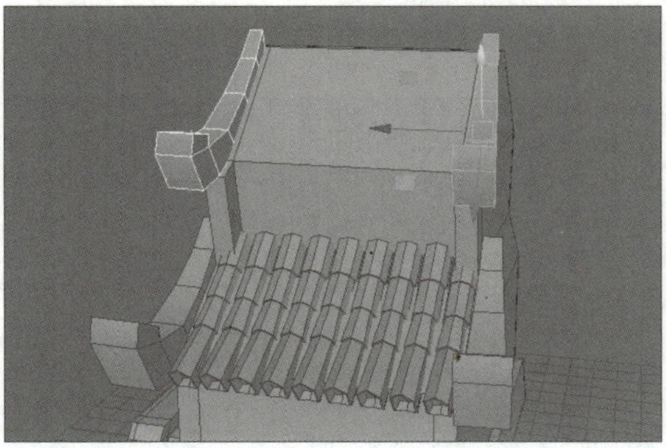

图 4-92

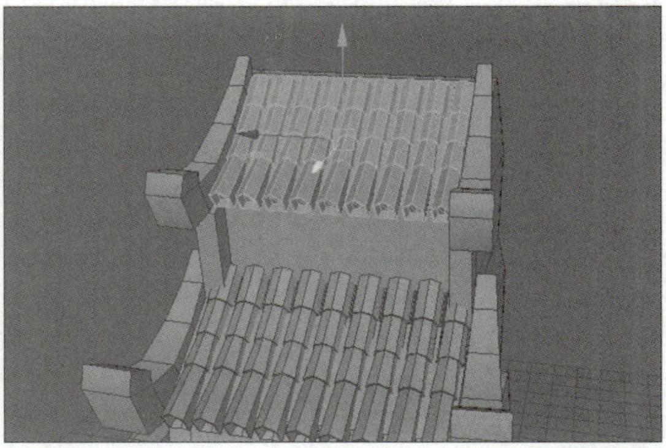

图 4-93

扫码观看视频

步骤23 制作二层的窗台及窗户结构。创建多边形立方体，调整其大小并将其放置在相应的位置，如图4-94所示。

步骤24 制作窗户。创建多边形平面，使用“插入循环边”命令对其进行切割，如图4-95所示。

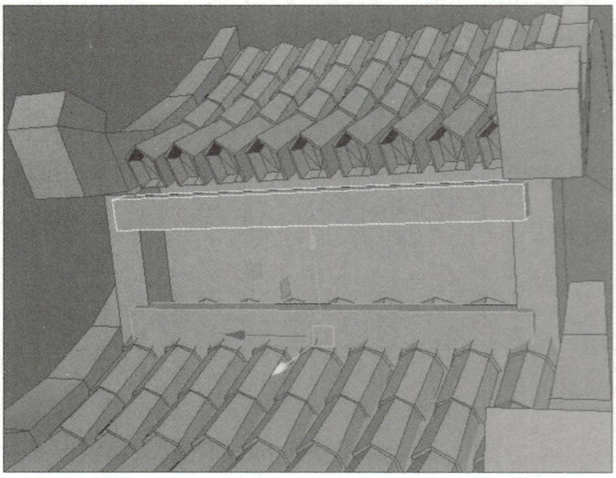

图 4-94

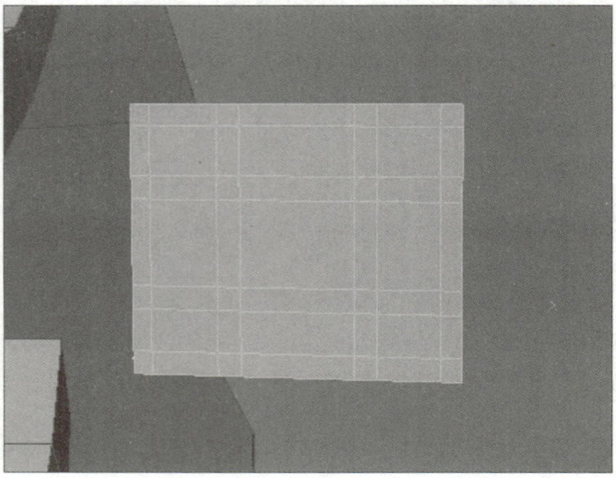

图 4-95

步骤25 删除不需要的面，并对剩下的面使用“挤出”命令制作厚度，将其作为窗户，如图4-96、图4-97所示。

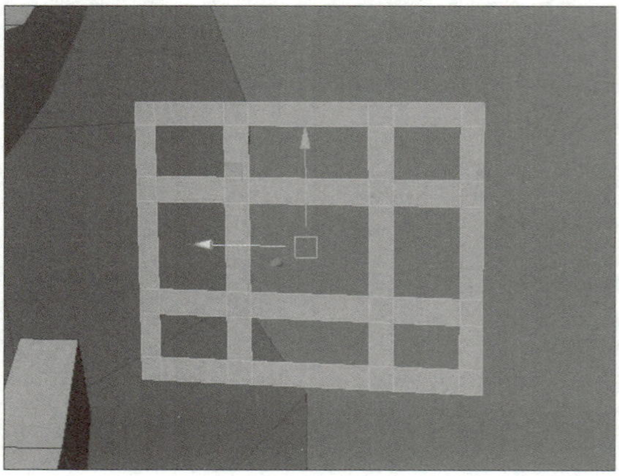

图 4-96

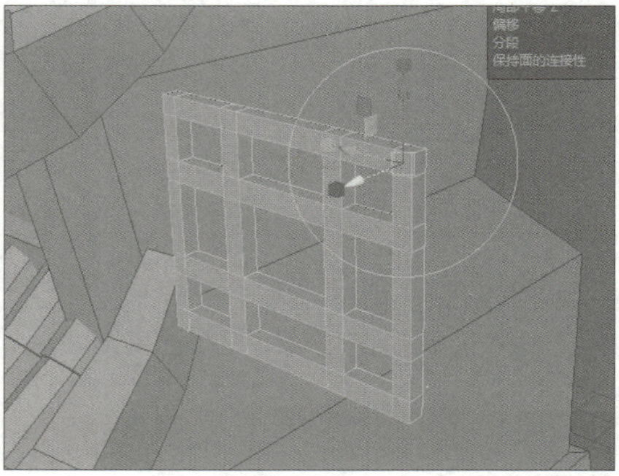

图 4-97

步骤26 将制作完成的窗户移至墙面位置，调整“变换”属性以匹配窗台的结构，如图4-98所示。

步骤27 完善一楼侧面的结构，制作柱子的基台。创建多边形立方体，调整立方体上方面的大小，如图4-99所示。

图 4-98

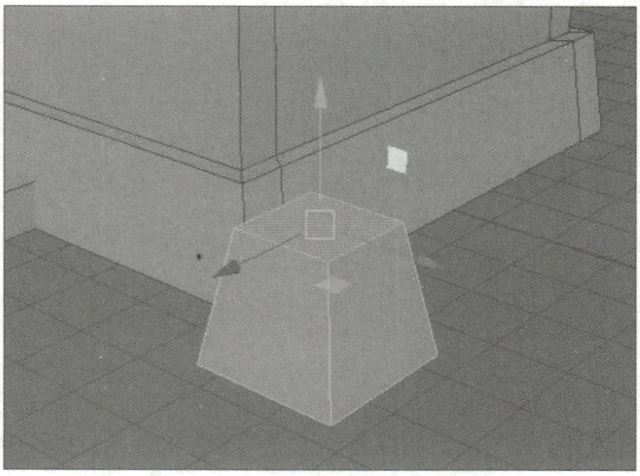

图 4-99

步骤28 再次创建一个多边形立方体，调整其高度与顶面大小，制作柱子，如图4-100所示。

步骤29 将基台和柱子放置在相应位置并进行复制，如图4-101所示。

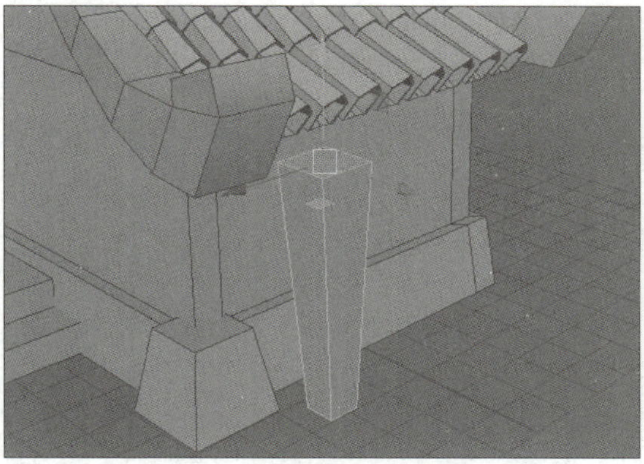

图 4-100

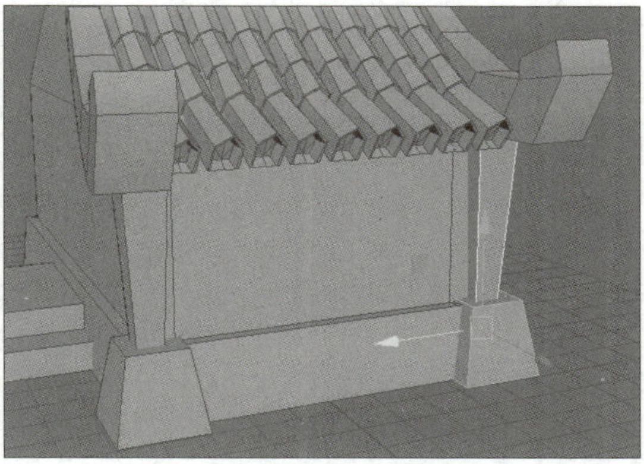

图 4-101

步骤30 制作房梁结构，如图4-102所示。

步骤31 利用与二层窗台相同的制作方式制作一层窗台墙体的结构，可直接复制窗户，如图4-103所示。

图 4-102

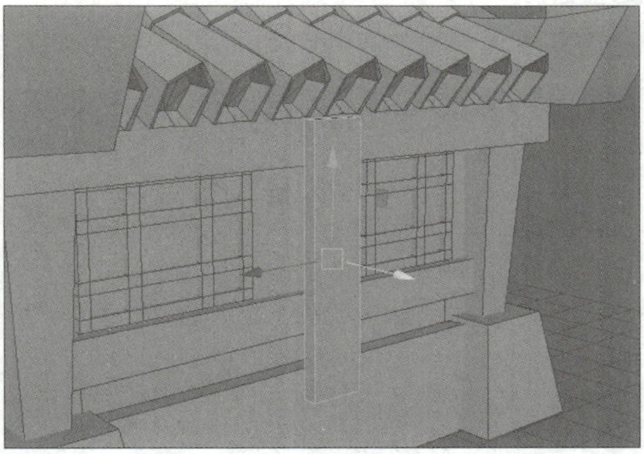

图 4-103

步骤32 将房屋一侧的结构全部选中，按Ctrl+G组合键编组并进行复制，如图4-104所示。

步骤33 调整新复制组的缩放值，制作成镜像效果，以完成房屋另外一侧结构的制作，如图4-105所示。

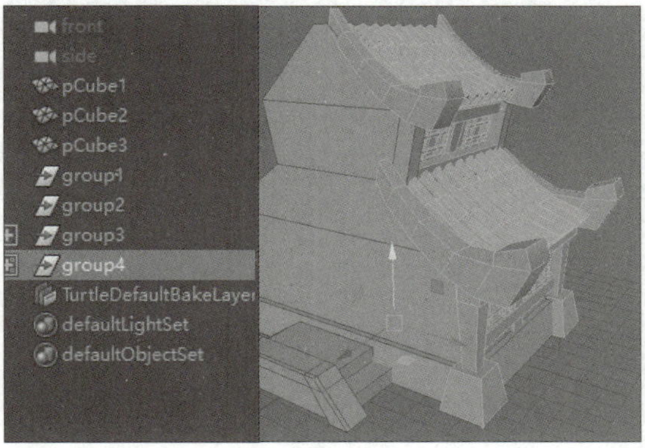

图 4-104

图 4-105

步骤34 制作房屋的正面结构与屋顶的正脊。创建一个多边形立方体，制作正面延伸出来的房屋结构，如图4-106所示。

步骤35 制作房屋延伸结构的侧脊与屋檐。创建多边形立方体，调整其上、下端面的缩放比例，如图4-107所示。

扫码观看视频

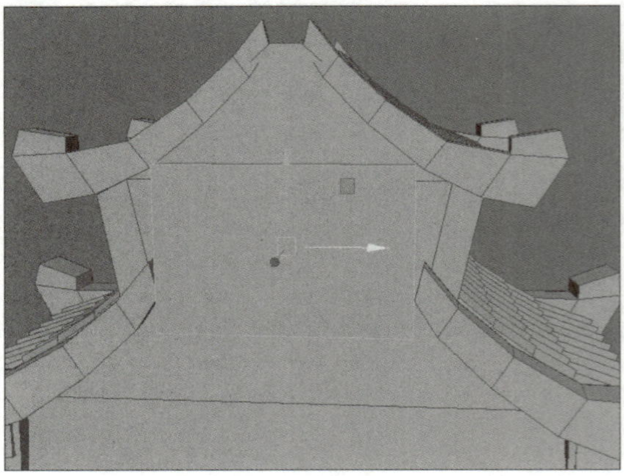

图 4-106

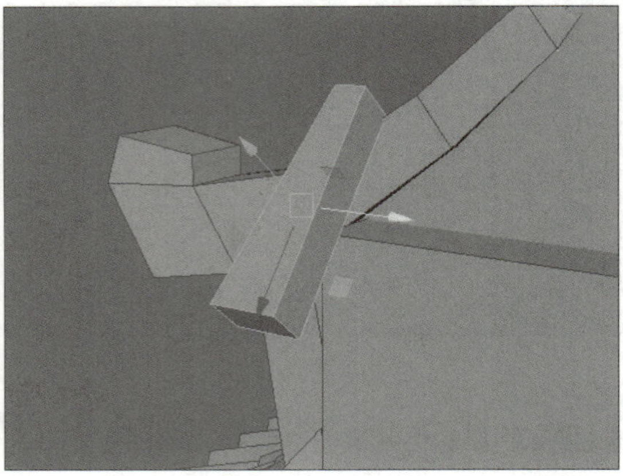

图 4-107

步骤36 插入循环边，调整模型的形状，如图4-108所示。

步骤37 制作屋檐的瓦片，如图4-109～图4-111所示。

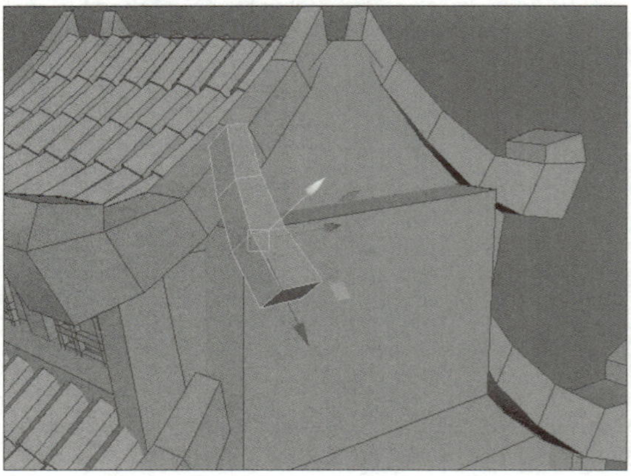

图 4-108

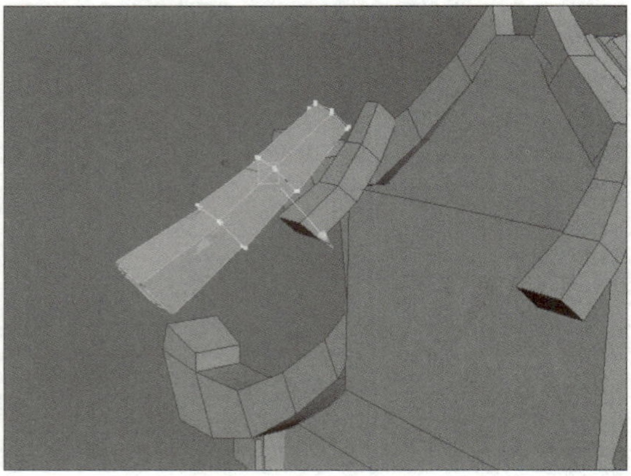

图 4-109

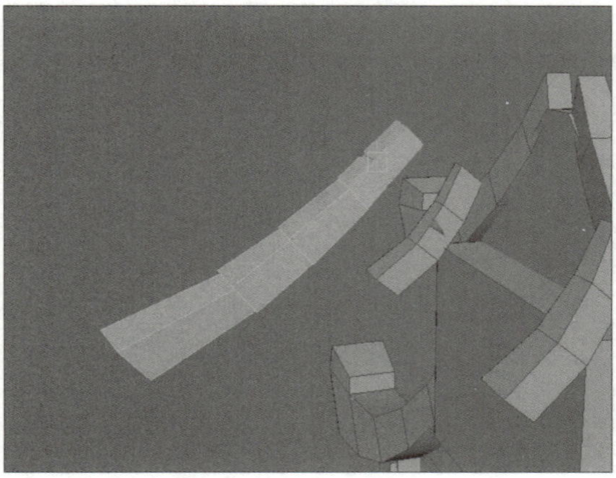

图 4-110

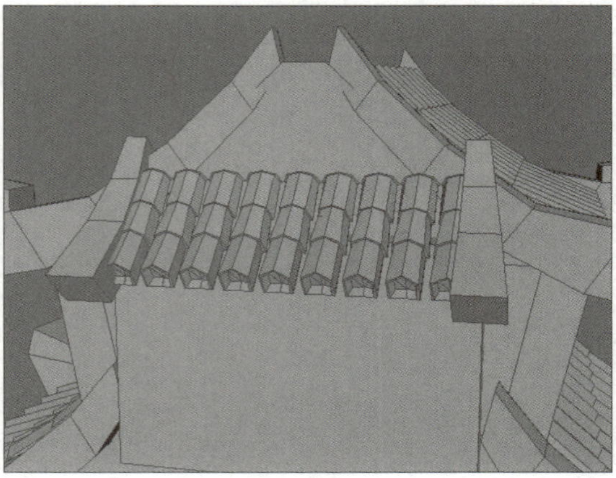

图 4-111

步骤38 制作房屋前方的横脊。创建多边形立方体，添加细分段数，如图4-112所示。

步骤39 修改顶点的位置，调整形状，如图4-113所示。

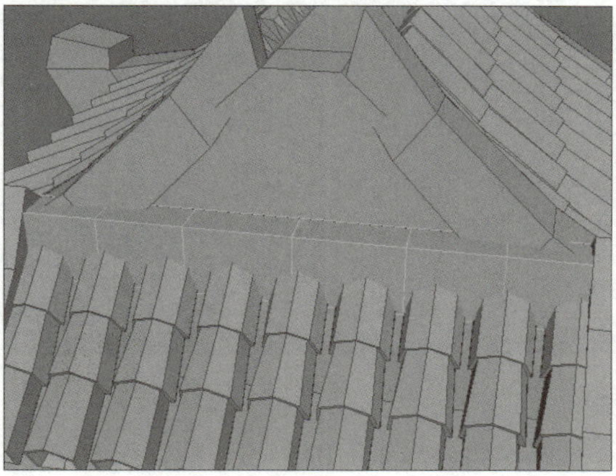

图 4-112

图 4-113

步骤40 创建多边形立方体，并使用“挤出”命令制作两侧的房檐，如图4-114、图4-115所示。

图 4-114

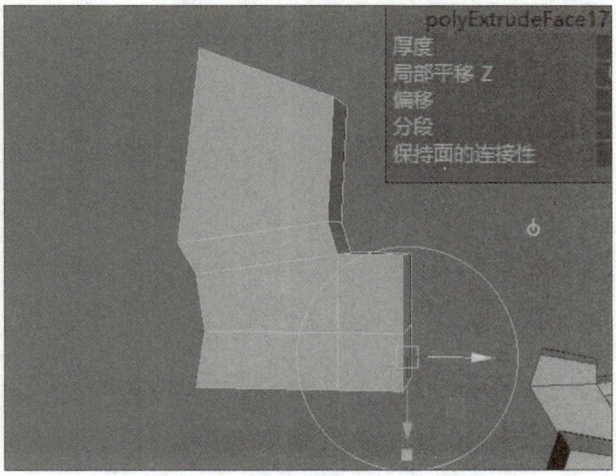

图 4-115

步骤41 插入循环边，调整形状再挤出，如图4-116所示。

步骤42 镜像复制形状并将其移动到对称的位置，如图4-117所示。

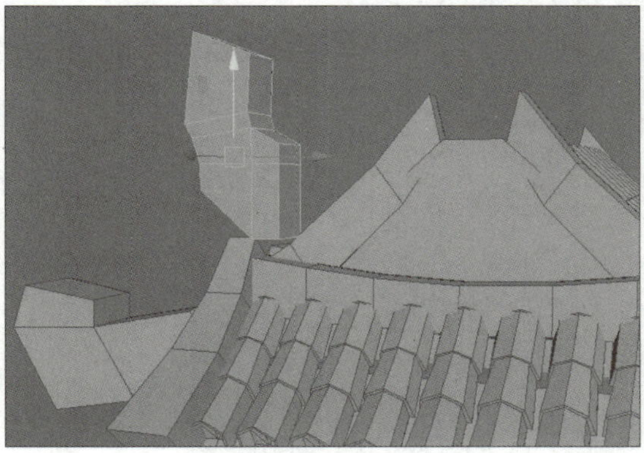

图 4-116

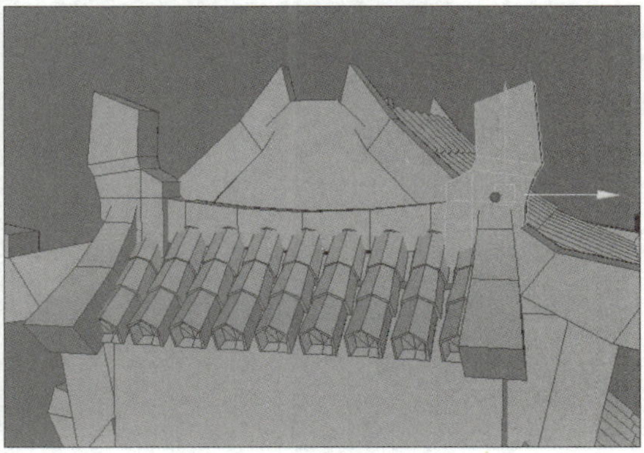

图 4-117

步骤43 制作屋顶的正脊。创建多边形立方体，并挤出为所需结构，如图4-118、图4-119所示。

图 4-118

图 4-119

步骤44 选择该立方体下方的面，使用“楔形”命令制作向房屋正面翻转的结构，如图4-120所示。

步骤45 将制作的翻转结构放置在相应位置并调整其顶点，如图4-121所示。

图 4-120

图 4-121

步骤46 使用“复制”命令复制制作完成的结构并将其镜像放置在相应的位置，选中两侧的结构，使用“结合”命令将其结合在一起，如图4-122所示。

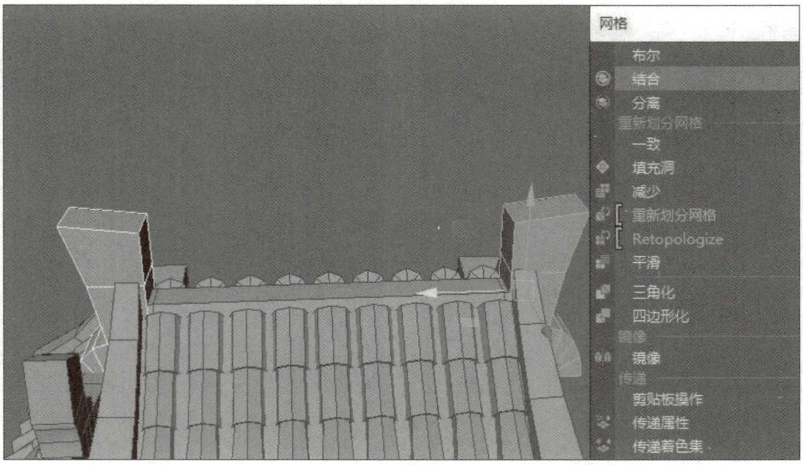

图 4-122

步骤47 选择两侧结构对称位置的面，使用“桥接”命令生成链接的面，如图4-123所示。

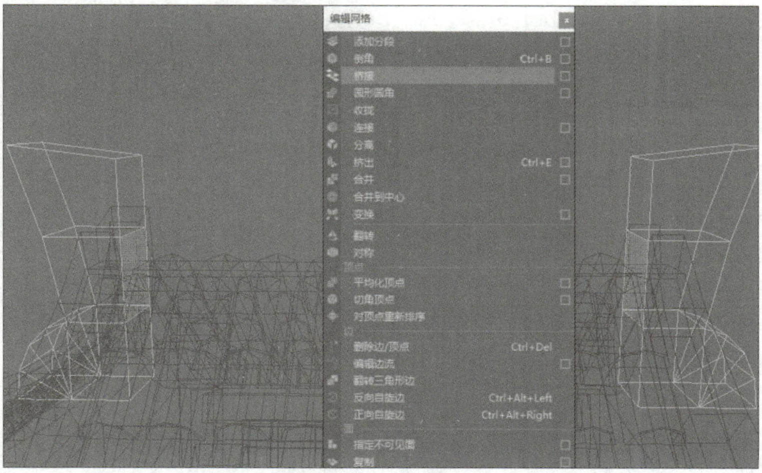

图 4-123

步骤48 调整桥接出来的结构的顶点，使其成弧形，如图4-124所示。

图 4-124

步骤49 使用相同的方法，制作正面两层屋檐的结构，如图4-125、图4-126所示。

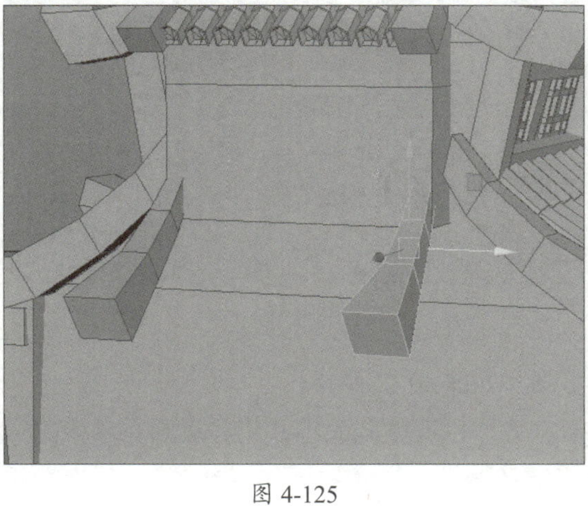

图 4-125

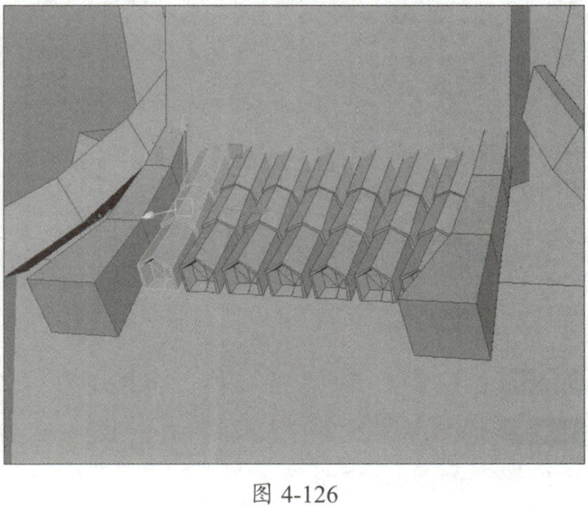

图 4-126

步骤50 利用多边形立方体和多边形圆柱体制作台柱结构，如图4-127～图4-129所示。

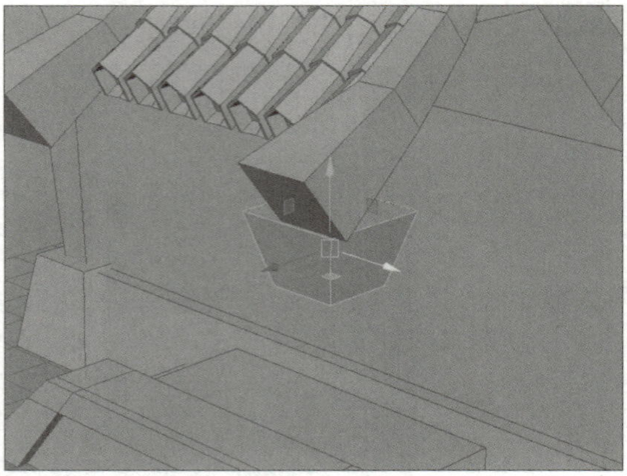

图 4-127

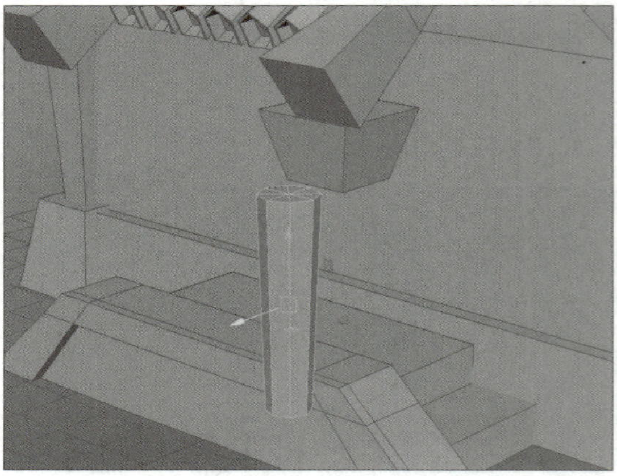

图 4-128

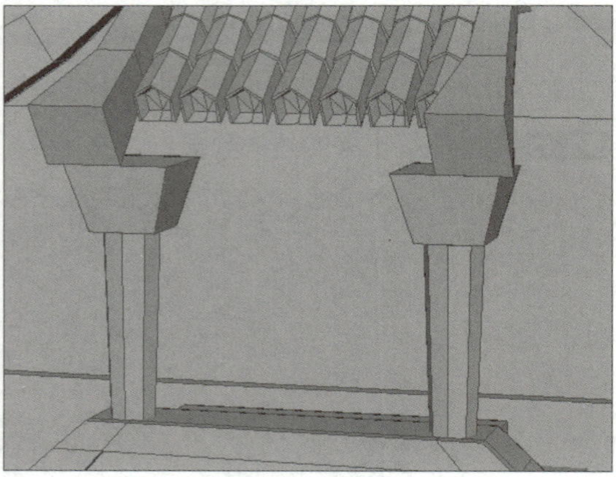

图 4-129

步骤51 为侧面的梁结构插入一圈等参线，并对背面的面使用“挤出”命令，将其拉伸至另一侧面，贯穿整个正面墙体，如图4-130、图4-131所示。

图 4-130

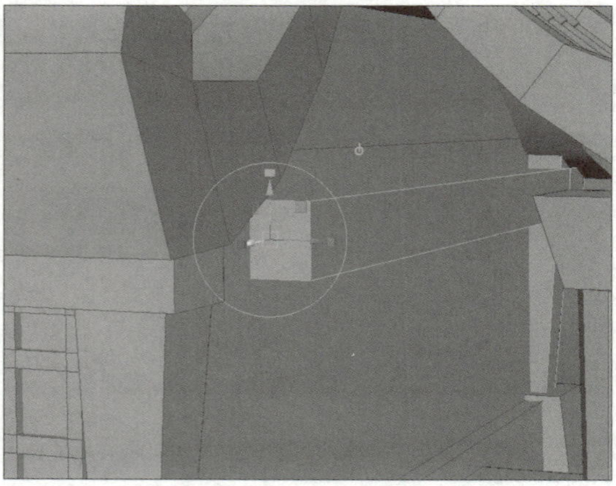

图 4-131

步骤52 创建若干多边形立方体，将其作为一层的房梁，如图4-132所示。

步骤53 制作房屋正面的大门结构。创建一个多边形立方体，调整其大小并将其放置在墙体的突出位置，如图4-133所示。

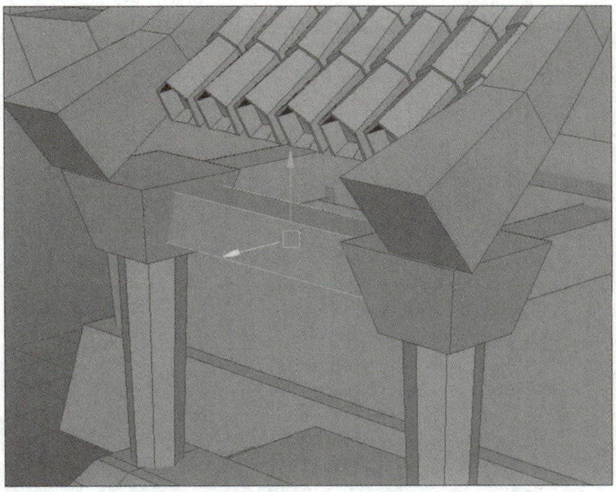
图 4-132

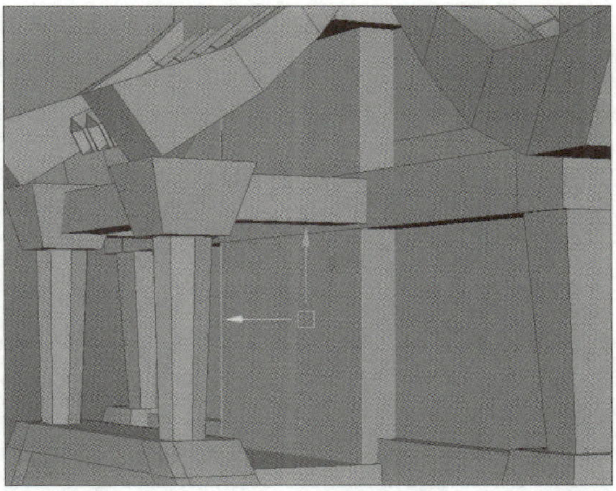
图 4-133

步骤54 使用“插入循环边”命令切割门的形状，然后向内挤出门的结构，如图4-134、图4-135所示。

图 4-134

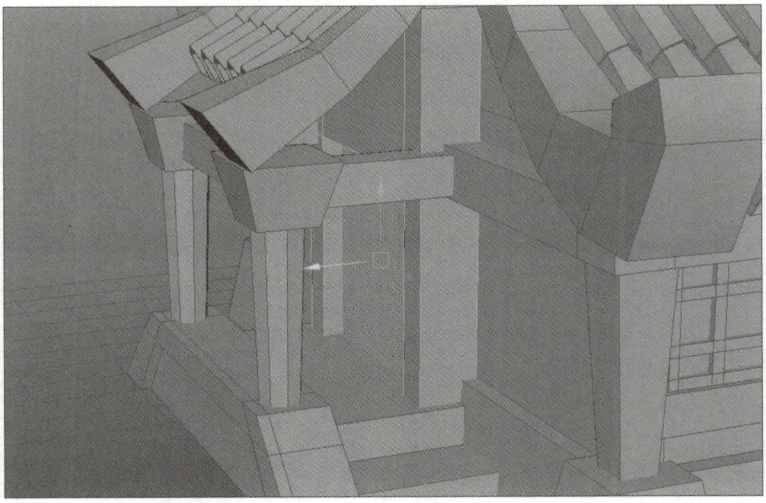
图 4-135

步骤55 制作房屋正面的招牌。创建多边形立方体，添加细分段数，修改其形状，如图4-136所示。

扫码观看视频

步骤56 使用“挤出”命令挤出一段结构，如图4-137所示。

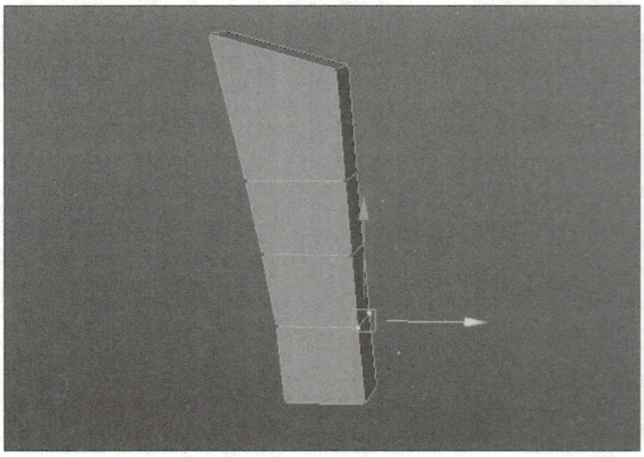
图 4-136

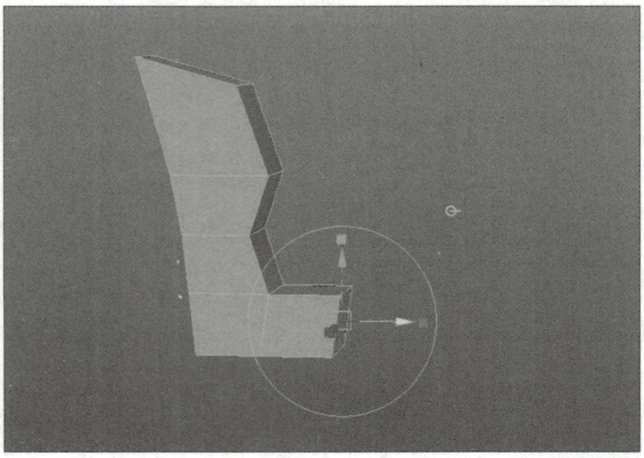
图 4-137

步骤57 依次挤出结构，并调整其走势及形状，如图4-138所示。

步骤58 删除结构右端的面，并对其上方的面使用“挤出”命令，在平面中挤出一个缩小的面，如图4-139所示。

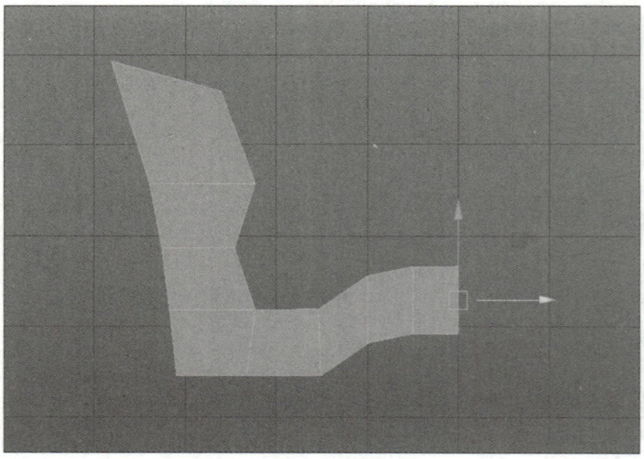
图 4-138

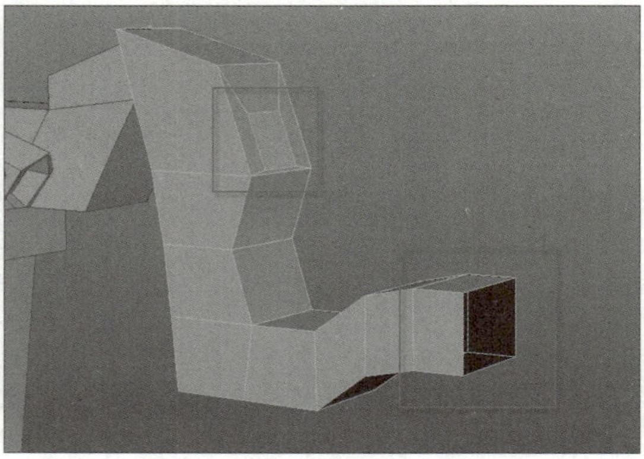
图 4-139

步骤59 使用Insert键修改结构中心点的位置，如图4-140所示。

步骤60 复制结构并修改x轴的“缩放”值为−1，得到镜像对象，如图4-141所示。

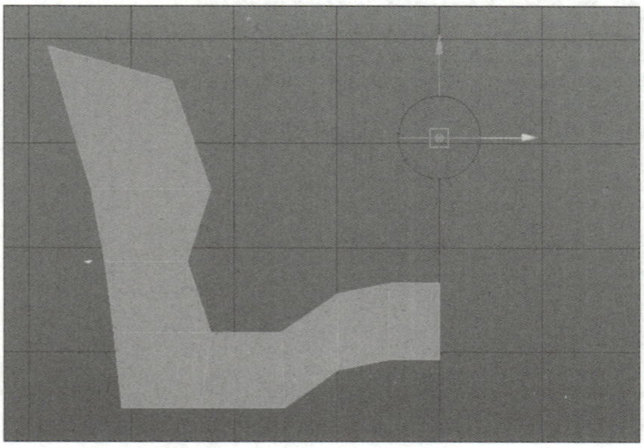
图 4-140

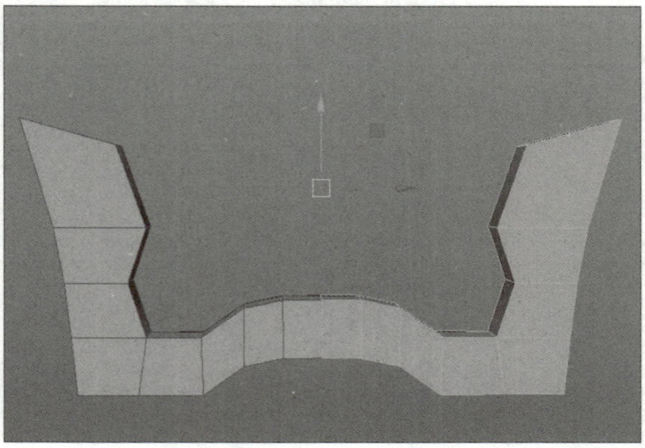
图 4-141

步骤 61 使用“结合”命令结合原结构与其镜像对象，进入顶点编辑模式，选择现在处于重叠状态的顶点，使用“合并”命令合并重叠区域的顶点，缝合模型，如图4-142所示。

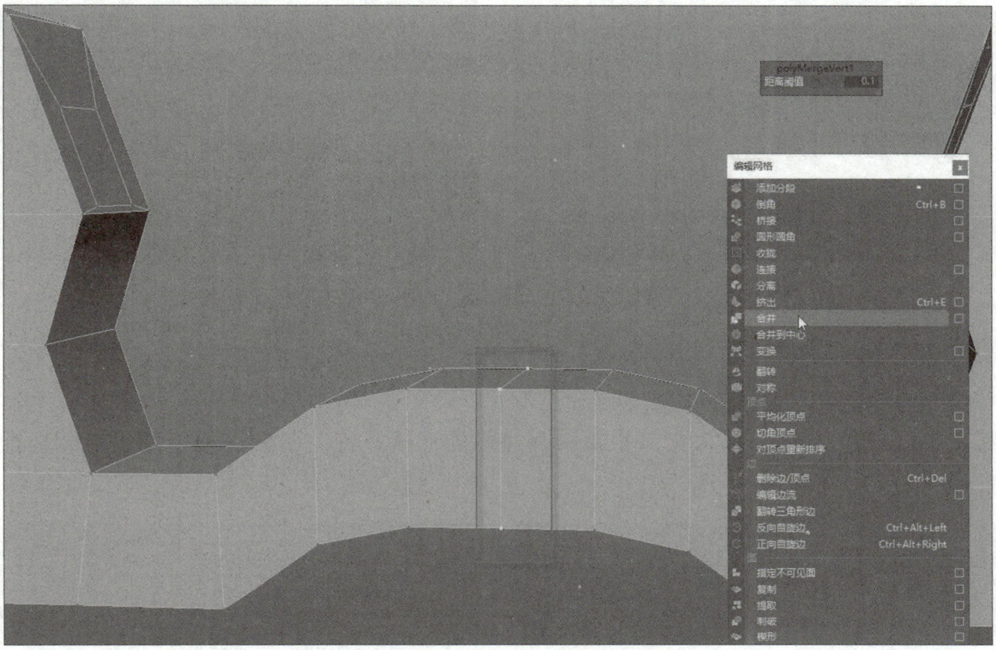

图 4-142

步骤 62 选择模型上方对称的两个面，打开“桥接选项”对话框，设置“桥接类型”为“平滑路径”，单击“应用”按钮，创建桥接结构，将其作为招牌，如图4-143、图4-144所示。

步骤 63 切换到线框模式，创建多边形平面，将其放置在招牌模型的内部，添加细分线段并调整平面边缘的形状，如图4-145所示。

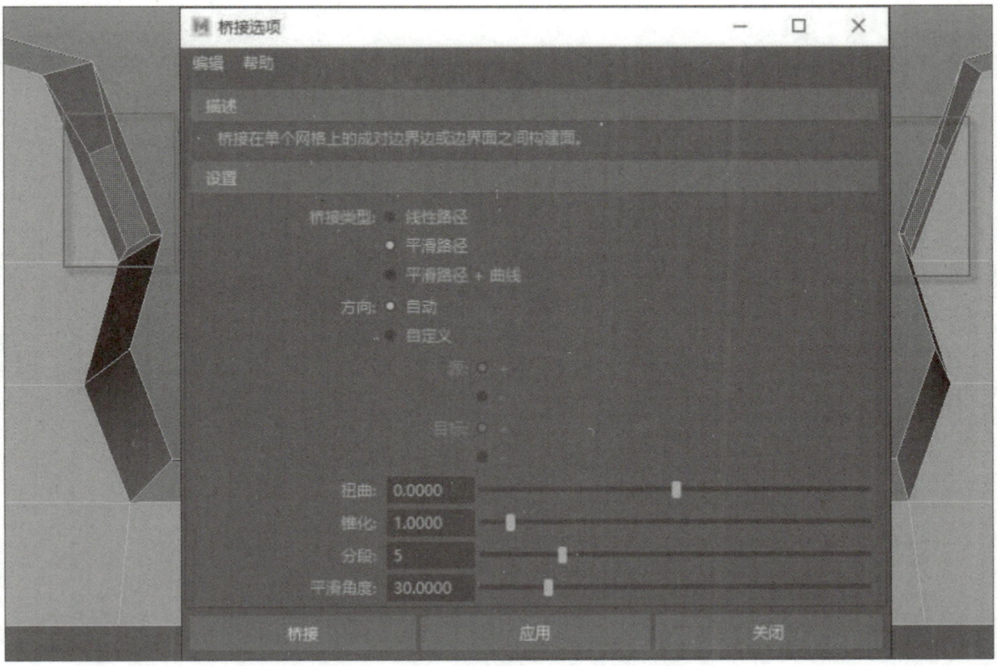

图 4-143

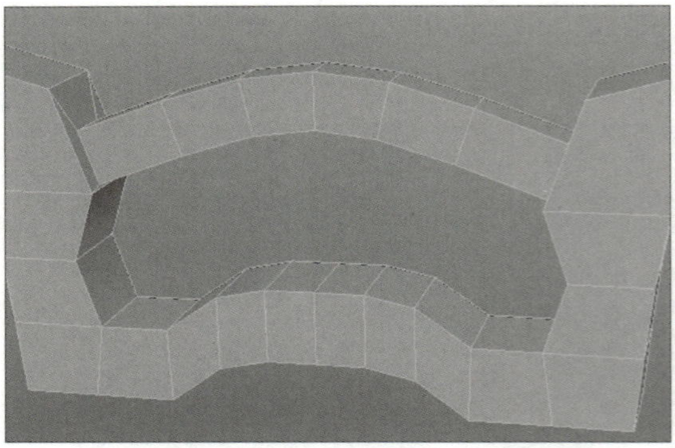

图 4-144

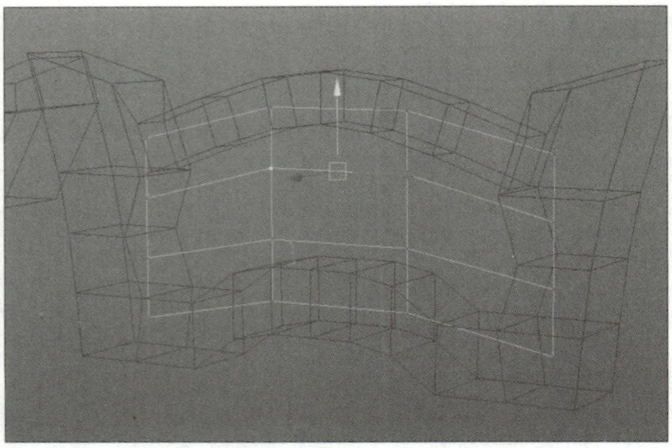

图 4-145

步骤 64 创建一个细分段数为8的圆柱体，进入面编辑模式，然后选择圆柱体上方一半的面，如图4-146所示。

步骤 65 按Delete键删除所选的面，并微调圆柱体的形状，使其与招牌模型的弧度相匹配，如图4-147所示。

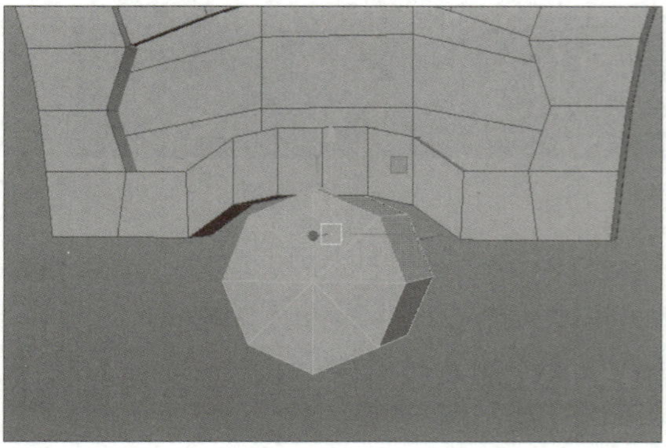

图 4-146

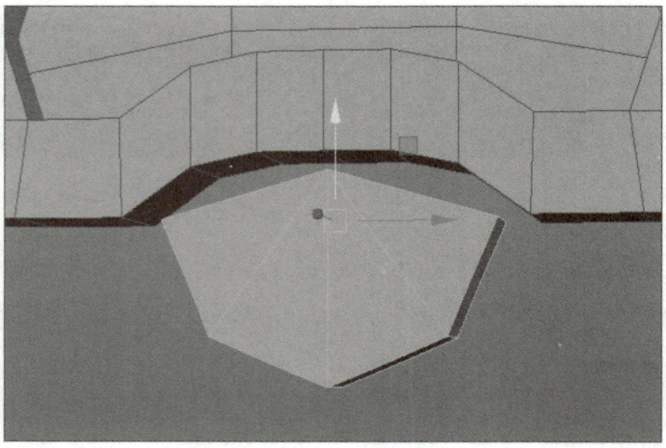

图 4-147

步骤 66 选择圆柱体侧面的面，使用“挤出”命令并禁用“保持面的连接性”属性，如图4-148所示。

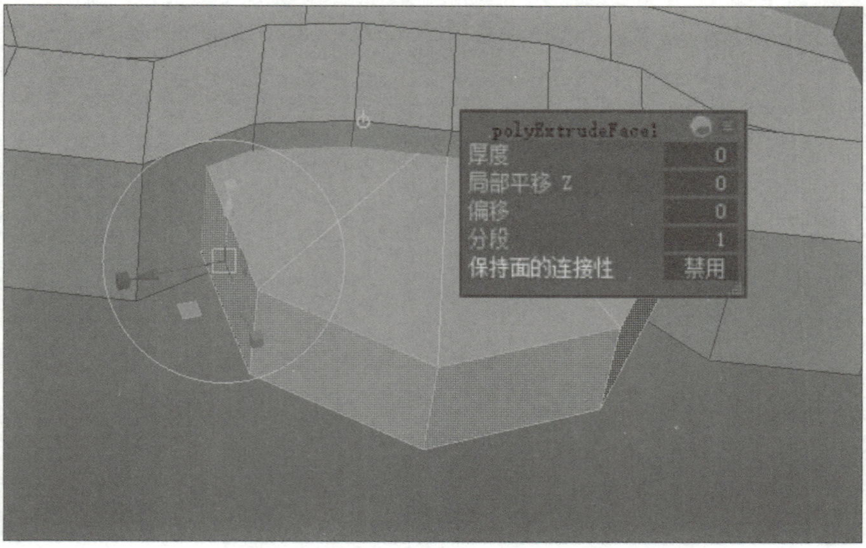

图 4-148

步骤 67 拖动控制柄向外挤出厚度，如图4-149所示。

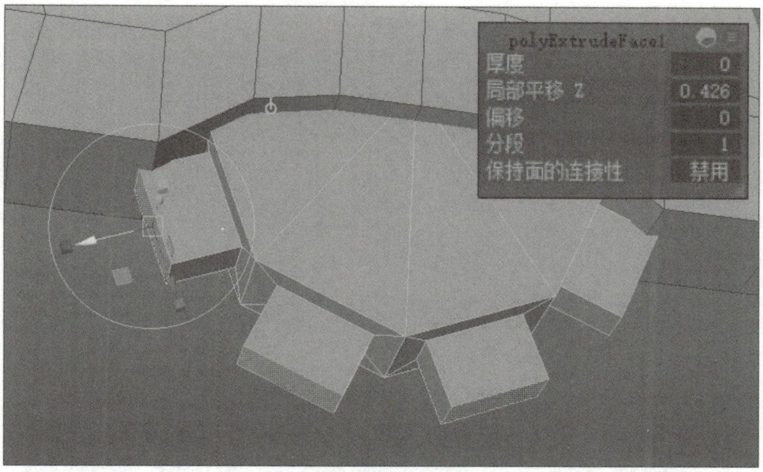

图 4-149

步骤 68 使用“多切割”命令依次为圆柱体的表面添加半弧形线段，如图4-150、图4-151所示。

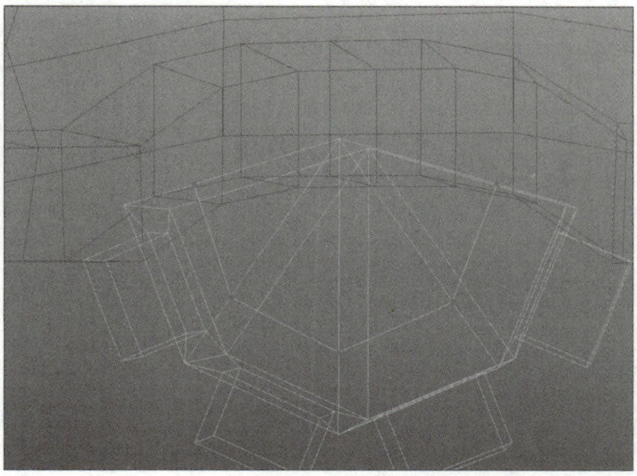

图 4-150

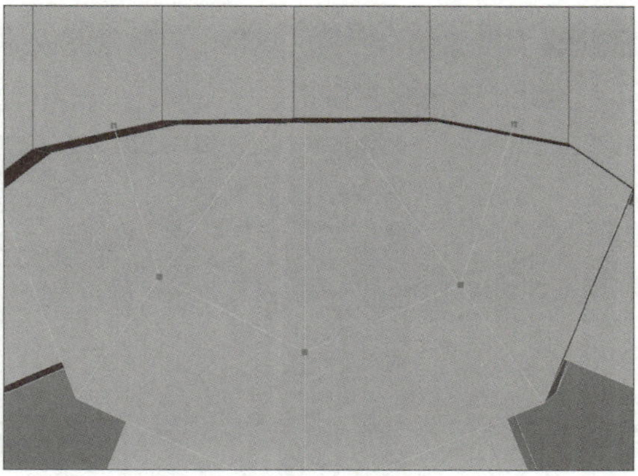

图 4-151

步骤 69 选择圆柱体上被切割出来的面，使用“挤出”命令挤出厚度，如图4-152所示。

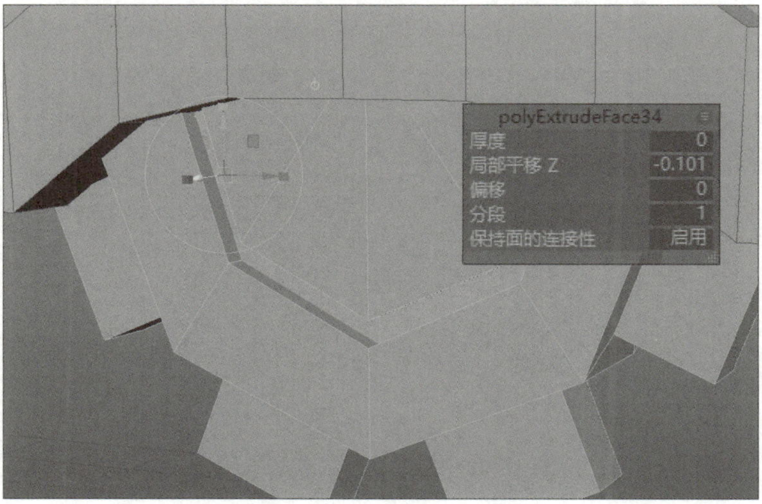

图 4-152

步骤 70 为整个招牌模型编组，执行“修改”→“中心枢轴”命令，调整模型中心点的位置以方便后续操作，如图4-153所示。

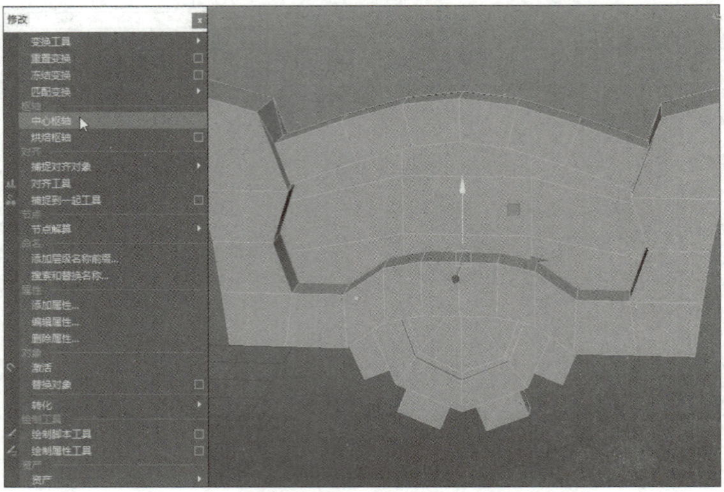

图 4-153

步骤 71 调整相关“变换”属性，将制作完成的模型放置在相应位置，如图4-154所示。

至此，卡通房屋模型制作完成，如图4-155所示。

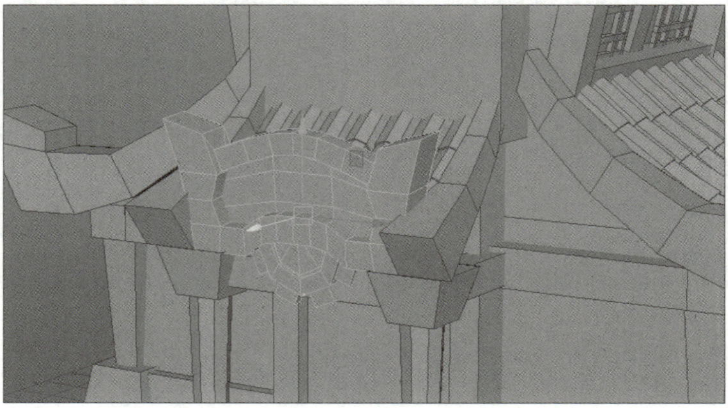

图 4-154

图 4-155

知识拓展 场景设计

场景效果的呈现是通过视觉画面实现的，根据场景与角色之间的关系，可以将其简单分为以视觉氛围呈现为主体的场景设计和以推进情节、支持角色演绎为主体的场景设计。

1. 以视觉氛围呈现为主体的场景设计

这种场景设计比较直接，大部分情况下是作为背景搭配角色出现的，用于提供基本的空间环境，也可以作为视觉画面独立呈现。值得注意的是，角色的活动基本上不与场景元素发生复杂的交互，没有空间穿插或复杂的镜头运动，更多情况下只是纯场景，没有角色出现，如图4-156所示。这类场景的创作很接近传统的绘画创作，因此也常常被误认为是纯绘画。

如果所创作的场景被定位为这种情况，设计流程反而相对简单，一般应注意以下三个能力层面的递进。

（1）基础造型能力及美术综合表现能力

不论是自然景观、人造景观还是基于科幻、魔幻题材的场景环境，其视觉元素均可以在现实生活中找到原型，通过线条、色彩将这些元素组合加工，并通过一定的艺术手段合理再现，即可完成场景效果的展示，如图4-157所示。

图 4-156

图 4-157

（2）创新设计能力与快速创意的能力

不同于传统艺术创作拥有较长的创作周期，原创设计在大部分情况下需要迅速拿出较好的成果，商业领域中的创作（如商业插图）更要求速度与效率。设计作品要想最大程度地体现价值，必须与商业要求建立联系。创新求新是需要时间的，而快速创意实现结果则追求尽可能地减少时间。

要实现这个层次的能力，除了自身扎实的造型能力之外，还要广泛扩大自己的知识面，熟悉设计领域各种典型的设计要求与行业规范，这就是通常所说的行业“套路”和“范式”。如图4-158所示为以山中城堡为主体的不同场景。

（3）能够通过作品传达创作者的世界观

世界观来源于哲学领域，是指一个人对世界的根本看法。世界观建立在一个人对自然、人生、社会等精神的、科学的、系统的认知基础上，概念设计中的世界观其实是通俗化的说法，是指在现实世界自然法则之外构建全新万事万物的存在规则和背景，在大型影视、游戏作品的创作阶段往往属于不可或缺的重要环节，如图4-159所示为电影《星球大战》所体现出的宏大世界观。

图 4-158

图 4-159

2. 以推进情节、支持角色演绎为主体的场景设计

在这种场景设计中，场景与主体角色之间的互动关系复杂，并且存在一定的镜头运动，大部分情况下用于影视动画中的剧情推进。角色作为表演的主体，在场景提供的舞台空间中会发生某些穿插运动，设计时要格外注意。如图4-160所示为动画《弃宝之岛》中存在一定镜头运动的场景。

图 4-160

在创作这类场景之前不要急于下笔，可先通过立面、剖面图规划出角色的运动路线，或通过宏观平面图确定镜头的运动路线，再结合透视原理与美术规则，逐步完成最终呈现在观众面前的画面效果。要注意对运动空间元素的把握，要具备将平面元素转换为立体空间的规划能力和动态预演的想象力。

这类设计最大的好处是可以总览全局，宏观控制场景中出现的所有元素，并非常理性地做出取舍。根据场景功能需求、镜头运动需求、角色表演需求与剧情发展需求，综合各种情况，最后完成的设计稿很可能成为连续几个镜头中会出现的场景原型。

第5章

NURBS 基础建模

内容导读

本章将介绍Maya的NURBS建模技术，包括NURBS曲线的基础知识、创建方式、编辑方法，还包括NURBS曲面一般成形的相关工具。

数字资源

【本章素材来源】：“素材文件\第5章”目录下

【本章实战演练最终文件】：“素材文件\第5章”目录下

5.1 NURBS建模知识

NURBS建模又被称为曲面建模，是一种基于几何基本体和曲线绘制的3D建模方式。与传统的多边形网格建模方式相比，利用NURBS建模方式可以更好地控制模型表面的曲线度，适合创建含有复杂曲线的曲面造型。在深入学习之前，学习和理解NURBS模型的构成元素是非常重要的。

5.1.1 NURBS建模基础

NURBS是用函数描述曲线和曲面，并通过参数控制对象精度的建模方式。通过这种方式可使NURBS对象达到任何想要的精度，这就是NURBS建模的最大优势。NURBS建模包括以下两种形式。

1. 利用NURBS基本体构建三维模型

可以使用原始的NURBS基本体进行变形以得到想要的造型，通过编辑基本体的属性修改形状，或者使用修剪工具修剪基本体的形状，以及使用雕刻几何体工具对基本体进行雕刻等。这种NURBS建模形式灵活多变，对美术功底的要求比较高。

2. 从曲线构建三维模型

可以通过由点到线、再由线到面的形式创建模型，即利用曲线定义要构建的三维曲面的基本轮廓，再通过修改和编辑这些曲线更改曲面的造型。这种NURBS建模可以创建精度比较高的模型，适用于工业领域。

5.1.2 NURBS对象的构成

NURBS模型的基本组成元素有点、曲线和曲面，利用这些基本元素可构成复杂的高品质模型。下面介绍NURBS曲线和NURBS曲面的构成要素。

1. NURBS曲线的构成要素

NURBS曲线是NURBS曲面的构成基础，只有很好地理解了NURBS曲线的构成要素，才有可能成为NURBS曲面造型的高手。NURBS曲线主要包括控制顶点、编辑点、曲线点和壳线等元素，还有起点、终点、曲线方向等相关元素可用于对曲线进行变形操作，如图5-1所示。

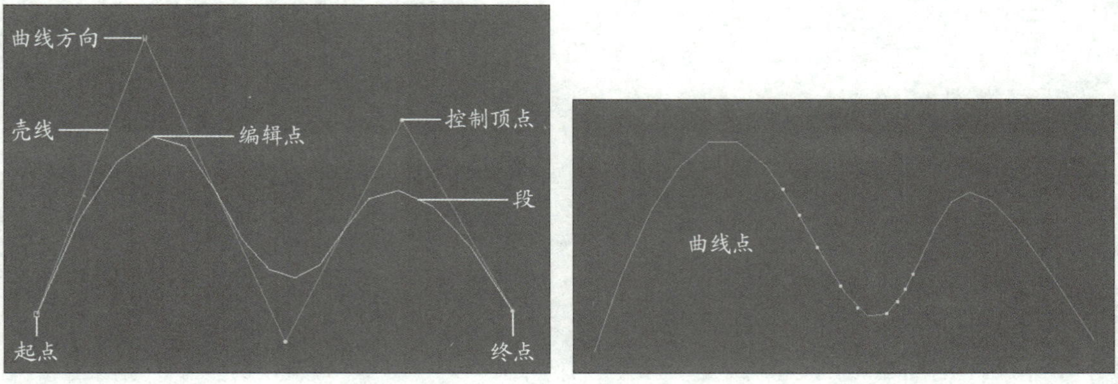

图 5-1

（1）控制顶点

控制顶点也被称为CV控制点，是壳线的交接点，主要用于控制曲线的形态。通过对CV点的调整，可在保持曲线良好、平滑的前提下对曲线进行调整，以达到想要的造型而又不破坏曲线的连续性。

（2）编辑点

编辑点也被称为EP编辑点，是曲线上的结构点，主要用于改变曲线的形状。切换到编辑点编辑模式即可看到编辑点。每个EP编辑点都在曲线上，也就是说，曲线都必须经过EP编辑点。

（3）曲线点

曲线点是曲线上的任意点，不能用于改变曲线的形状。切换到曲线点编辑模式后，在曲线上单击即可选择曲线点。曲线点有可能与控制顶点或编辑点的位置相同，但不是同一种曲线元素类型。

（4）壳线

壳线是连接两个CV控制点的线段，主要用于观察CV控制点的位置。当曲线上的控制点非常多时，扭曲模型可能不知道会影响到哪个控制点，这时通过壳线就很容易看清楚。此外，当选择影响表面指定区域的相关控制点时，也会用到壳线。

（5）段

段是EP编辑点之间的部分，可通过改变段数来改变EP编辑点的数量。

（6）曲线方向

在NURBS曲线上，曲线方向用一个“u”符号表示，该元素对以后生成NURBS曲面的操作有一定影响。

2. NURBS曲面的构成要素

NURBS曲面是指由曲线构成的网状组合，其基本元素和NURBS曲线大致类似，可通过很少的基本元素来控制一个平滑的曲面。

（1）CV控制点

与曲线的CV控制点类似，NURBS曲面的CV控制点也是壳线的交叉点，可用于方便地控制曲面的平滑程度。在大多数情况下，都是通过CV控制点来对曲面进行调整。

（2）等参线

等参线是指U方向和V方向上的网格线，主要用于控制曲面的精度和段数。

（3）曲面点

曲面点是指等参线的交叉点，位于曲面上，以“×”符号表示，不能对其进行变换操作。

（4）壳线

利用壳线可以在NURBS对象的U方向和V方向上控制面。

（5）曲面面片

NURBS曲面上的等参线将曲面分割成无数的面片，每个面片都是曲面面片。可将曲面上的曲面面片复制出来加以利用。

（6）曲面起始点

曲面起始点是U方向和V方向上的起始点。U方向和V方向是两个分别由用字母U和V表示的控制点，它们与起始点一起决定了曲面的UV方向，这对后面的贴图制作非常重要。

5.2 NURBS对象的创建

在Maya中，最基本的NURBS对象分别是NURBS基本体和NURBS曲线，这两种对象都可以直接创建出来。

5.2.1 创建NURBS基本体

在Maya中提供了球体、立方体、圆柱体、圆锥体、平面、圆环、圆形、方形共8种NURBS基本体，可以原样使用，也可以作为三维建模的起点。执行“创建”→“NURBS基本体”命令，在展开的列表中选择需要的几何形状，如图5-2、图5-3所示。因创建NURBS基本体与创建多边形基本体的方法大同小异，在此不再对创建方法进行赘述。

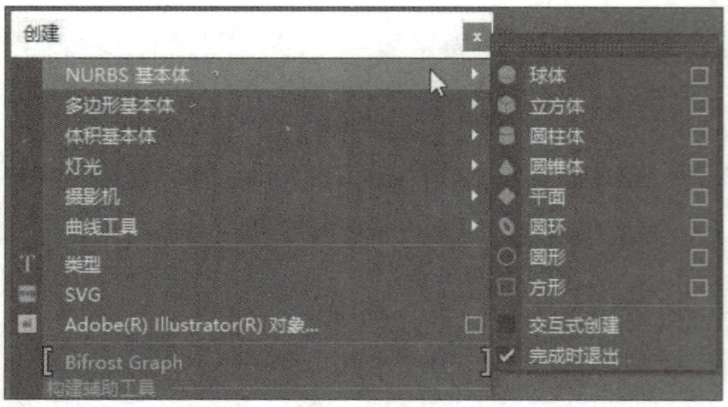

图 5-2

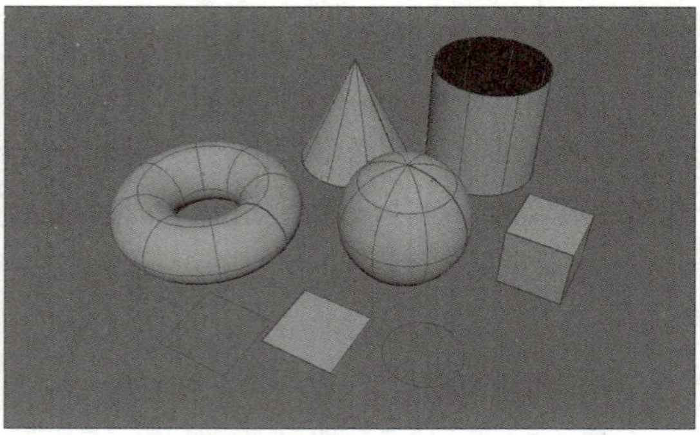

图 5-3

技巧提示：勾选“交互式创建”复选框后，可以使用鼠标创建、定位和缩放基本体，而不必使用变换工具。如果是以交互方式创建多个基本体，需要取消勾选“完成时退出”复选框。

5.2.2 创建NURBS曲线

执行“创建”→“曲线工具”命令，可看到6种曲线的创建工具，如图5-4所示。不管使用何种方法，创建的曲线都是由控制点、编辑点和壳线等基本元素组成的。下面列举一些具有代表性的曲线创建工具。

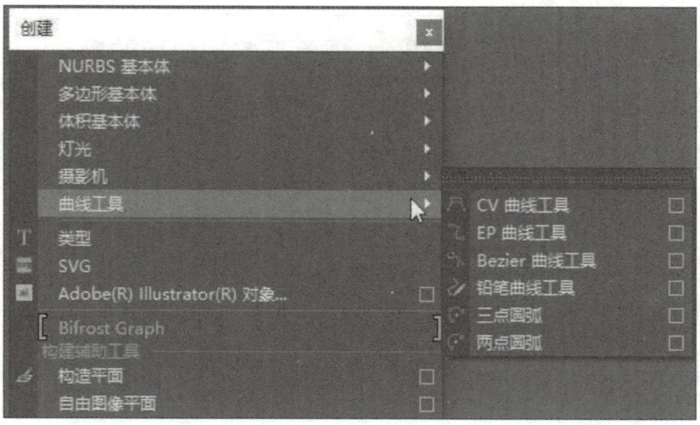

图 5-4

1. 创建CV曲线

CV曲线工具是通过创建控制点来绘制曲线的。基于对控制点的调整，在保持曲线良好、平滑的前提下对曲线进行调整，这样不会破坏曲线的连续性。

选择CV曲线工具，在场景内创建控制点，在创建过程中控制点的数量、距离、位置都会影响生成曲线的形状，如图5-5所示。

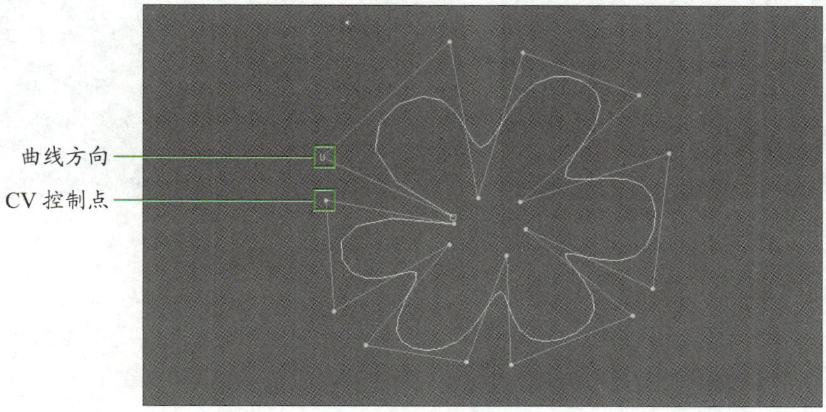

图 5-5

在绘制过程中，可长按鼠标左键并拖动控制点或滑动鼠标滚轮以调整控制点的位置。当曲线绘制完成后，按Enter键生成曲线。

若想绘制直线，可打开CV曲线的“工具设置”面板，设置“曲线次数”为“1线性”，如图5-6所示。在绘制过程中，按住Shift键可绘制出水平或垂直的线段。绘制的直线如图5-7所示。

下面介绍“工具设置”面板中各属性的含义。

- **曲线次数：**数值越大，曲线越平滑。默认设置为“3立方”，适用于大多数曲线。
- **结间距：**包括“一致”和“弦长”两种类型，用于设置Maya将“u”位置指定给编辑点的方式。
- **多端结：**勾选该复选框，曲线的末端编辑点将与末端CV点重合，这会使曲线的末端区域更易于控制。

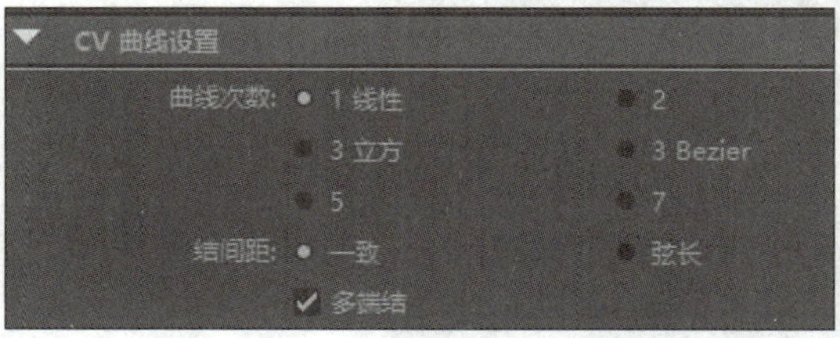

图 5-6

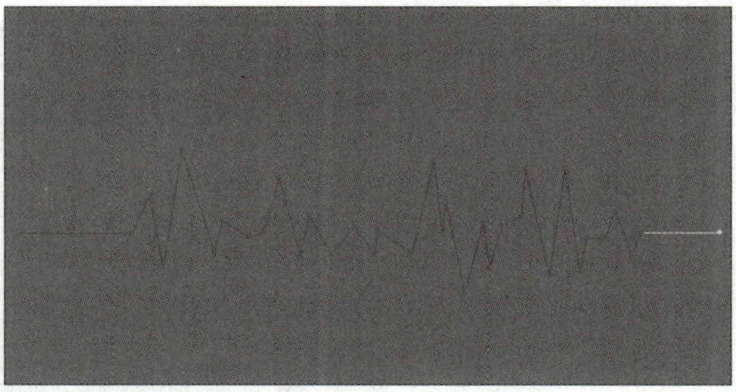

图 5-7

2. 创建EP曲线

EP曲线工具也是绘制曲线的常用工具，其特点是可精确地控制曲线所经过的位置。EP曲线工具的参数设置和绘制方式与CV曲线类似，如图5-8所示。只不过EP曲线是以绘制编辑点的方式来绘制曲线，会在创建的多个编辑点之上生成线段，如图5-9所示。

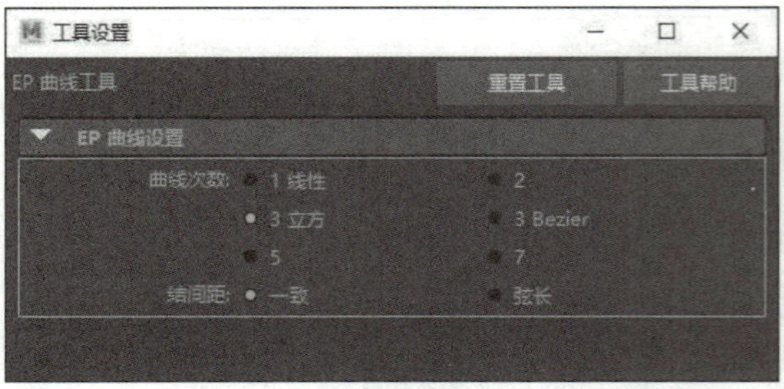

图 5-8

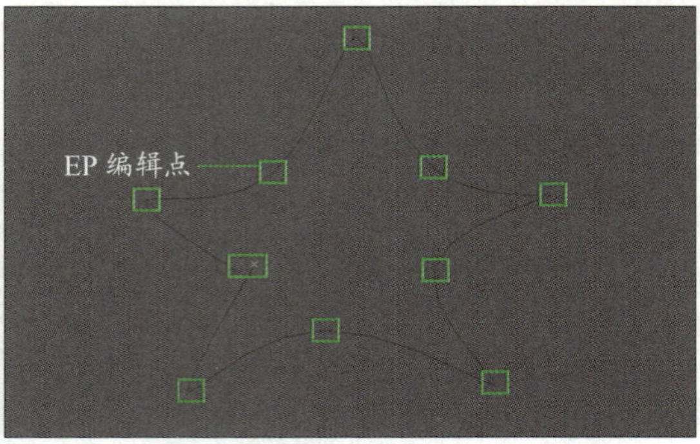

图 5-9

3. 创建三点圆弧曲线

圆弧工具可用来创建圆弧形的曲线，在绘制过程中通过指定3个圆弧点生成一段弧形曲线，绘制完成后也可滑动鼠标滚轮再次对圆弧进行修改，如图5-10所示。

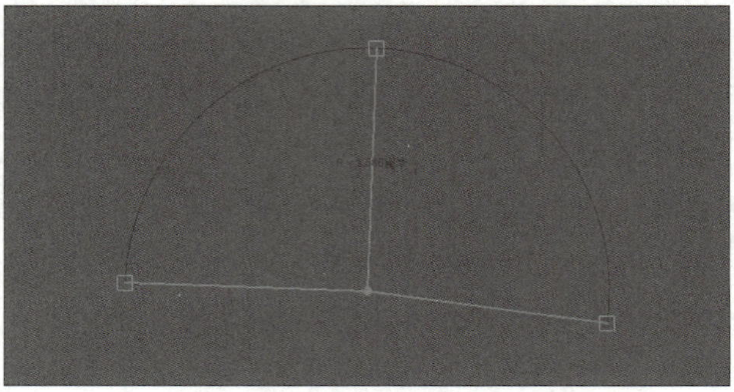

图 5-10

4. 创建圆形和方形

在“曲线/曲面”工具架上，可以找到创建曲线的相关快捷图标，其中有两个曲线的预设形状，分别是圆形和方形，如图5-11所示。

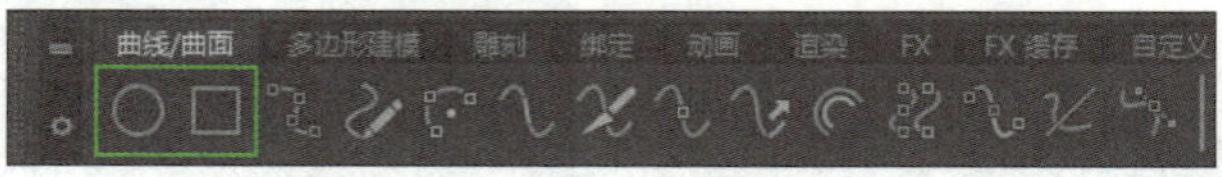

图 5-11

可单击图标并在场景内拖动鼠标指针创建预设曲线。值得注意的是，方形曲线并不是一条循环封闭的曲线，它只是由4条直线组成的一个形状组合，如图5-12所示。

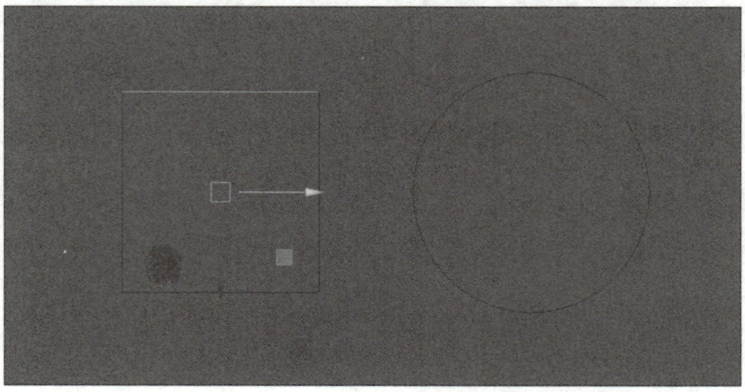

图 5-12

5.3 NURBS曲线编辑操作

通常来讲，对曲线进行简单的形状调整时可直接选择曲线并长按鼠标右键，然后切换到曲线的编辑点或控制点模式，通过调整点的位置修改曲线的形状，如图5-13、图5-14所示。

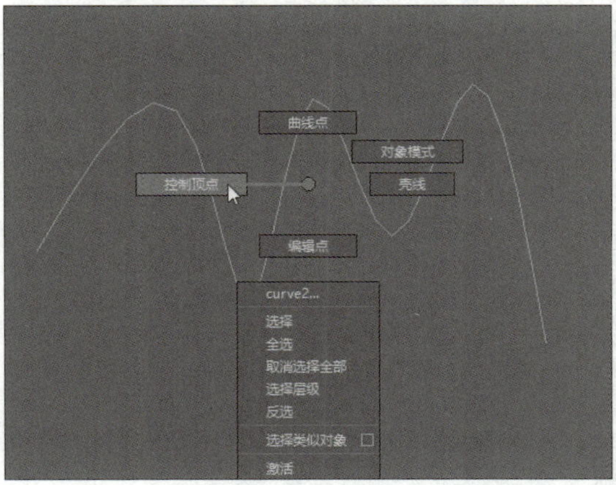

图 5-13

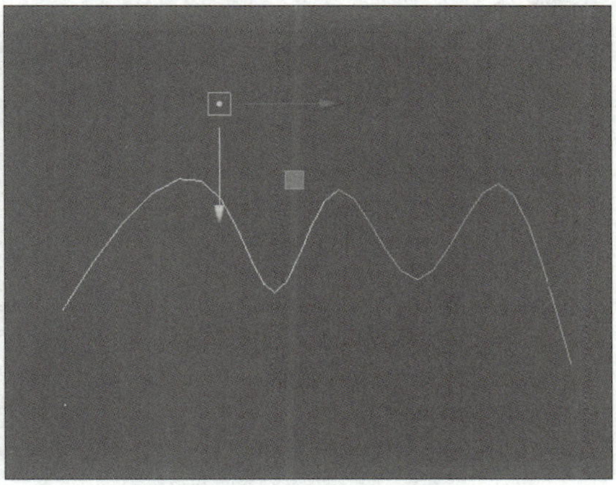

图 5-14

“曲线”菜单包含一些快速修改曲线形状的工具，如“弯曲”“卷曲”“缩放曲率”“平滑”“拉直”等，如图5-15所示。在进行一些复杂的曲线编辑操作时，需要使用“曲线”菜单中相关的编辑工具。

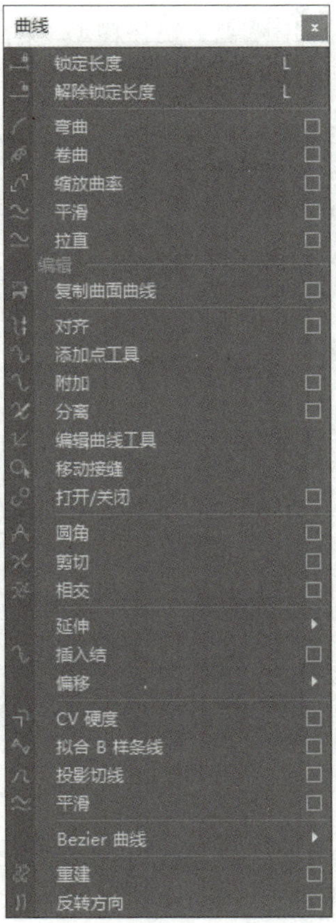

图 5-15

■5.3.1 复制操作

通过“复制曲面曲线”工具可将NURBS曲面上的等参线、剪切边和曲线复制出来。具体操作如下。

步骤01 选择NURBS模型，长按鼠标右键打开热盒菜单，选择等参线编辑模式，如图5-16所示。

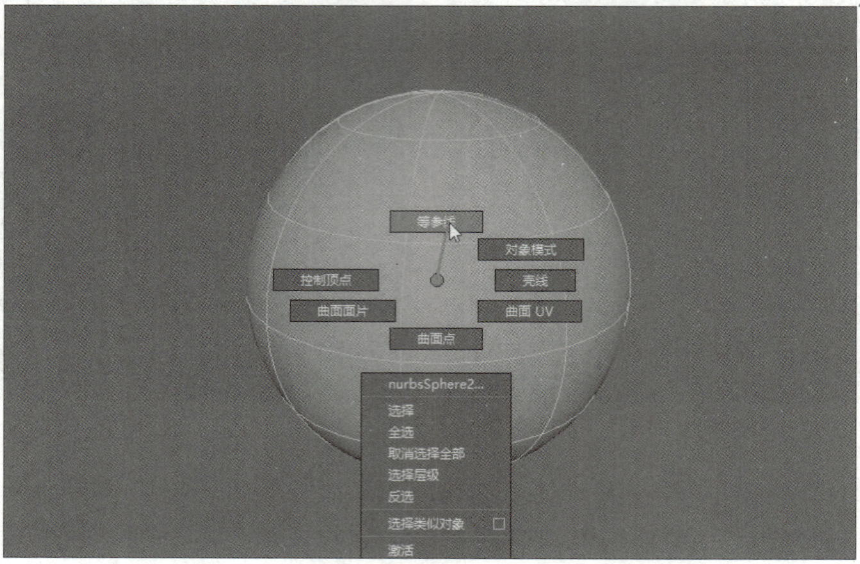

图 5-16

步骤02 进入NURBS模型的等参线编辑模式，选择模型上的曲线（按住Shift键可以加选），如图5-17所示。

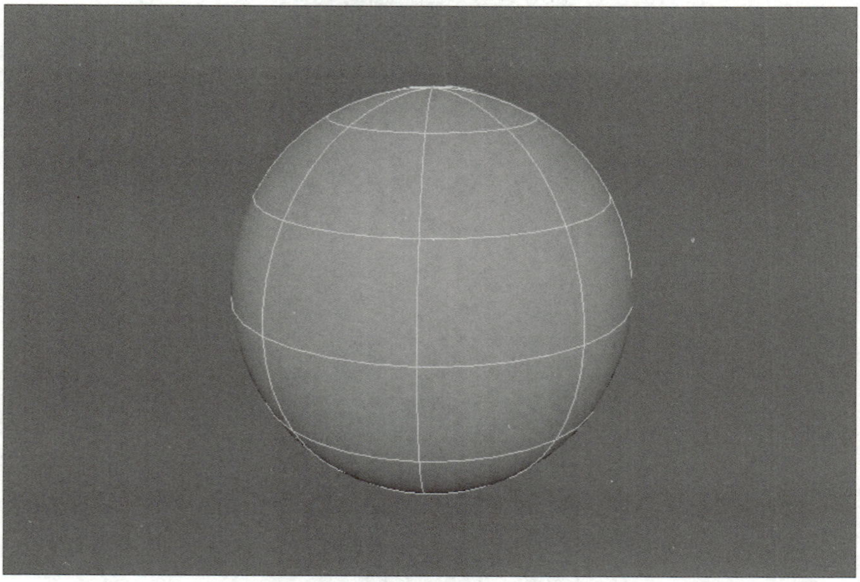

图 5-17

步骤03 执行“曲线”→“复制曲线曲面”命令，即可复制所选曲线，并使其呈白色高亮显示，如图5-18所示。

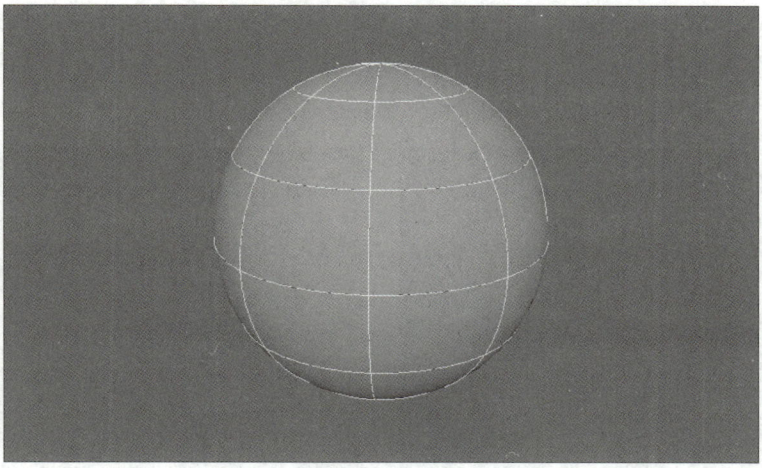

图 5-18

步骤 04 选择移动工具，将曲线移出，如图5-19所示。

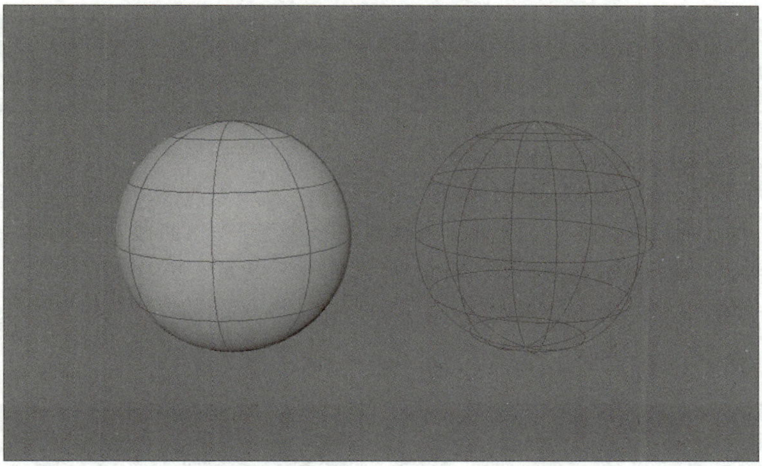

图 5-19

■5.3.2 附加操作

使用“附加”工具可将断开的两条曲线进行合并，使其链接为一条曲线。使用工具时需对工具的设置有一定的了解，在“曲线”菜单中单击“附加”命令右侧的设置按钮□，打开“附加曲线选项”对话框，如图5-20所示。

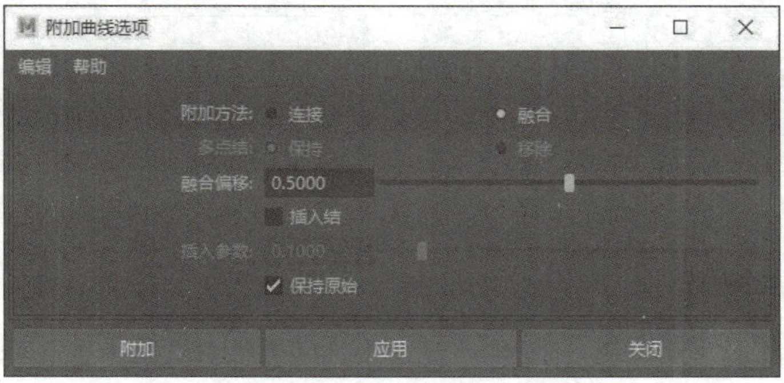

图 5-20

“附加方法”设置会直接影响曲线连接的平滑程度。“连接”选项只用于曲线的连接，不会对连接进行平滑处理，所以会产生尖锐的角；“融合”选项可用于使两条曲线的附加点以平滑的方式过渡，并且可调整平滑度，如图5-21、图5-22所示。

图 5-21

图 5-22

技巧提示： 在“附加曲线选项”对话框中勾选“保持原始”复选框，附加曲线后将保留原始曲线；取消勾选该复选框，附加曲线后将删除原始曲线。

■5.3.3 分离操作

与“附加”工具相反，使用“分离”工具可将一条NURBS曲线从指定的点分离出来，也可将一条封闭的NURBS曲线分离成开放的曲线。

在实际操作中，需要先进入曲线的“编辑点”模式，在曲线上设置一个或多个点来标记分离的位置，再使用“分离”工具，如图5-23、图5-24所示。

图 5-23

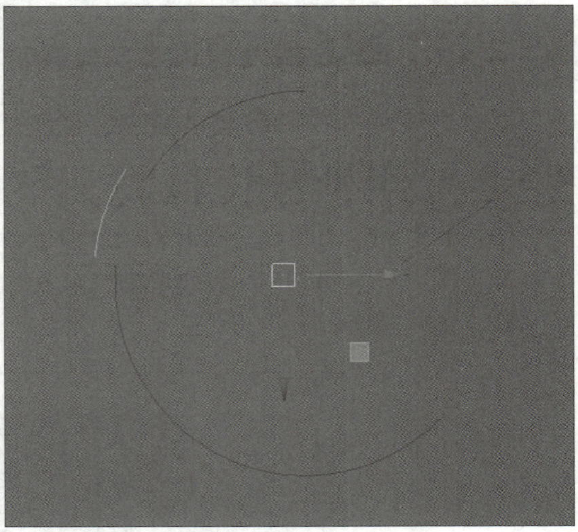

图 5-24

■5.3.4 对齐操作

使用“对齐”工具可对齐两条曲线的最近点，也可按曲线上的指定点对齐，并保持曲线位置、切线和曲率的连续性，如图5-25、图5-26所示。

图 5-25

图 5-26

单击“对齐”命令右侧的设置按钮■，打开“对齐曲线选项”对话框，如图5-27所示。

下面介绍对话框中各选项的含义。

- **附加：**用于将对齐后的两条曲线连接为一条曲线。
- **多点结：**用于选择是否保留附加处的结构点。
- **连续性：**用于确定对齐后的连接处的连续性。
- **修改位置：**用于确定移动哪条曲线来完成对齐操作。
- **修改边界：**用于以改变曲线外形的方式来完成对齐操作。
- **修改切线：**使用“切线”或“曲率”对齐曲线时，该选项用于确定改变哪条曲线的切线方向或曲率来完成对齐操作。
- **切线比例：**用于设置第1个或第2个所选曲线的切线方向的变化程度，在使用命令后可在通道盒中修改参数。
- **保持原始：**勾选该复选框后，会保留原始的两条曲线。

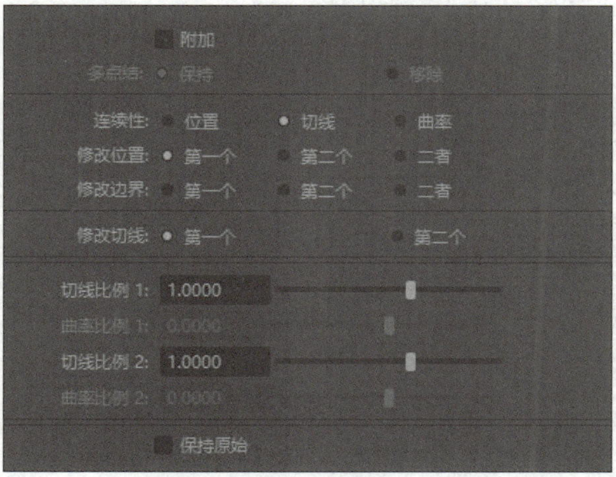

图5-27

■5.3.5 圆角操作

使用“圆角”命令可使两条相交曲线或两条分离曲线之间产生平滑的过渡曲线，如图5-28、图5-29所示。

图 5-28

图 5-29

单击“圆角”命令右侧的设置按钮，打开“圆角曲线选项”对话框，可勾选“修剪”复选框删除圆角后原始曲线的多余部分，也可勾选“接合”复选框将修剪后的曲线合并成一条完整的曲线，还可修改“半径”数值以调整圆角的度数，如图5-30所示。

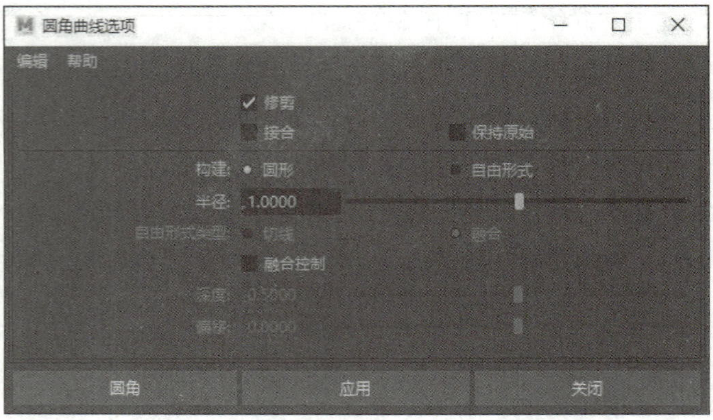

图 5-30

5.3.6 偏移操作

利用“偏移”工具可以在原始曲面的法线方向上平行复制出一条新的曲线，并可以设置其偏移距离，如图5-31、图5-32所示。

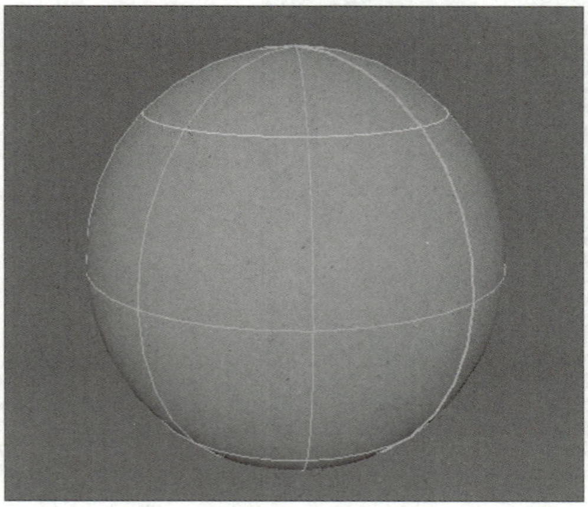

图 5-31

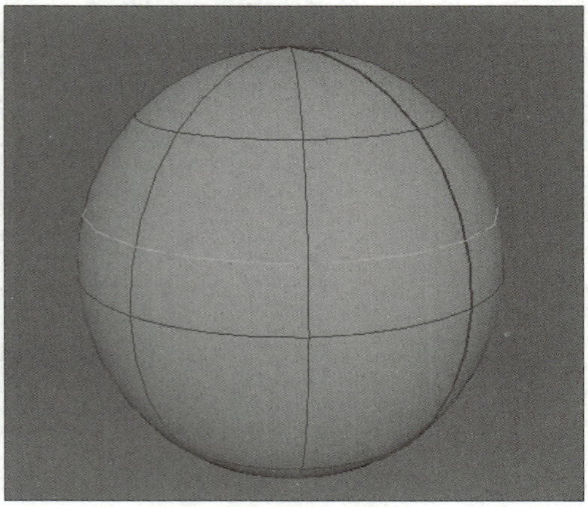

图 5-32

■5.3.7 添加点工具

使用“添加点工具”可以使已经创建好的曲线再次进入绘制模式，并可以继续曲线的绘制，如图5-33、图5-34所示。

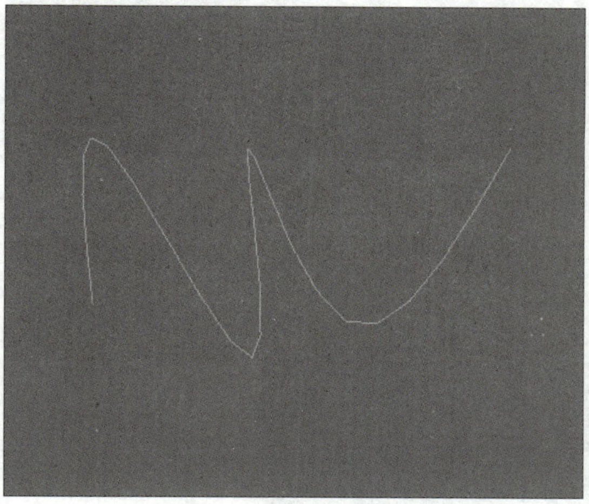

图 5-33

图 5-34

■5.3.8 打开/关闭

使用“打开/关闭”工具可将开放的曲线转换成封闭的曲线，如图5-35、图5-36所示，或将封闭的曲线转换成开放的曲线。

图 5-35

图 5-36

■5.3.9 重建操作

使用“重建”工具可修改曲线的一些属性，如结构点的数量和次数等，如图5-37、图5-38所示。

学习体会

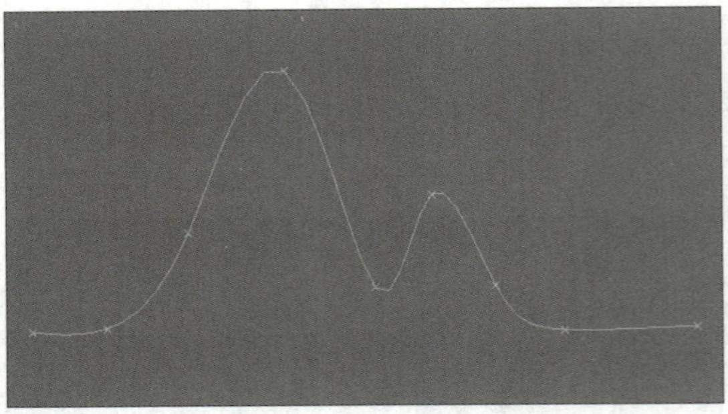

图 5-37

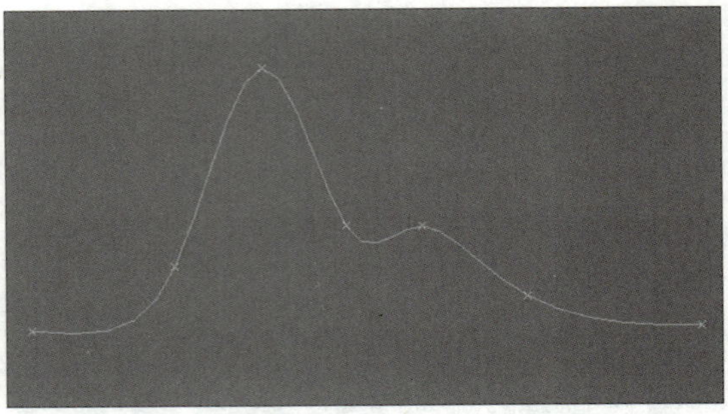

图 5-38

单击“重建”命令右侧的设置按钮■，打开“重建曲线选项”对话框，在其中可以设置“重建类型”“参数范围”“跨度数”“次数”等选项，如图5-39所示。

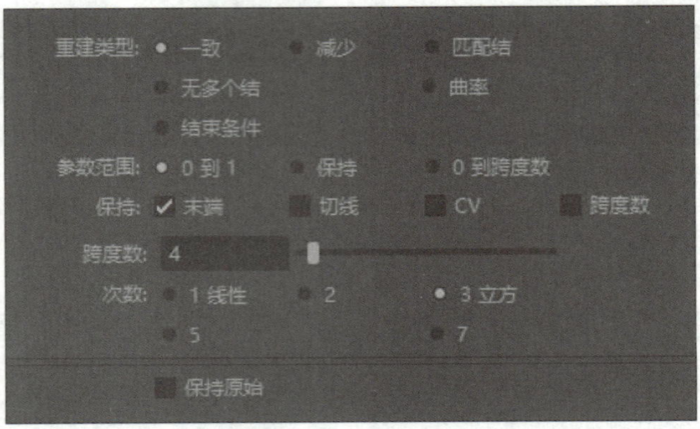

图 5-39

下面介绍对话框中各选项的含义。

- **重建类型：**用于选择重建曲线的类型。
- **参数范围：**用于选择曲线的参数设定范围。
- **保持：**如果要重建曲线使其具有原始的结束点、切线、CV或跨度数，可以根据需要勾选相应的复选框。
- **跨度数：**用于指定结果曲线中的跨度数。“跨度数”选项仅可与“一致”选项结合使用。
- **次数：**数值越大，曲线越平滑。默认设置为“3立方”，适用于大多数曲线。
- **保持原始：**用于保持原始曲线并创建新曲线作为重建曲线。该选项可用于对比曲线重建前后的效果。

5.4 NURBS曲面一般成形

创建NURBS曲线后，可以利用NURBS一般成形法将创建的二维曲线框架转换为三维实体模型。

在“曲面”菜单中包含9个NURBS曲面的创建命令，都是通过绘制完成的曲线生成曲面的命令，如图5-40所示。本小节仅介绍较为基础的4种命令。

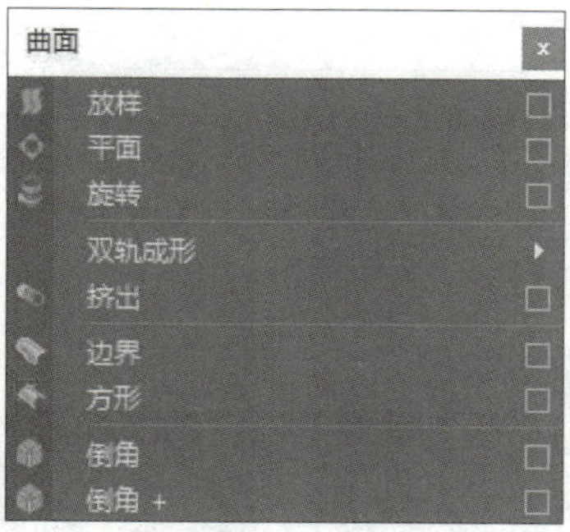

图 5-40

■5.4.1 放样

使用“放样”命令可以将参与操作的多条样条线作为放样的横截面或图形，然后在这些横截面或图形之间生成曲面，从而创建三维曲面。在实际操作中，对多条曲线进行放样时，需要按创建顺序依次加选曲线，再使用“放样”命令，如图5-41、图5-42所示。

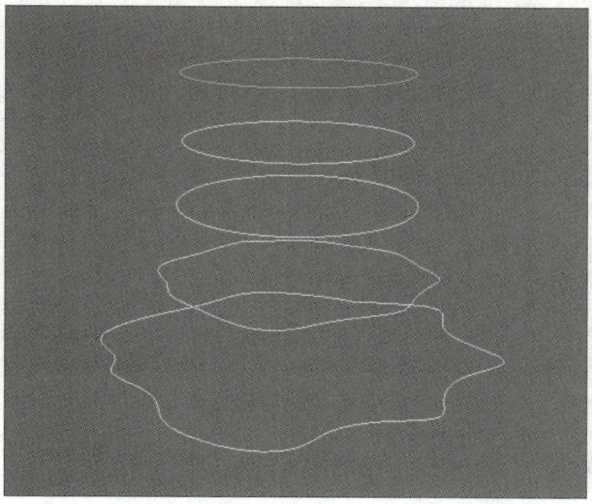

图 5-41

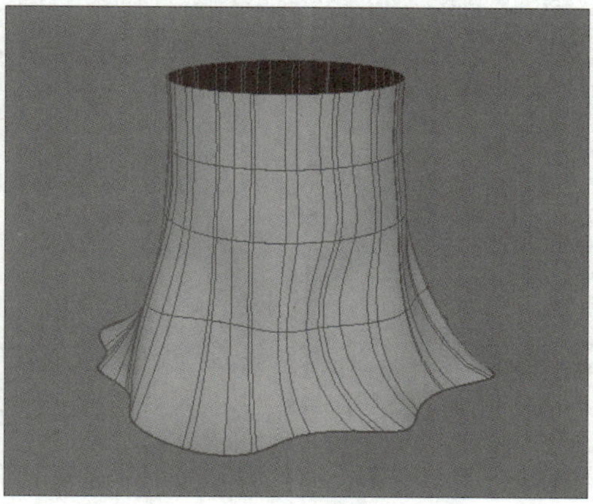

图 5-42

■5.4.2 平面

使用“平面”命令可通过封闭的曲线、路径或剪切边等生成平面，并且这些曲线、路径和剪切边等都位于同一水平面内，如图5-43、图5-44所示。

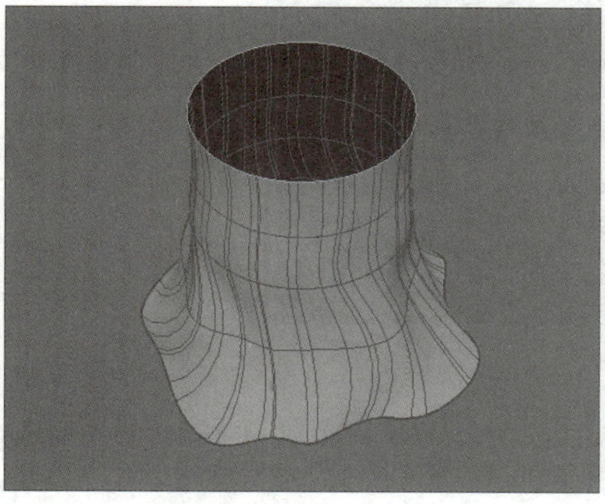

图 5-43

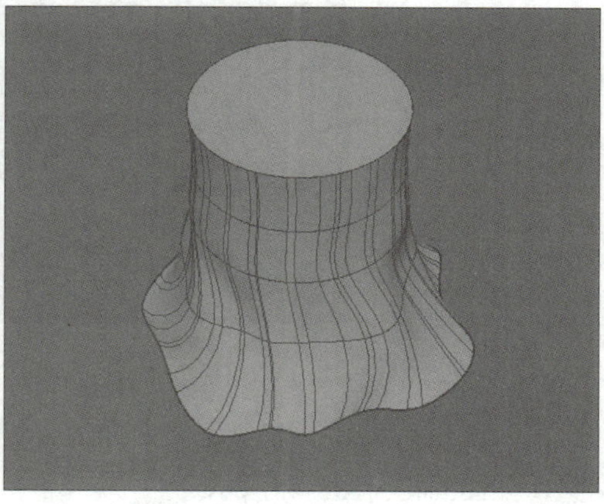

图 5-44

5.4.3 旋转

利用“旋转”命令可以针对二维曲线创建曲面，是NURBS曲线建模中较为常用的建模方法之一。利用“旋转”命令可通过一条NURBS曲线的轮廓线生成一个曲面，并且可随意控制旋转的角度，如图5-45、图5-46所示。

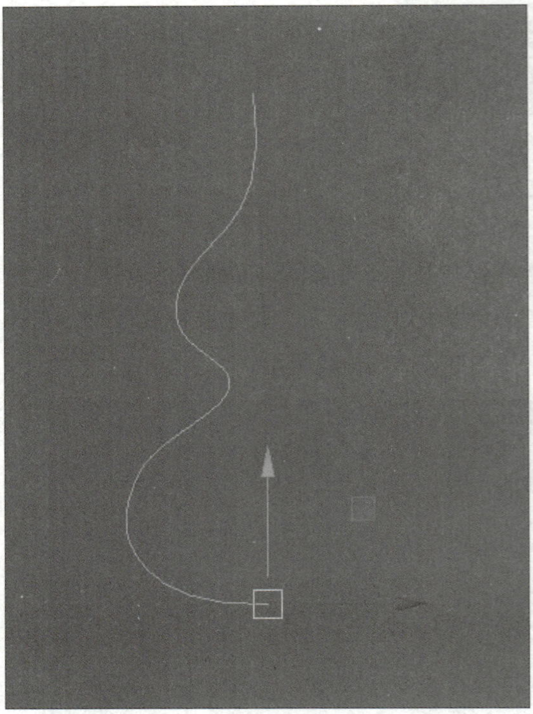

图 5-45

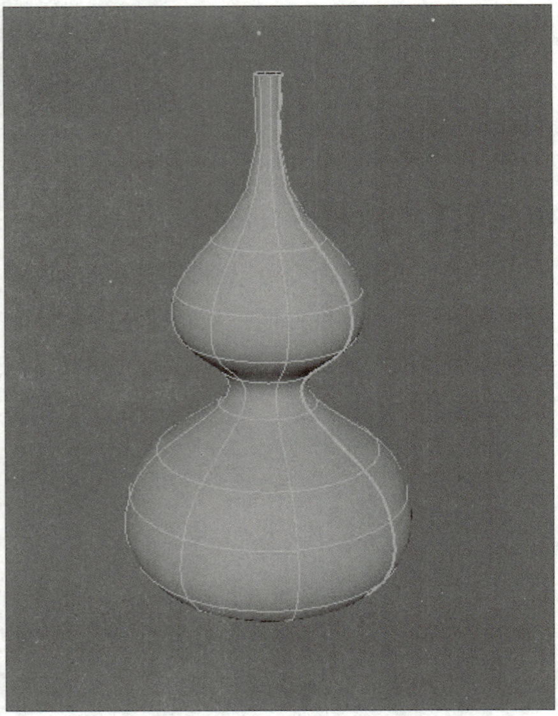

图 5-46

打开“旋转选项”对话框，可对旋转轴向及曲面的段数等参数进行相关调整，如图5-47所示。

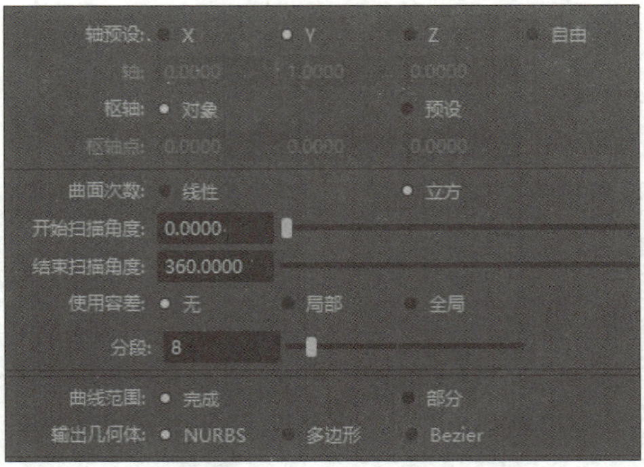

图 5-47

通常在使用“旋转”命令创建曲面后，可在通道盒中设置旋转参数，对旋转的角度进行后期调整，如图5-48、图5-49所示。

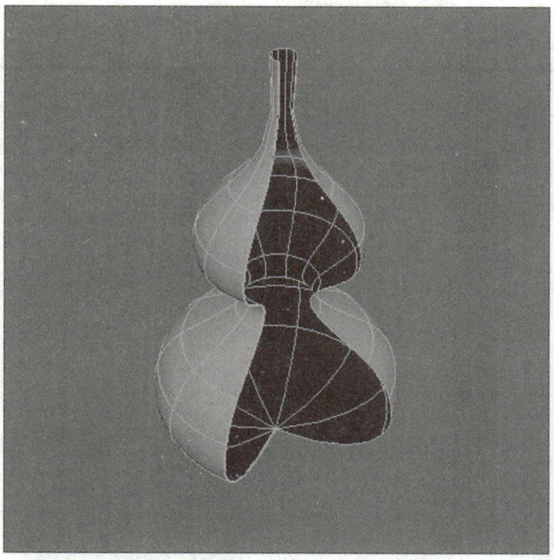

图 5-48

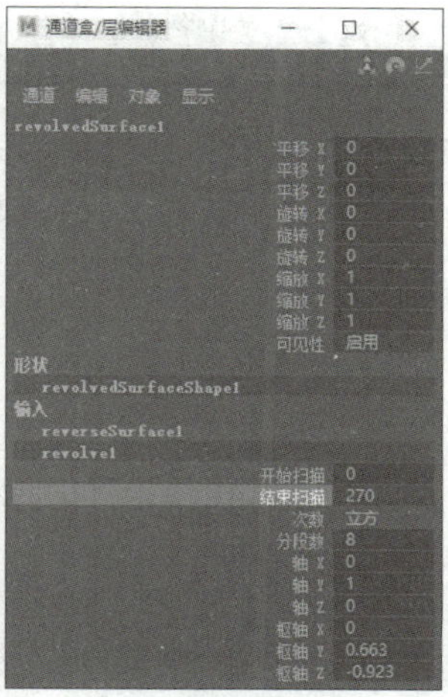

图 5-49

■5.4.4 挤出

使用“挤出”命令，既可以使所选曲线沿指定方向挤出一定的距离，也可以将所选曲线中的某一曲线作为路径，然后沿着该路径扫描剖面曲线，从而创建曲面模型。

使用“挤出”命令可使一条任何类型的轮廓曲线沿着另一条曲线生成曲面。

在实际操作中，创建一条轮廓线及路径，依次加选，然后使用“挤出”命令，如图5-50、图5-51所示。

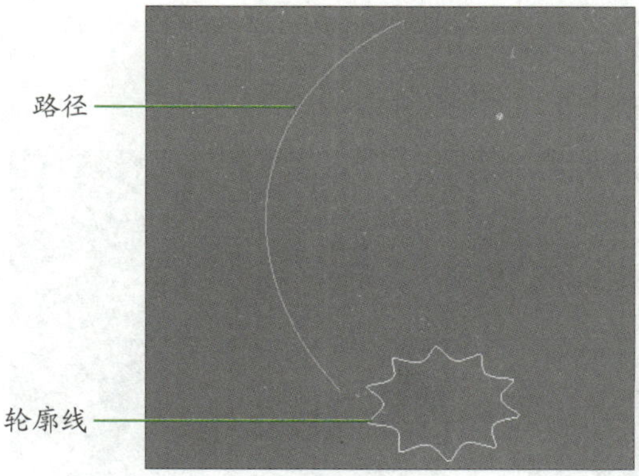

图 5-50

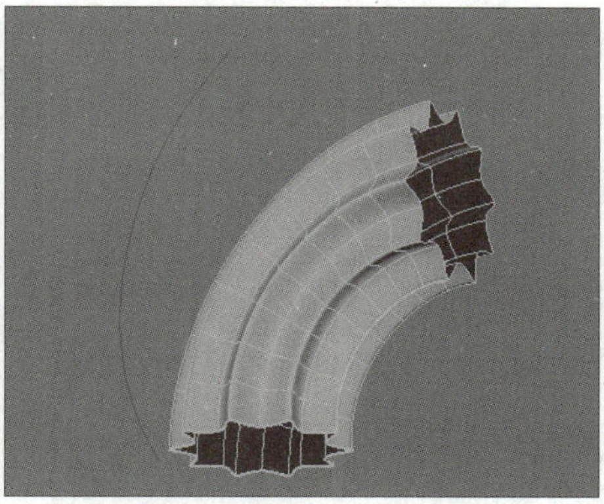

图 5-51

观察“挤出选项”对话框，不同的“样式”“结果位置”“枢轴”“方向”的设置会带来不同的曲面模型，如图5-52所示。

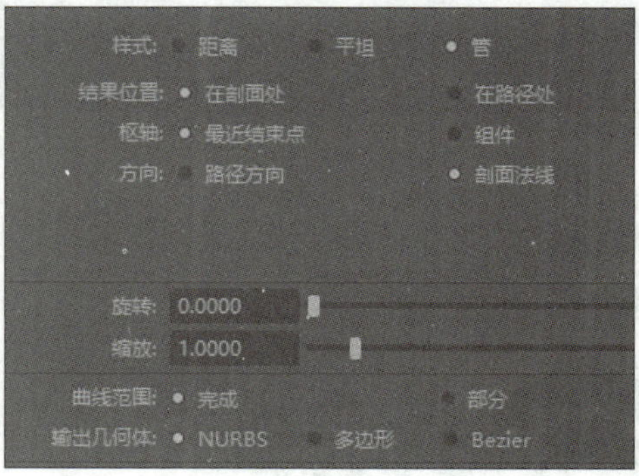

图 5-52

实战演练 制作壁灯模型

本例使用NURBS曲线工具绘制目标图案形状，并生成曲面模型以制作壁灯模型。在制作的过程中可以熟练NURBS曲线的绘制方法，掌握绘制技巧，并学会合理使用曲线的编辑工具。

扫码观看视频

步骤 01 在工具架的“曲线/曲面”标签下单击“NURBS圆形”按钮，创建一个圆形，如图5-53所示。

步骤 02 激活移动工具，按住Shift键沿y轴进行复制，如图5-54所示。

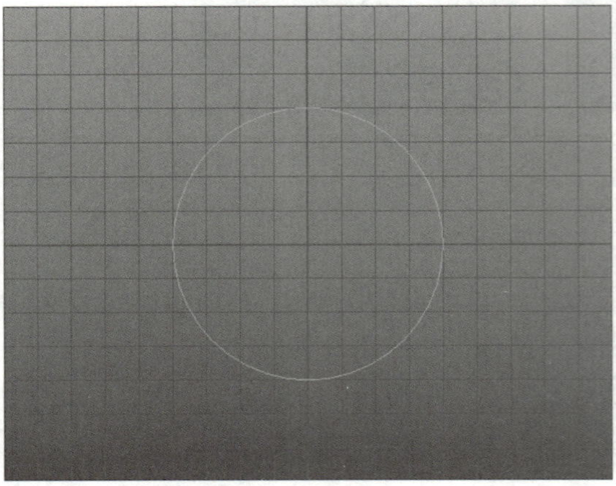

图 5-53

图 5-54

步骤 03 选择底部的圆，利用缩放工具适当缩小，如图5-55所示。

步骤 04 继续复制圆形，并使用变换工具调整其大小和位置，如图5-56所示。

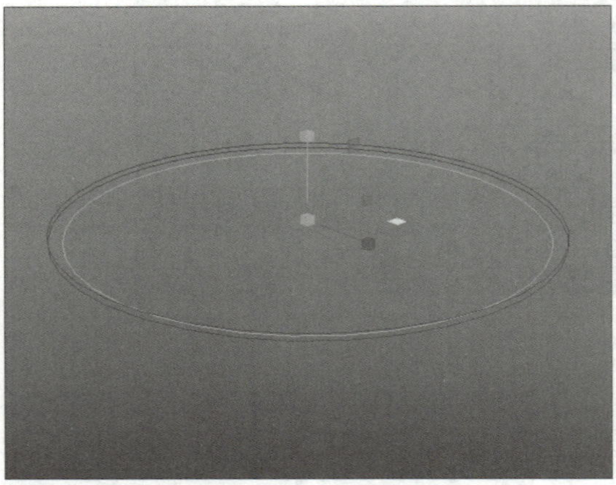

图 5-55

图 5-56

步骤 05 从底部开始，按住Shift键依次选择曲线，如图5-57所示。

步骤 06 执行“曲面”→“放样”命令，创建出灯罩的曲面造型，再删除曲线，如图5-58所示。

你学会了吗？

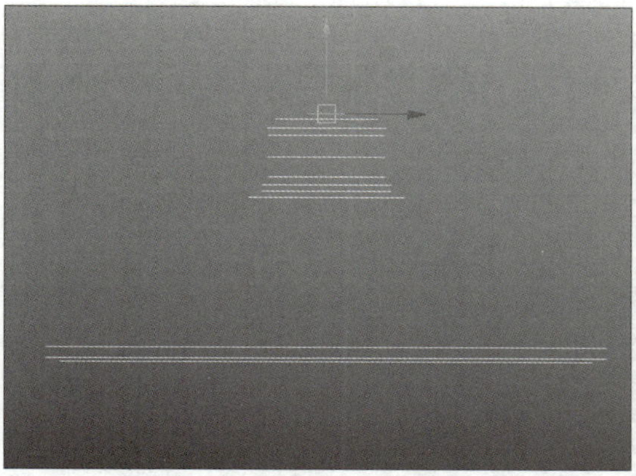

图 5-57

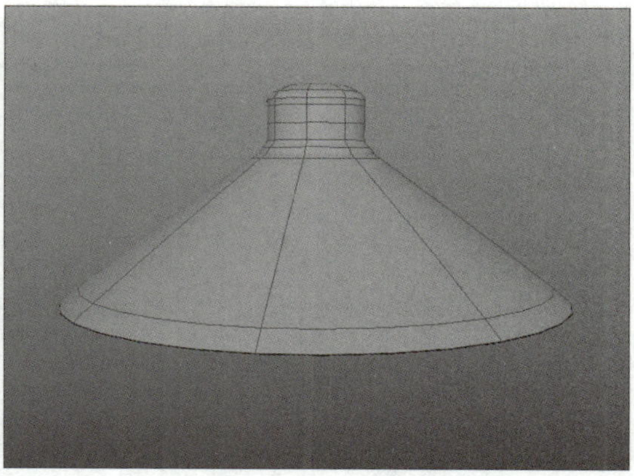

图 5-58

步骤 07 继续创建圆形并进行复制调整，制作线套造型，再删除曲线，如图5-59、图5-60所示。

图 5-59

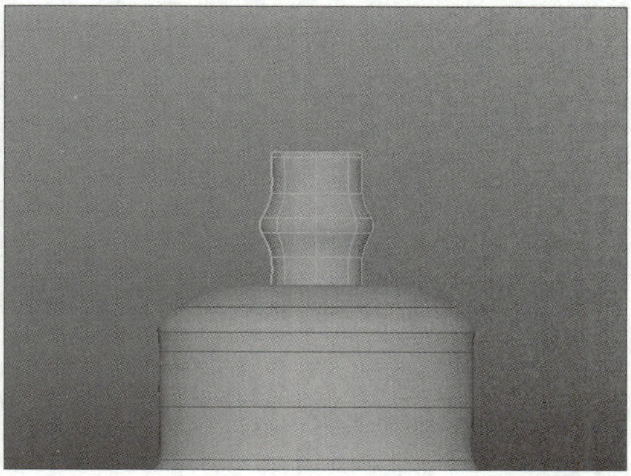

图 5-60

步骤 08 创建一个NURBS圆形，设置“半径”为1.5，再激活旋转工具，围绕z轴旋转90°，如图5-61、图5-62所示。

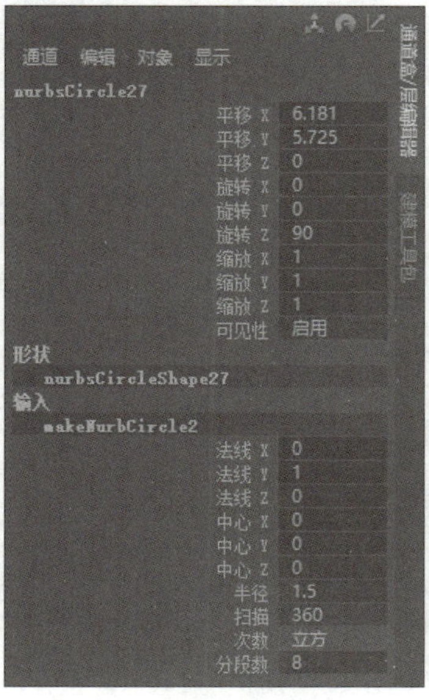

图 5-61

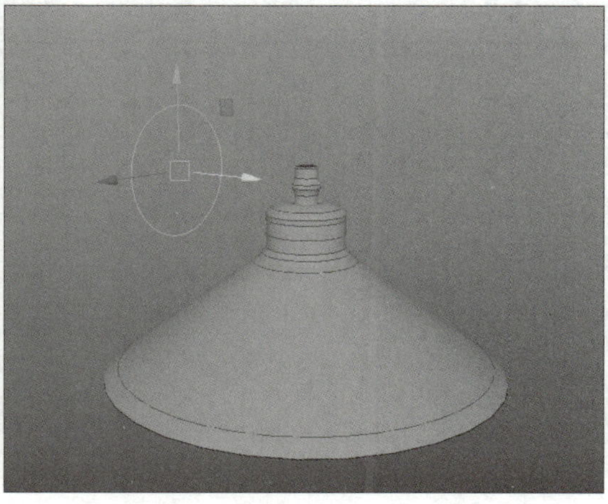

图 5-62

步骤 09 使用变换工具复制曲线，调整其大小及位置，如图5-63所示。

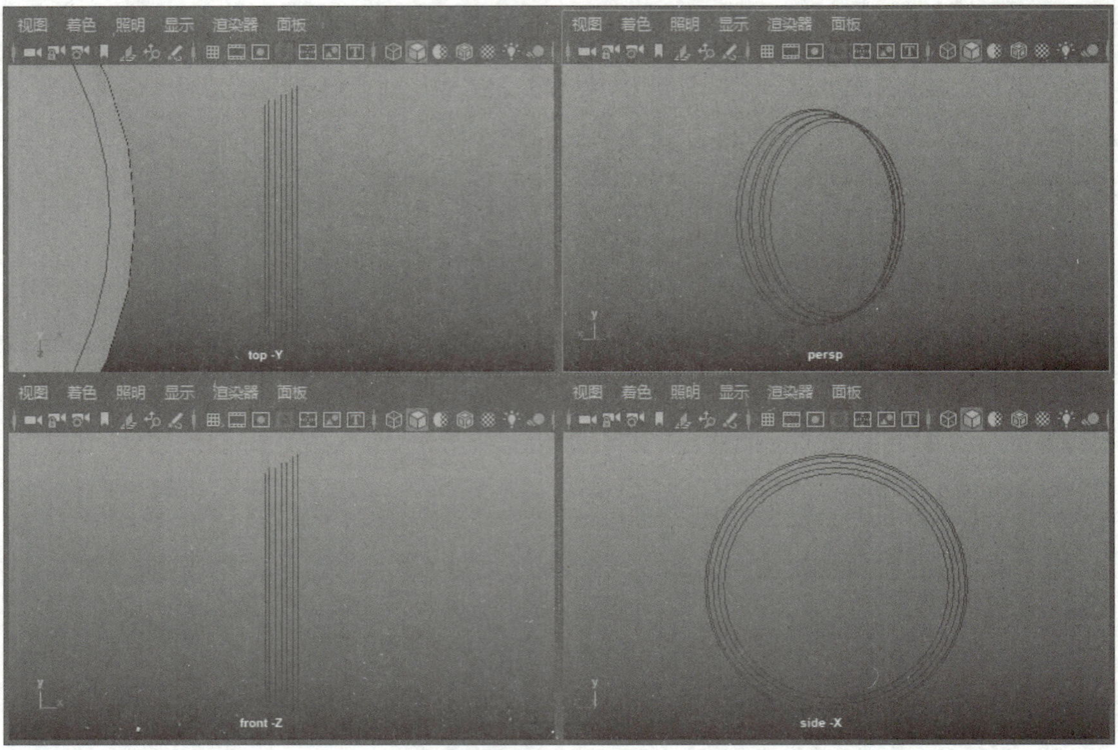

图 5-63

步骤 10 按顺序选择曲线，再执行“曲面”→“放样”命令创建曲面造型，如图5-64所示。

步骤 11 执行“曲面”→“反转方向”命令，反转曲面，如图5-65所示。

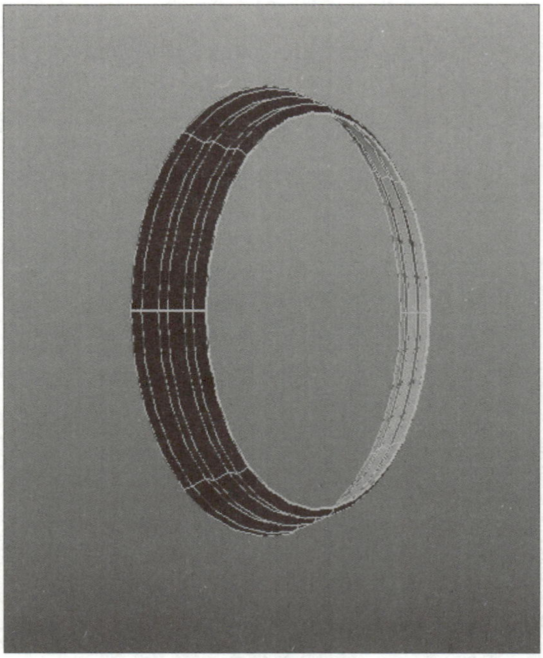

图 5-64

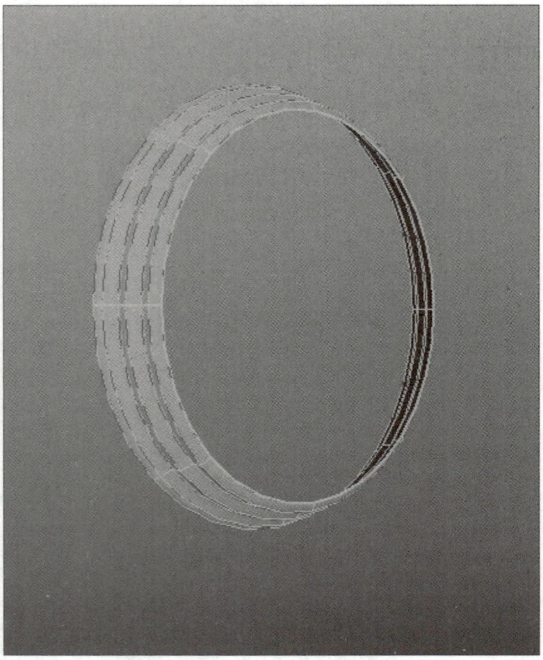

图 5-65

步骤 12 选择顶部的曲线，执行“曲线”→“平面”命令，创建曲面封面，删除曲线。使用同样的方法，为底部制作封面，制作灯座造型，如图5-66、图5-67所示。

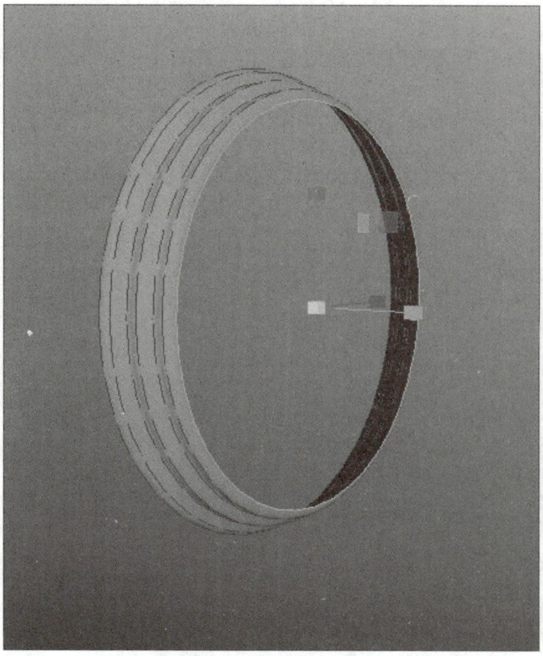

图 5-66

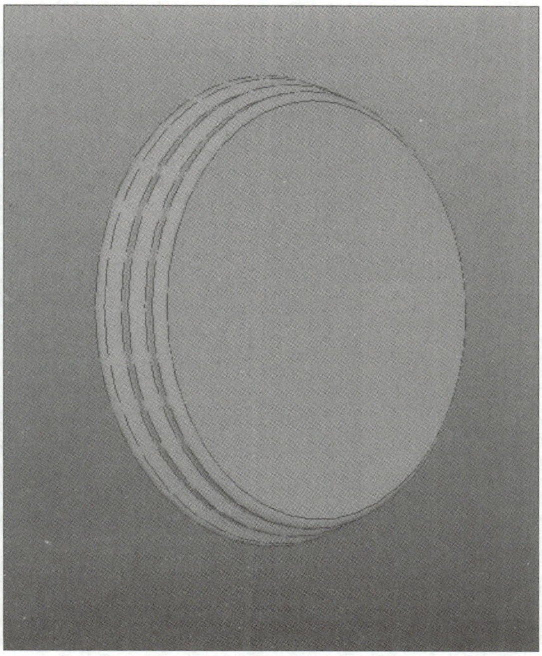

图 5-67

步骤 13 删除曲线，再调整灯座的位置，如图5-68所示。

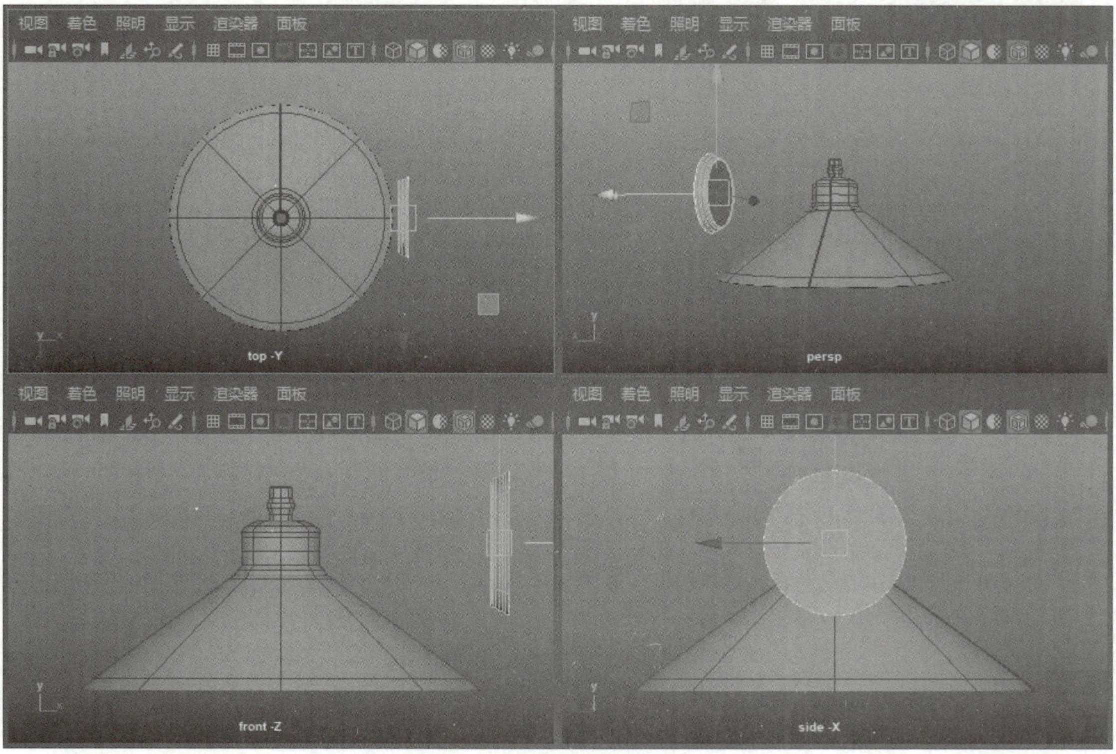

图 5-68

步骤 14 执行“创建”→“NURBS基本体”命令，在级联菜单中单击“NURBS圆柱体”命令右侧的设置按钮，打开“NURBS圆柱体选项”对话框，设置“封口”为“二者”，如图5-69所示。

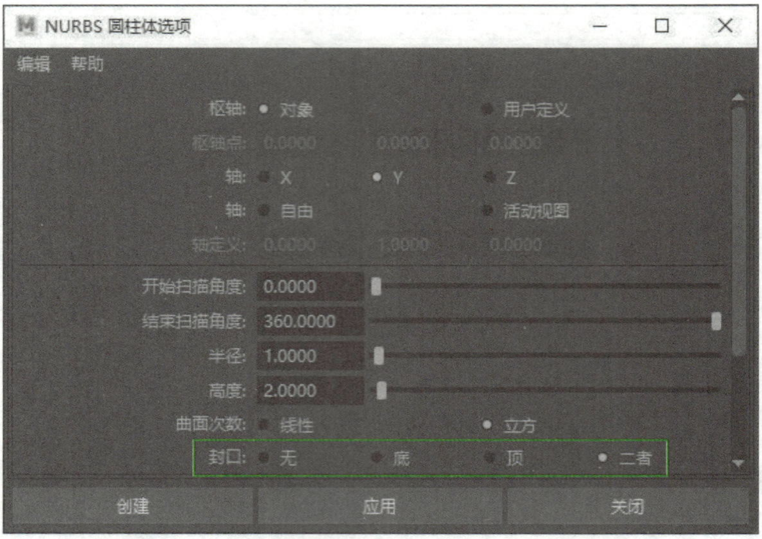

图 5-69

步骤 15 单击“应用”按钮创建圆柱体，在通道盒中调整“半径”“高度比”，再使用变换工具调整角度和位置，如图5-70、图5-71所示。

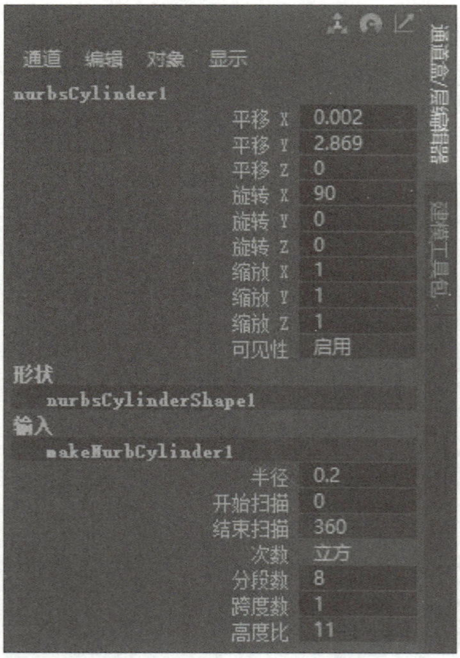

图 5-70

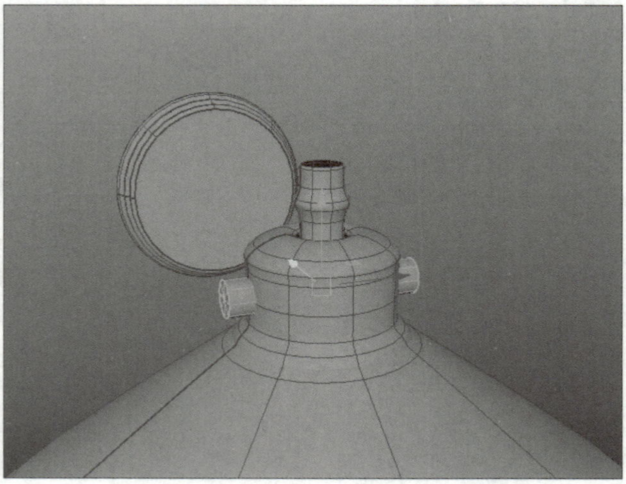

图 5-71

步骤 16 切换到顶视图，使用CV曲线工具绘制一条曲线，如图5-72所示。

步骤 17 创建一个圆形，绕z轴旋转90°，设置半径为0.1，在左视图中调整其位置，如图5-73所示。

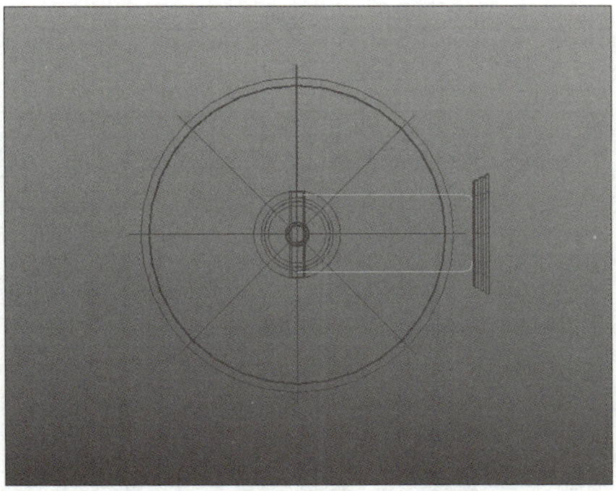

图 5-72

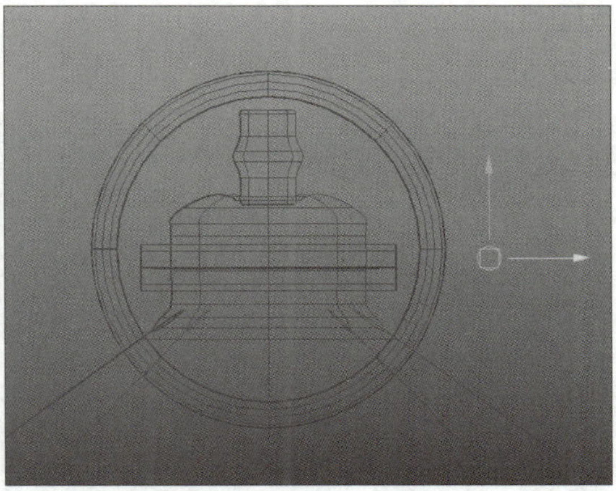

图 5-73

步骤 18 单击“挤出”命令右侧的设置按钮，打开“挤出选项”对话框，设置“方向”为“路径方向”，如图5-74所示。

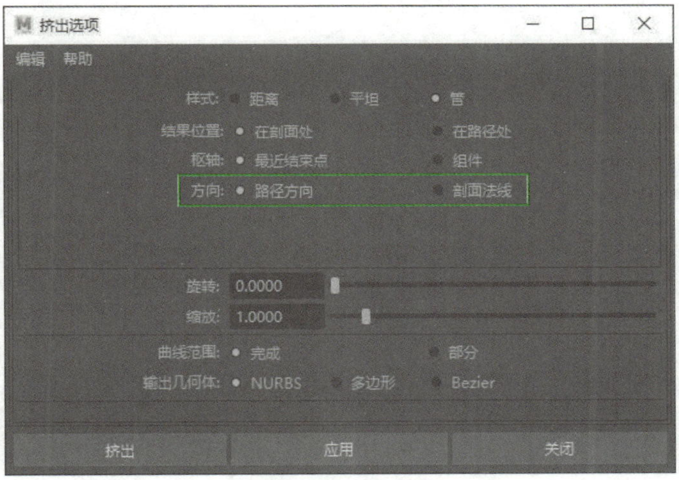

图 5-74

步骤 19 为了便于操作，可以将两条曲线移出，选择两条曲线，在“挤出选项”对话框中单击“应用”按钮创建曲面造型，如图5-75、图5-76所示。

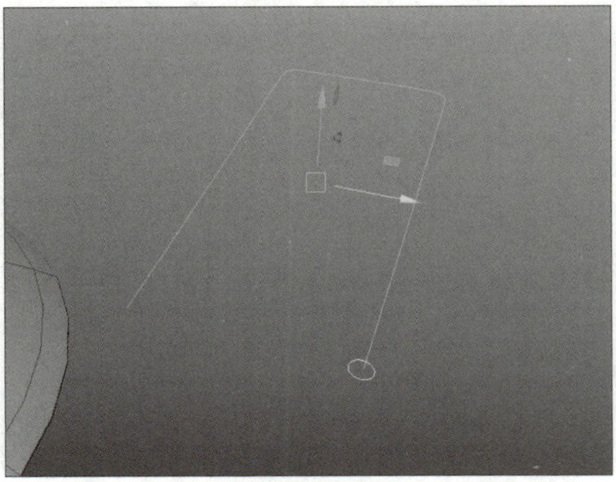

图 5-75

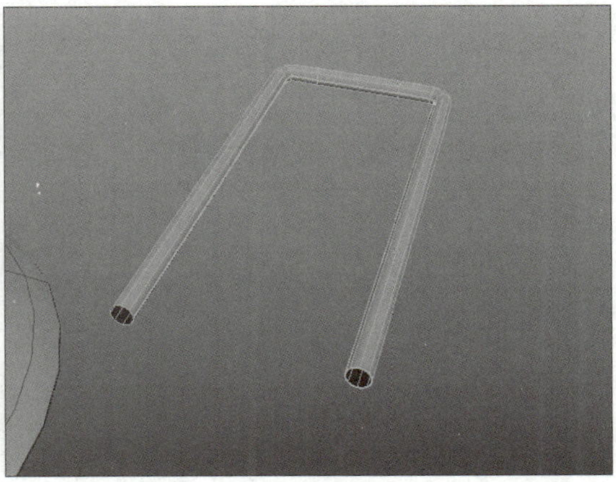

图 5-76

步骤20 绘制CV曲线和圆形，利用“挤出”命令创建灯线曲面造型，并调整位置，如图5-77、图5-78所示。

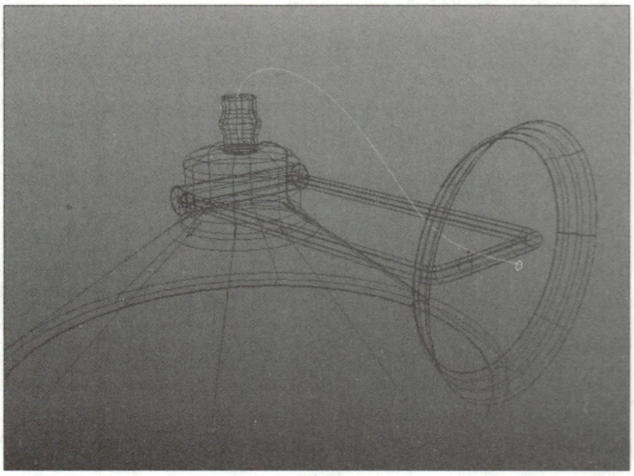

图 5-77

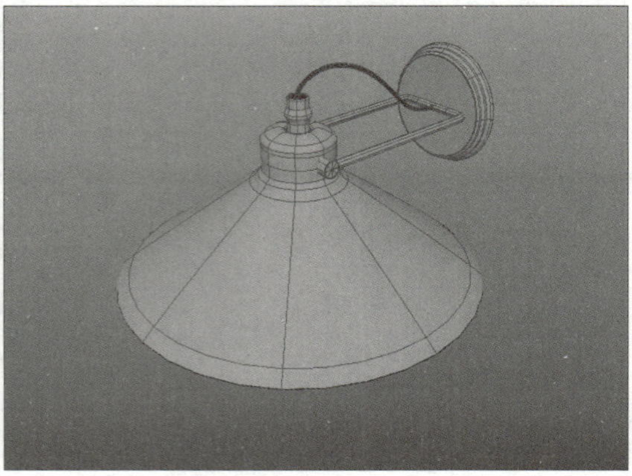

图 5-78

步骤21 使用CV曲线工具绘制灯头半轮廓，再执行“曲线”→“旋转”命令制作灯头造型，如图5-79、图5-80所示。

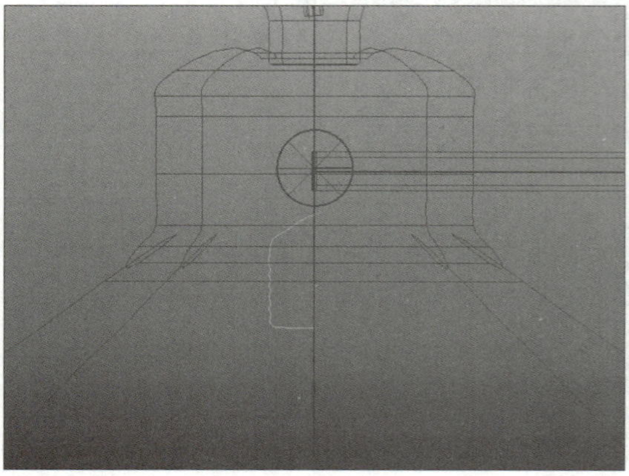

图 5-79

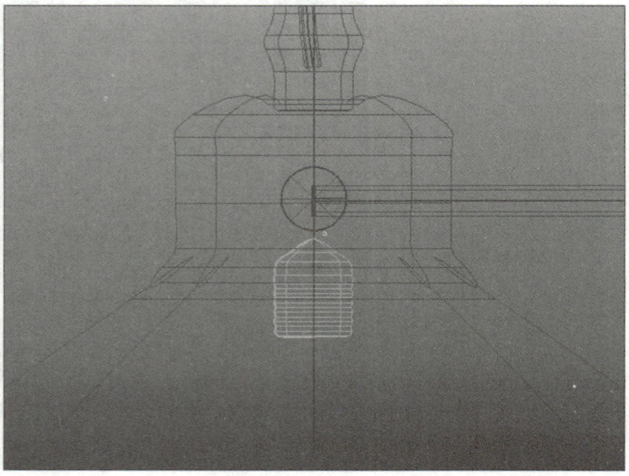

图 5-80

步骤22 继续绘制两个灯泡玻璃壳轮廓，利用“旋转”命令制作两层玻璃灯罩，如图5-81、图5-82所示。

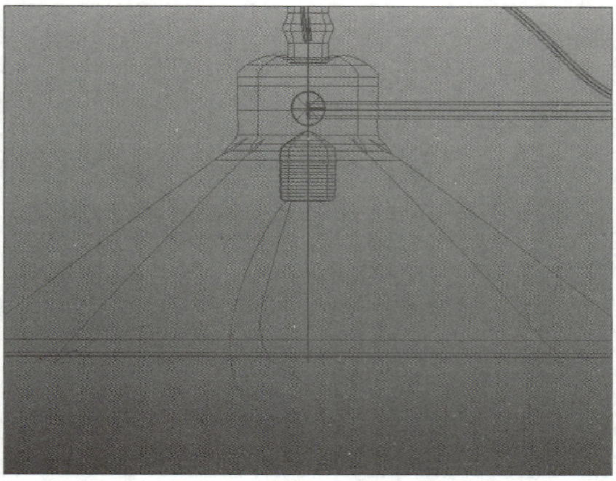

图 5-81

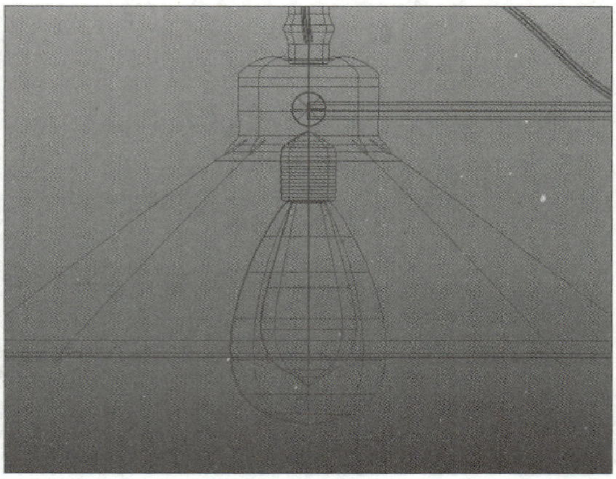

图 5-82

步骤23 按照灯线的制作方法制作铁艺造型，如图5-83所示。

步骤24 切换到顶视图，激活旋转工具，按住Shift键旋转并复制对象，设置旋转角度为90°，如图5-84所示。

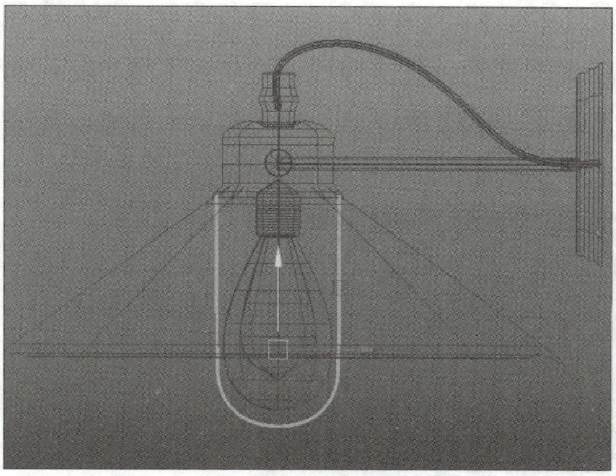

图 5-83

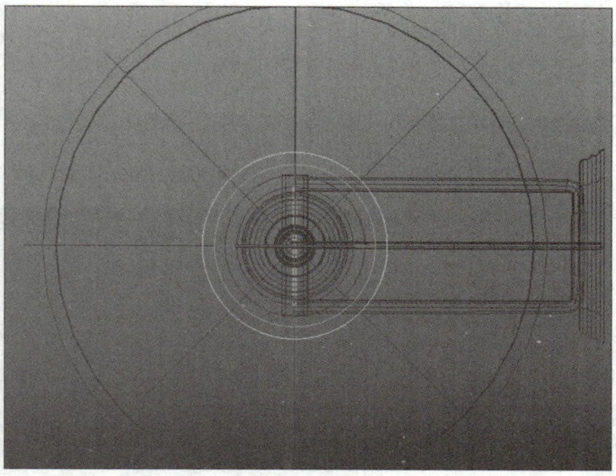

图 5-84

步骤25 删除多余的曲线，再对部分曲面进行反转操作，完成壁灯模型的制作，如图5-85所示。

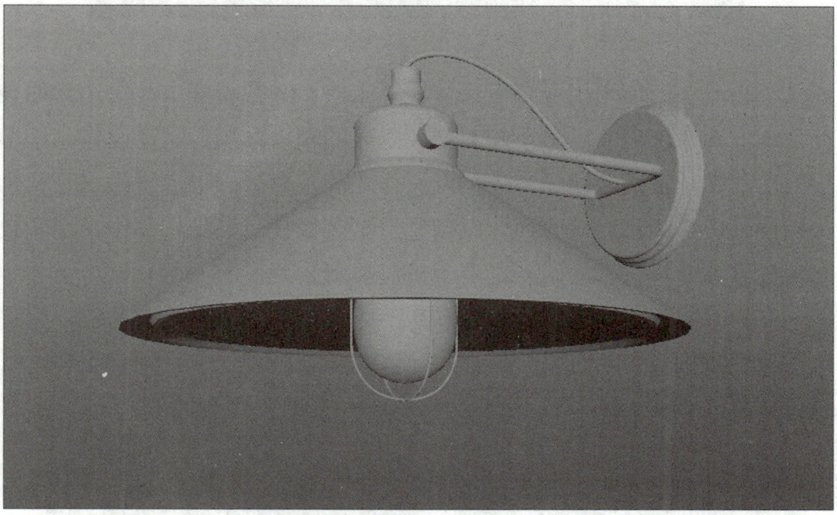

图 5-85

学习体会

知识拓展 道具设计

道具是在动画作品中角色经常使用、佩戴或在场景中出现的物品，因此，道具设计必须充分发挥其艺术功能，通过造型设计手段，起到营造环境、烘托气氛、塑造角色形象、深化主题思想和推进故事发展的重要作用。道具也应满足叙事的需要，有了相应的道具，才有可能讲述有血有肉的故事。道具是动画作品发展矛盾冲突必不可少的组成部分，切忌轻视道具这看似微不足道的元素。如图5-86所示为动画片《大闹天宫》中的道具设计。

图 5-86

道具往往以产品造型的形式出现，但又体现了工业产品在现实中无法达到的趣味效果。道具设计在塑造角色、构建画面的环节上起着至关重要的辅助作用，是动画作品细节表现不可或缺的组成部分。道具设计是结合角色、场景以及作为故事背景的世界观设置，从物件的功能、结构、材料（包括肌理）、色彩等方面，以创意造型为依托，满足作品中突出角色特质、烘托场景氛围、推动故事情节等需求，进行的有目的、具概念性的创造性活动。如图5-87所示为动画片《萤火虫之墓》中推动故事情节发展的道具设计。

图 5-87

道具设计的要领大致如下。

- 道具设计要与动画作品的整体风格保持一致。在设计时首先要考虑道具与角色本体的统一，与时代的统一，与个性的统一，与地域的统一，以及与造型的统一等。
- 道具设计要注意主次关系，不能喧宾夺主。道具是为角色构建和故事情节发展服务的。
- 道具设计要符合角色性格的塑造，特别是要区分正义与非正义角色。此外，要注意道具的大小、轻重、与角色的比例关系等。
- 道具设计要与故事情节的发展相呼应。在很多动画作品中，往往随着故事情节的变化，道具也发生变化，这样更方便观众厘清故事发展的脉络。

- 道具设计要注意道具使用时的繁简关系。太多、太琐碎的道具往往会适得其反，不能更好地衬托角色，反而会分散观众的注意力。
- 随身道具设计一定要满足角色的心理需求，注意平衡角色心理与观众心理之间的微妙呼应关系。

了解了这些要领后，还要注意遵循设计过程中的四大基本原则，包括易用性原则、求适性原则、致美性原则和创新性原则。掌握了四大基本原则，也就掌握了设计的核心和精髓。

1. 易用性

易用性是道具设计要考虑的重要原则。易用性有两个含义，一是“可用性，有用性”，二是“便于使用”。从实用设计的角度出发，对“易用性”的研究更多的是在“可用性”基础上的“易用”。这对创作虚拟世界中的道具来说，其重要的指导意义在于道具的功能作用对于基础造型的支配。

2. 求适性

道具设计要求道具适合角色，即以角色为中心展开设计，可综合考虑人体工程学、设计心理学、人与环境的协调发展等因素。要将虚拟角色作为活生生的、具有真实生命和使用习惯的对象来构想。不同的角色定位、不同的场景环境定位，必然有不同的道具特性。

3. 致美性

道具设计最初是基于道具的实用功能，装饰功能是次要的。但当人们有了更多的闲暇去推敲、琢磨时，就会感到有必要使道具更趋于完美，并且使其具有鲜明的个性特征。道具设计应最大限度地满足观众的审美需求，使观众在观看动画作品的过程中获得精神上的愉悦。

4. 创新性

创新是设计的本质，也是设计的最终目的，没有创新就没有丰富多彩的世界。创新，一是原理上的改变，即从无到有；二是在从无到有的基础上进行改进，使其更符合角色的行为习惯和个性需求。 道具的创新设计更多是体现在概念的创新上，观众最终享受的是具有艺术审美的视觉体验。如图5-88所示为科幻题材作品中基于海、陆、空交通工具这些基础元素展开的道具设计。

图 5-88

第6章

NURBS优化建模

内容导读

NURBS是一种非常优秀的建模方式，高级三维软件都支持这种建模方式。本章将结合前面章节所学的NURBS知识，对NURBS建模的一些高级工具和技巧进行讲解。

数字资源

【本章素材来源】："素材文件\第6章"目录下

【本章实战演练最终文件】："素材文件\第6章"目录下

6.1 NURBS曲面特殊成形

在实际操作中，创建的表面并不都是规则的，例如窗帘的表面应当产生起伏的效果等，为此Maya提供了一种特殊的造型方法——曲面。下面将介绍“曲面”菜单下利用曲线生成曲面的5种较为复杂的命令。

■6.1.1 双轨成形

“双轨成形”是一种沿两条路径曲线扫描一系列剖面曲线创建一个曲面的建模方法，该方法生成的曲面可以与其他曲面保持连续性。“双轨成形”命令下包含3个级联命令，分别是“双轨成形1工具”“双轨成形2工具”“双轨成形3+工具”，如图6-1所示。可以根据要使用的剖面曲线数来选择工具。

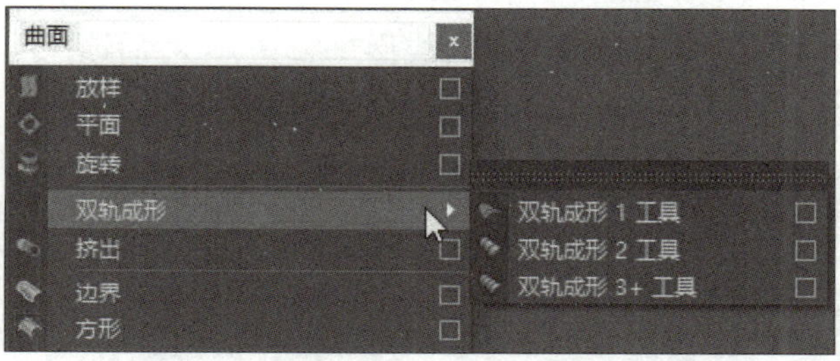

图 6-1

1. 双轨成形1工具

使用“双轨成形1工具”可使一条轮廓线沿着两条路径线进行扫描，从而生成曲面。实际操作时，首先创建两条路径线及一条轮廓线，并保证轮廓线的两端分别捕捉在两条路径线上，然后选择轮廓线，再加选两条路径线，最后应用“双轨成形1工具”，如图6-2、图6-3所示。

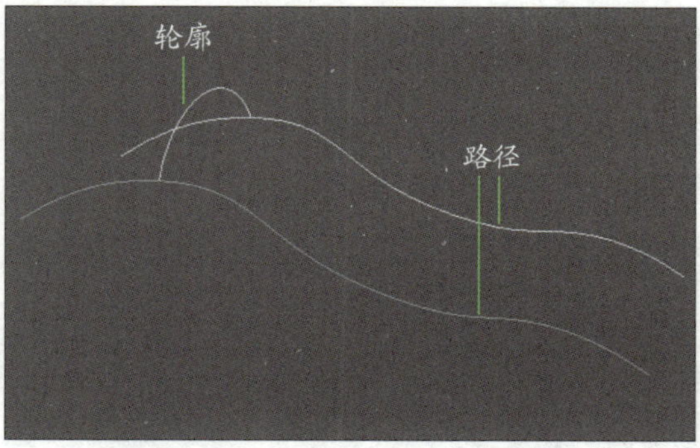

图 6-2

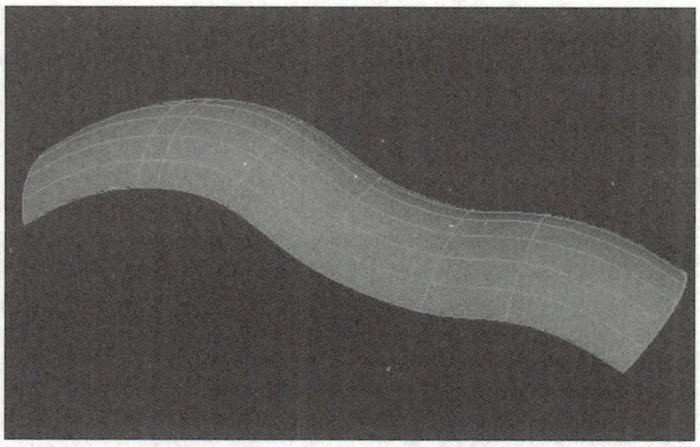

图 6-3

2. 双轨成形2工具

使用“双轨成形2工具”可沿着两条路径线在两条轮廓线之间生成一个曲面。实际操作时，首先创建两条路径线及两条轮廓线，并保证轮廓线的两端分别捕捉在两条路径线上，然后选择两条轮廓线和两条路径线（注意对象的选择顺序：先选择两条轮廓线，再加选两条路径线），最后应用“双轨成形2工具”，如图6-4、图6-5所示。

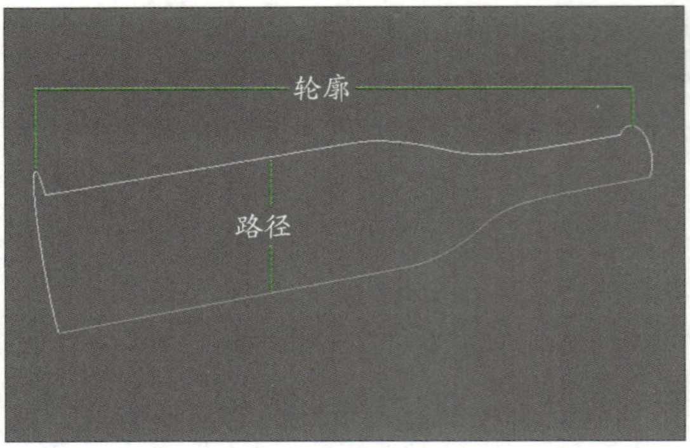

图 6-4

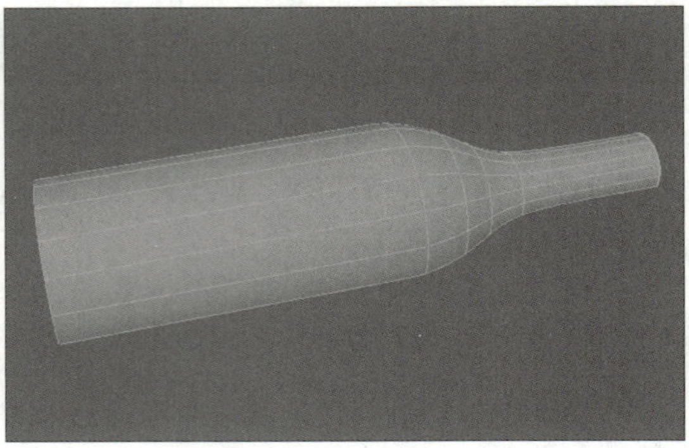

图 6-5

3. 双轨成形3+工具

使用“双轨成形3+工具”可通过两条路径线和多条轮廓线生成曲面。在实际操作中，操作方法和前两种工具略有不同，首先选择“双轨成形3+工具”，然后选择所有的轮廓线并按Enter键，再加选两条路径线，即可生成曲面，如图6-6、图6-7所示。

图 6-6

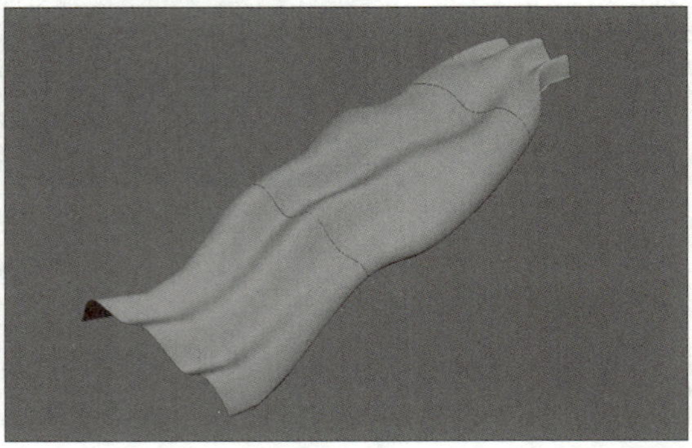

图 6-7

■6.1.2 边界

使用“边界”命令可以在已创建的边界曲线之间进行相应的插值填充，从而创建三维曲面，如图6-8、图6-9所示。“边界”命令不需要所有的边都保持在同一水平面之上。

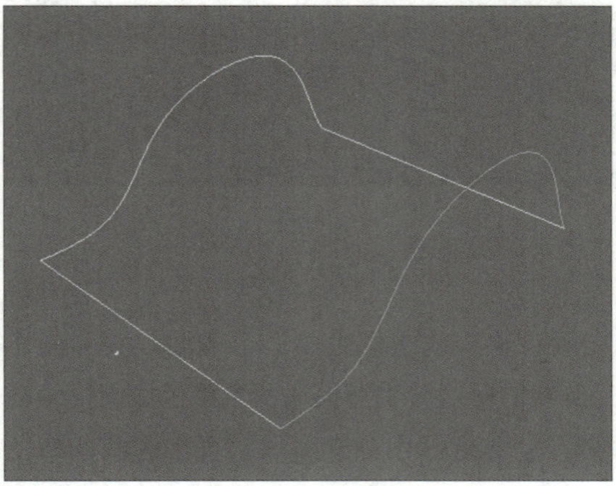

图 6-8

图 6-9

6.1.3 方形

使用“方形”命令可在3条或4条曲线之间生成曲面，也可在几个曲面相邻的边之间生成曲面，并且会保持曲面间的连续性，如图6-10、图6-11所示。

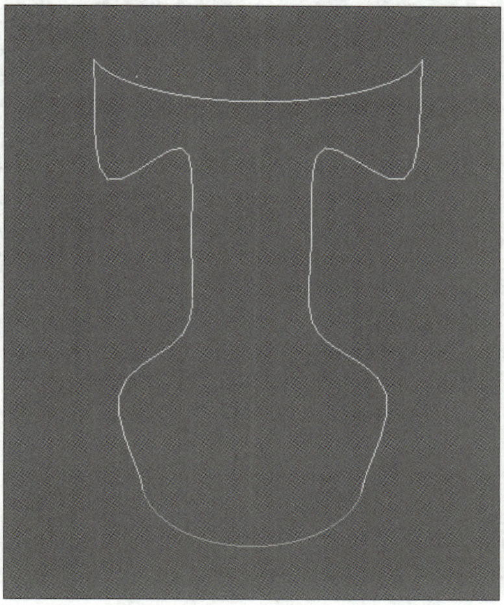

图 6-10

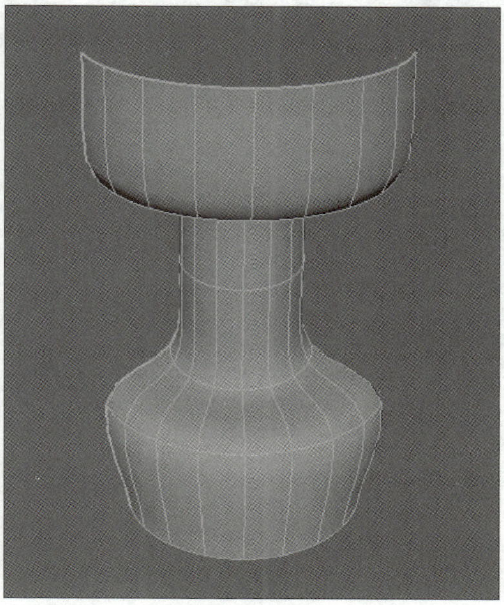

图 6-11

知识链接

“方形”命令与“边界”命令较为相似，不同的是为了创建方形曲面，必须使 3 或 4 条边界曲线相交，并且按顺时针或逆时针方向依次选择这些曲线。

6.1.4 倒角

使用“倒角”命令可基于曲线创建一个倒角曲面对象，倒角对象的类型可通过相应的参数进行设置，如图6-12所示。

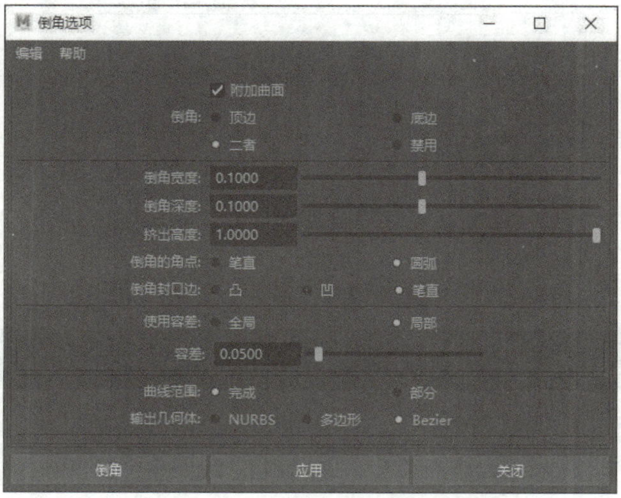

图 6-12

实际操作如图6-13、图6-14所示。

图 6-13

图 6-14

■6.1.5 倒角+

“倒角+”命令是“倒角”命令的升级版，该命令集合了非常多的倒角效果，如图6-15所示。

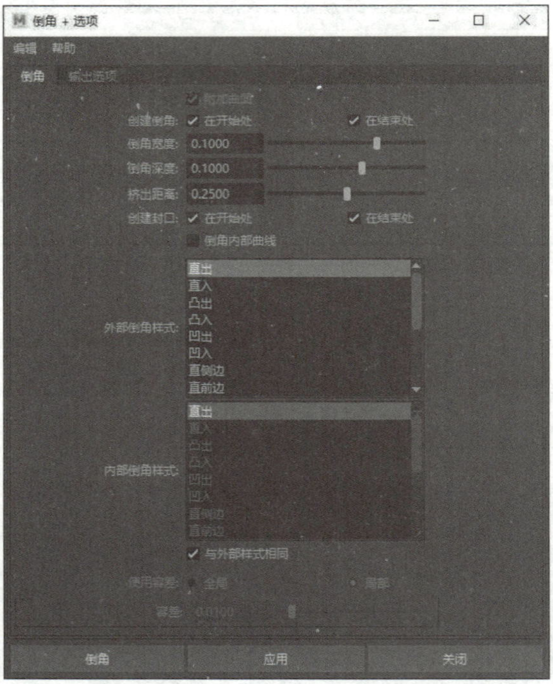

图 6-15

6.2 调整曲面元素

通过对曲面模型元素的调整和各种工具的应用，可以修改曲面形状、改变曲面结构，从而满足对造型的需求。选择NURBS曲面模型，长按鼠标右键可观察到NURBS曲面模型的构成元素，如图6-16所示。

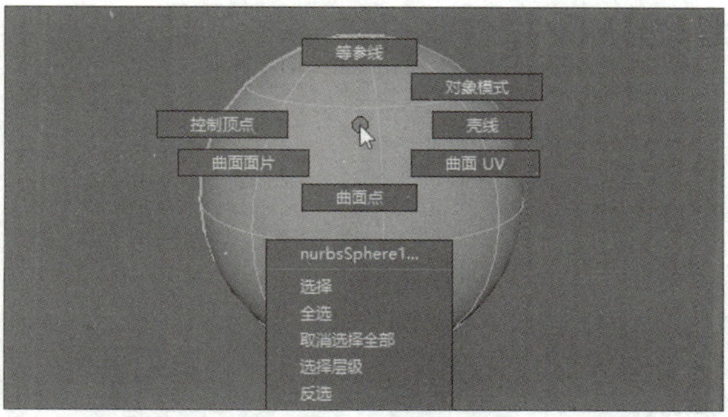

图 6-16

将鼠标指针移动至“控制顶点”模式，可通过修改顶点位置改变NURBS曲面模型，如图6-17所示。

也可切换至“壳线”模式，通过修改壳线的形状及位置改变NURBS曲面模型，如图6-18所示。

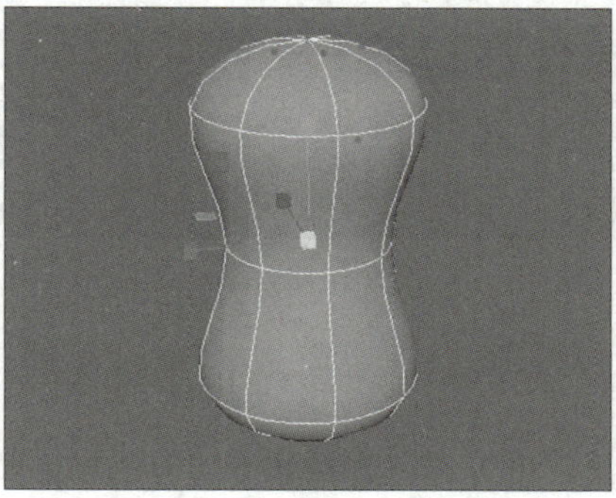

图 6-17

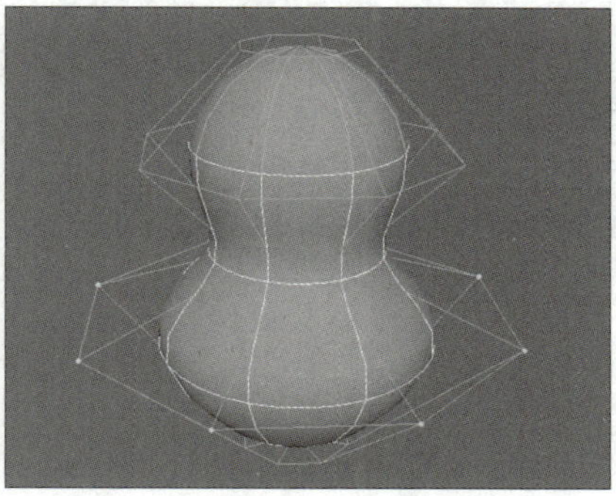

图 6-18

6.3 编辑NURBS曲面

NURBS曲面创建成型后，还可以对其进行进一步的编辑操作。打开“曲面”菜单，可以看到在菜单下方集中了NURBS曲面的全部编辑工具，如图6-19所示。本节将对一些常用的编辑工具进行详细介绍。

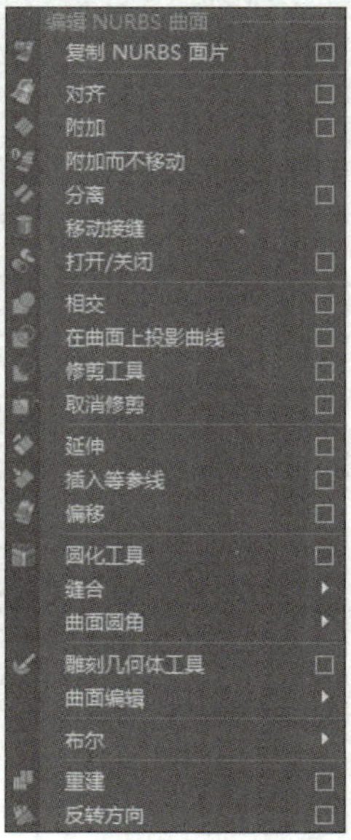

图 6-19

知识链接

“曲面”菜单中有部分工具名称与“曲线”菜单中的工具名称相同，例如“对齐”“附加”“分离”“相交”“偏移”“重建”“反转方向”等，但这些工具的应用对象只能是 NURBS 曲面。

■6.3.1 复制NURBS面片

使用“复制NURBS面片”命令可将NURBS物体上的曲面面片复制出来，并且会形成一个独立的物体。

在操作中需要使用热盒菜单切换至“曲面面片”模式，选中相应的曲面点，然后使用“复制NURBS面片”命令，如图6-20、图6-21所示。

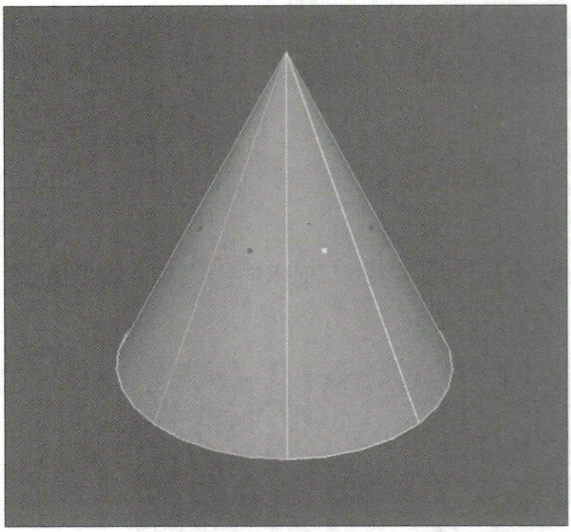

图 6-20

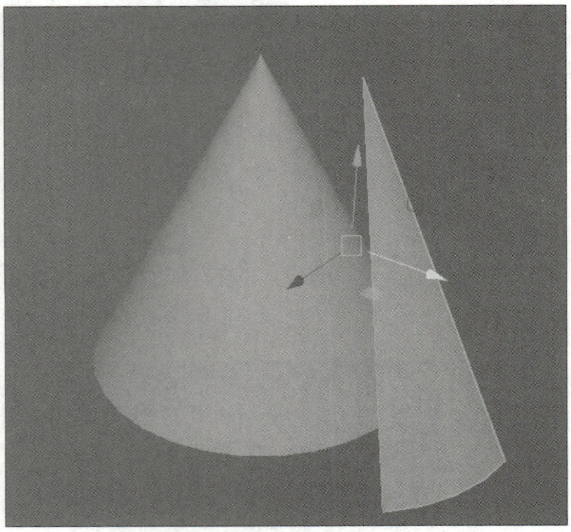

图 6-21

■6.3.2 对齐

使用“对齐”命令可对两个曲面进行对齐操作，也可通过选择曲面边界的等参线来对齐曲面，对齐后的两个曲面模型会产生关联。

在操作中需注意两个曲面的选择顺序，不同的选择顺序会影响对齐的结果，如图6-22、图6-23所示。

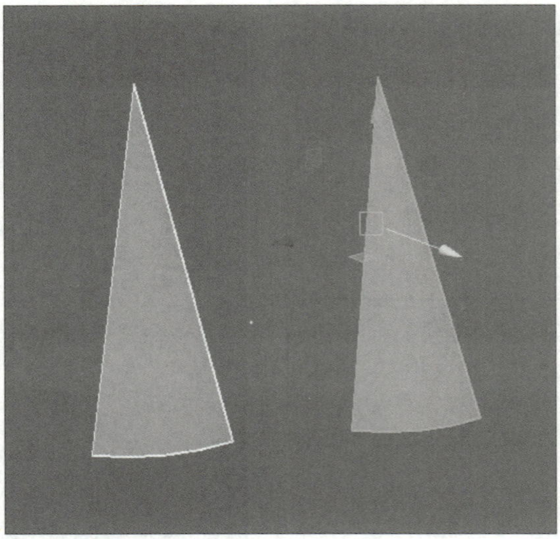

图 6-22

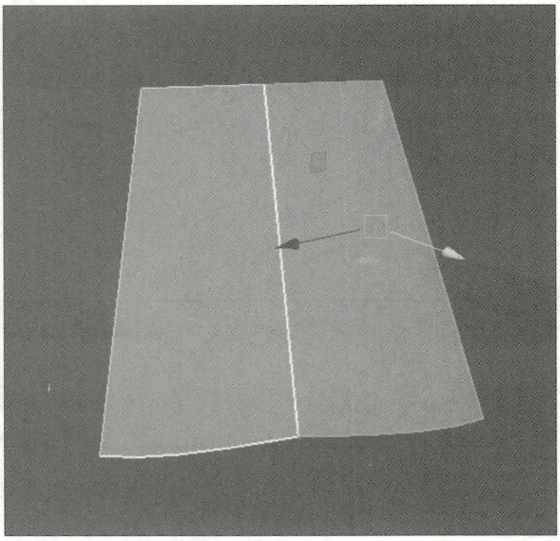

图 6-23

打开“对齐曲面选项”对话框，可对具体的曲面对齐方式进行不同的调整，如图6-24所示。

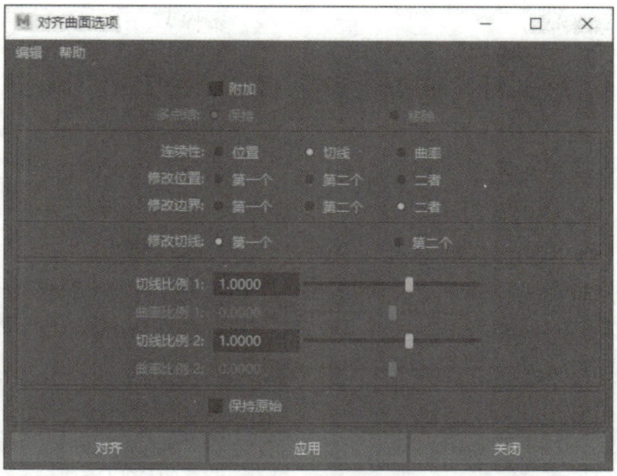

图 6-24

■6.3.3 附加/附加而不移动

使用“附加”命令可将两个曲面附加在一起形成一个曲面，也可选择曲面上的等参线，然后在两个曲面上的指定位置进行合并，实际效果类似于曲面模型的连接，如图6-25、图6-26所示。

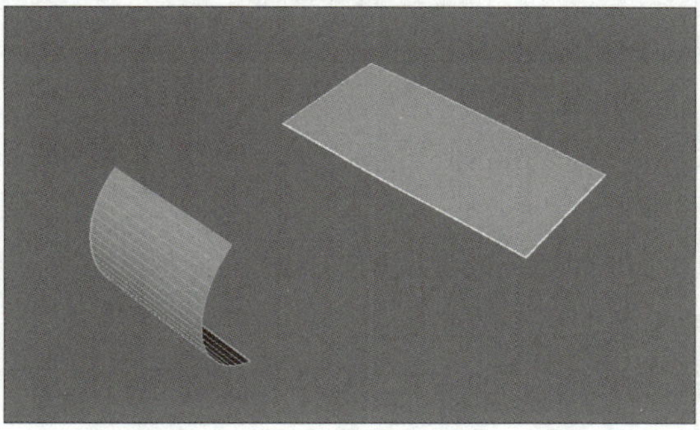

图 6-25

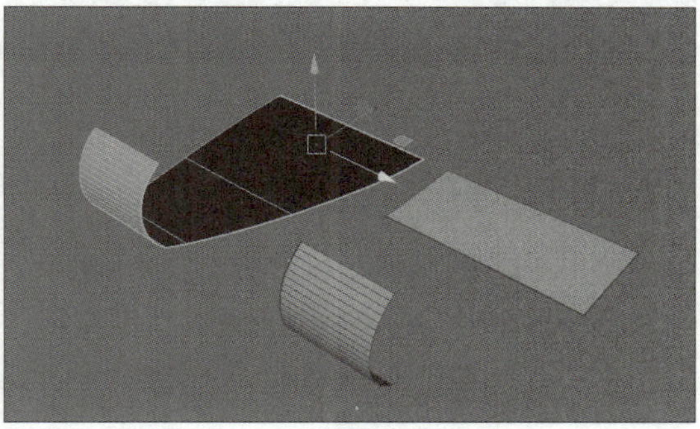

图 6-26

“附加而不移动”命令是通过选择两个曲面上的等参线，在两个曲面之间产生一个混合的曲面，而不对原始物体进行移动变形操作。

在操作中，首先使用热盒菜单切换至模型的等参线编辑模式，单击需要附加连接的位置，使其呈黄色高亮显示，再加选另一模型的等参线，然后使用“附加而不移动”命令，如图6-27、图6-28所示。

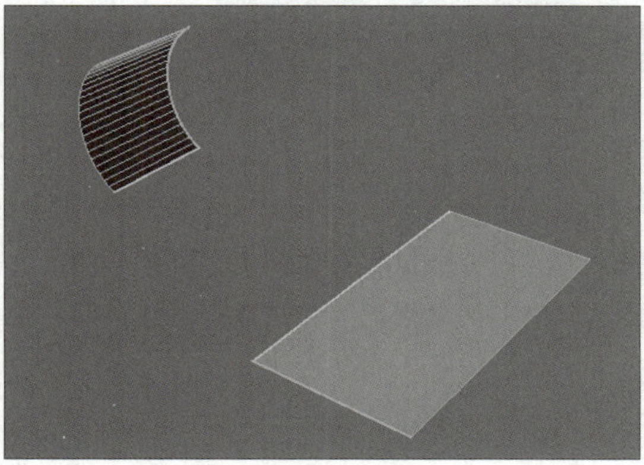

图 6-27

图 6-28

6.3.4 分离

“分离”命令是通过选择曲面上的等参线将曲面从该选择位置分离出来，以形成两个独立的曲面。

在操作中，首先切换至模型的等参线编辑模式，再长按鼠标左键以模型的原有曲面为基础单击并移动等参线的位置，确认后使用“分离”命令分离曲面，如图6-29、图6-30所示。

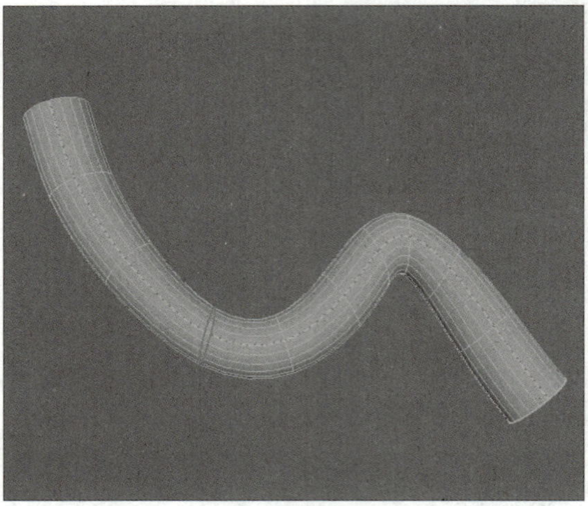
图 6-29

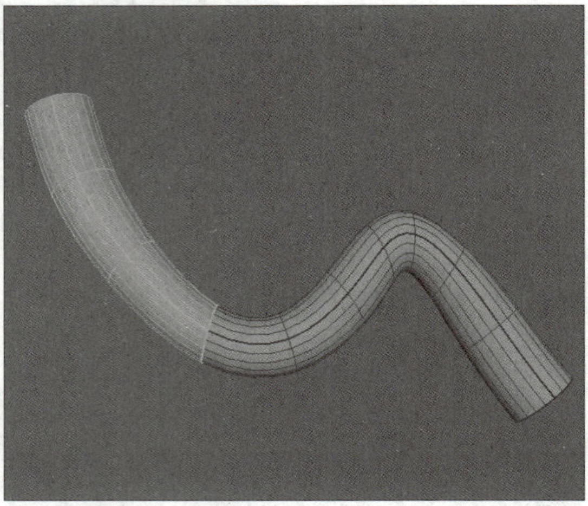
图 6-30

6.3.5 打开/关闭

使用“打开/关闭”命令可在U向或V向上对曲面进行打开或者关闭的操作。开放的曲面应用该命令后会封闭起来，而封闭的曲面应用该命令后会变成开放的曲面。

在“开放/闭合曲面选项”对话框中，可对具体的曲面方向等参数进行调整，如图6-31所示。

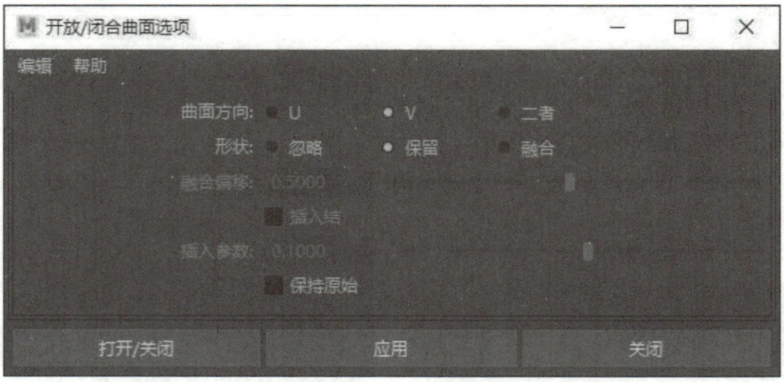

图 6-31

6.3.6 在曲面上投影曲线

使用“在曲面上投影曲线”命令可按照某种投射方式将曲线投影到曲面上，以形成曲面曲线。打开“在曲面上投影曲线选项”对话框，可以看到有“活动视图”和“曲面法线”两种投影方式，如图6-32所示。

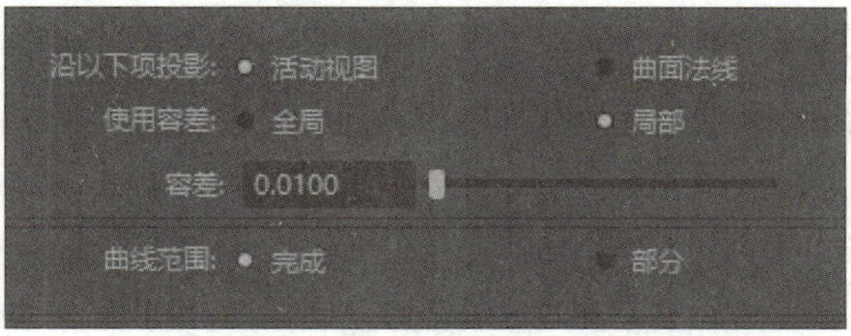

图 6-32

- **活动视图**：用垂直于当前激活视图方向作为投影方向。
- **曲面法线**：用垂直于曲面方向作为投影方向。

在操作中，选择需要投影的曲线并加选被投影的曲面，切换至正交视图，然后使用“在曲面上投影曲线”命令，如图6-33、图6-34所示。

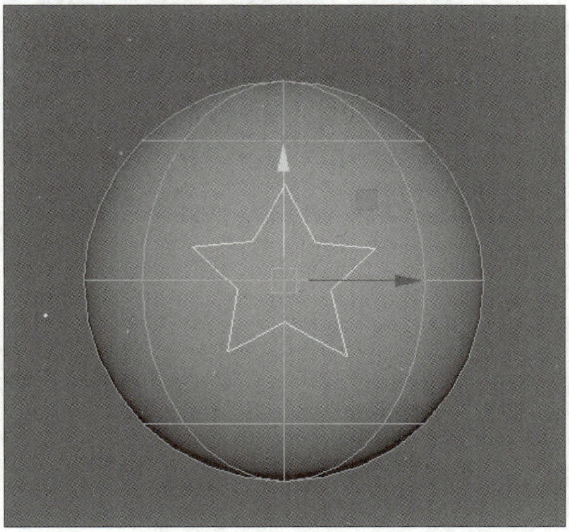

图 6-33

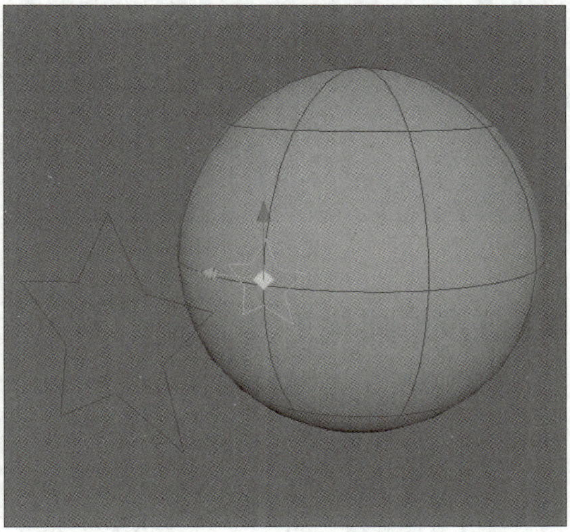

图 6-34

■6.3.7 相交

使用“相交”命令可在曲面的交界处产生一条相交的曲线，以用于后面的剪切操作，如图6-35所示。

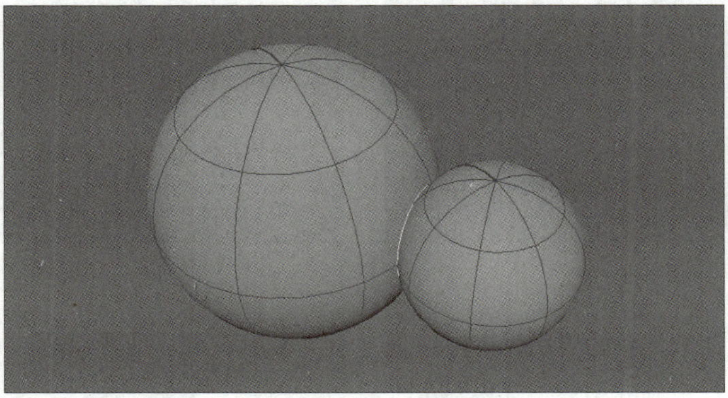

图 6-35

■6.3.8　修剪工具

使用“修剪工具”命令可根据曲面上的曲线对曲面进行修剪，一般会与“相交”命令或“在曲面上投影曲线”命令结合使用。

在实际操作中，首先创建曲面上的曲线，然后选择要修剪的曲面对象，再使用“修剪工具”命令，并单击选择需要保留的部分，被选择的部分会以实线显示，此时按Enter键即可完成修剪操作，如图6-36、图6-37所示。

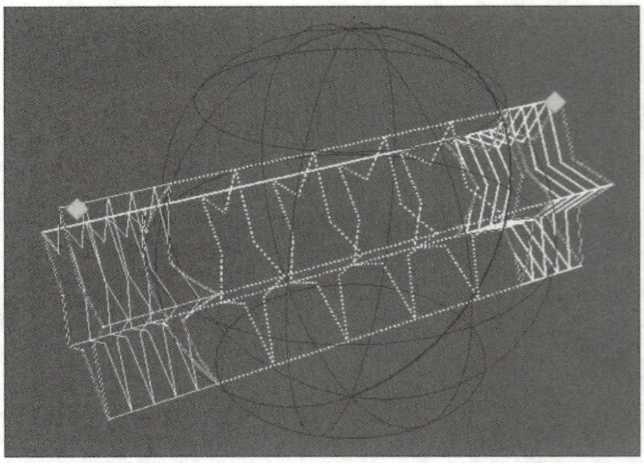

图 6-36

图 6-37

■6.3.9　圆化工具

使用“圆化工具”命令可圆化NURBS曲面的公共边，在倒角过程中通过拖动手柄调整倒角的半径。

使用“圆化工具”命令选择公共边时应注意避开不使用该命令的边，一般可切换至线框显示模式以方便观察，如图6-38、图6-39所示。

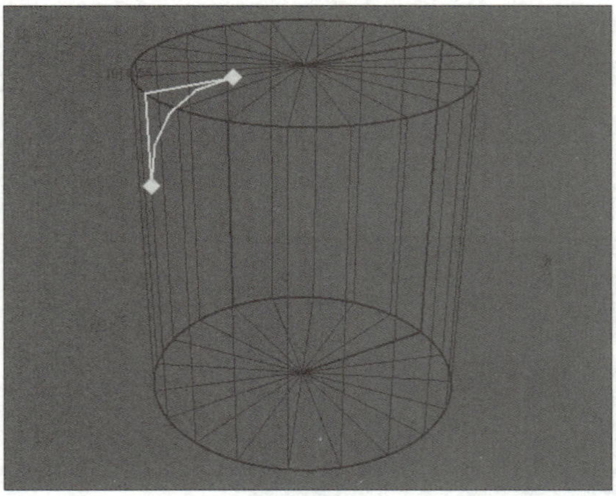

图 6-38

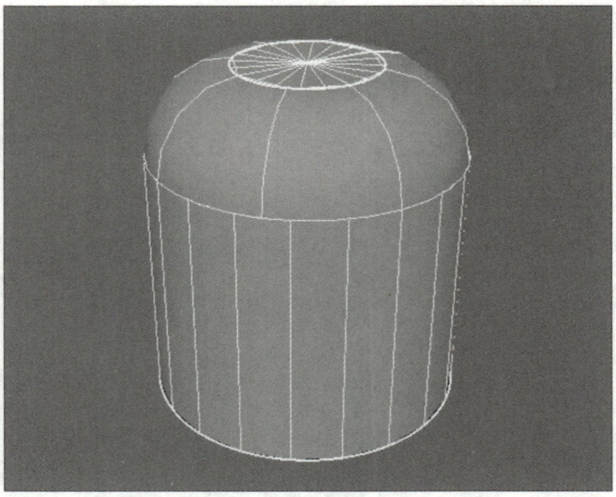

图 6-39

除了使用手柄调整倒角的半径外，还可通过通道盒中的圆化工具参数进行精确的调整，如图6-40所示。

图 6-40

■6.3.10 重建

“重建”命令是一个经常会使用到的命令。在使用“放样”等命令通过曲线生成曲面时，容易造成曲面上的曲线分布不均的现象，这时就需要使用“重建”命令重新分布曲面上的UV方向及线段数，如图6-41所示。

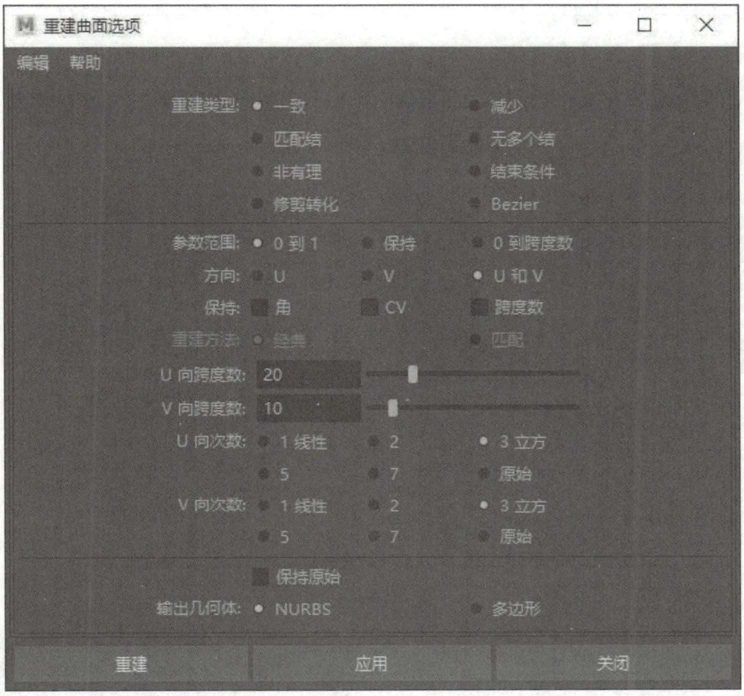

图 6-41

■6.3.11 反转方向

使用“反转方向”命令可改变曲面的UV方向，以达到改变曲面法线方向的目的。

在创建曲面时，经常会遇到创建出来的曲面呈黑色显示，说明曲面的法线方向出现了问题，这时可使用“反转方向”命令反转曲面的法线，如图6-42、图6-43所示。

图 6-42

图 6-43

实战演练 制作甲壳虫汽车模型

下面使用NURBS建模工具制作甲壳虫汽车模型。在制作的过程中可以熟悉NURBS建模方法，掌握NURBS曲面的生成及编辑命令，在今后的学习及制作中融会贯通。

1. 制作场景内的参考图片

下面介绍场景内的布局准备工作。

扫码观看视频

步骤01 在场景内创建4个NURBS面片，根据提供的4张汽车参考图将NURBS面片调整至合适大小，并分别移动至透视视图的网格线外，如图6-44所示。

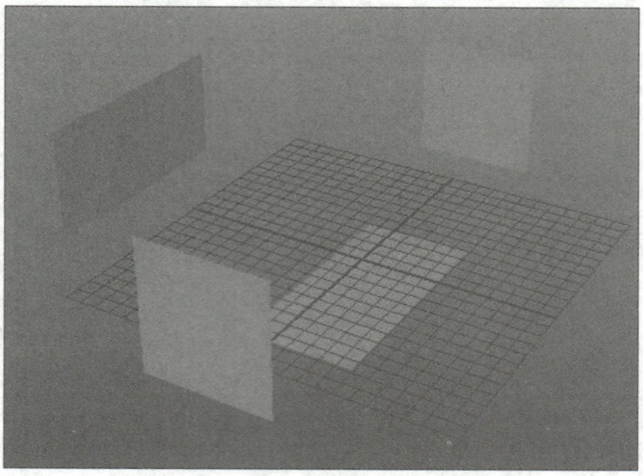

图 6-44

步骤02 执行“窗口”→“渲染编辑器”→“Hypershade”命令，打开材质编辑器，创建表面着色材质，如图6-45、图6-46所示。

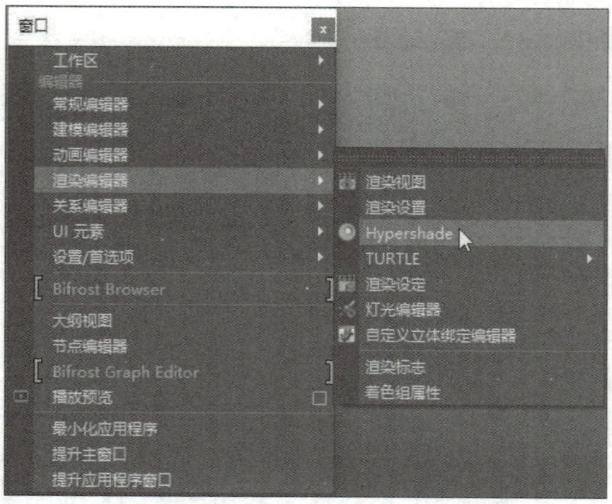

图 6-45

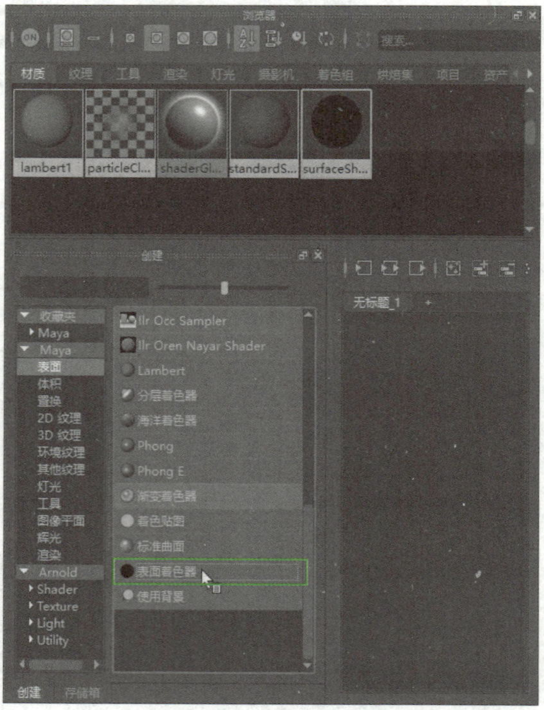

图 6-46

步骤03 在表面着色材质的“Out Color”属性右侧单击按钮添加文件纹理，并在文件纹理的“图像名称”属性上链接汽车参考图（侧面.jpg），如图6-47、图6-48所示。

步骤 04 选中侧面的NURBS面片，在表面着色材质球上右击，选择“为当前选择绑定材质”选项，将材质赋予NURBS面片，如图6-49所示，再按数字键6切换到纹理模式，以便观察。

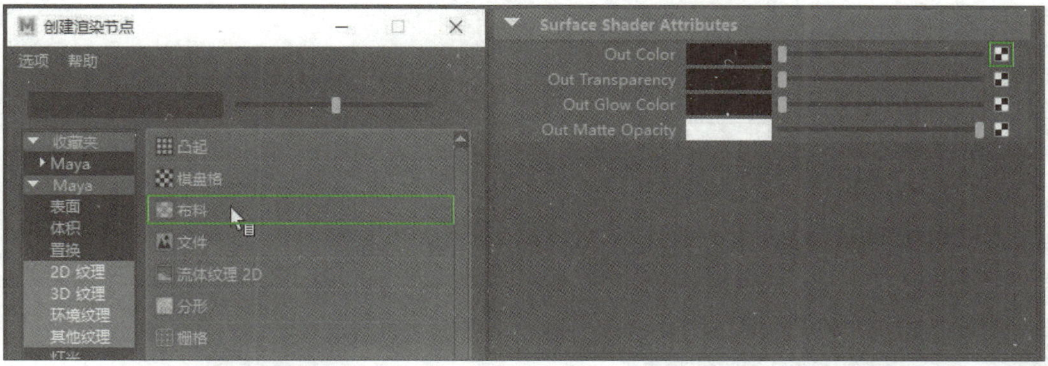

图 6-47

图 6-48

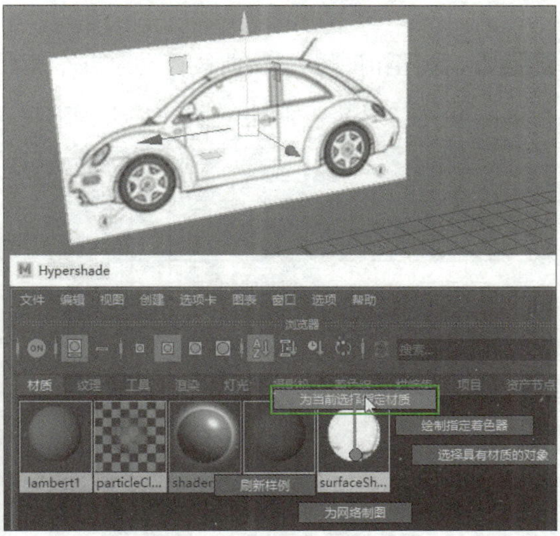

图 6-49

步骤 05 使用上述方法为另外3个视角的NURBS面片也链接对应方向的参考图（顶部.jpg、后部.jpg、前部.jpg），如图6-50所示。

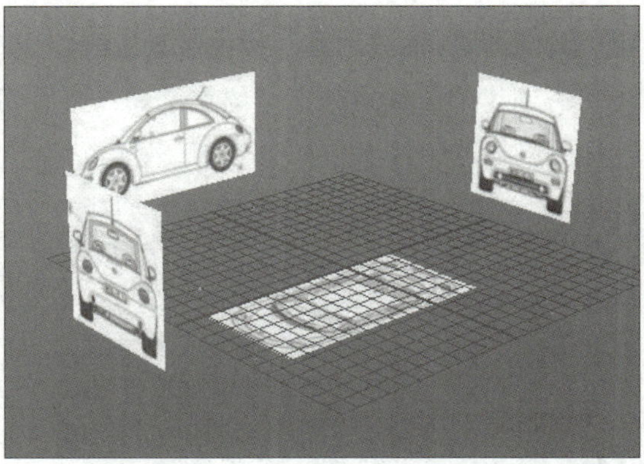

图 6-50

步骤 06 为了方便在正交视图中观察对象，选择前后的两个NURBS面片，打开属性编辑器，取消勾选“渲染统计信息”卷展栏中的“双面”复选框，必要时可勾选“反向”复选框，如图6-51所示。

步骤07 制作车头部分。执行“创建”→“曲线工具”→“CV曲线”命令，在侧视图中按照参考图的轮廓绘制曲线形状，如图6-52所示。

扫码观看视频

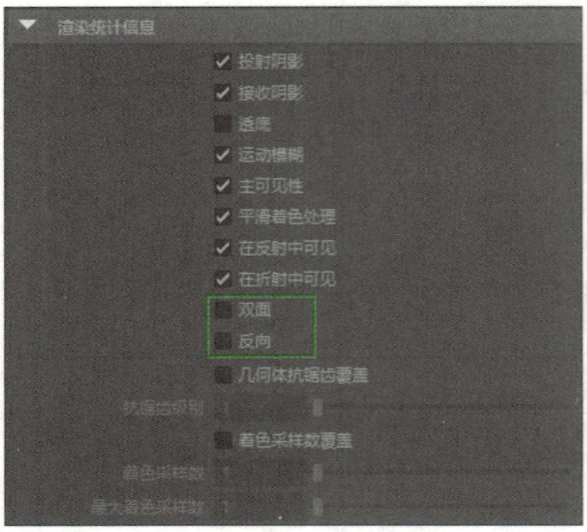

图 6-51

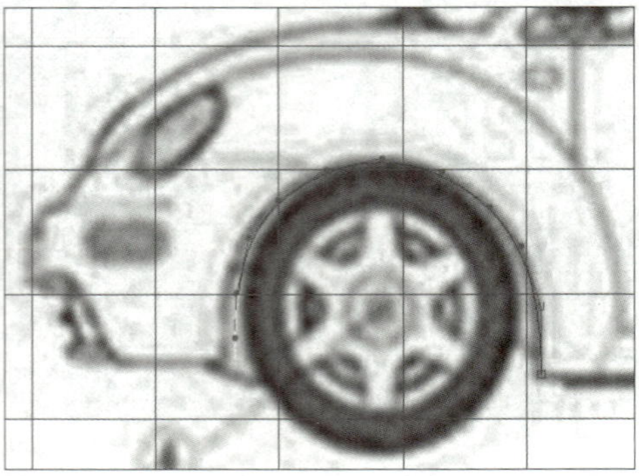

图 6-52

步骤08 切换至前视图，将曲线移动至汽车侧面的对应位置，进入曲线的控制点模式，修改曲线在前段部分的走势，如图6-53、图6-54所示。

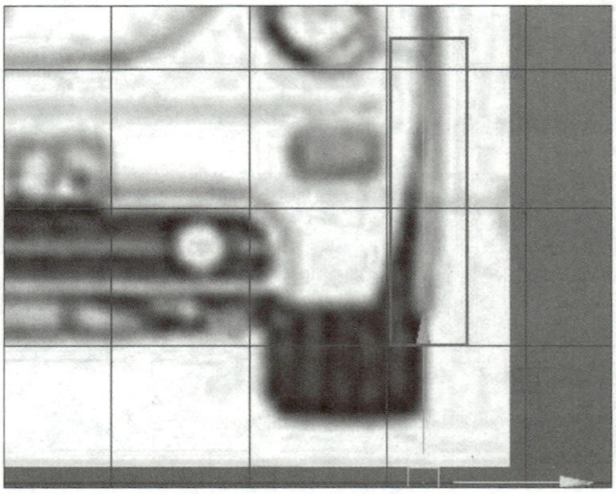

图 6-53

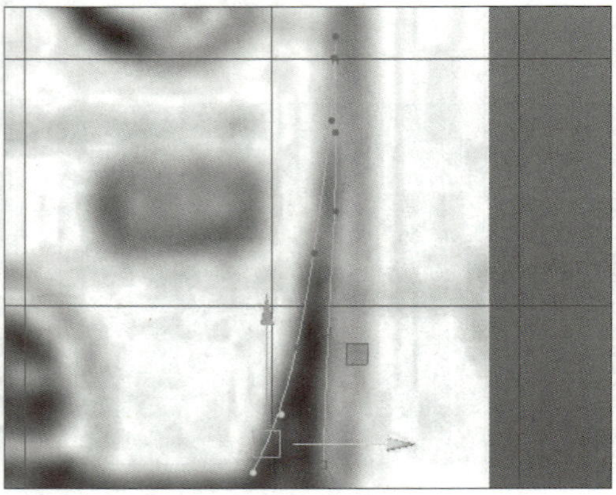

图 6-54

步骤09 选择CV曲线工具，按住键盘上的C键打开捕捉曲线工具，使创建的曲线的起始点位置与步骤07创建的曲线的结束点位置重合，然后切换至顶视图绘制车前部轮廓，将结束处的曲线点捕捉到网格的中线上，如图6-55、图6-56所示。

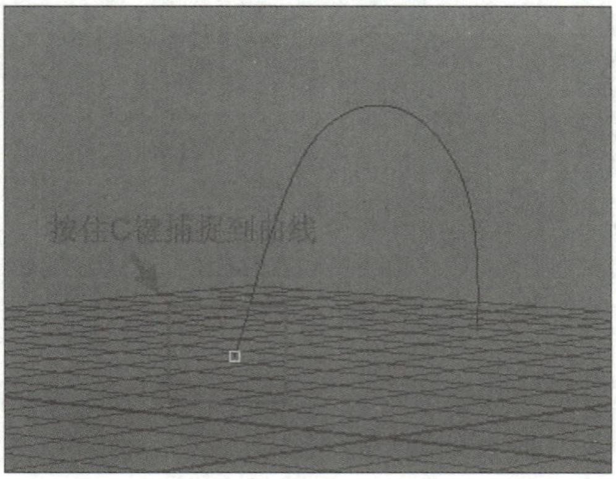

图 6-55

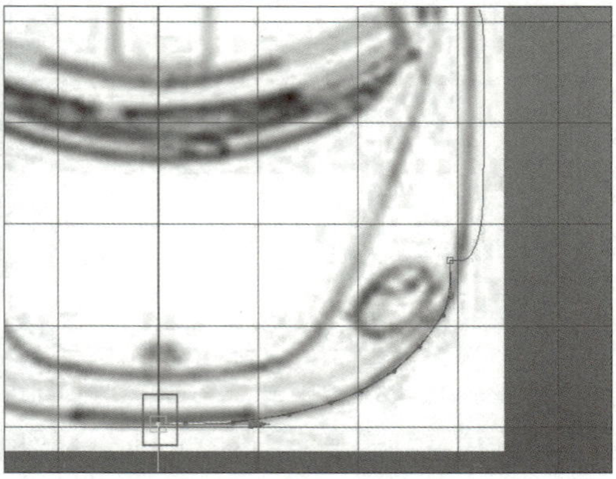

图 6-56

步骤10 使用同样的方法，在前视图中再绘制一条后部的曲线，如图6-57、图6-58所示。

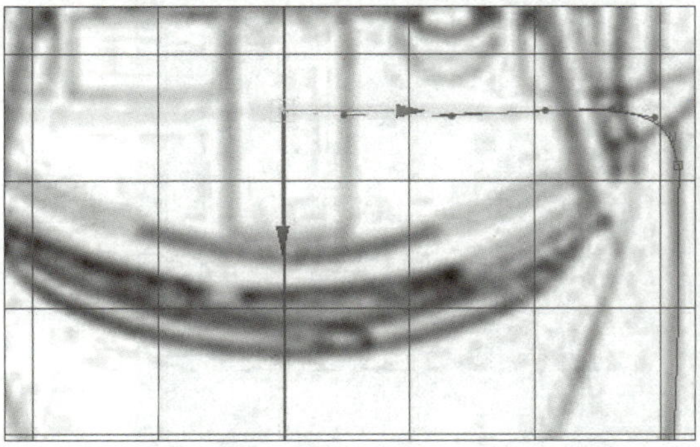

图 6-57

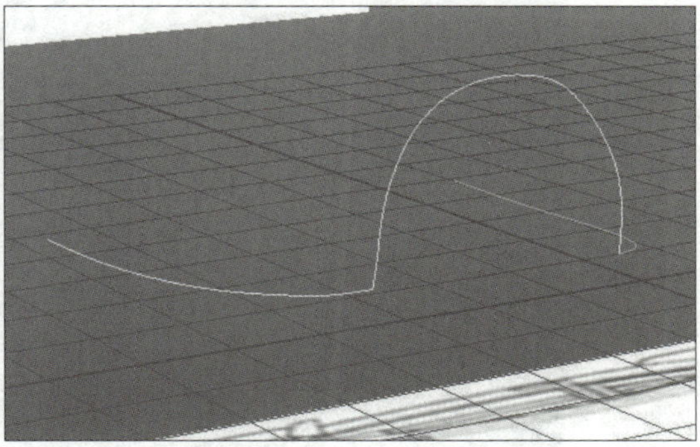

图 6-58

步骤11 复制当前制作完成的曲线至对称位置，如图6-59所示。

步骤12 执行“曲线”→“附加”命令，分别合并下方前后的4段曲线，注意打开“附加曲线选项”对话框，取消勾选“保持原始”复选框，如图6-60所示。

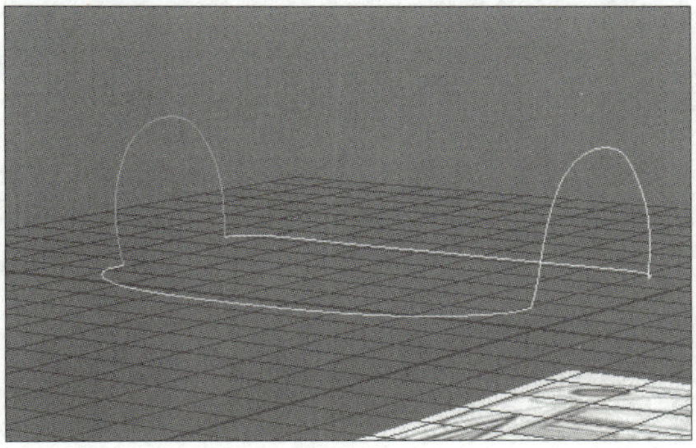

图 6-59

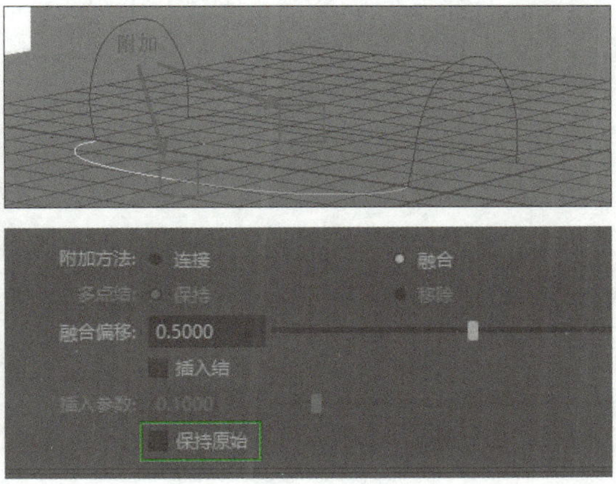

图 6-60

步骤13 执行“曲面”→“双轨成形”→“双轨成形2工具”命令，分别选择下方的两条轮廓线，再加选两条路径线生成曲面，如图6-61、图6-62所示。

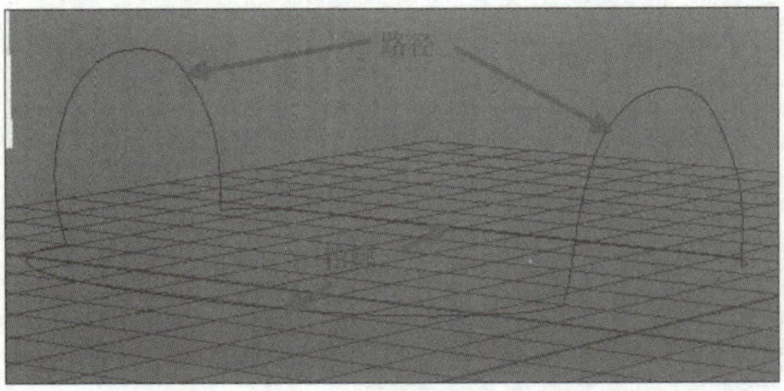

图 6-61

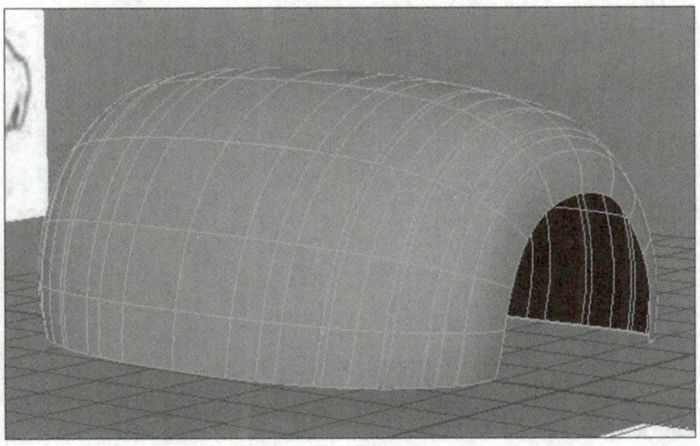

图 6-62

步骤14 选择生成的曲面模型，执行“曲面”→“重建”命令，均分曲面的线段，参数设置如图6-63所示。

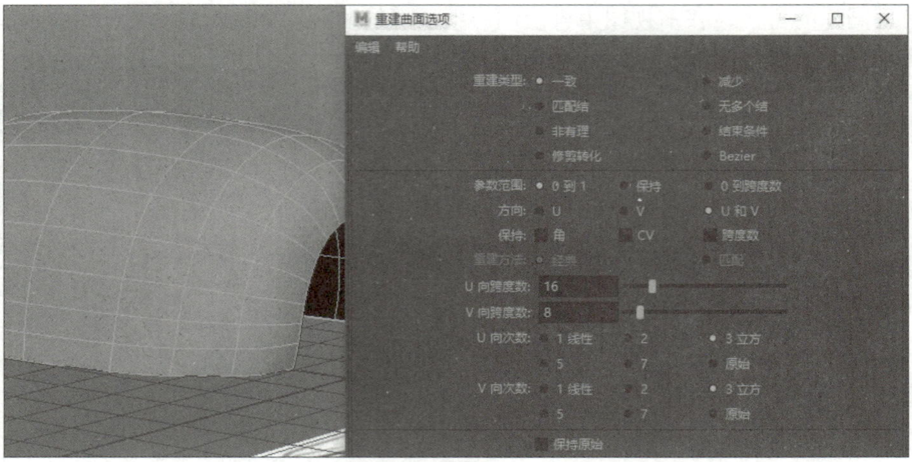

图 6-63

步骤15 切换至侧视图，在视图中执行“着色”→“X射线显示”命令，如图6-64所示。

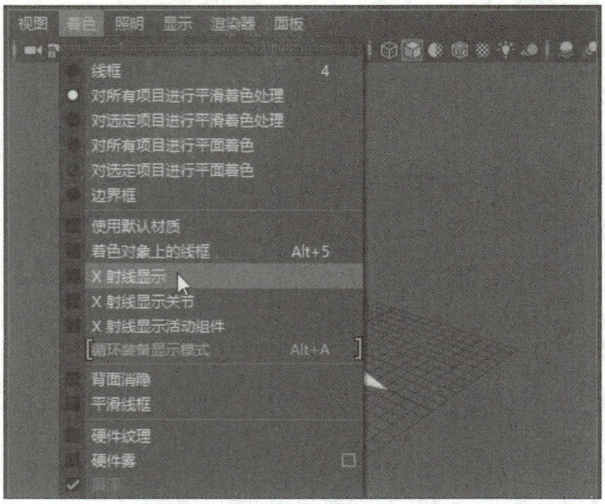

图 6-64

步骤16 对应汽车参考图的前部结构，进入等参线编辑模式，选择等参线，插入相应数量的等参线，再执行“曲面”→“插入等参线”命令确定插入，如图6-65、图6-66所示。

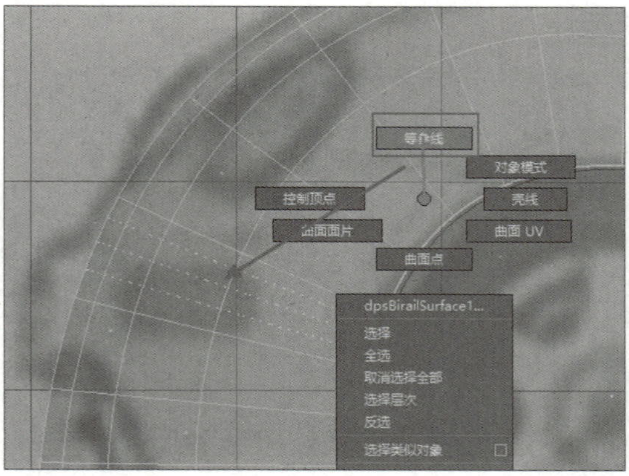

图 6-65

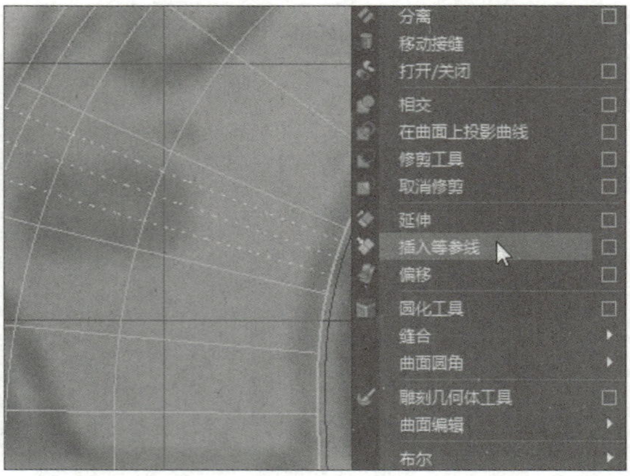

图 6-66

步骤17 根据参考图的结构调整控制点，以修改曲面的形状，如图6-67、图6-68所示。

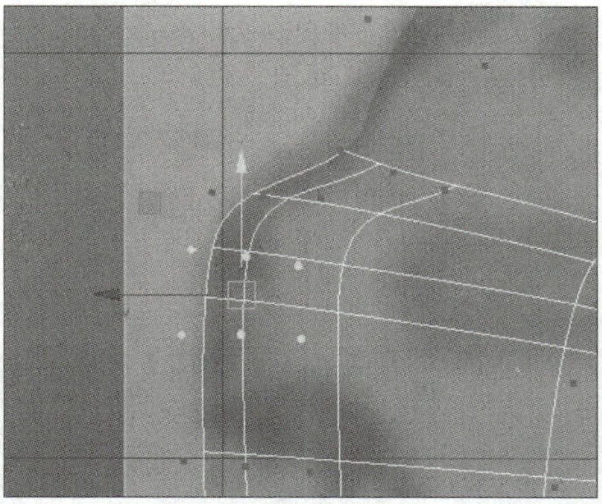

图 6-67

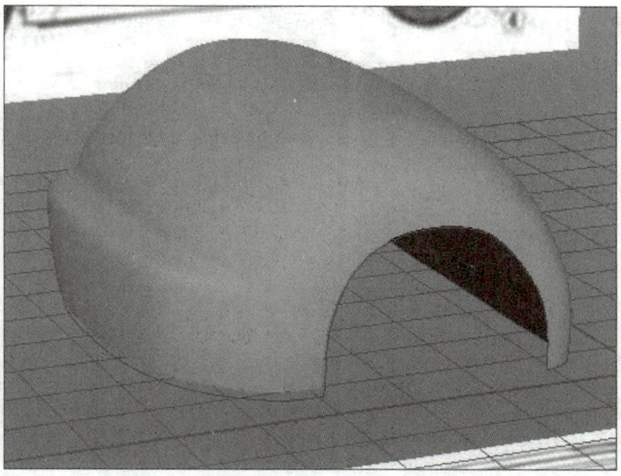

图 6-68

步骤18 切换至顶视图，使用CV曲线工具绘制前引擎盖的形状，如图6-69所示。

步骤19 按Shift+D组合键复制曲线，再调整得到完整的引擎盖轮廓，执行“曲线→“附加”命令合并曲线，并对合并的曲线进行复制，然后将其移动至上方位置，如图6-70所示。

扫码观看视频

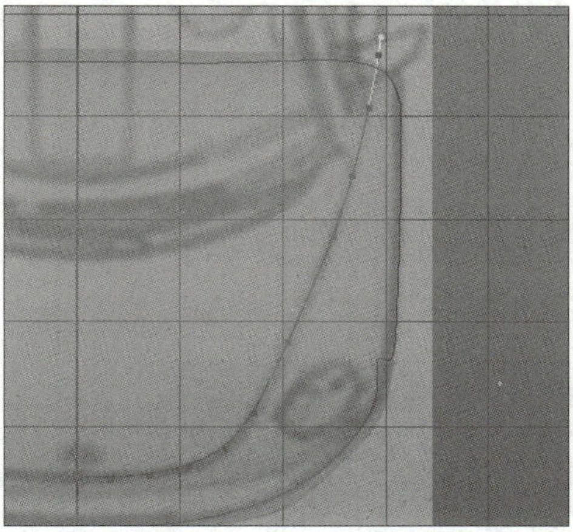

图 6-69

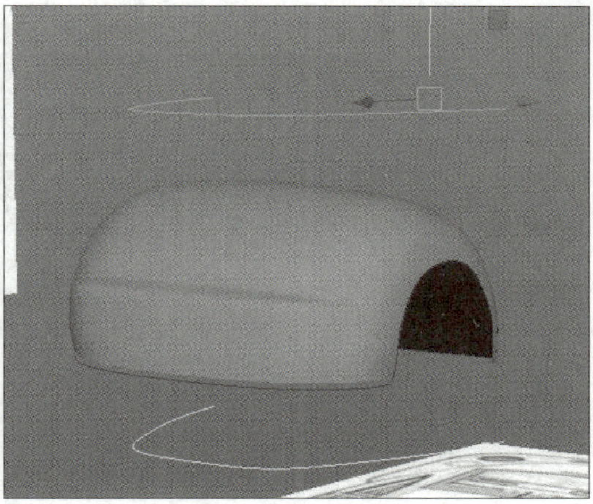

图 6-70

步骤20 选择两条曲线，执行“曲面”→“放样”命令，生成一个曲面，如图6-71所示。

步骤21 选择两块曲面，再执行“曲面”→“相交”命令，如图6-72所示。

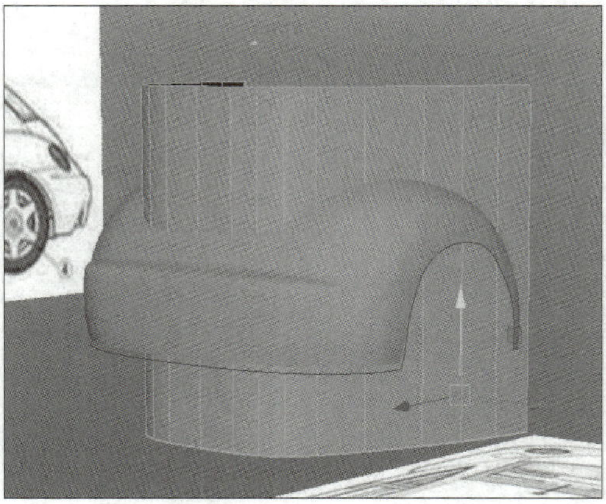

图 6-71

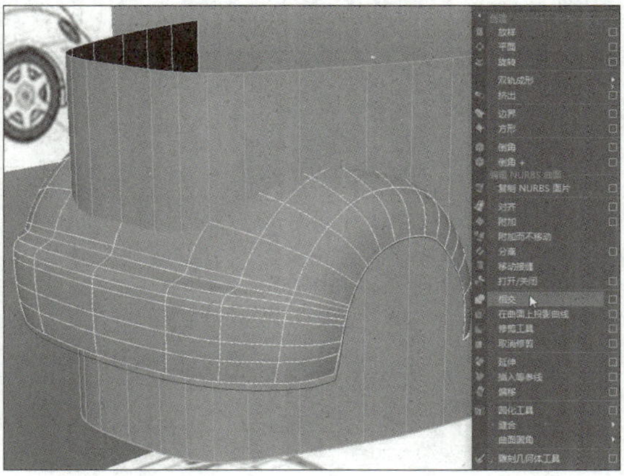

图 6-72

步骤 22 此时在两个曲面之间多了一条曲线，可利用其来调整出前引擎的结构。切换至侧视图，进入曲面控制点编辑模式，然后调整控制点，如图6-73所示。

步骤 23 进入对象编辑模式，选中两个曲面，执行“曲面”→“曲面圆角”→“圆形圆角”命令，单击右侧设置按钮，打开“圆形圆角选项”对话框，设置参数，如图6-74所示，单击“应用”按钮创建圆角。

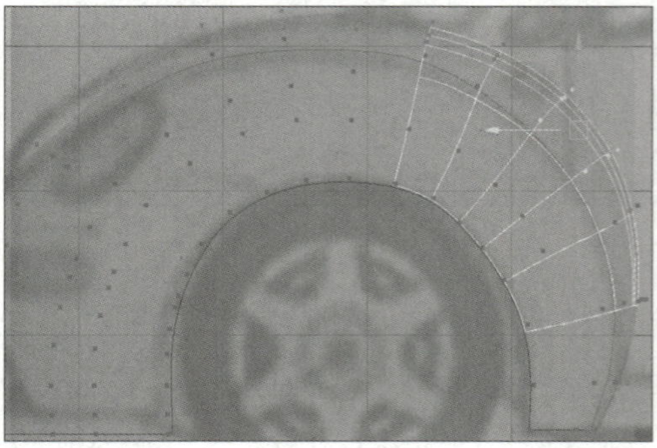
图 6-73

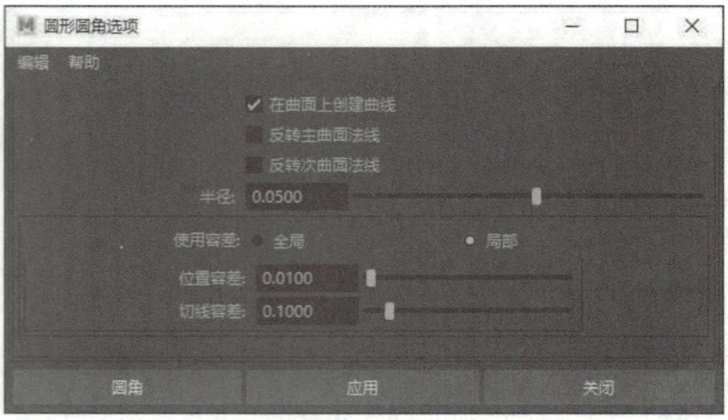

图 6-74

步骤 24 在右侧通道盒内修改圆形圆角的“主半径”数值为-0.05，如图6-75所示。

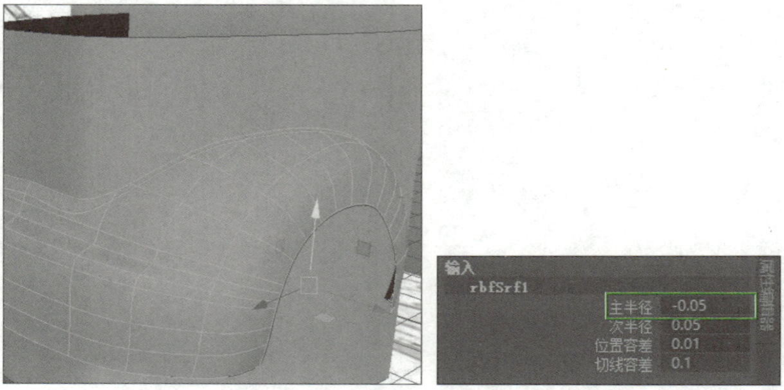

图 6-75

步骤 25 执行“曲面”→“修剪工具”命令，对车头部位进行修剪，用修剪工具单击车头部分，按Enter键确认，然后删除用来制作引擎盖结构的曲面，如图6-76所示。

步骤 26 修改圆形圆角的壳线，并增加向下的厚度，如图6-77所示。

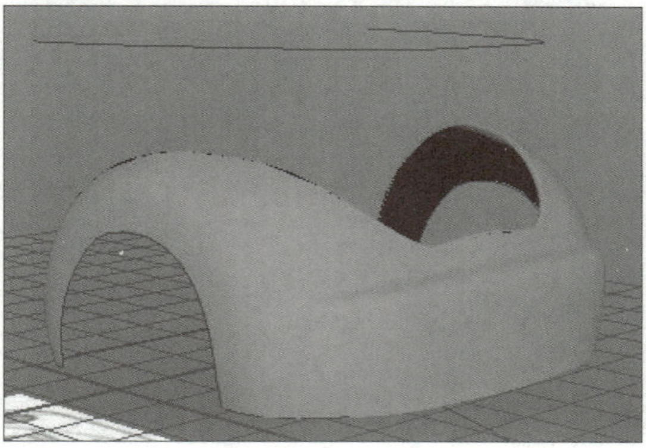
图 6-76

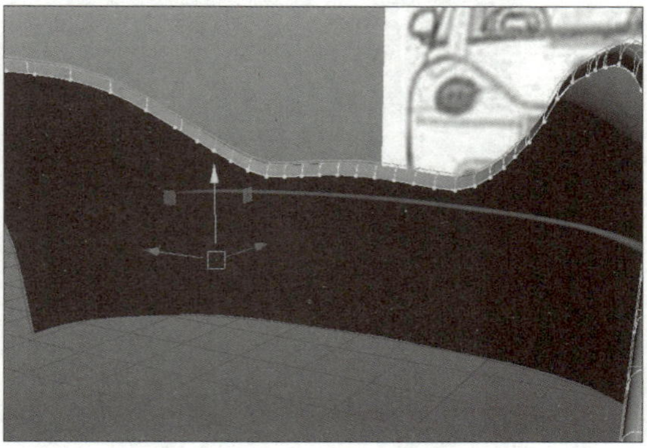
图 6-77

步骤27 选择圆形圆角上的等参线，执行“曲线”→“复制曲面曲线”命令，如图6-78所示。

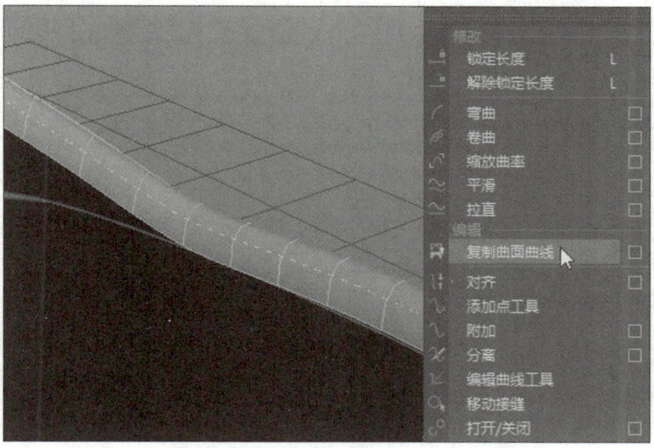

图 6-78

2. 制作引擎盖部分

下面详细介绍利用CV曲线制作引擎盖部分的操作。

扫码观看视频

步骤01 进入侧视图，对应引擎盖结构，删除后面多余的曲线，并调整曲线的形状，如图6-79、图6-80所示。

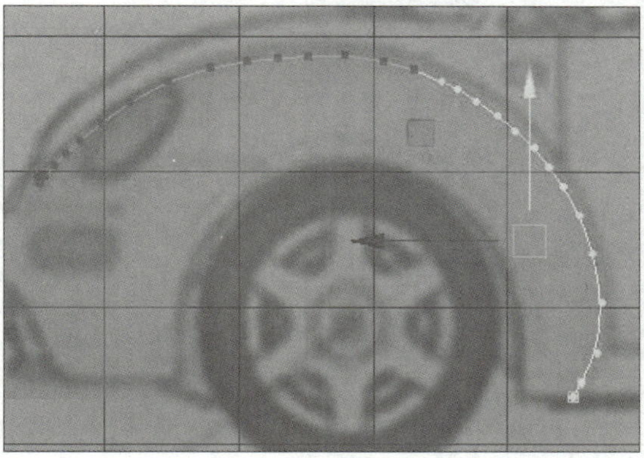

图 6-79

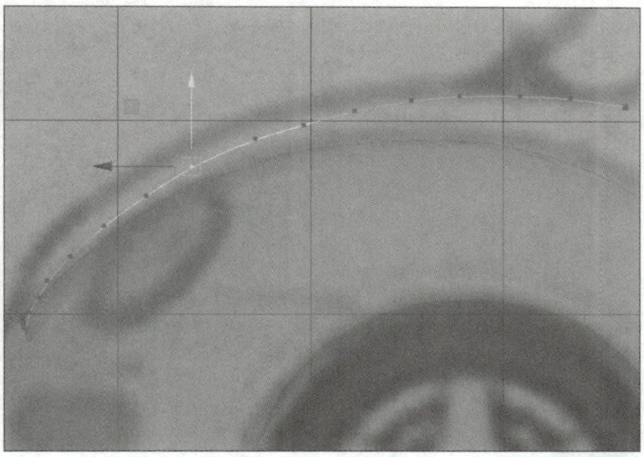

图 6-80

步骤02 切换至顶视图，绘制曲线，将其复制并镜像到车头的另一侧，再合并曲线，如图6-81所示，将曲线移动至图6-82中对应的位置。

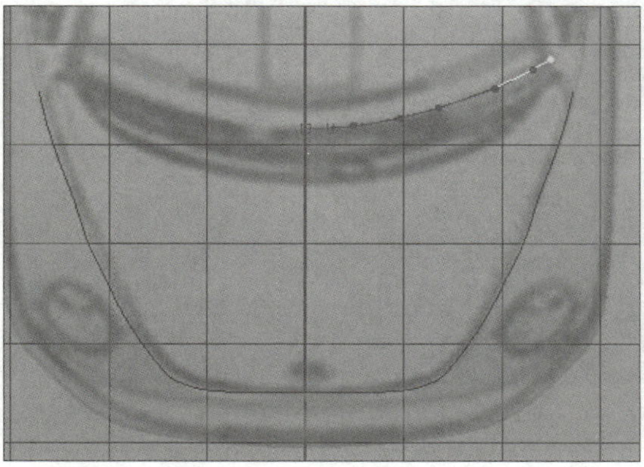

图 6-81

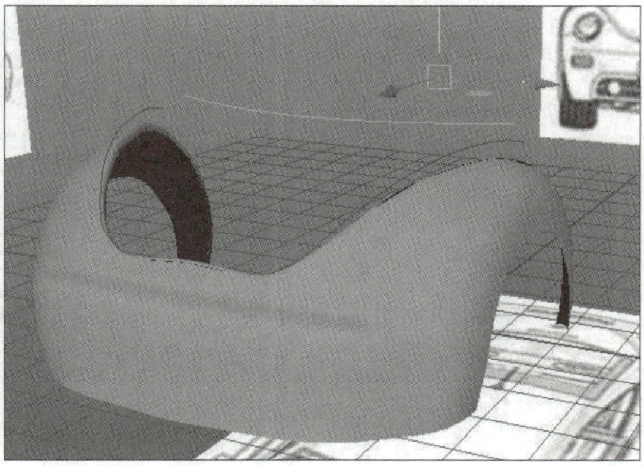

图 6-82

步骤03 继续使用CV曲线绘制其他结构，如图6-83、图6-84所示。

图 6-83

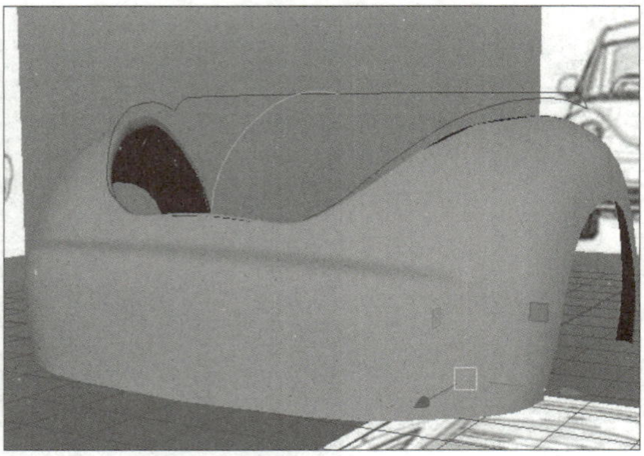

图 6-84

步骤04 执行“曲面”→“双轨成形”→“双轨成形3+工具”命令，依次选择3条轮廓线，按Enter键并加选两条路径线，即可生成曲面，如图6-85所示。

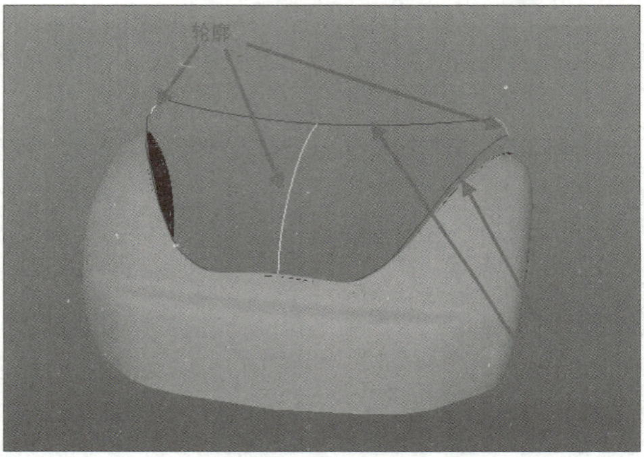

图 6-85

步骤05 再执行“曲面”→“重建”命令，重建生成的曲面，如图6-86所示。

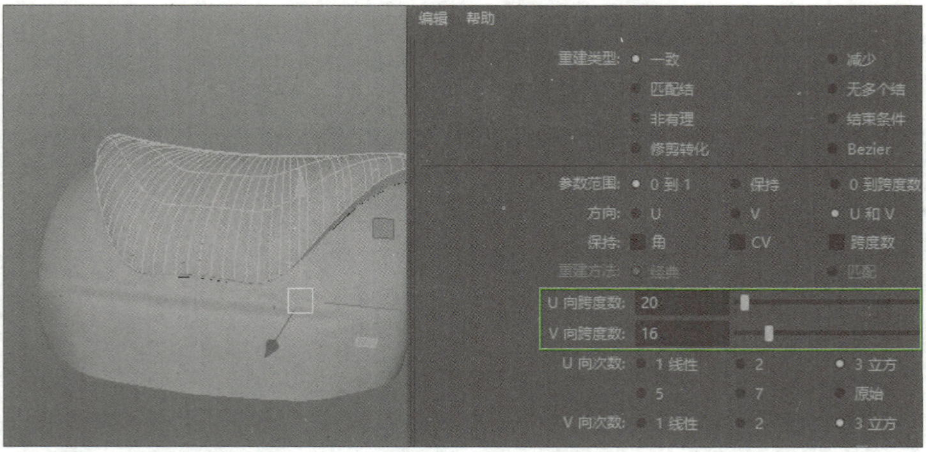

图 6-86

步骤06 执行“曲面”→“插入等参线”命令，在曲面上插入等参线，如图6-87所示。

步骤 07 调整边缘的壳线，效果如图6-88、图6-89所示。

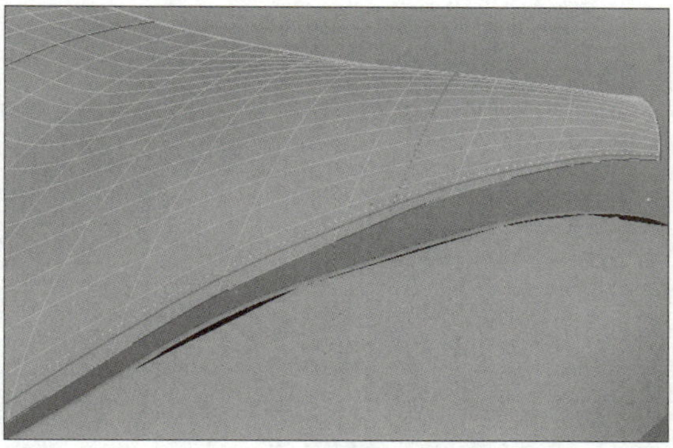
图 6-87

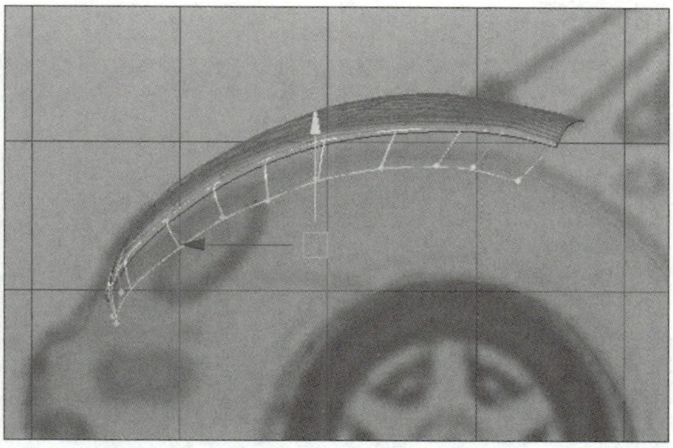
图 6-88

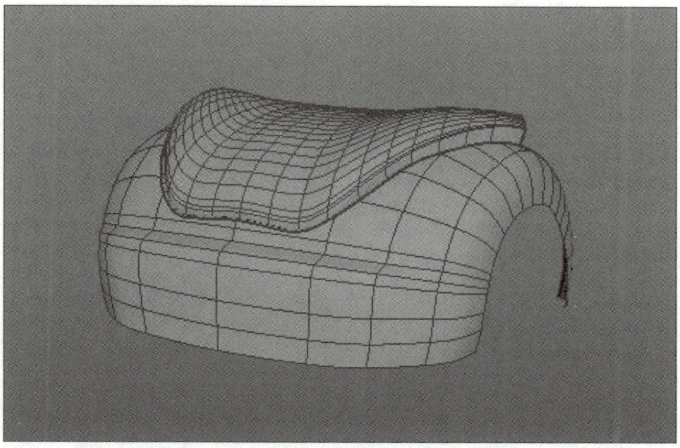
图 6-89

3. 制作侧面车门

下面对侧面车门的制作过程进行详细介绍。

扫码观看视频

步骤 01 切换至侧视图，使用CV曲线工具按照参考图绘制4条曲线，在绘制过程中注意多视图中的观察和调整，如图6-90、图6-91所示。

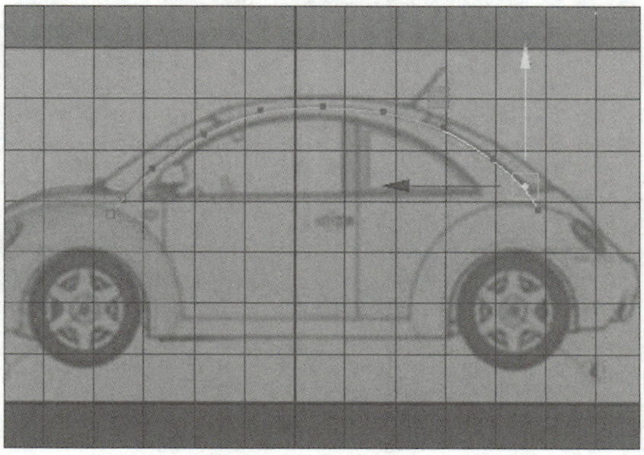
图 6-90

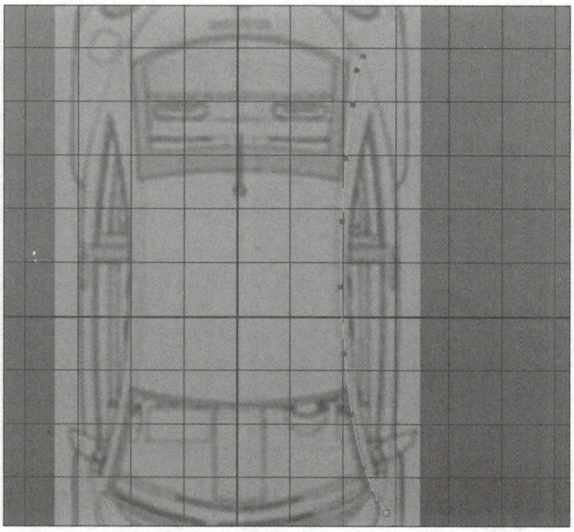
图 6-91

步骤02 选择绘制完成的4条曲线，再执行“曲面”→“边界”命令创建曲面对象，如图6-92、图6-93所示。

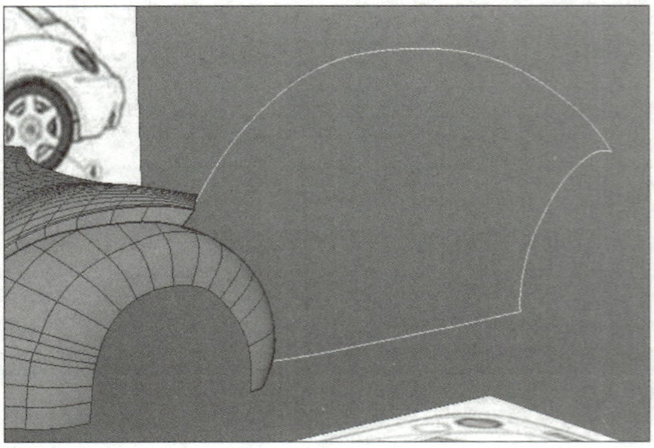

图 6-92

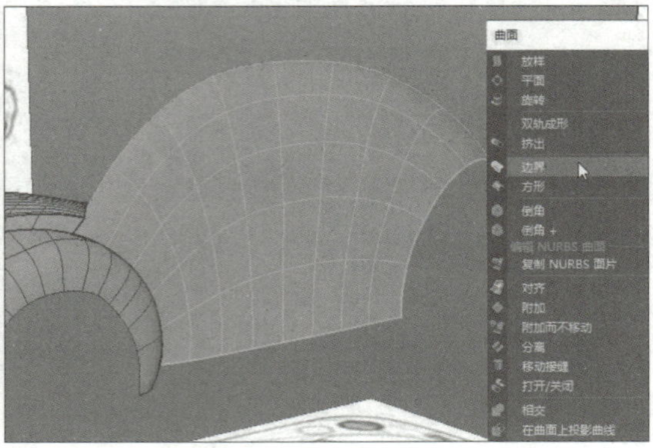

图 6-93

步骤03 为生成的曲面模型的边缘插入等参线，并修改壳线制作向内的厚度，如图6-94所示。

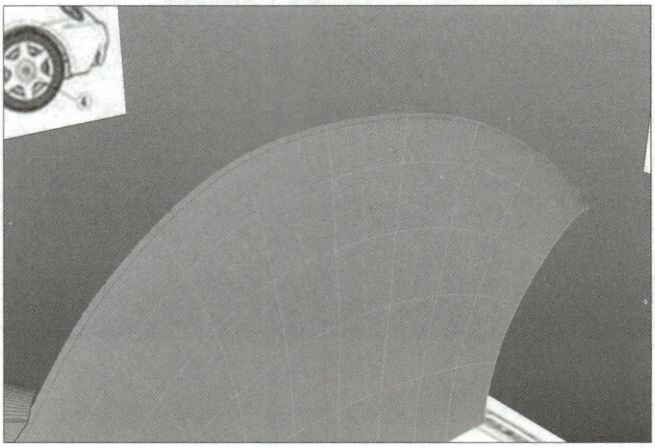

图 6-94

步骤04 使用CV曲线工具捕捉绘制侧面的窗户轮廓，调整曲线的位置，并按住Shift键进行复制，如图6-95、图6-96所示。

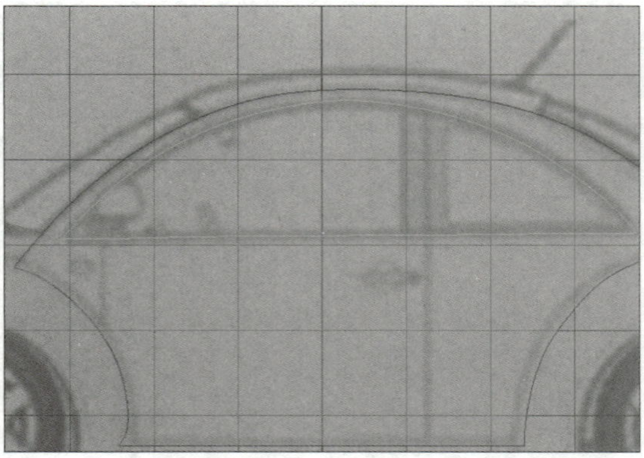

图 6-95

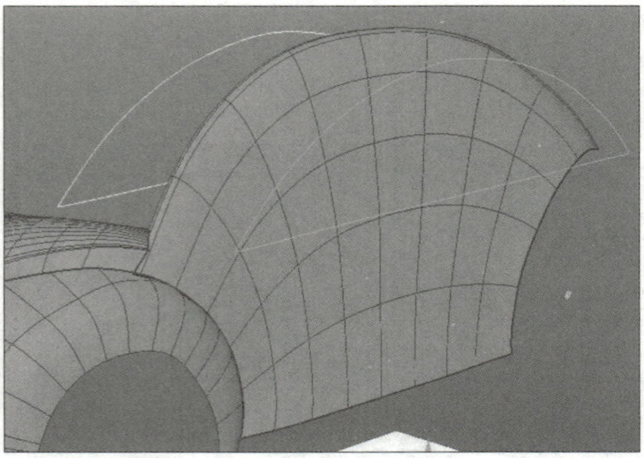

图 6-96

步骤05 选择两条曲线，执行“曲面”→“放样”命令创建曲面，再执行“曲线”→“翻转方向”命令翻转曲面，如图6-97所示。

步骤06 按住Shift键加选车身侧面的曲面，执行“曲面”→“相交”命令创建相交曲线，如图6-98所示。

图 6-97

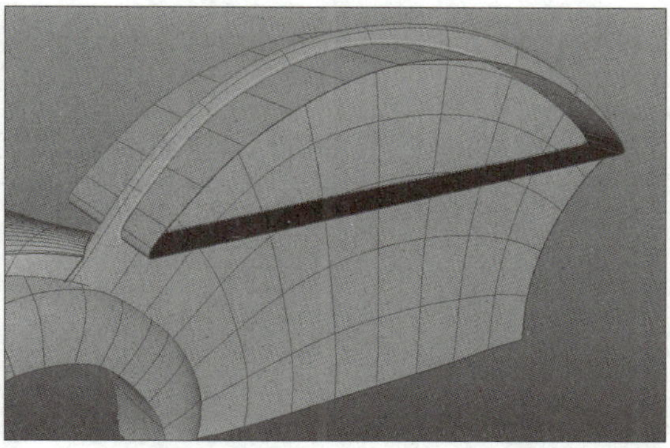

图 6-98

步骤07 选择两个曲面，执行“曲面”→“曲面圆角”→“圆形圆角”命令创建圆角曲面，并对圆角参数进行相应的调整，如图6-99、图6-100所示。

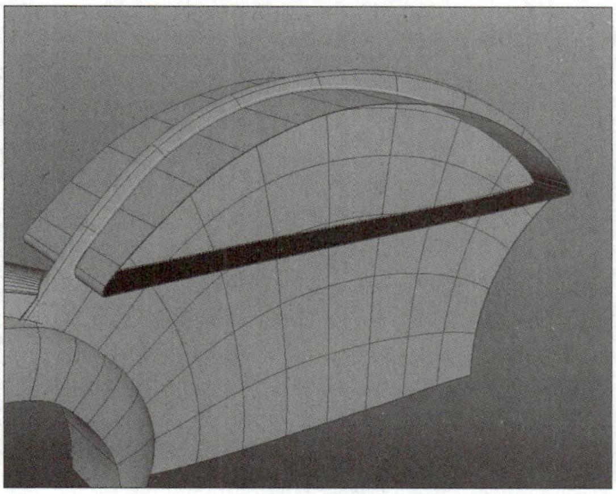

图 6-99

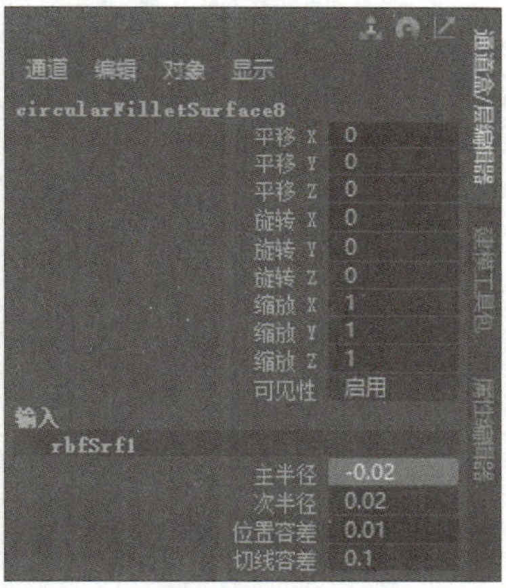

图 6-100

步骤08 执行“曲面”→“修剪工具”命令，修剪出侧面窗户造型，并删除放样曲面，如图6-101所示。

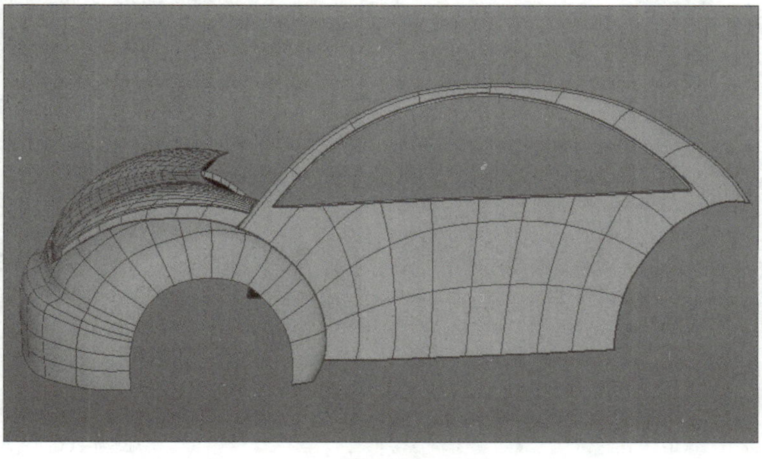

图 6-101

步骤 09 在车门的位置分别创建4条曲线并放样成曲面，以制作侧面车门的缝隙，如图6-102所示。

步骤 10 选中放样曲面和车门曲面，分别进行两次曲面圆角操作，如图6-103所示。

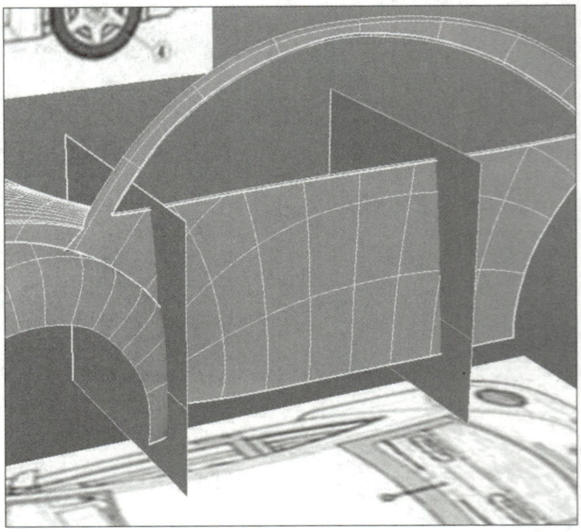

图 6-102

图 6-103

步骤 11 执行“修剪”命令修剪曲面，保留车身结构，然后删除放样曲面，如图6-104所示。

步骤 12 为门框多余部分的曲面添加等参线并执行“曲面”→“分离”命令，分离多余部位后将其删除，如图6-105～图6-107所示。

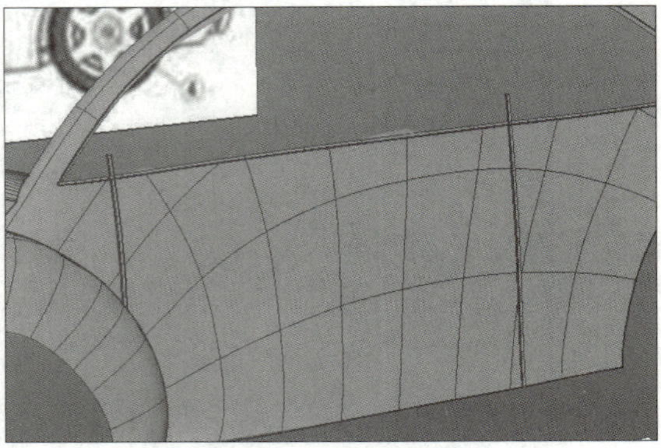

图 6-104

图 6-105

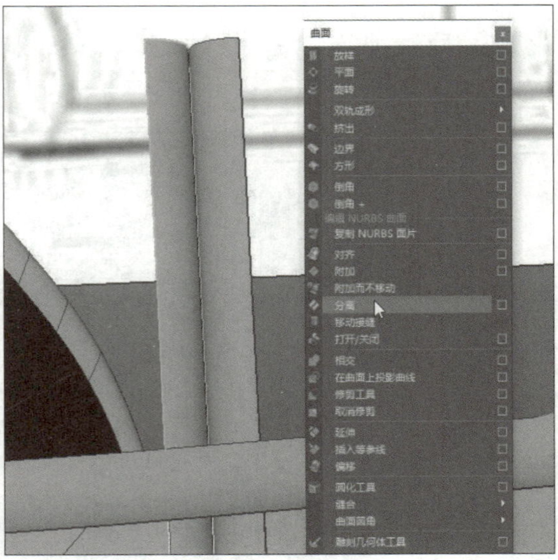

图 6-106

图 6-107

4. 制作汽车尾部

下面对制作汽车尾部的过程进行详细的介绍。

步骤01 汽车尾部的制作方法与汽车头部相同，按照参考图的形状勾勒曲线，并使用双轨成形工具生成曲面，如图6-108、图6-109所示。

图 6-108

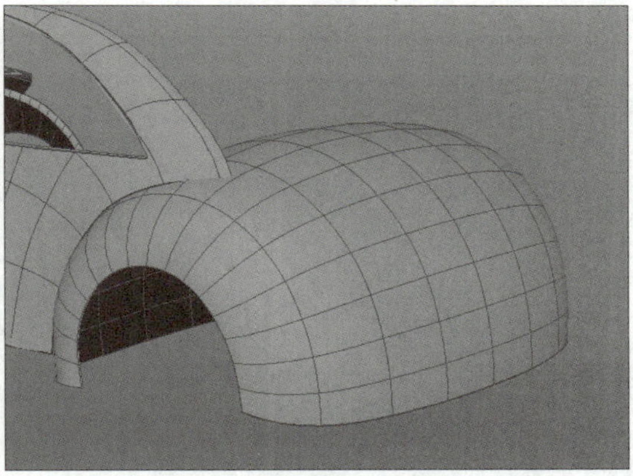

图 6-109

步骤02 插入等参线，并进入控制顶点编辑模式，调整尾部结构，如图6-110所示。

步骤03 再切换至顶视图，使用CV曲线工具绘制尾部后盖的结构轮廓，如图6-111所示。

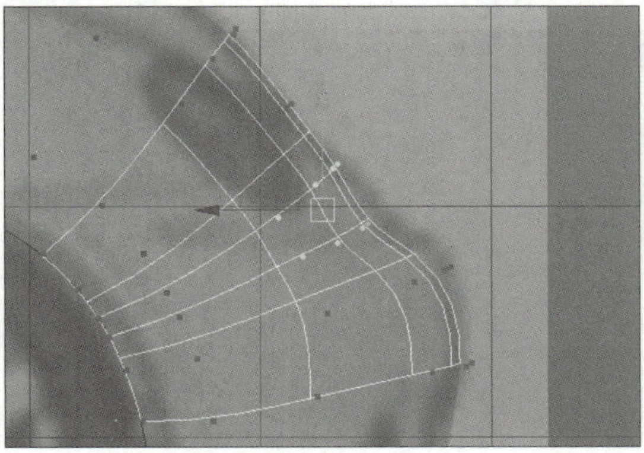

图 6-110

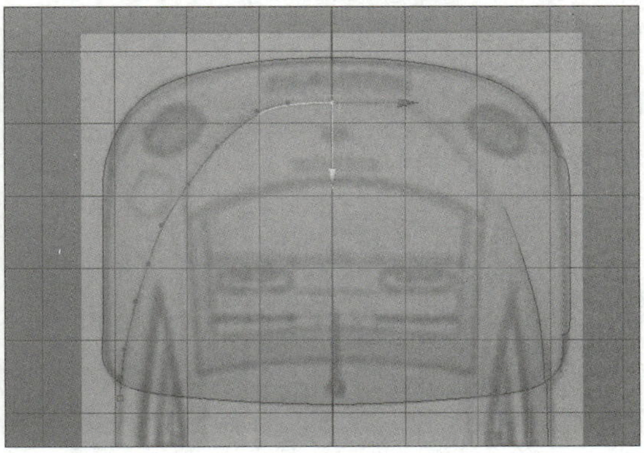

图 6-111

步骤04 复制曲线并放样成曲面，加选汽车尾部曲面，然后执行“曲面”→“相交”命令创建相交曲线，再选择曲面并执行“曲面圆角”命令创建曲面圆角，最后删除放样曲面，如图6-112所示。

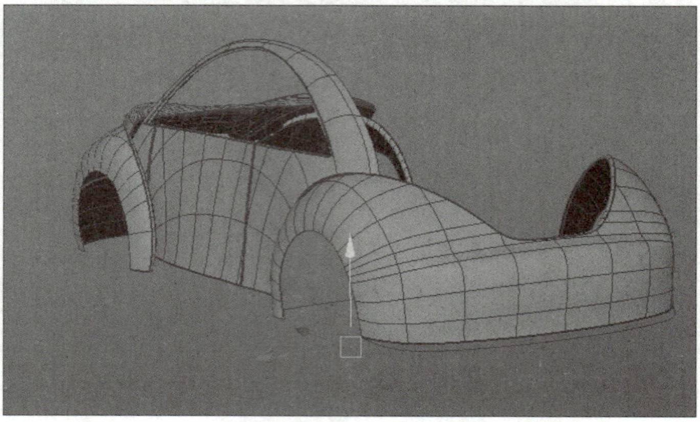

图 6-112

5. 制作后备厢部分

下面对制作后备厢部分的过程进行详细的介绍。

扫码观看视频

步骤01 复制倒角曲面上的曲线，保留局部制作后备厢的边缘轮廓，如图6-113、图6-114所示。

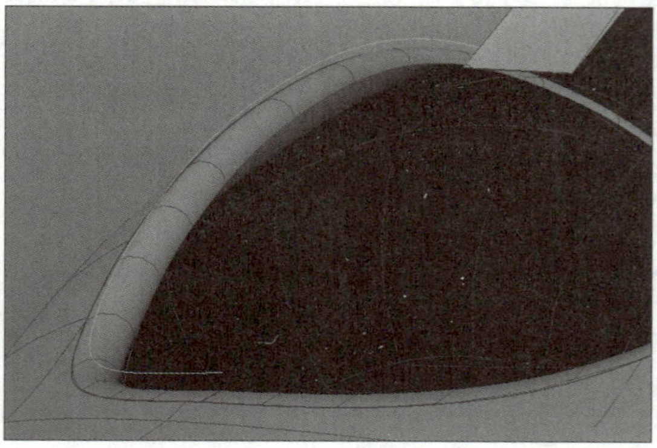

图 6-113

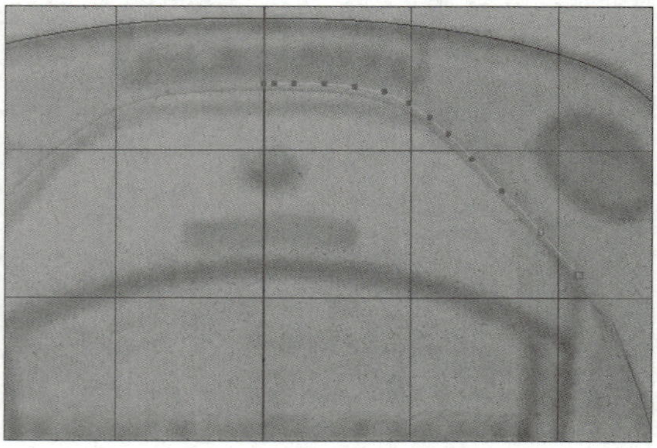

图 6-114

步骤02 选中4条曲线，执行“曲面”→“边界”命令创建曲面，再执行“重建”曲面命令优化曲面线段，如图6-115、图6-116所示。

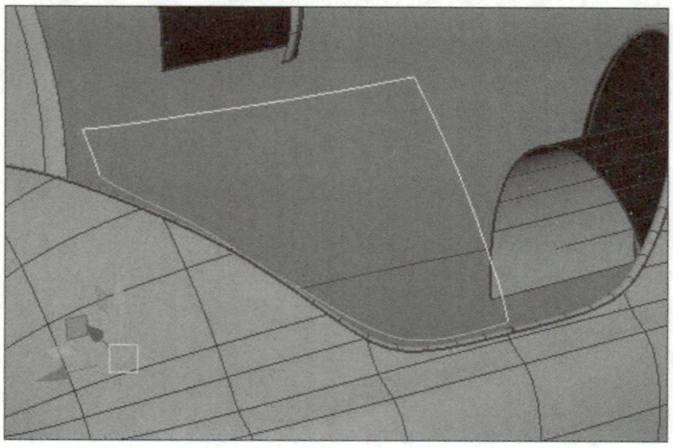

图 6-115

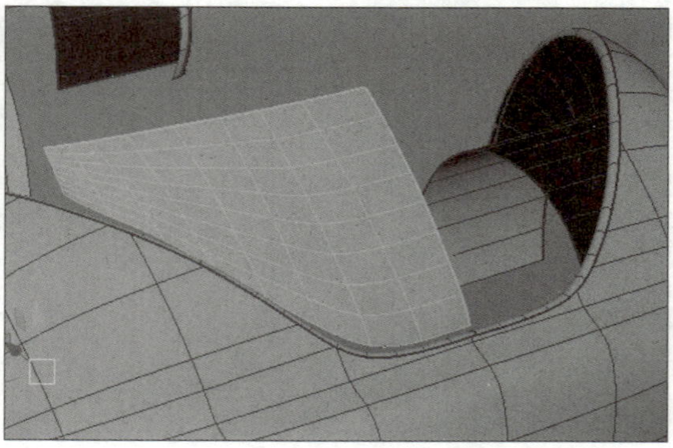

图 6-116

步骤 03 在曲面的边缘插入等参线，修改壳线的形状，拉伸出边缘的厚度，并复制对称的部位，如图6-117所示。

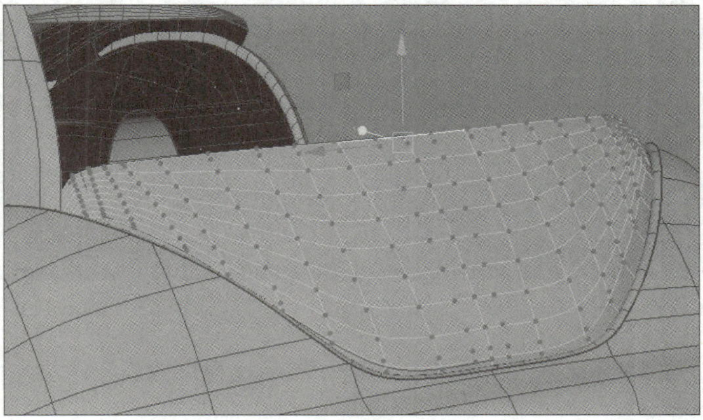

图 6-117

步骤 04 按照相同的方法，使用“边界”命令制作汽车顶部和玻璃模型，如图6-118～图6-122所示。

步骤 05 制作前车灯，在前视图中根据参考图创建圆形曲线，并调整控制点的位置，如图6-123所示。

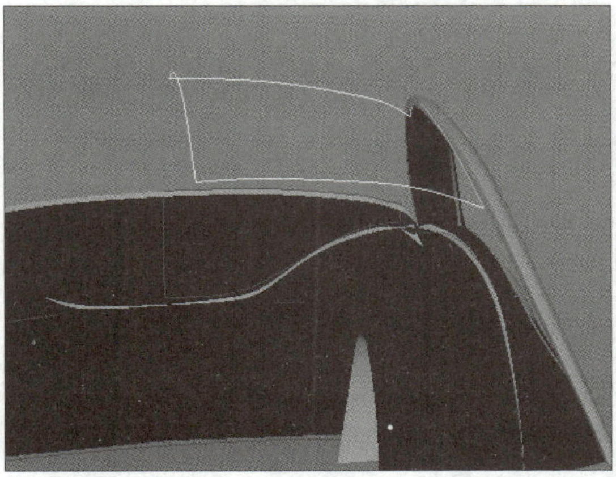

图 6-118

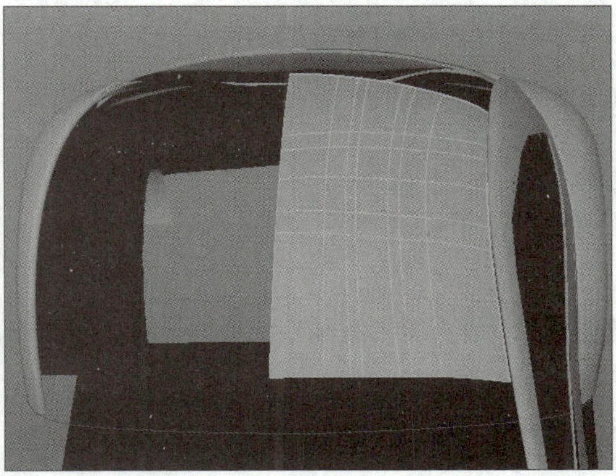

图 6-119

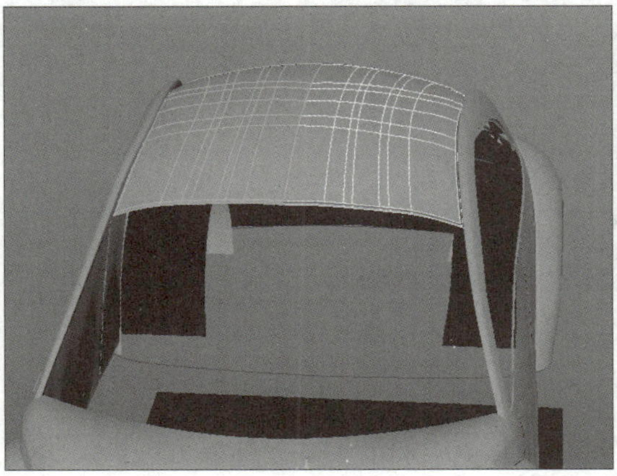

图 6-120

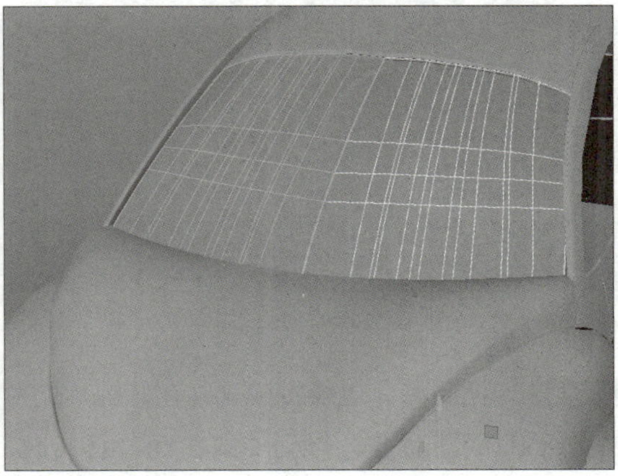

图 6-121

图 6-122

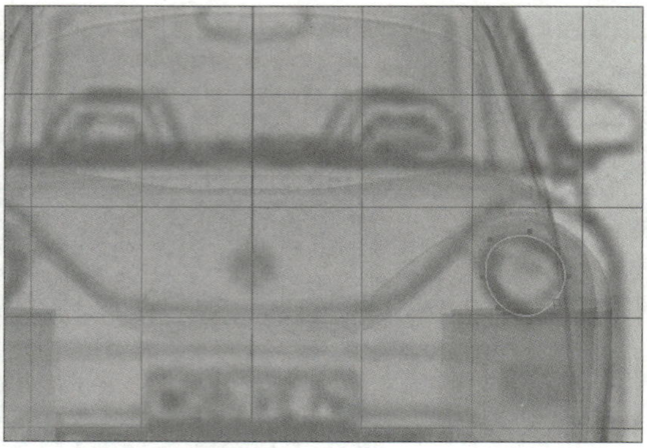

图 6-123

步骤 06 选择调整完成的圆环曲线并加选车头曲面，然后执行“曲面”→“在曲面上投影曲线”命令，如图6-124所示。

步骤 07 执行“曲面”→“修剪工具”命令，去除圆内区域的曲面，如图6-125所示。

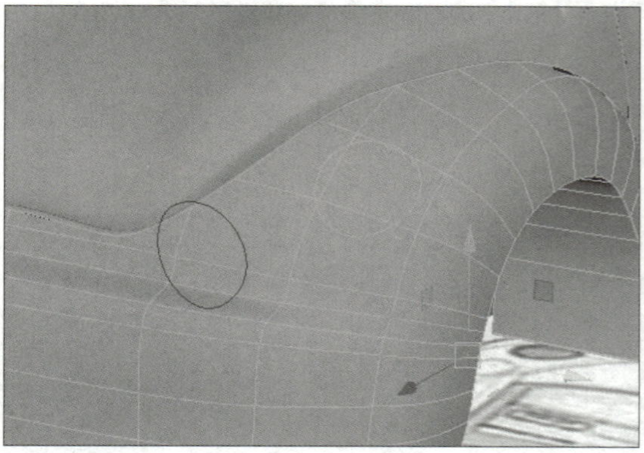

图 6-124

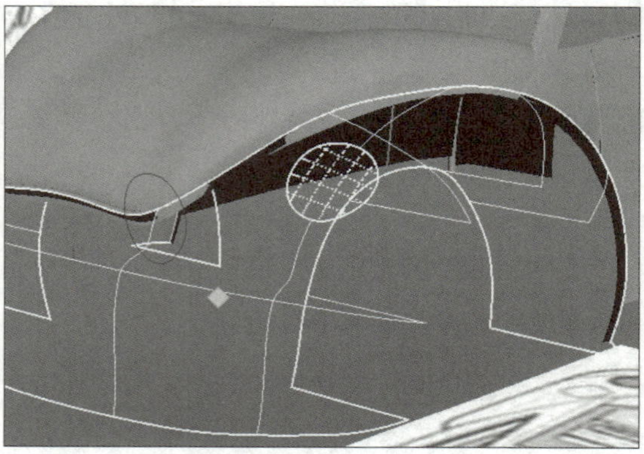

图 6-125

步骤 08 切换至等参线编辑模式，选择车身前部的曲面中线，执行“曲面”→“分离”命令分离曲面，然后删除分离出来的曲面，如图6-126、图6-127所示。

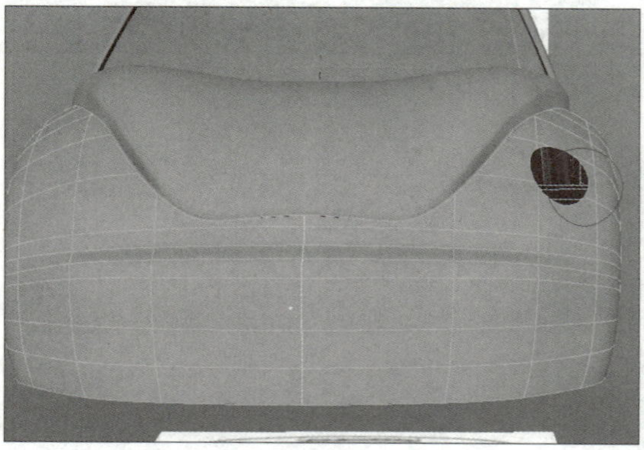

图 6-126

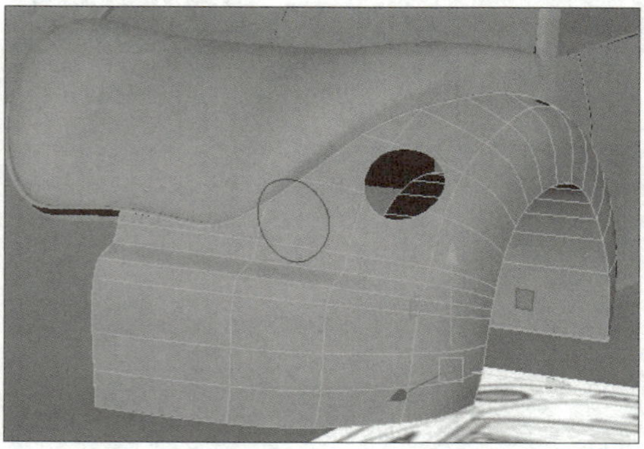

图 6-127

步骤 09 切换到修剪边编辑模式，在修剪后的曲面空心边缘选中待修剪边，执行“曲线”→“复制曲面曲线”命令，得到一条曲线，将其向下移动调整位置，然后加选待修剪边，执行“曲线”→“放样”命令，如图6-128、图6-129所示。

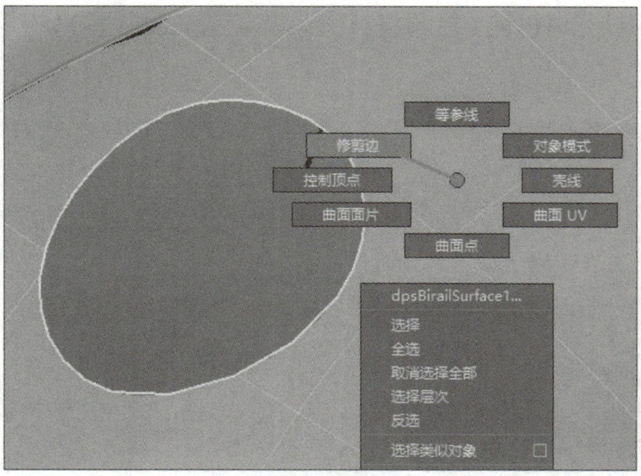

图 6-128

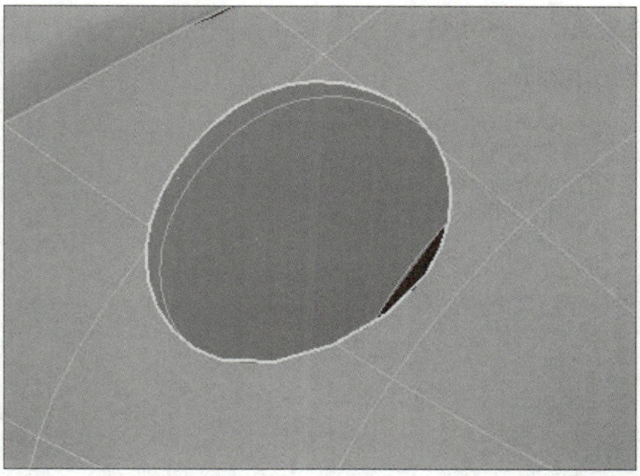
图 6-129

步骤10 执行“曲面”→“圆化工具”命令，在转折处调整圆化倒角造型，并调整倒角的大小，如图6-130、图6-131所示。

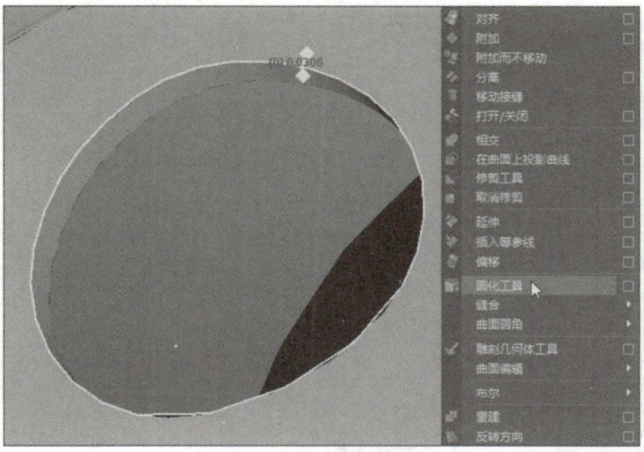

图 6-130

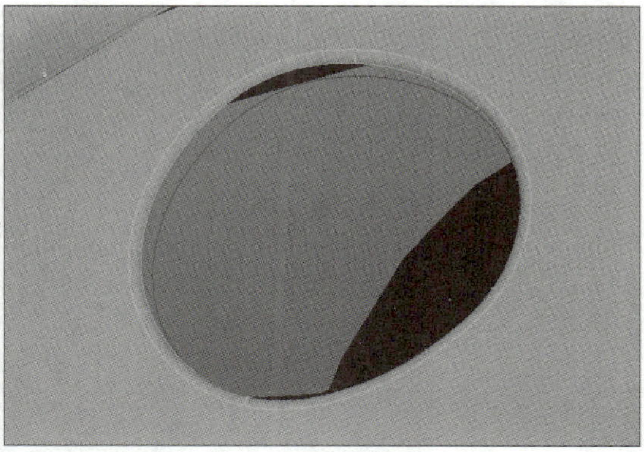
图 6-131

步骤11 选中倒角面的等参线，执行“曲线”→“复制曲面曲线”命令，复制出一条曲线，并将其依次向上复制并调整大小，如图6-132所示。

步骤12 选择曲面，执行“曲面”→“放样”命令，制作出车灯曲面模型，再适当调整控制点，如图6-133所示。

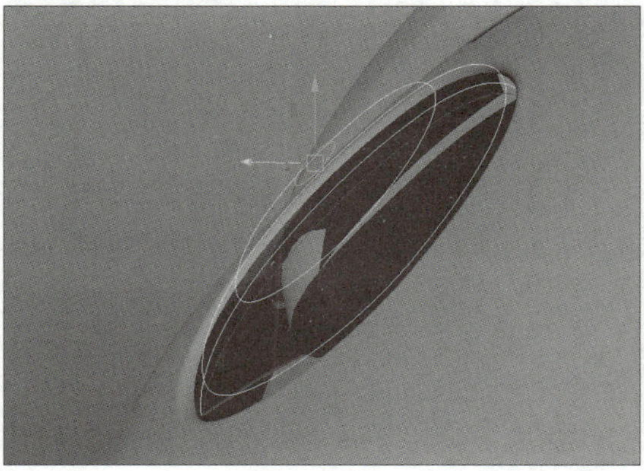
图 6-132

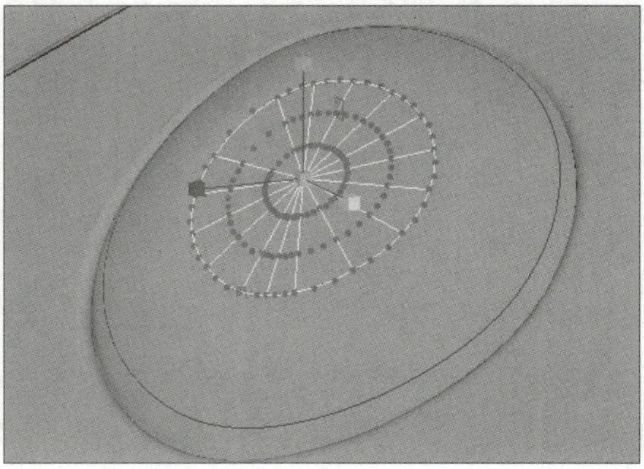
图 6-133

步骤13 将车前身模型和车灯模型进行编组并复制，如图6-134所示。

步骤 14 下面制作汽车轮胎。在侧视图中创建一个多边形圆柱体，并调整其大小及位置，如图6-135、图6-136所示。

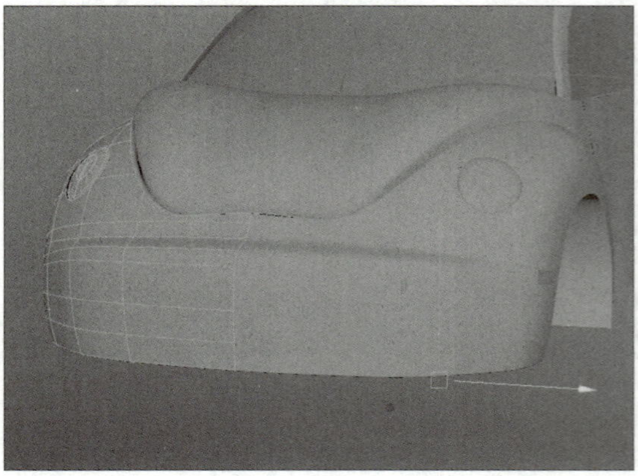

图 6-134

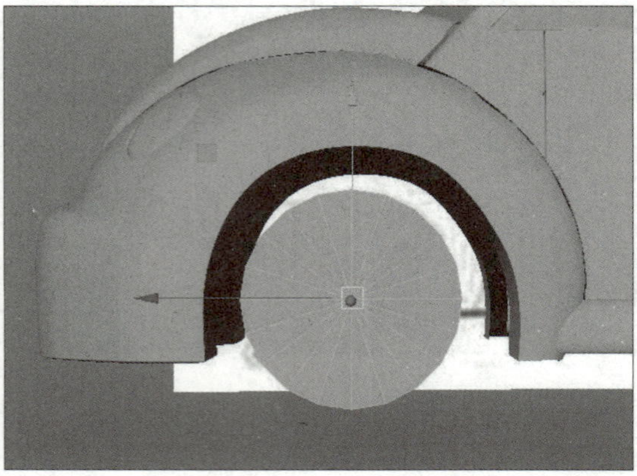

图 6-135

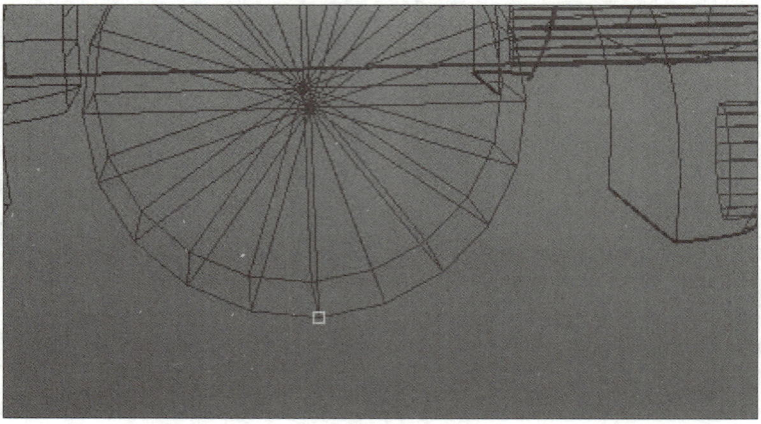

图 6-136

步骤 15 使用CV曲线工具捕捉绘制轮胎的形状，再修改曲线的中心点位置，将枢轴中心点移动至圆柱体的中心，如图6-137、图6-138所示。

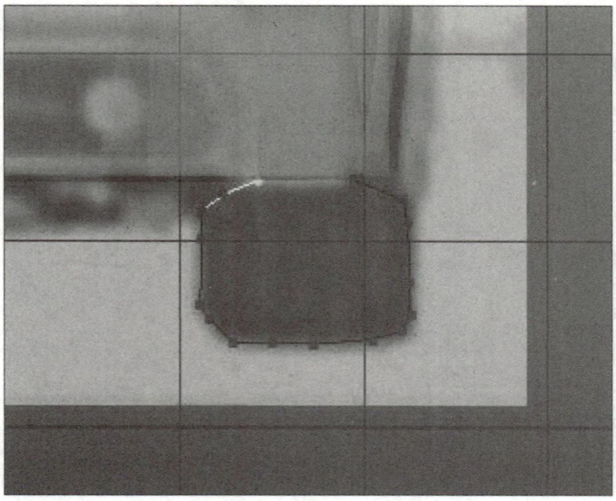

图 6-137

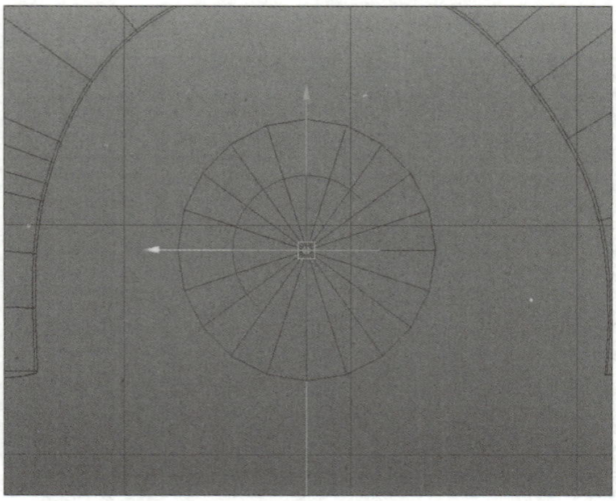

图 6-138

步骤16 执行“曲面”→“旋转”命令创建车轮外胎模型，注意在执行“旋转”命令前要修改选择的轴向，如图6-139所示。

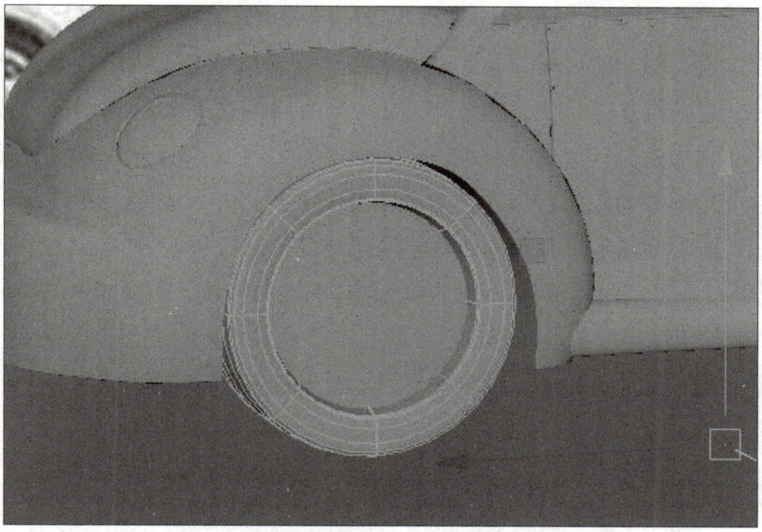

图 6-139

步骤17 复制轮胎模型，调整位置。至此，完成汽车模型的制作，效果如图6-140所示。

图 6-140

学习体会

知识拓展 色彩

人眼能够感知色彩，其实是因为物体的光线反射原理。太阳光经过棱镜的折射形成7种单色光，即红、橙、黄、绿、蓝、靛、紫。将物体置于正常白色光（太阳光）下所呈现的色彩被称为“固有色”，它具有普遍性，是固定不变的；而物体在不同时间、不同光线条件下所反映出的色彩被称为“物体色”，它是变化的。例如，将白色光全部反射、不加吸收的表面看上去是白色的，将白色光全部吸收的表面看上去是黑色的。可以将黑、白、灰及其中间色称为“无彩色”，将可见光谱中的基本色和基本色叠加所形成的混合色称为“有彩色”。

光学要素是色彩本身的基本属性，是任何色彩都具备的性质。色彩学中将有彩色包含的基本光学要素分为明度、纯度与色相；无彩色包含的基本要素则只有明度，没有纯度与色相。计算机图形学将这3个属性数字化了，因此，可以理解为无彩色的色相与纯度均为0。

1. 明度

顾名思义，可以将“明度”理解为色彩的明亮程度。无彩色中从白到黑，明度逐渐降低；有彩色中从黄到紫，明度也逐渐降低。在色彩三要素中，明度的独立性最强，它可以不带任何色相的特征而单独通过黑、白、灰表现出来；但色相和纯度则必须依赖一定的明度才能体现，即色相、纯度必须与明度同时产生。

2. 色相

“色相”即色彩的相貌，是色彩最根本的特征。如果明度是色彩隐含的骨骼，那么色相就是色彩外在的肌肤。色相体现色彩外向的性格，是色彩的灵魂，带给观众最直接的心理感受和心理联想。

在可见光谱中，每一种色相都具有自己的波长和频率。这意味着色相是色彩本身属性的根本要素，是色彩身份的识别依据。在计算机图形学中已经实现了将色相的数字编码化，Photoshop很好地利用了这一原理，使用户能够更加精确、快捷、高效乃至标准化地进行创意活动。色彩学中通常使用色相环来表示色相，用于研究不同色彩之间的关系，如图6-141所示。

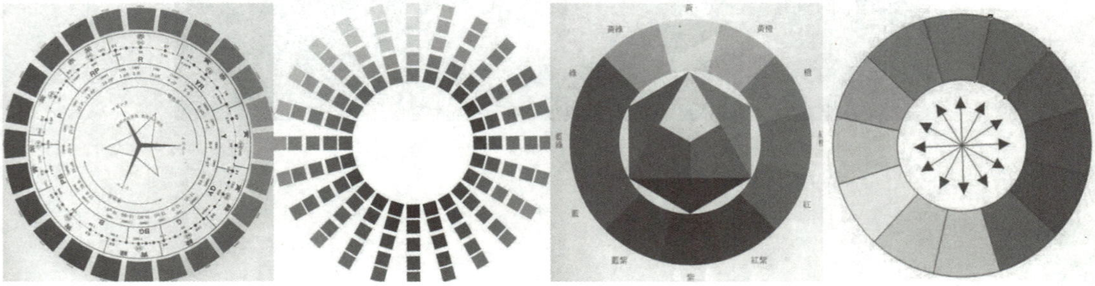

图 6-141

3. 纯度

所谓纯度，是色彩的鲜浊程度，也就是色彩的单纯程度。它取决于色彩波长的单一程度。即使同一色相，其纯度稍作变化，也会带来色彩性格的变化。

在同一明度的条件下，从灰色到纯色的变化可以产生不同的纯度；也可理解为色彩在同一明度的条件下，逐渐增加纯色量所呈现出的不同效果。但严格意义上的纯度还与色彩的穿透性有关。在最高纯度的色彩中增加黑色，其明度、纯度都会下降；增加白色，其明度上升、纯度下降，如图6-142所示。

图 6-142

在实际运用色彩时，这三者之间相辅相成、缺一不可，应结合创意所要表达的感觉和倾向，合理地运用色彩。

除了明度、色相、纯度这3个基本要素之外，还有色调与色性也常常作为色彩要素用于色彩研究。色调，俗称“调子”，是对一种色彩结构的整体印象。色彩的调子一般包括明度基调、色相基调、纯度基调、节奏基调等。色性，则主要指色彩的冷暖倾向。

色彩按照明度可以分为以下3种明度基调。

- **亮色调：**高明度，类似音乐中的高调。
- **中间灰色调：**中明度，类似音乐中的中调。
- **暗色调：**低明度，类似音乐中的低调。

色相基调即色彩按照色相环结构所呈现出来的整体印象，可分为红色调、橙色调、黄色调、绿色调、蓝色调、紫色调等。还可以从色彩的色性来区分，最常见的形式为冷、暖基调。显然，红、橙、黄色为暖色，蓝色为冷色，中间的色彩为中性色。

- **暖色调：**即主体色都是暖色，或主导色是暖色，一般分为绝对暖色调和偏暖色调。
- **中性色调：**即主体色都是中性色，即中性偏暖色调、绝对中性色调和中性偏冷色调。
- **冷色调：**即主体色都是冷色，或主导色是冷色，一般分为绝对冷色调和偏冷色调。

纯度基调即色彩结构中纯度对比关系所呈现的特征。它受到两个因素的影响，一是主体色彩的纯度，二是主体色彩与辅助色彩之间的纯度对比关系。如果只看主体色彩的纯度，可将纯度基调分为12级，即0～4级为灰色调，5～8级为中色调，9～12级为鲜色调。如果结合两个因素，则可将纯度基调分为灰强调、灰中调、灰弱调、中强调、中中调、中弱调、鲜强调、鲜中调、鲜弱调、全长调。

色彩的面积、形状，色彩的明度、纯度、色相，以及色彩的位置、方向、趋势等，通常都是处于变化之中。如果赋予这些变化以秩序感、规律感，就会获得不同的效果，从而呈现出新的调性，这种调性被称为“节奏基调”。节奏基调的形式一般分为渐变、反复和无调性3种。通常面积是调性的关键，无论从何种角度去谈，调性都是偏向面积占优的色彩。如图6-143所示为具有节奏感的色彩构成。

图 6-143

第7章

灯光技术

内容导读

在日常生活中，灯光是不可缺少的。在Maya中，灯光对于整个场景有着巨大的影响，起到了关键的作用。本章将介绍Maya中各类灯光的属性和应用方法。通过对本章的学习，可以掌握场景布光的基本方法。

数字资源

【本章素材来源】："素材文件\第7章"目录下

【本章实战演练最终文件】："素材文件\第7章"目录下

7.1 灯光的创建及显示

在Maya中，所有物体都必须经过创建才可以使用。灯光的创建过程与模型的创建过程相同，创建完毕可以根据需要对灯光属性进行编辑。

1. 创建灯光

执行“创建”→“灯光”菜单命令，选择需要创建的灯光类型即可创建灯光，如图7-1所示。

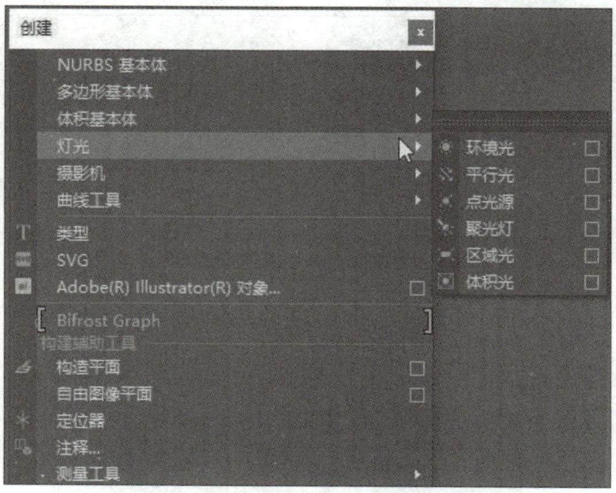

图 7-1

也可将工具架标签切换至“渲染”标签，在其中单击各种灯光的快捷图标进行创建，如图7-2所示。

图 7-2

2. 控制灯光

灯光创建完成，灯光的图标会出现在工作区中，可使用移动工具等变换工具控制灯光的位置、角度等，如图7-3所示。

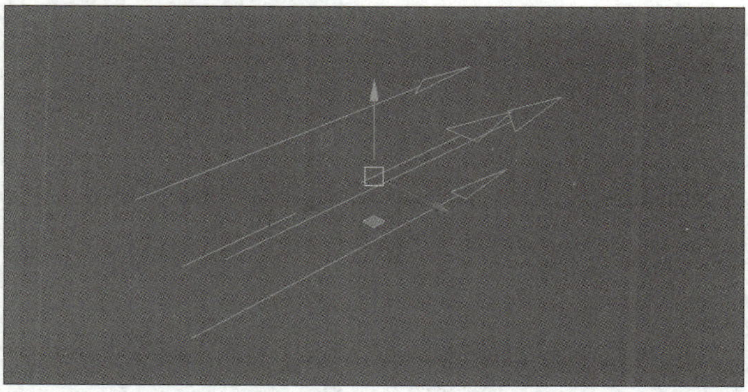

图 7-3

3. 开启灯光

在默认设置下，场景中有一盏灯光。在添加新的灯光之前，该灯光起作用；在添加新的灯光之后，该灯光不再起作用。在添加灯光后，可按数字键7打开灯光效果，这时场景中的灯光才会起作用，如图7-4、图7-5所示。

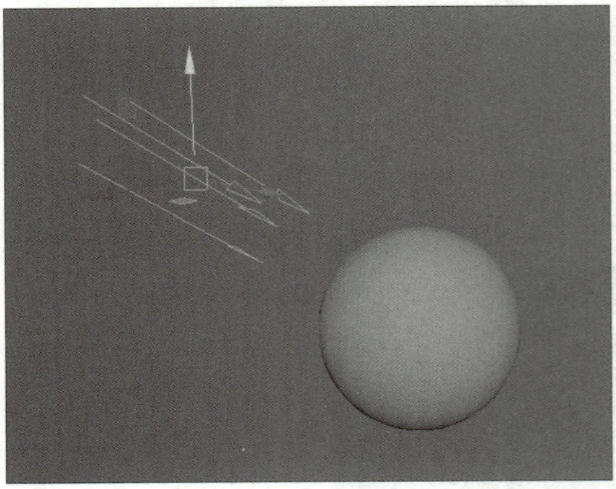
图 7-4

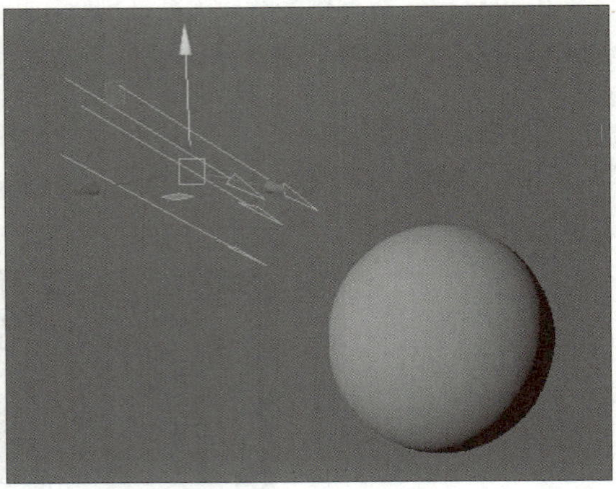
图 7-5

也可通过修改视图菜单中“照明”菜单中的选项修改灯光效果，如图7-6所示。

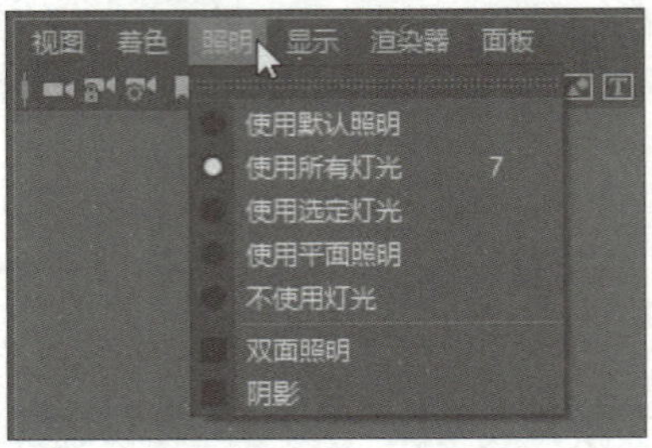

图 7-6

4. 切换灯光

创建完毕的灯光会显示在坐标原点处，如图7-7所示。如果需要不同的灯光类型，可以在属性编辑器“展示”选项卡的“类型”列表中选择需要的灯光类型，如图7-8所示。

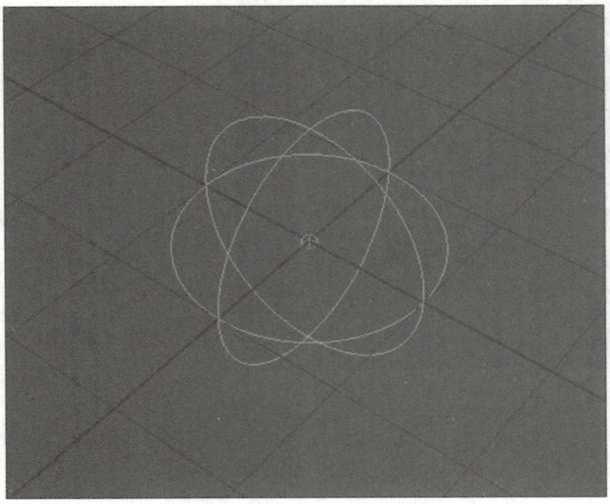
图 7-7

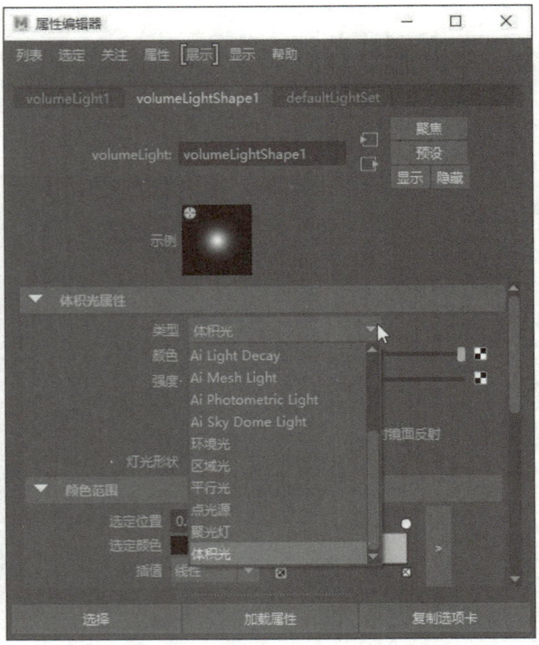

图 7-8

7.2 灯光类型

在Maya中有6种基本类型的灯光，分别是环境光、平行光、点光源、聚光灯、区域光和体积光。每种灯光都有不同的用法，灵活使用这6种灯光可模拟现实中大多数的光效。

各种灯光在场景中的显示形状如图7-9所示。

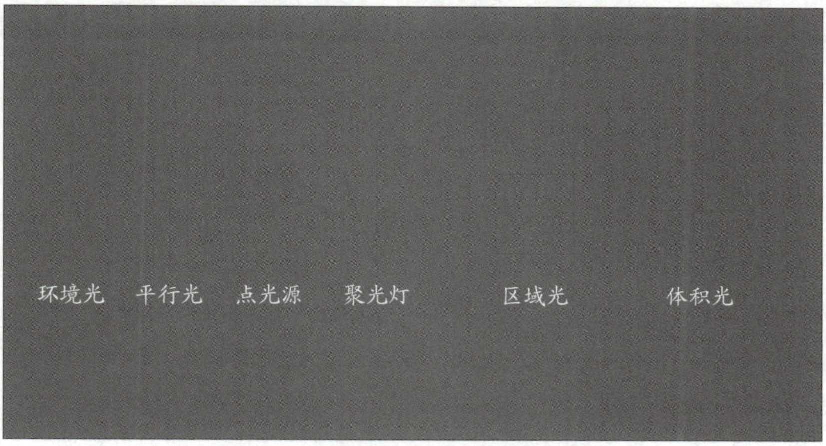

图 7-9

■7.2.1 环境光

环境光能够从各个方向均匀地照射场景中的所有物体。环境光有两种照射方式：一种是光线从光源的位置平均地向各个方向照射，类似一个点光源；另一种是光线从所有位置平均地照射，犹如一个无限大的中空球体从内部向表面发射光线一样。

环境光一般不作为主光源，通常用来模拟漫反射，以起到均匀地照亮整个场景和调整场景色调的作用。只有打开光线追踪算法之后才能计算环境光的阴影，环境光照明及阴影效果如图7-10所示。

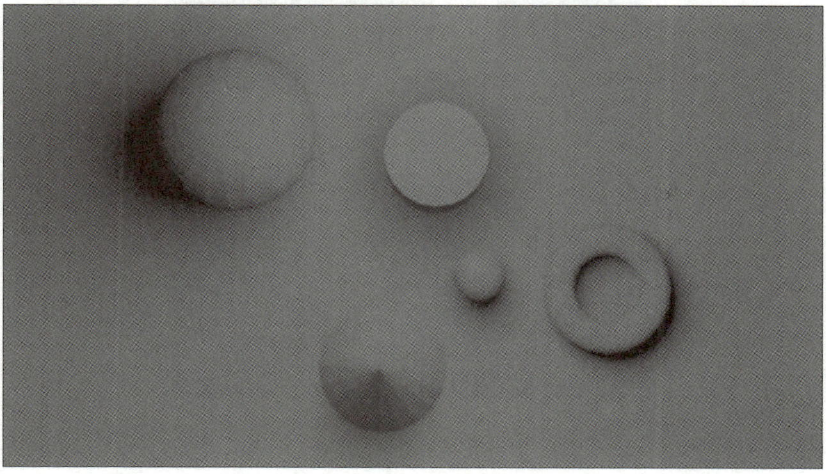

图 7-10

执行“创建”→“灯光”命令，在级联菜单中单击“环境光”命令右侧的设置按钮，打开“创建环境光选项”对话框，如图7-11、图7-12所示。

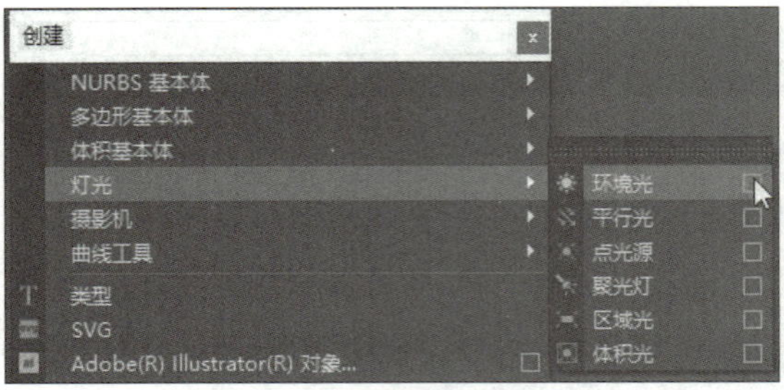

图 7-11

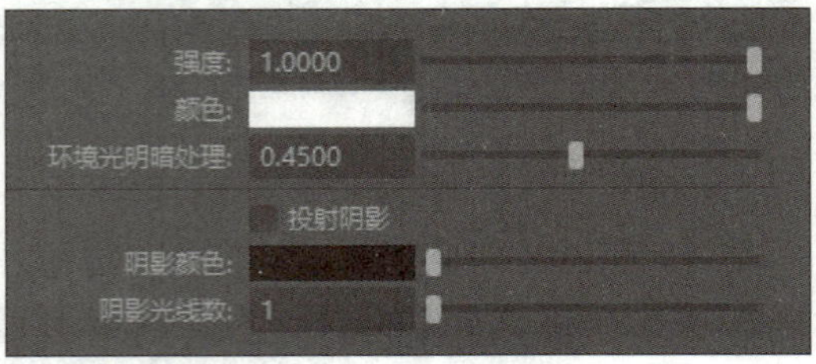

图 7-12

对话框中各选项的含义介绍如下：

- **强度：**用于调节灯光强度的大小。数值越大，灯光强度越强；数值越小，灯光强度越弱。
- **颜色：**用于设置灯光的颜色。拖动颜色滑块可以调整颜色的明亮程度，单击色块可以打开拾色器。
- **环境光明暗处理：**用于设置平行光和环境光的比率。当数值为0时，光线从四周均匀地照亮场景，体现不出光源方向，画面呈灰色；当数值为1时，光线从环境光位置发出，照明效果类似一个点光源。
- **投射阴影：**用于控制是否投射阴影。环境光没有深度阴影贴图，只有光线追踪阴影。
- **阴影颜色：**用于设置阴影的颜色。拖动滑块可调整阴影的明亮程度。
- **阴影光线数：**用于控制阴影边缘的噪波程度。

创建光源后，按Ctrl+A组合键打开属性编辑器，可以在其中设置光源的相关参数，如图7-13所示。

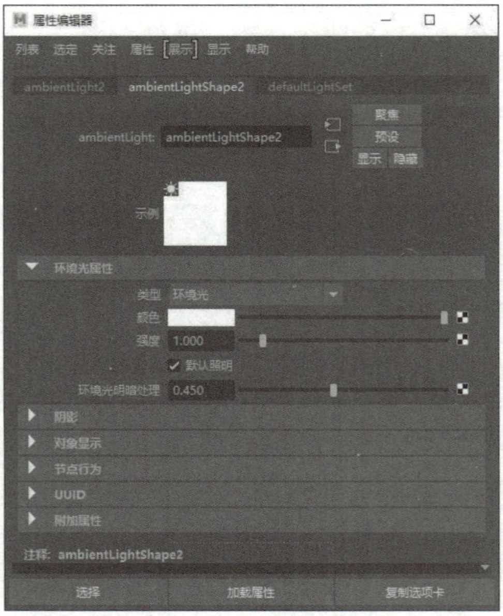

图 7-13

■7.2.2 平行光

平行光仅在一个位置平均地发射光线。它的光线是互相平行的，可以模拟从非常远的点光源发射的光线，类似于太阳照射地球的效果。要注意的是，平行光没有衰减属性，也就是说，无论场景有多大，位于平行光照射方向的物体都会被照亮。

物体被照射的范围及映射的阴影与平行光的方向有很大的关系，与平行光的大小和亮度没有关系。平行光照明及阴影效果如图7-14所示。

图 7-14

执行“创建”→“灯光”命令，在其级联菜单中单击“平行光”命令右侧的设置按钮，打开“创建平行光选项”对话框，如图7-15所示。

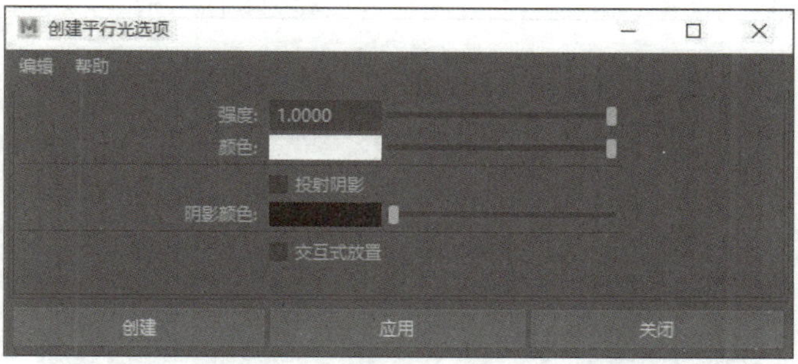

图 7-15

■7.2.3　点光源

点光源是生活中最常用也是最普通的光源，用于模拟光线从一个点向四周进行发散的效果，所以光线是不平行的，光线汇聚的位置就是光源所在的位置。点光源可以用于模拟灯泡、夜空中的星星等，具有非常广泛的应用范围。

当点光源映射阴影时，阴影的形状是向外发散的，其照明和阴影效果如图7-16所示。

图 7-16

执行“创建”→“灯光”命令，在其级联菜单中单击“点光源”命令右侧的设置按钮，打开“创建点光源选项”对话框，如图7-17所示。

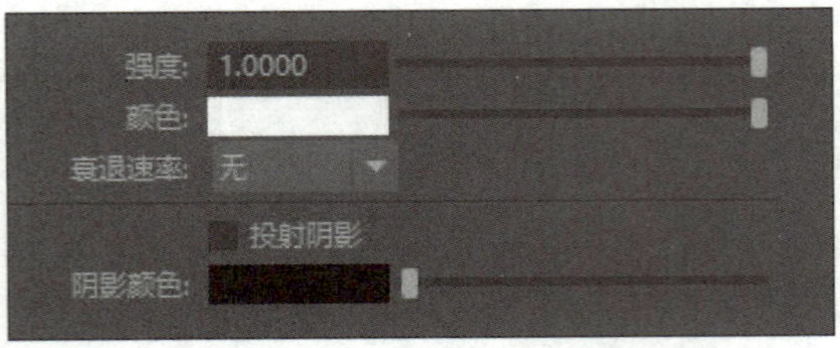

图 7-17

- **衰退速率：**用于设置光线的衰退速率。光线沿着空气传播后会逐渐被空气所阻挡，这样就形成了衰减效果。衰退速率包括4种衰退方式，分别是“无”“线性”“二次方”“立方”。

■7.2.4　聚光灯

聚光灯具有方向性，是在一个圆锥形区域中从一个点平均地发射光线。聚光灯的光照锥角是可以调节的，这样可以更好地控制灯光范围，聚光灯几乎可以用于模拟任何照明效果。

聚光灯同样可以映射阴影，它的照明及阴影效果如图7-18所示。

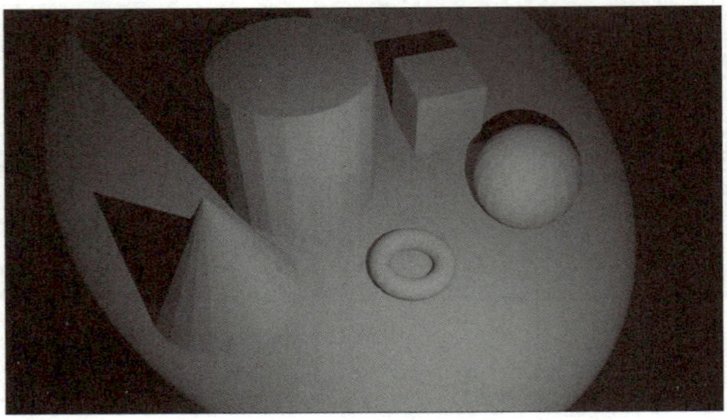

图 7-18

执行“创建”→“灯光”命令，在其级联菜单中单击“聚光灯”命令右侧的设置按钮，打开“创建聚光灯选项”对话框，如图7-19所示。

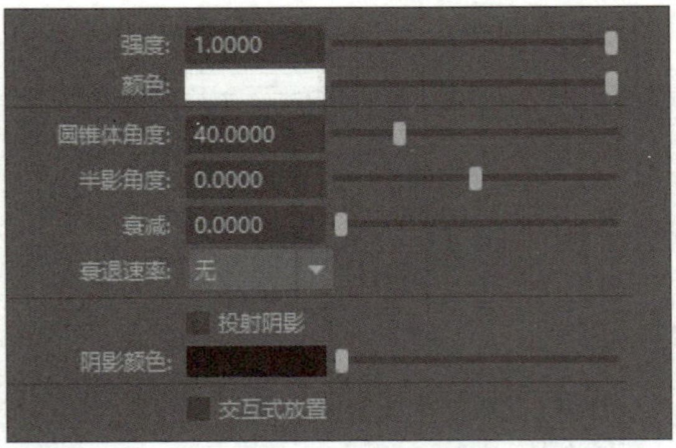

图 7-19

其中各参数的含义介绍如下：

- **圆锥体角度**：用于设置聚光灯的锥角角度，数值默认为40。
- **半影角度**：用于设置聚光灯的半影角度，即光线在圆锥边缘的衰减角度。
- **衰减**：用于设置聚光灯强度从中心到边缘的衰减速率。数值越大，灯光衰减的速率越大，光线也会越暗，其边界轮廓会显得越发柔和。

7.2.5 区域光

与其他灯光不同的是，区域光（也被称为“面光源”）是一种二维的面积光源。可使用变换工具通过调节区域光图标面积的大小来控制灯光的亮度和强度，调节区域光图标的方向来改变照射方向。区域光的照射及阴影效果如图7-20所示。

图 7-20

7.2.6 体积光

体积光有着与其他光源不同的特点。使用体积光可以更好地体现光线的延伸效果或者限定区域内的照明效果，并可以很方便地控制光线所能到达的范围。体积光只对其线框所涵盖的范围进行照明，所以可以通过变换工具修改体积光图标的大小来控制光线范围的大小。体积光的照明效果如图7-21所示。

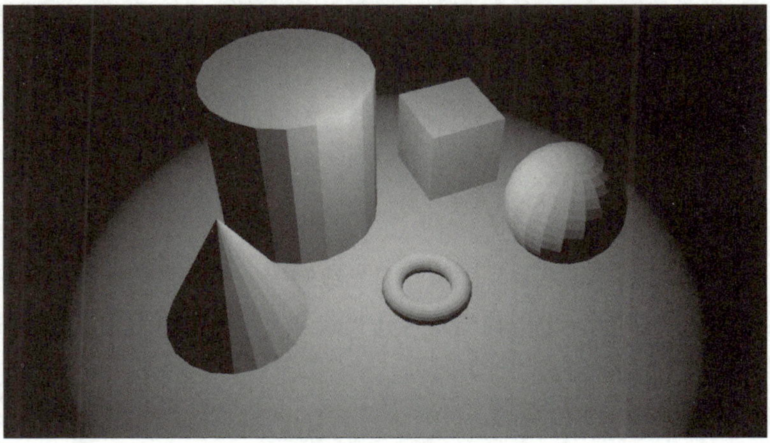

图 7-21

7.3 灯光阴影

在真实世界中，光与阴影是密不可分的，物体有光线照射就会产生阴影。在Maya中提供了两种阴影生成方式，分别是深度贴图阴影和光线追踪阴影。

7.3.1 深度贴图阴影

Maya在渲染时生成一个深度贴图文件，该文件会计算灯光到物体表面的距离，然后根据运算结果判断是否产生阴影，该阴影即深度贴图阴影。深度贴图阴影渲染速度快，生成的阴影相对柔软、边缘柔和，但是与光线追踪阴影相比缺乏真实性。

打开属性编辑器，展开灯光阴影属性卷展栏，勾选“使用深度阴影贴图”复选框后，就可以使灯光产生深度贴图阴影，如图7-22所示。

各参数含义介绍如下：

- **使用深度贴图阴影：**只有勾选该复选框，深度贴图阴影才会被激活。
- **分辨率：**深度阴影贴图的分辨率。数值越大，深度贴图阴影的分辨率越高，阴影效果越好，但渲染速度会降低。
- **过滤器大小：**用于控制产生阴影边缘的虚化效果。数值越大，边缘越柔和；数值越小，边缘越锐利。
- **偏移：**调节该数值可以使阴影和物体的表面分离。数值趋近于1时，物体的阴影会逐渐变小；数值为1时，阴影完全消失。

使用深度贴图阴影的效果如图7-23所示。

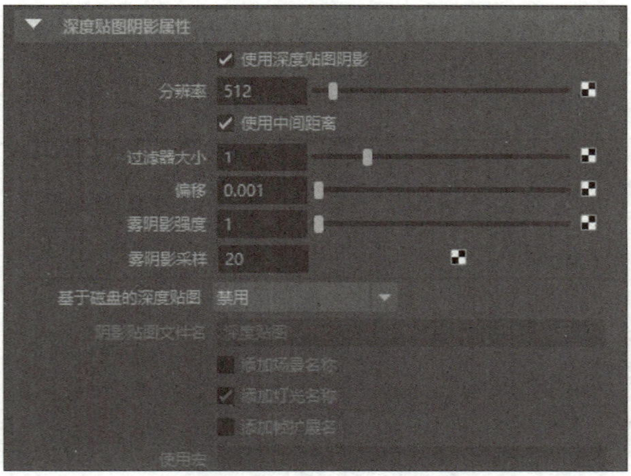

图 7-22

图 7-23

7.3.2 光线追踪阴影

利用光线追踪阴影能够比较真实地跟踪计算光线的传播路线，从而确定如何投射以及在哪里投射阴影。在大部分情况下，它能提供非常真实的效果，但是因为光线追踪阴影是针对整个场景进行计算，所以需要花费更多的计算时间。

打开属性编辑器，展开“灯光阴影属性”卷展栏，勾选“使用光线追踪阴影”复选框，就可以激活光线追踪阴影了，如图7-24所示。

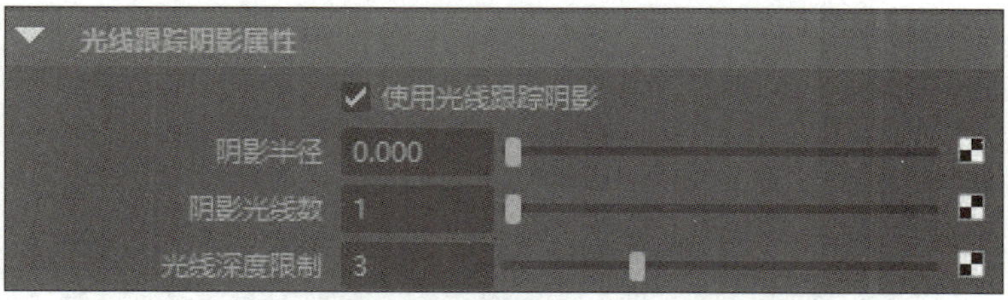

图 7-24

各参数含义介绍如下：

- **阴影半径**：用于决定阴影的柔化程度。数值越大，阴影的边缘越模糊。
- **阴影光线数**：表示阴影采样次数，用于控制阴影模糊细节的精度。调节该数值，可以加强或减弱阴影边缘的颗粒程度。
- **光线深度限制**：用于限制光线追踪反弹的次数，即光线在投射阴影前被折射或者被反射的最大次数。数值越大，渲染速度越慢。

使用光线追踪阴影的效果如图7-25所示。

图 7-25

7.4 灯光效果

灯光效果是指通过在场景中添加不同的光学效果而使光照更加丰富和真实。Maya为用户提供了几种灯光效果，本节主要介绍最常用的灯光雾和辉光效果。

■7.4.1 灯光雾

利用灯光雾可以在灯光的照明范围内添加一种云雾效果，从而产生一个肉眼可见的光照范围，如图7-26所示。该效果只能应用于点光源、聚光灯和体积光，点光源的灯光雾是球形的，聚光灯的灯光雾是锥形的，体积光的灯光雾则由灯光的体积形状决定。

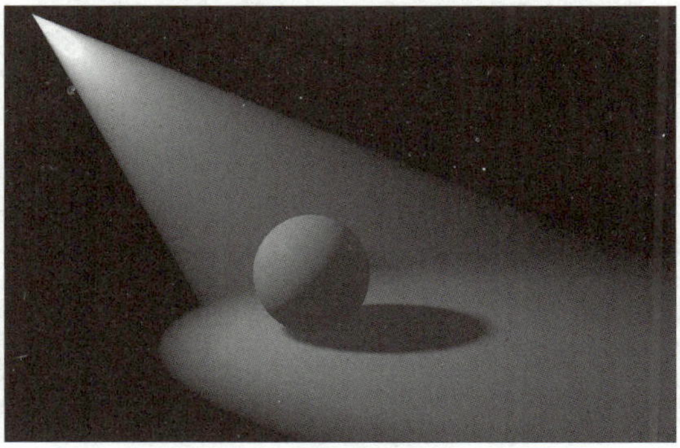

图 7-26

选中一盏灯光，在属性编辑器中会看到“灯光效果”卷展栏，如图7-27所示。

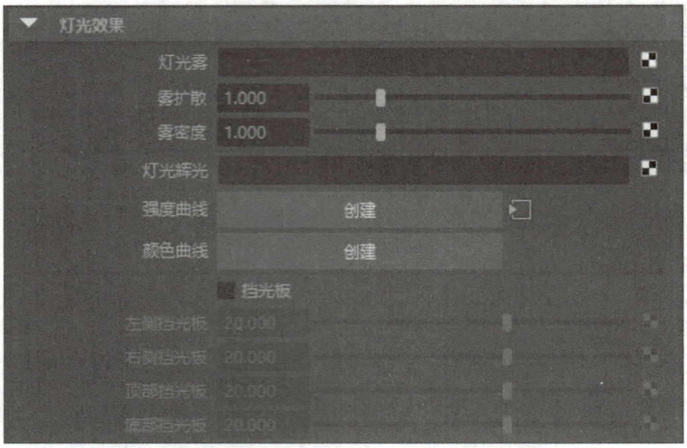

图 7-27

- **灯光雾：**可以在此自定义灯光雾的名称。单击右侧的贴图按钮，可以为灯光添加一个雾节点，也就是创建了一个灯光雾效果，然后可以进入“灯光雾属性”卷展栏中进一步设置其属性参数，如图7-28所示。
- **雾扩散：**用于控制灯光雾的分布情况。数值越大，光线的分布越密集。
- **雾密度：**用于控制灯光雾的照明强度。数值越小，灯光雾越弱；数值越大，灯光雾越强。

图 7-28

■7.4.2 辉光

辉光是在光源位置产生的一种特殊的灯光效果，其颜色、强度和灯光都会受到大气的影响，人们一般看到的辉光是由太阳产生的，如图7-29所示。

图 7-29

选择一盏灯光，在属性编辑器的“灯光效果”卷展栏中单击“灯光辉光”右侧的贴图按钮▣，可以为灯光添加一个辉光节点，并会打开opticalFX选项卡，在此可以设置辉光的类型及属性参数等，如图7-30所示。

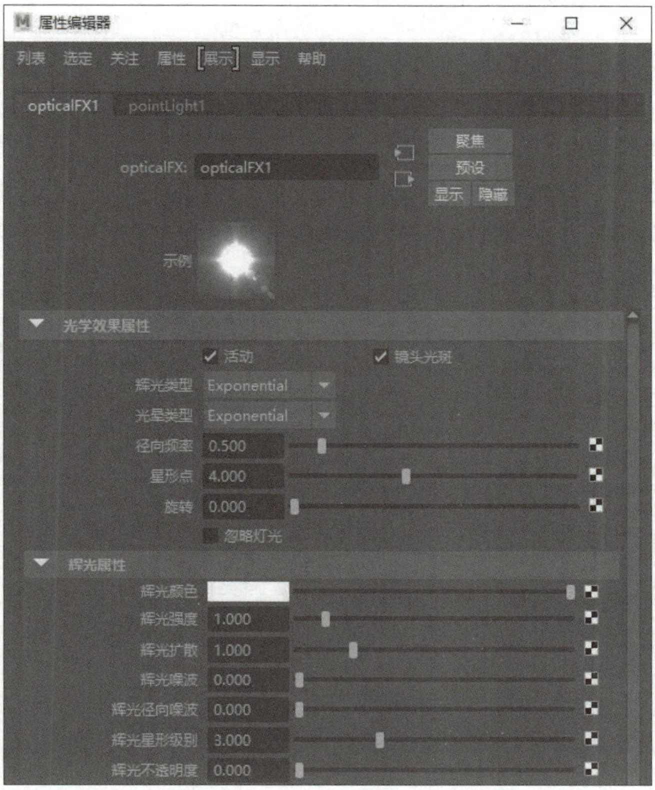

图 7-30

下面对卷展栏中的各属性进行介绍：

- **活动：**勾选该复选框，可以使光学特效起作用。
- **镜头光斑：**勾选该复选框，可以使用镜头光斑效果。
- **辉光类型：**用于选择辉光的类型，包括“None”（无）、“Linear”（线性）、“Exponential”（指数）、“Ball”（球体）、“Lens Flare”（镜头光斑）、“Rim Halo”（边缘光晕）共6种。
- **光晕类型：**用于根据需要选择光晕的类型。
- **辉光颜色：**用于设置辉光的颜色。默认为白色，单击色块可以打开拾色器。
- **辉光强度：**用于设置辉光的亮度。设置为负值时，可以从其他辉光中吸光。
- **辉光扩散：**用于设置辉光相对于镜头的大小。
- **辉光噪波：**用于设置辉光的噪波强度。
- **辉光径向噪波：**用于控制辉光随机扩散。
- **辉光星形级别：**用于调节光束的宽度。该数值越小，光束就越窄。
- **辉光不透明度：**用于设置辉光的不透明度。

实战演练 渲染窗台书桌场景

本例为书桌场景设置灯光。在操作过程中，学习运用各种类型的灯光以产生不同的场景照明效果；简单设置渲染选项以得到场景渲染图片。

扫码观看视频

步骤01 执行“文件”→“打开场景”命令，打开本案例提供的场景文件“渲染窗台书桌场景-初始.mb”。观察场景，这是一个窗台前的书桌，书桌上有一盏台灯，在此需要突出窗外的月光和桌上的台灯两个光源，为场景制作光照效果，烘托气氛，如图7-31所示。

步骤02 执行“创建”→“灯光”→“区域光”命令，在场景内创建一个区域光，并使用变换工具调整灯光的大小和照射方向，以符合台灯模型的大小比例和照射范围。调整完毕，将区域光移动至台灯的下方，如图7-32所示。

图 7-31

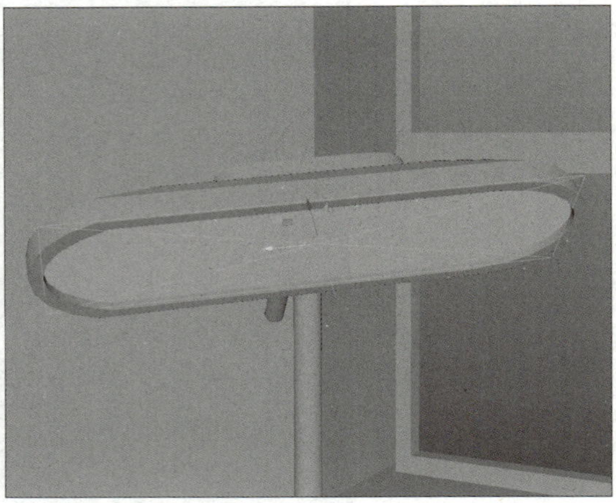

图 7-32

步骤03 按数字键7切换至灯光显示模式，在工作区内快速预览灯光的效果，以便对灯光的大小、位置及照射方向进一步调整，如图7-33所示。

步骤04 选中灯光，按Ctrl+A组合键打开灯光的属性编辑器，在“区域光属性”卷展栏中的“颜色”属性中对区域光的颜色进行修改，将其修改为偏暖色，如图7-34所示。

图 7-33

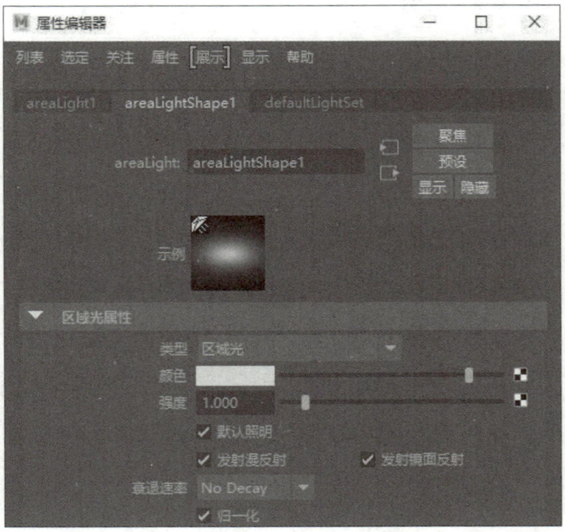

图 7-34

步骤05 找到区域光属性编辑器的“阴影”卷展栏，勾选“使用深度贴图阴影”复选框，使台灯的光线产生阴影以增加真实性，还可以修改“阴影”卷展栏中的相关属性以提高阴影质量，如图7-35所示。

步骤06 添加灯光的阴影效果后，无法在工作区内预览到阴影效果，单击“渲染当前帧”按钮，观察当前场景，效果如图7-36所示。

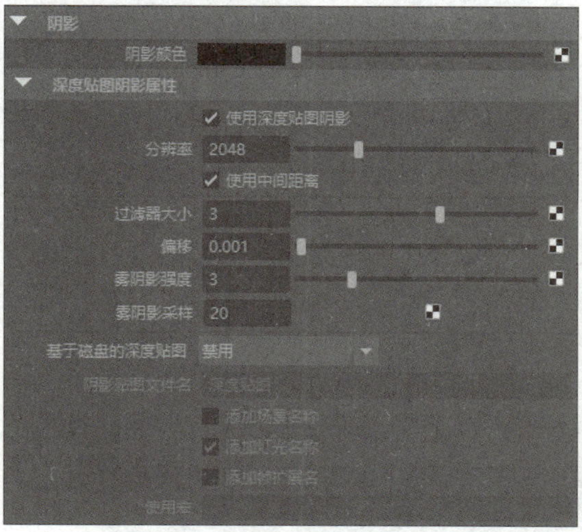

图 7-35

图 7-36

步骤07 场景中除了台灯前方的局部桌面被照亮，其他区域略显黑暗，需要添加一个辅助光源。执行“创建”→“灯光”→“聚光灯”命令，创建一盏聚光灯，将其放置在桌面上呈45%角的位置，并将聚光灯的照射方向指向桌面，如图7-37所示。

步骤08 按Ctrl+A组合键打开属性编辑器，修改“强度”为0.1，“圆锥体角度”为40，“半影角度”为30，“衰减”为10，模拟室内别处的灯光以起到照明整个场景的作用，效果如图7-38所示。

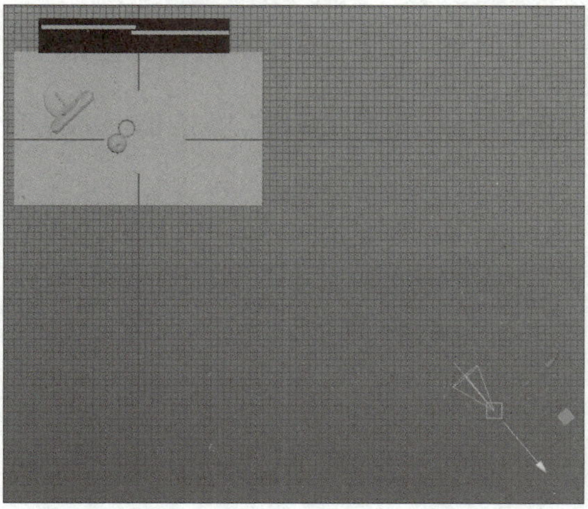

图 7-37

图 7-38

步骤09 执行“创建”→“灯光”→“聚光灯”命令，将创建的灯光移动至窗外的合适位置，用以模拟室外的月光，如图7-39、图7-40所示。

图 7-39

图 7-40

步骤10 为了方便对灯光的位置和角度进行调节，选中灯光，在视图中执行“面板”→“沿选定对象观看”命令，如图7-41所示，进入灯光视角进行调节。

步骤11 设置灯光属性，修改“半影角度”为30，“衰减”为10，勾选“深度贴图阴影”卷展栏中的“使用深度贴图阴影”复选框，调整阴影的颜色及质量，效果如图7-42所示。

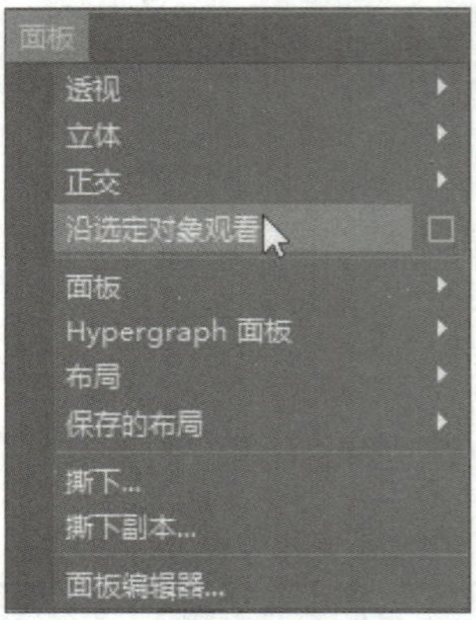

图 7-41

图 7-42

步骤12 修改灯光的颜色，将其调整至偏冷色调，与室内的台灯形成光线的冷暖对比，如图7-43所示。

步骤13 重新渲染进行观察，效果如图7-44所示。

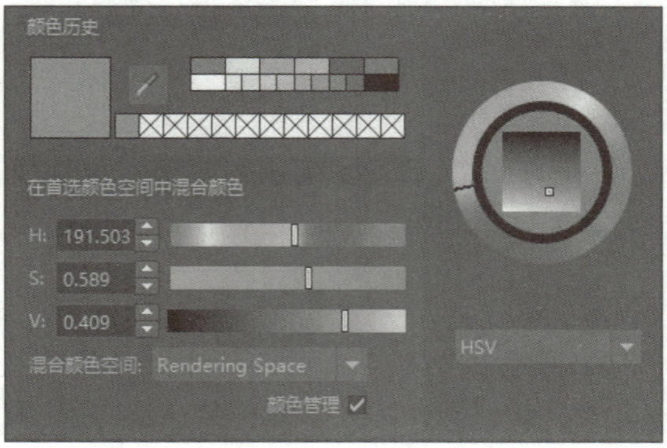

图 7-43

图 7-44

步骤 14 在灯光属性编辑器中找到“灯光效果”卷展栏，单击“灯光雾”属性右侧的贴图按钮，如图7-45所示，为灯光创建灯光雾特效。

步骤 15 创建灯光雾特效后，原有的聚光灯图标会向外延伸出灯光雾特效的范围线框，使用缩放工具对聚光灯图标的大小进行调整，确保灯光雾的范围覆盖整个桌面场景，如图7-46所示。

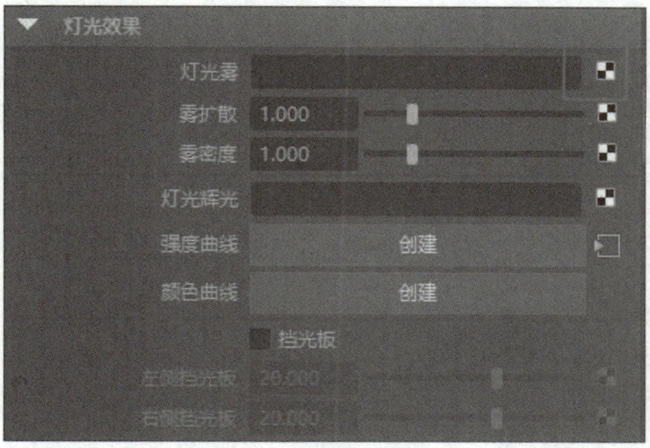

图 7-45

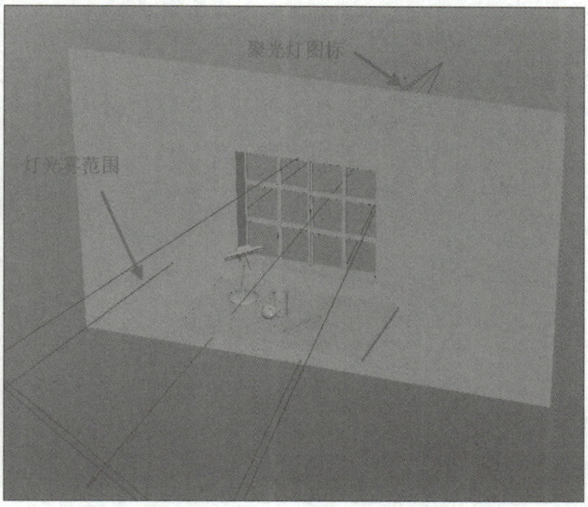

图 7-46

步骤 16 在“灯光效果”卷展栏中设置“雾扩散”和“雾密度”属性，以增加灯光雾的质感和强度，如图7-47所示。

步骤 17 渲染场景，观察整体效果，如图7-48所示。

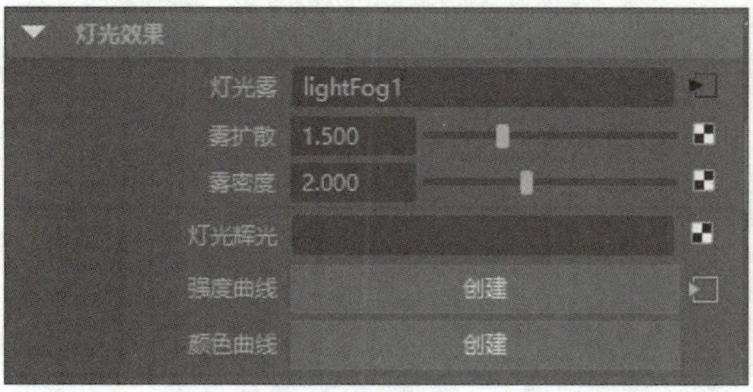

图 7-47

图 7-48

步骤 18 执行“创建”→“摄影机”→“摄影机”命令，在场景内创建一台摄影机Camera1。在视图中执行“面板”→“沿选定对象观看”命令，进入摄影机视角，再执行“视图”→“摄影机设置”→“分辨率门”命令，调整摄影机的拍摄角度，如图7-49所示。

学习体会

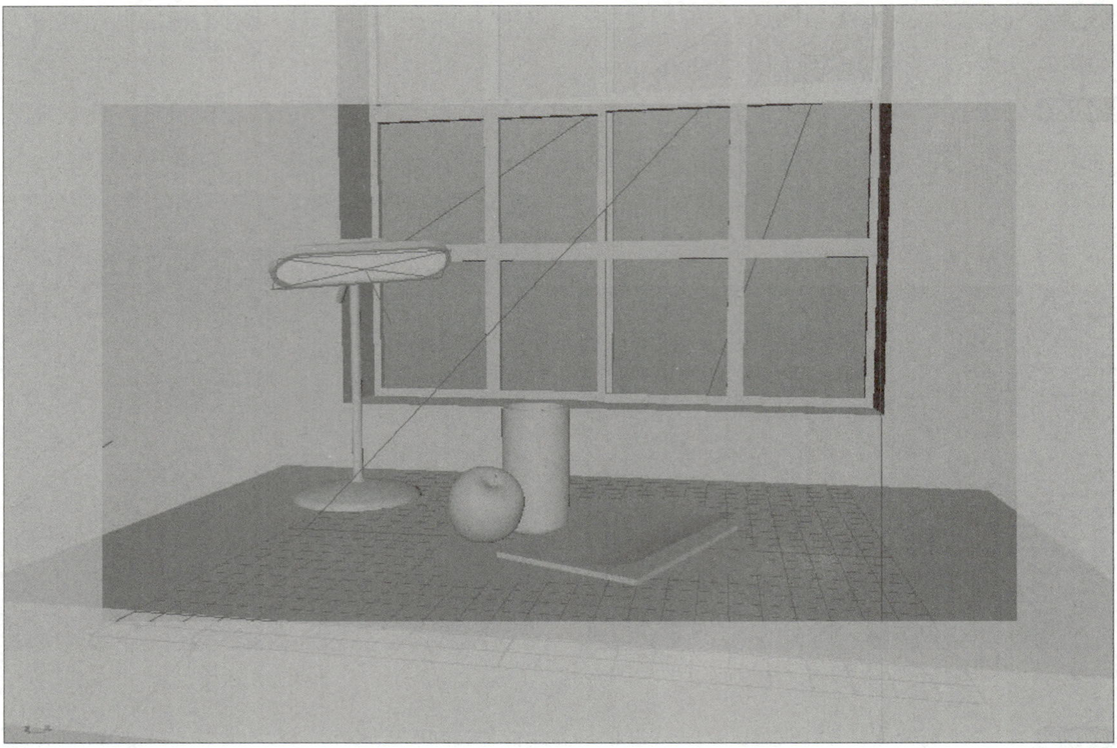

图 7-49

步骤 19 单击“渲染当前帧”按钮，即可看到最终的渲染结果，如图7-50所示。

图 7-50

知识拓展 光影

场景的空间感、立体感、层次感与结构虚实都需要通过光影效果来呈现。透视准确、细节丰富的场景线稿固然能够传达出创作者的设计思维与理念，但氛围感必须有光影与色彩的搭配，方能调动观众的情绪。

这里主要了解镜头与光线之间的关系。

1. 顺光

顺光是指镜头直对着被摄物体受光部分的采光方式。运用这种采光方式的画面没有阴影，影调平淡，缺乏立体感，但亮度大、细节清晰，如图7-51所示。如果在场景设计中采用这种光影关系，画面将得到饱和度极高的色彩效果和明朗灿烂的氛围感。

2. 侧光

侧光是指镜头对着被摄物体受光面和背光面之间的采光方式。运用这种采光方式能同时获得亮面与暗面，既能得到丰富的影调层次，又能得到细腻的物体表面，是最常用的一种采光方式。通过调节亮面和暗面的比例与角度，能够得到感情色彩及氛围色彩完全不同的各种侧光效果，如图7-52所示。

大面积的亮面能够在暗面的映衬下彰显更具张力的气场，呈现更清晰、更具纵深感的视觉空间；大面积的暗面则暗示一种神秘感，又不失微光带来的希冀；而相对均匀的亮面与暗面，则能够体现出画面力量的对抗或平衡。不论何种侧光效果，结合镜头设计，合理地运用在场景创作中，其呈现出来的氛围势必触动观众的内心。

图 7-51

图 7-52

3. 逆光

逆光是指镜头对着被摄物体背光面的采光方式，即迎着光线拍摄。运用这种采光方式，主体与背景分离明显，画面通透，光滑表面还会产生明亮的高光，能明显增强景物的亮度反差，如图7-53所示。如果选择黄昏场景作为逆光环境，较易渲染温馨的情调；如果选择圆月黑夜场景作为逆光环境，则可以酝酿紧张的气氛。为实现某些特定效应，采用逆光进行场景创作是个好方法。

4. 顶光与底光

这两种采光方式运用得较少，顾名思义，顶光就是光线从景物的顶部向下照射，底光就是光线从景物的底部向上照射。通常顶光用于表现神圣、庄严的场合或特定的舞台聚焦效果，如图7-54所示；而底光则在大部分情况下用于营造恐怖、诡异的氛围，助力角色表现，在纯场景景观中几乎不会用到。

图 7-53

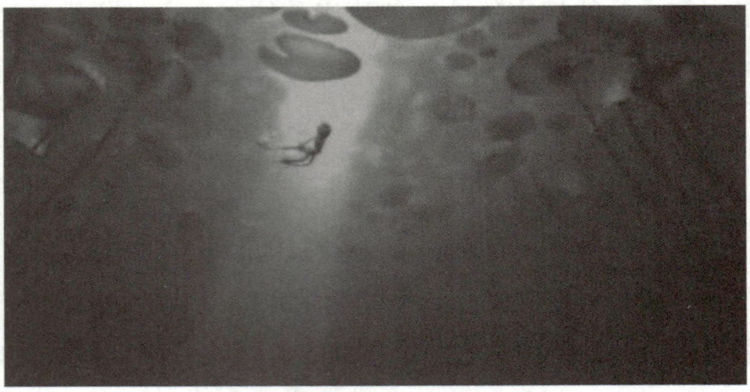

图 7-54

了解了这些采光方式后，就可以有效地进行组合并加以运用，为场景创作服务。除了较直接的烘托氛围之外，这些采光方式还可用于制造悬念、刻画角色心理、进一步强化矛盾、突出情绪节奏等。

图7-55所示为动画片《秒速5厘米》中美轮美奂、高度写实的光影场景。

图 7-55

第8章

材质与纹理

内容导读

本章主要介绍Maya的基础材质，常用二维纹理的类型和属性，以及UV编辑器的使用。通过对本章的学习，可以掌握材质的相关知识，以及常用材质和贴图的基本操作方法。

数字资源

【本章素材来源】："素材文件\第8章"目录下

【本章实战演练最终文件】："素材文件\第8章"目录下

8.1 材质知识

简单地讲，材质就是物体表面的质地，也可以看成是颜色、纹理与质感的结合。在Maya中制作材质，是对视觉效果的模拟，而视觉效果包括颜色、反射、折射、质感和表面的粗糙程度等诸多因素，这些视觉因素的变化和组合呈现出各种不同的视觉特征。

■8.1.1 材质的基本概念

材质本身也是一个综合体，由若干参数组成，每个参数负责模拟一种视觉因素，如透明度控制物体的透明程度等。当掌握了各种事物的物理特征及材质的调整方法后，即可在三维软件中最大限度地创建各种质感的物体，甚至赋予物体现实生活中所没有的材质。

物体的材质和灯光相辅相成。当灯光照射到对象时，一部分灯光会被吸收，一部分灯光会被反射。对象越平滑越有光泽，对象越粗糙则越暗淡。在进行材质设计之前，需要了解材质的一些基本概念以及Maya中有关材质方面的常用名词，以便于学习和创作。

- **曲面着色：**曲面的外观由其着色方式定义，曲面着色是对象的基本材质和应用于该对象的任何纹理的组合。
- **节点：**节点是Maya中非常重要的概念，可以是曲线、曲面、材质、灯光、纹理、摄影机、关节、IK手柄等，一系列连接的节点便形成了节点网络。节点无处不在，而Maya中各种材质的变化完全依赖于节点及节点网络的变化。
- **漫反射：**该属性是物体表面反映出的颜色，会因灯光和环境因素的影响而有所偏差。
- **高光反射：**该属性是物体表面高亮处显示的颜色，反映了灯光照亮的颜色。当该颜色与漫反射颜色相符时，会产生一种无光效果，从而降低材质的光泽性。
- **透明度：**该属性可以使场景中的对象产生透明效果，如果使用贴图则会产生局部透明效果。
- **反射/折射：**反射是指光线投射到物体表面后根据入射角度反射出去的现象；折射是指光线透过物体后改变原有的投射角度，使光线产生偏差感的现象。

■8.1.2 材质编辑器

Hypershade（材质编辑器）是对材质进行编辑的地方。在Maya中，所有物体的表面效果都是在Hypershade里制作和修改的。Hypershade最基本的元素是节点，材质编辑也就是对节点进行编辑，从而产生特殊的效果。

执行“窗口”→“渲染编辑器”→“Hypershade”命令，或者在状态行中单击“显示Hypershade窗口”按钮，即会打开Hypershade。Hypershade默认分为6个部分，分别是菜单栏、浏览器、材质创建区、工作区、材质查看器、特性编辑器，如图8-1所示。

你学会了吗？

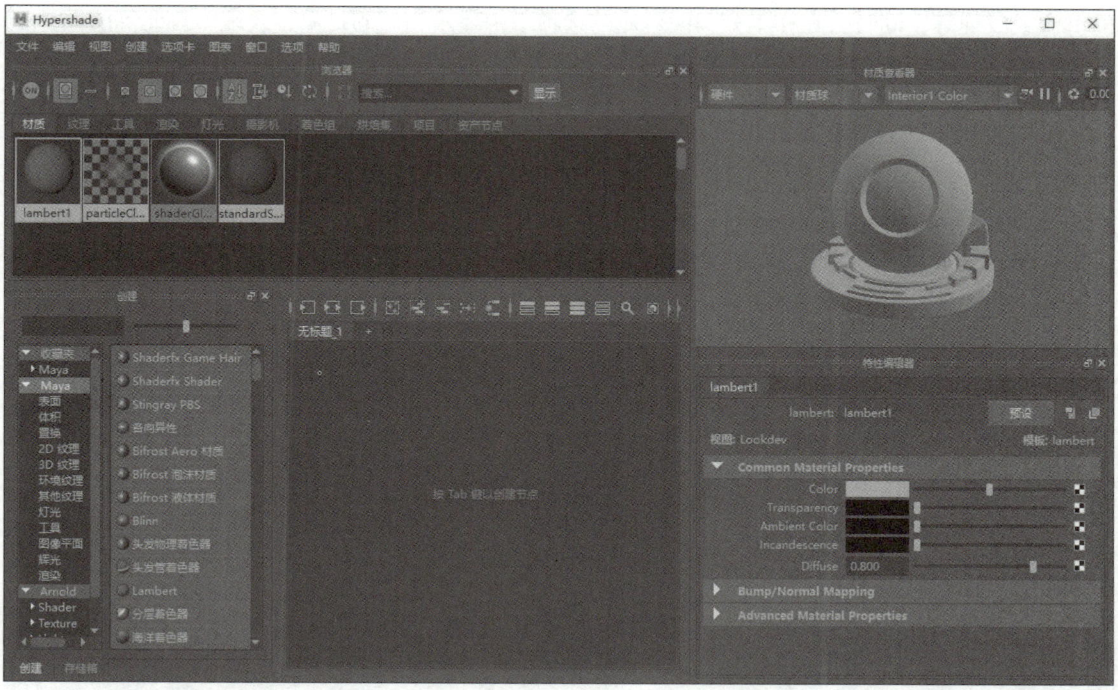

图 8-1

1. 菜单栏

菜单栏在材质编辑器的顶部，包含材质编辑器里的所有命令，用于创建、显示及编辑材质的节点。

2. 浏览器

浏览器位于菜单栏的下方，由工具栏和样本分类区两部分组成，如图8-2所示。工具栏主要用于编辑和调整材质节点在样本分类区中的显示方式。样本分类区主要用于存放已经创建或修改过的材质、纹理、摄影机和灯光等，通过多个选项卡进行分类，从而方便用户查找相应的节点。

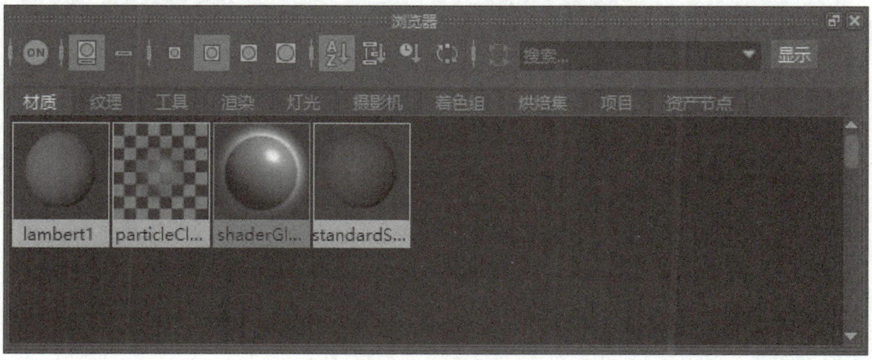

图 8-2

3. 材质创建区

材质创建区用于创建表面、体积、置换、2D纹理、3D纹理、环境纹理、灯光、工具、辉光、渲染等材质，如图8-3所示。单击相应的节点名称，即可在材质编辑器的工作区中创建相应的材质或纹理等，同时会在样本分类区对应的选项卡中显示相应的材质、纹理、灯光等的图标。

4. 工作区

工作区用于节点之间的连接操作，就像一个工作台，所有的操作性任务都要在工作区中完成，如图8-4所示。

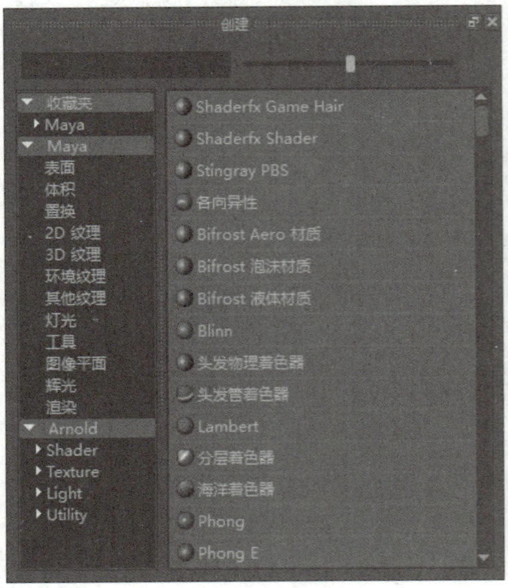

图 8-3

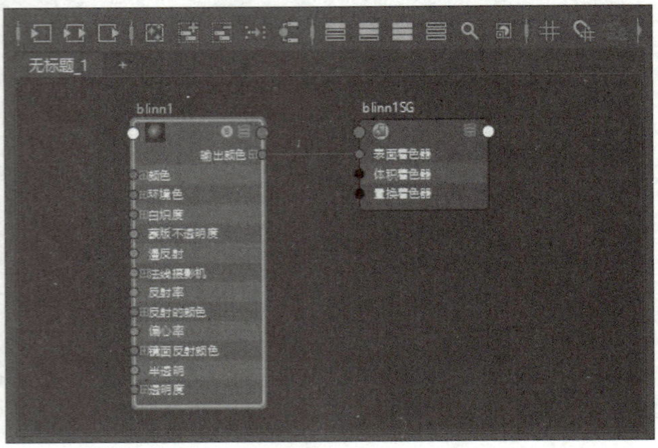

图 8-4

5. 材质查看器

通过材质查看器可以预览材质节点的颜色、质感、贴图等信息，还可以选择“材质球”“布料”“茶壶”“海洋”等不同的查看模式，如图8-5所示。

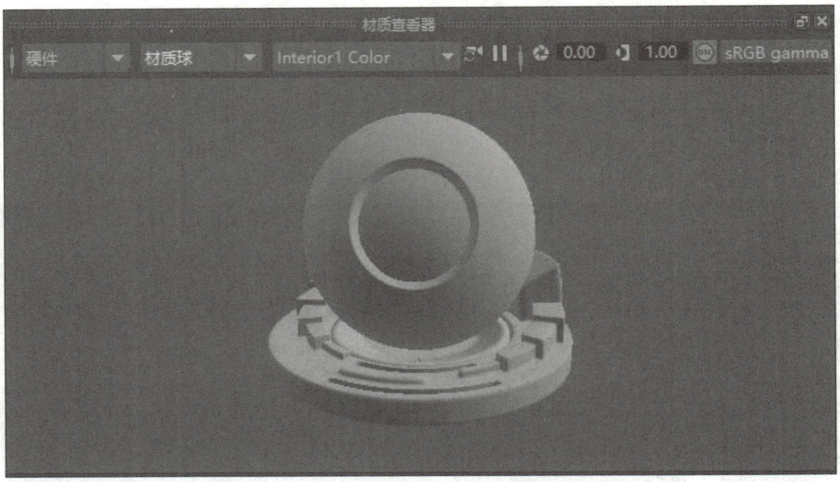

图 8-5

6. 特性编辑器

特性编辑器位于材质查看器的下方，可以通过该区域设置各种节点的属性参数，如图8-6所示。

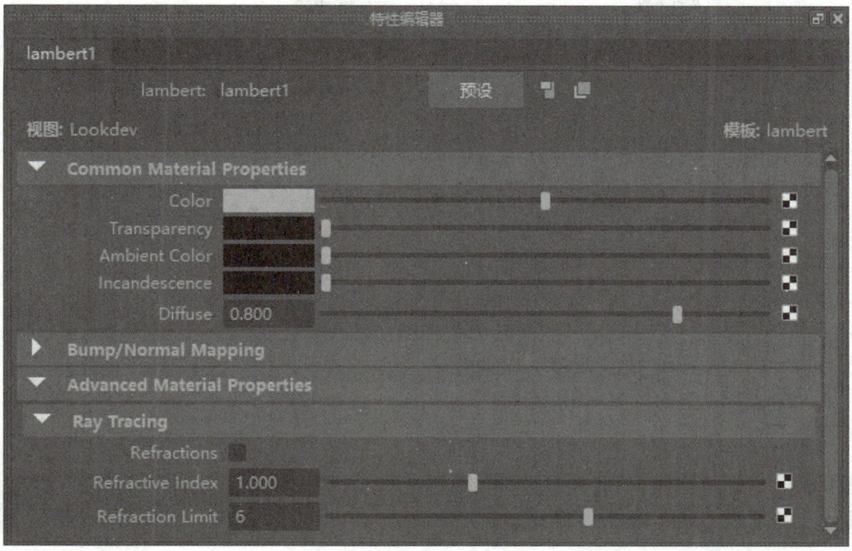

图 8-6

知识链接

材质编辑器的各个区域不是固定的，可以自由调节各区域的大小和位置。将鼠标指针移动至各区域之间的边线上，当鼠标指针变成双向箭头时，按住鼠标左键进行移动即可调整区域的大小。除了工作区以外的区域均为可浮动窗口。

■8.1.3 赋予材质

在材质编辑器内将创建的材质赋予物体通常有两种方法。

方法一：在材质编辑器的列表中选择一个材质球，单击鼠标左键进行材质的创建，并在工作区中将其显示出来，然后选中该材质球，按住鼠标中键将其拖动到物体上，释放鼠标，即可完成材质的赋予，如图8-7所示。

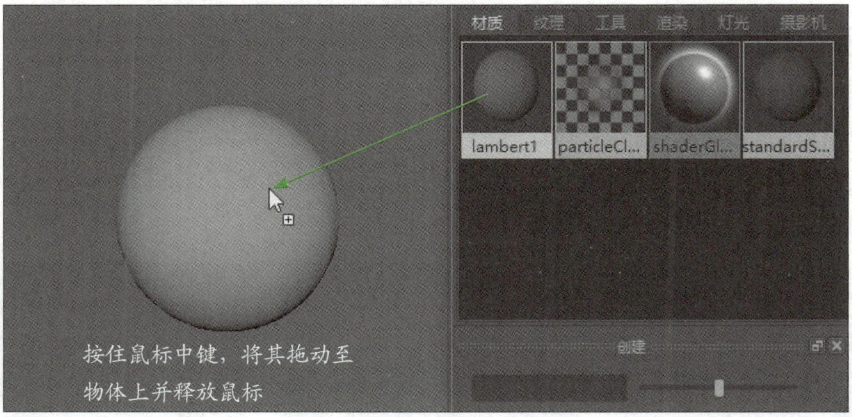

图 8-7

方法二：在视图中选择要赋予材质的物体，在材质编辑器中已经存在的材质球上右击，在弹出的菜单中选择“将材质指定给当前选择”命令，即可将材质赋予物体，如图8-8所示。

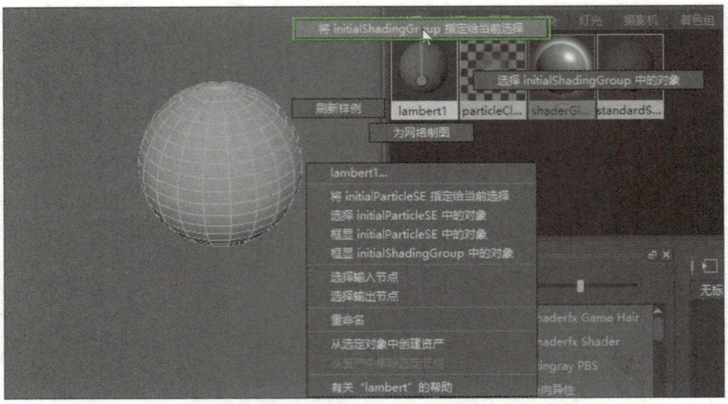

图 8-8

8.2　基本材质类型

在Maya中提供了许多材质类型以体现丰富的质感。这些材质具有不同的高光形态，不同的表面体积效果，不同的颜色、透明度、环境色、白炽度和凹凸贴图等属性。

1. 各向异性材质

各向异性材质具有独特的镜面高光属性，可以根据角度的大小进行细致的调整，如图8-9所示。

一般情况下，球体的高光应该是圆形的，但各向异性材质的高光是不规则形的。由于材质的特殊性，各向异性材质很适合表现一些不规则的反射效果，如头发、镜片、CD光盘等的反射效果。

2. Blinn材质

Blinn材质具有可调节性极强的高光柔和度，可以产生柔和的高光和镜面反射，具有金属表面和玻璃表面的特性，如图8-10所示。Blinn材质常用于模拟金属或玻璃等材料，在一些高光不是很强的木质家具模型上也常常用到。

3. Lambert材质

Lambert材质是Maya的默认材质。在创建一个模型后，Maya会自动为该模型指定Lambert材质。由于该材质的表面没有高光和反射，在模拟一些表面比较粗糙的物体时该材质有着很大的发挥空间，适用于制作树木、墙壁等，如图8-11所示。

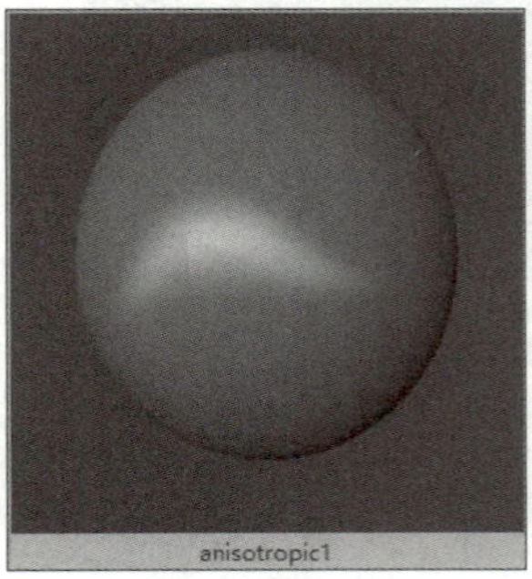

图 8-9

图 8-10

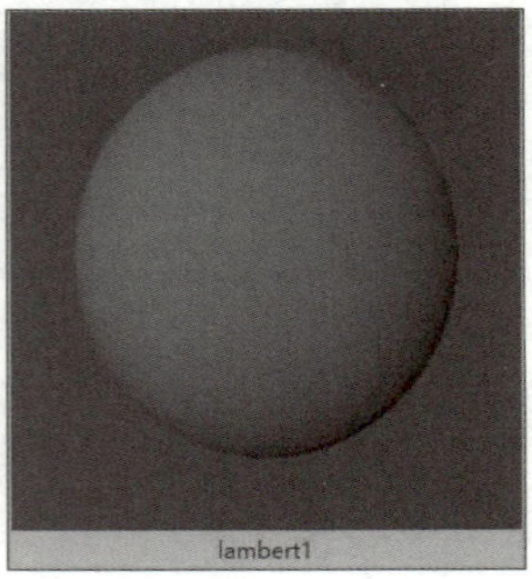

图 8-11

4. Phong材质

Phong材质具有极其强烈的高光，并且高光非常集中，常用于模拟光滑的、表面有光泽的物体（如水、玻璃等）的材质，如图8-12所示。

5. Phong E材质

Phong E材质是Phong材质的简化版本，高光要柔和一些，对于表现一些高光不太强烈但相对集中的质感有一定的优势，如图8-13所示。

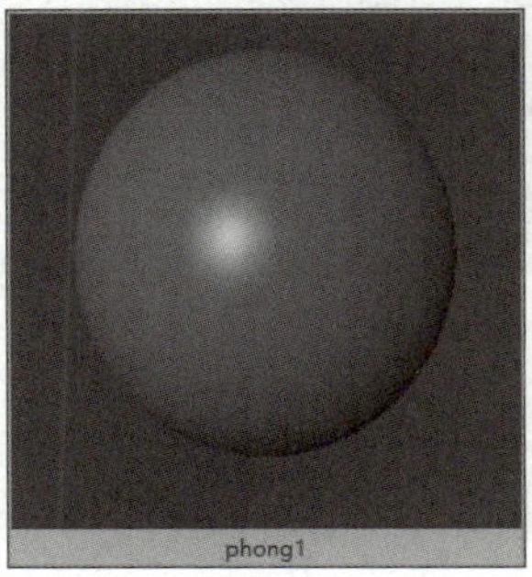

图 8-12

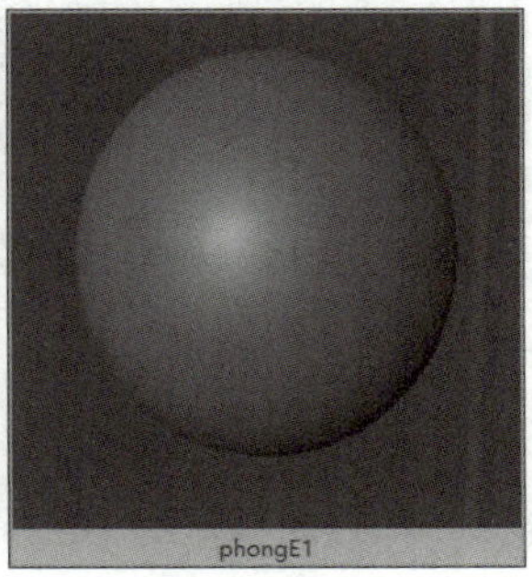

图 8-13

Maya中还有4种较常用的无体积材质，分别是“分层着色器”“着色贴图”“表面着色器”“使用背景”。下面进行详细介绍。

- **分层着色器：** 用于将不同的材质节点合成在一起。可以调整上层的透明度或者建立贴图，以显示出下层的某个区域。白色的区域表示完全透明，黑色的区域表示完全不透明。该材质如图8-14所示。
- **着色贴图：** 用于为物体的表面添加一种颜色，适用于非现实或卡通的阴影效果。该材质如图8-15所示。
- **表面着色器：** 用于为材质节点赋予颜色，与“着色贴图”材质类似。该材质的属性除了颜色，还有透明度、辉光度和光洁度，所以在卡通类材质的节点里较适用。该材质如图8-16所示。
- **使用背景：** 一般用于合成的单色背景，如图8-17所示。

图 8-14

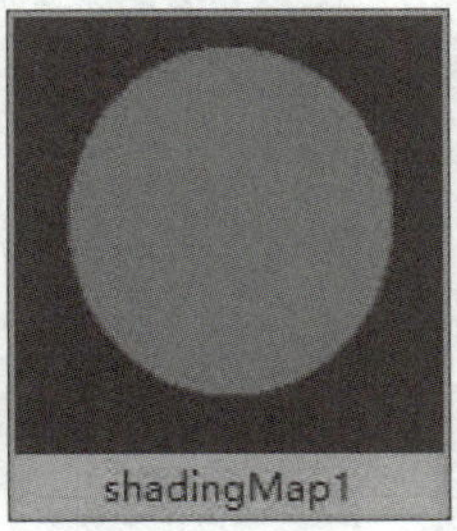

图 8-15

图 8-16

图 8-17

8.3 材质属性

在材质编辑器中可以看到并编辑材质的基本属性。材质属性分为通用属性、高光属性和辉光属性。

8.3.1 通用属性

通用属性是指各种材质都具有的属性，也是最基本的属性，如颜色、透明度、白炽度等。通用属性集中在“公用材质属性”卷展栏中，如图8-18所示。

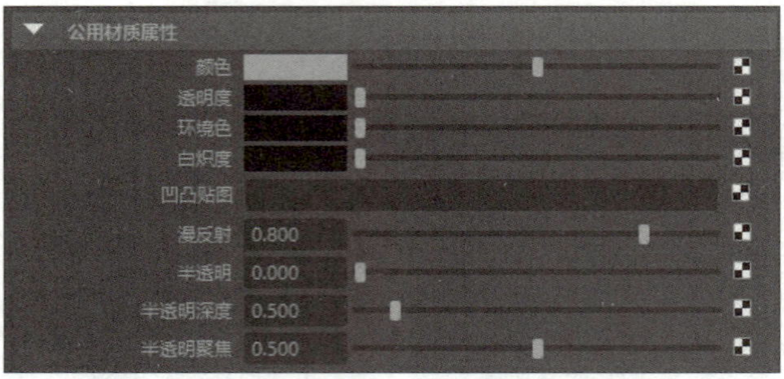

图 8-18

卷展栏中各属性的含义介绍如下：

- **颜色：** 用于控制材质的固有颜色，是表面材质最基本的属性。单击右侧的色块，可以打开拾色器，对材质的颜色进行调节，如图8-19所示。在基本颜色不能满足需求的时候，可以单击最右侧的贴图按钮，在打开的“创建渲染节点”对话框中选择一种贴图添加到材质的表面，如图8-20所示。

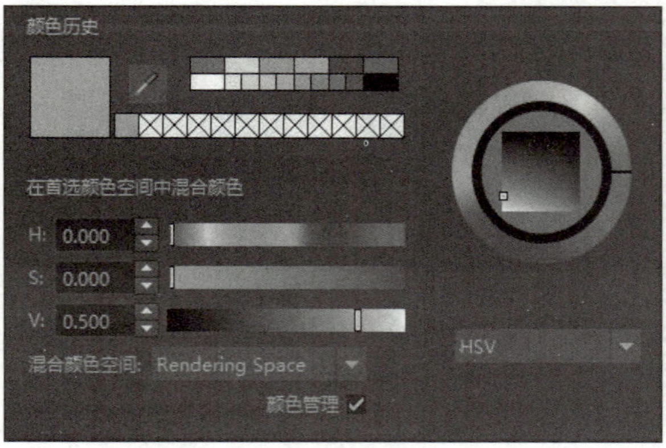

图 8-19

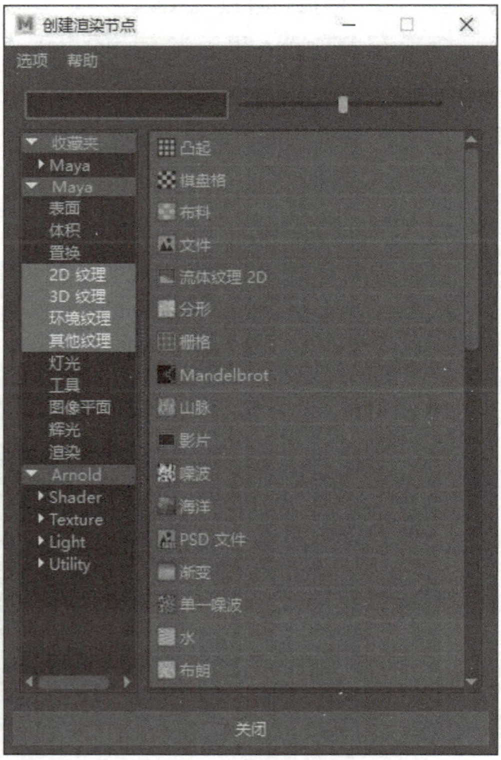

图 8-20

- **透明度：** 用于控制材质的透明度。数值为0（黑）时表示完全不透明；数值为1（白）时则表示完全透明。要设置一个物体半透明，可以设置透明度的颜色为灰色，或者与材质的颜色同色。默认值为0。

- **环境色**：默认为黑色，这时不影响材质的颜色。当环境色变亮时，可以改变材质被照亮区域的颜色，并混合这两种颜色。环境色可以作为一种光源使用。
- **白炽度**：用于模拟白炽状态的物体发出的颜色和光亮（但并不照亮其他物体），默认值为0（黑）。典型的例子是模拟红色的熔岩，白炽度可使用亮红色。
- **凹凸贴图**：通过设置凹凸映射纹理的参数，在渲染时可以改变物体的表面法线，使它看上去产生凹凸的感觉，实际上赋予了凹凸贴图的物体的表面并没有改变。如果渲染一个有凹凸贴图的球体，观察它的边缘，会发现它仍是圆的，如图8-21所示。

图 8-21

- **漫反射**：用于描述物体在各个方向反射光线的能力。基于“颜色”设置，漫反射的数值越大，物体表面的颜色越接近设置的颜色。默认值为0.8，可用值为0至无穷大。
- **半透明**：是指一种材质可以接受来自外部的光线，允许光线通过，但又不是真正的透明状态，可以使物体呈现出通透感。常见的半透明材质有蜡、纸张、花瓣等。
- **半透明深度**：表示灯光通过半透明物体时所形成的阴影的位置远近。
- **半透明聚焦**：表示灯光通过半透明物体时所形成的阴影的大小。数值越大，阴影越大，可以全部穿透物体；数值越小，阴影越小，可以在表面形成反射和穿透，换句话说，就是可以形成表面的反射和底部的阴影。

■8.3.2 高光属性

高光属性用来控制表面反射的光线或者表面炽热所产生的辉光，不同的材质模拟的高光效果不同，高光属性也有所不同。

Blinn材质具有优秀的软高光效果，是使用非常广泛的材质。这里以Blinn材质的高光属性为例，进行高光属性的说明，如图8-22所示。

- **偏心率**：主要用于控制Blinn材质的高光区域的大小。
- **镜面反射衰减**：主要用于控制高光的强弱。
- **镜面反射颜色**：用于控制高光的颜色，可以根据设置的颜色调整高光的颜色。

- **反射率**：用于控制物体反射的强度。
- **反射的颜色**：在渲染的过程中利用光线追踪进行运算固然真实，但是渲染时间太长也是令人无法忍受的，因此，可以通过在“反射的颜色”中添加环境贴图来模拟反射（也称为“伪反射”），从而减少渲染时间。

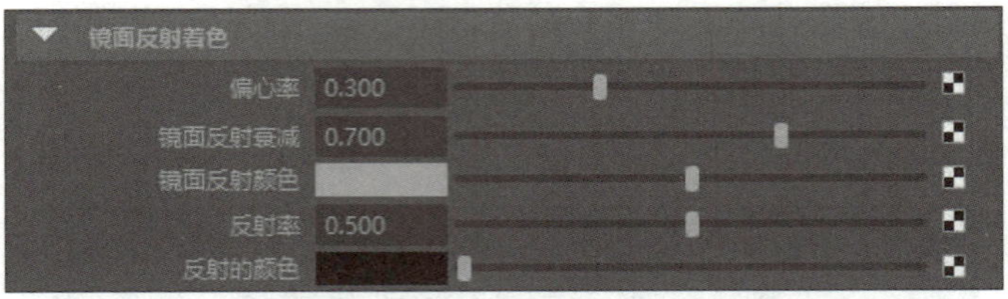

图 8-22

■8.3.3　辉光属性

辉光属性是在渲染之后自动添加的一个辉光效果，如图8-23所示。

图 8-23

- **隐藏源**：用于控制是否隐藏物体。开关前后的效果如图8-24、图8-25所示。

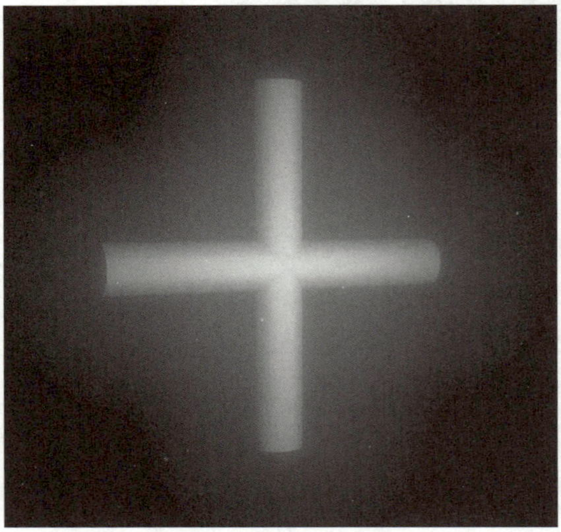

图 8-24

图 8-25

- **辉光强度**：主要用于控制辉光的强弱。

想要对辉光属性进行更加深入的调整，可以在“辉光属性”卷展栏中进行设置，如图8-26所示。

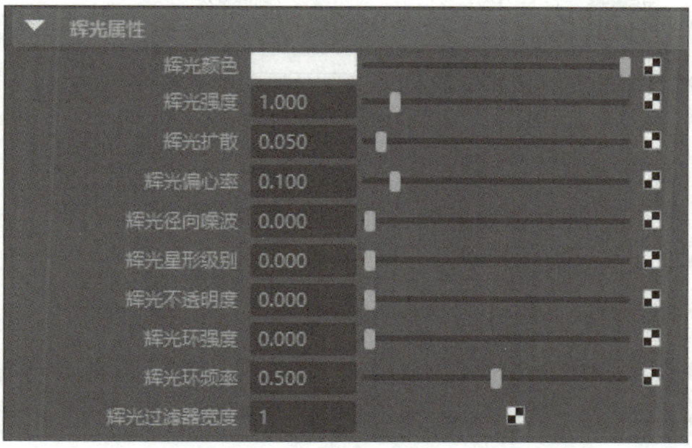

图 8-26

8.4 纹理贴图属性

在动画设计过程中，纯粹的材质是很少使用的，使用纹理贴图一方面可以节省大量的模型运算，另一方面可以带来逼真的效果。

程序纹理是通过Maya自带的图形程序编辑形成的图形，就像矢量图一样，不会因为大小的变化而出现锯齿。通常可以用程序纹理制作一些简单重复的图形或配合表面材质使用。Maya中的纹理可以分为2D纹理、3D纹理、环境纹理等，如图8-27～图8-29所示。

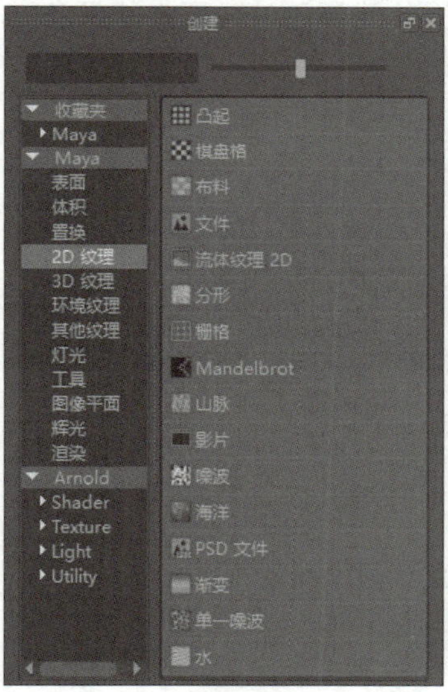

图 8-27

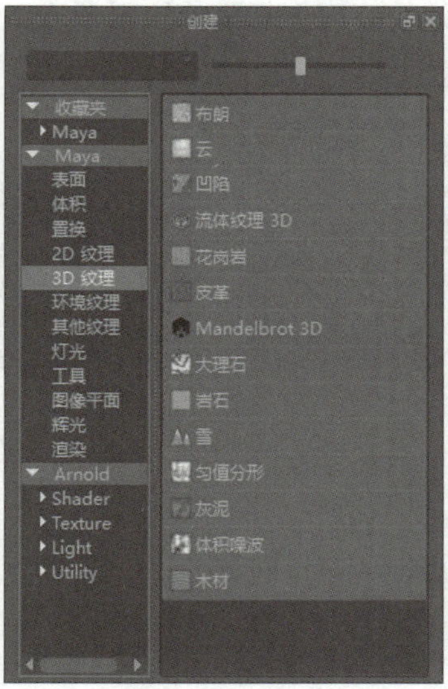

图 8-28

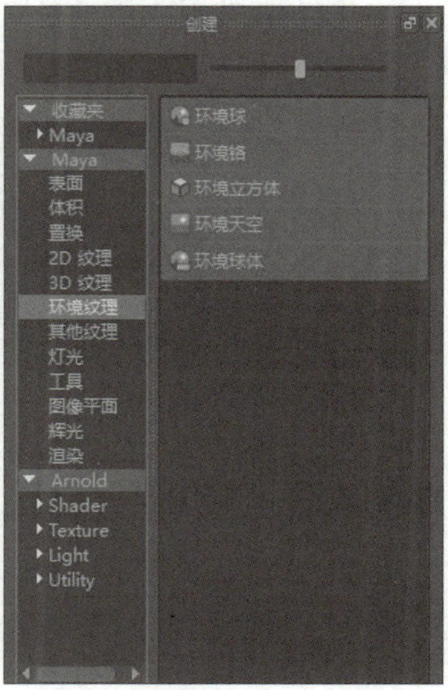

图 8-29

- **2D纹理：**通常作用于几何对象的表面，其效果取决于UV坐标和投射方式。
- **3D纹理：**是根据程序以三维方式生成的图案，不受物体外观的影响。在3D程序纹理中可以通过对参数的调节来控制纹理和图案的效果。
- **环境纹理：**不直接作用于物体，一般用于模拟周围的环境。
- **其他纹理：**是指分层纹理，与“分层着色器”的效果类似。

■8.4.1 纹理通用属性

大多数程序纹理都具有相同的通用属性，调节较多的是颜色平衡属性。

1. 颜色平衡

“颜色平衡”卷展栏主要用于对节点的简单校色处理和对通道的调节，如图8-30所示。

- **默认颜色：** 只有在贴图坐标无法全部覆盖时才会起作用。
- **颜色增益：** 用于颜色相乘，将颜色增益的颜色与原纹理进行相乘处理。为白色时，与任何纹理相乘都会产生变化；为黑色时，与任何纹理相乘都不会产生变化。
- **颜色偏移：** 用于颜色相加，将颜色偏移的颜色与原纹理进行相加处理。
- **Alpha增益：** 用于Alpha相乘，是对通道的调节，与颜色增益的原理一样。
- **Alpha偏移：** 用于Alpha相加，是对通道的调节，与颜色偏移的原理一样。
- **Alpha为亮度：** 表示将颜色的亮度信息作为Alpha值。

2. 效果

“效果”卷展栏用来对纹理进行简单的效果处理，如图8-31所示。

- **过滤：** 用于很细微地模糊图像。
- **过滤器偏移：** 用于模糊图像。即使是较小数值的调整，也会对模糊程度产生很大的影响。
- **反转：** 用于反转颜色，将黑变白，将白变黑。
- **颜色重映射：** 用于根据图像的亮度重新赋予纹理颜色。使用其他颜色替代原来的颜色，纹理不变，仅颜色改变。

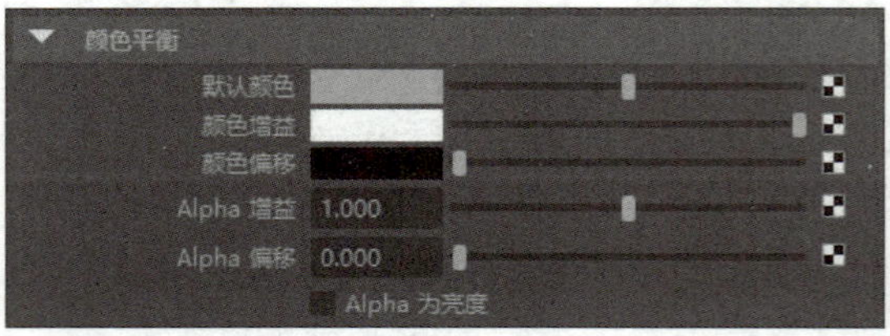

图 8-30

图 8-31

■8.4.2 纹理特有属性

每个纹理都具有自己特有的属性，对这些属性进行调节会直接影响纹理效果的形成。

1. 凸起

利用该纹理可以创建一个边缘逐渐变灰暗的白色方形栅格纹理效果，如图8-32所示。用于凹凸贴图或置换贴图，可以创建物体表面的突出；用于透明贴图或高光贴图，可以模拟现实中的物体，如边缘脏污的窗户或瓷砖的颜色贴图。

- **U向宽度：** 用于控制纹理中的黑色在U方向的宽度，取值范围为0～1，默认值为0.1。
- **V向宽度：** 用于控制纹理中的黑色在V方向的宽度，取值范围为0～1，默认值为0.1。

凸起纹理的渲染效果如图8-33所示。

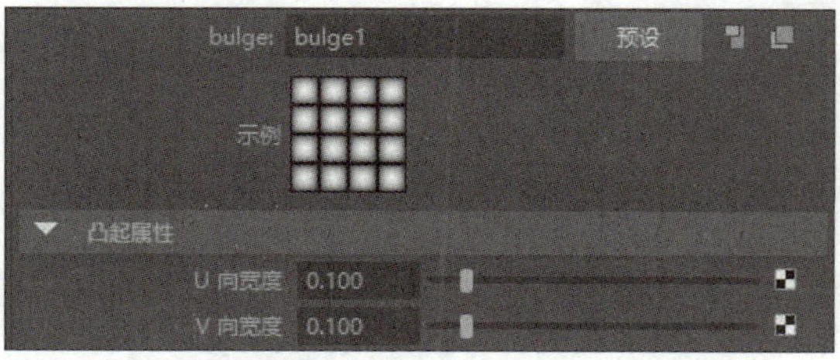

图 8-32

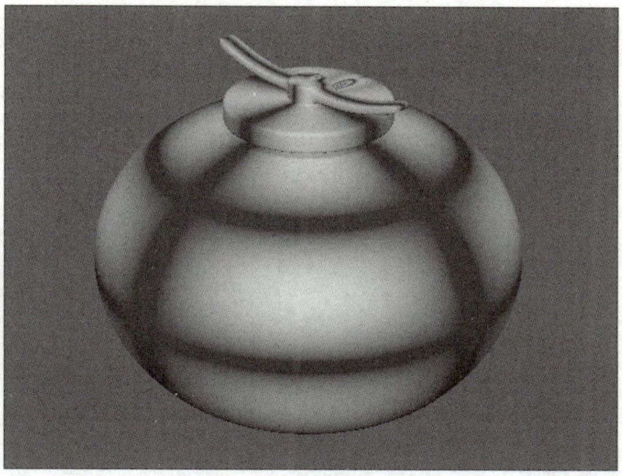

图 8-33

2. 棋盘格

利用该纹理可创建棋盘格图案的程序纹理效果，如图8-34所示。在多边形模型展开UV时，常用此纹理进行贴图的校对，以防止贴图拉伸。

- **颜色1/颜色2**：用于控制棋盘格纹理的两种颜色。
- **对比度**：表示两种纹理颜色的对比度。取值范围为0～1，默认值为1。

棋盘格纹理的渲染效果如图8-35所示。

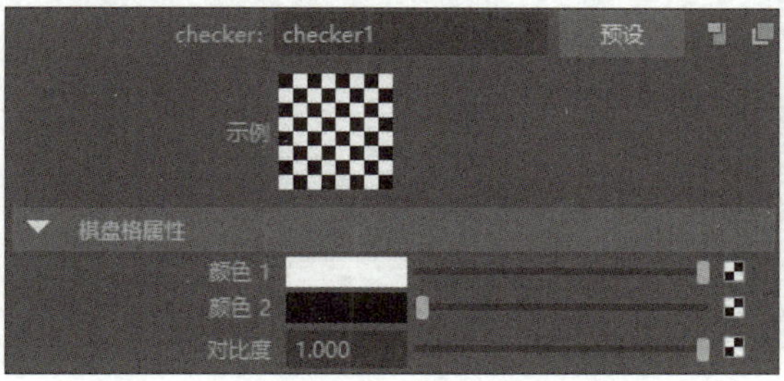

图 8-34

图 8-35

3. 布料

该纹理一般用于模拟编织类布料的效果，如图8-36所示。

- **间隙颜色**：表示U方向和V方向之间区域的颜色。间隙颜色越浅，所模拟布料的纤维就会显得越柔软、透明。
- **U 向波**：用于调节U方向线条的波纹起伏大小。
- **V 向波**：用于调节V方向线条的波纹起伏大小。
- **随机度**：在U方向和V方向随机涂抹纹理。调整该数值，可以利用不规则的线条创建外观自然的布料材质。取值范围为0～1，默认值为0。
- **宽度扩散**：用于随机设置每条线条不同位置的宽度，方法是从“U/V向宽度”值中减去“随机度”值。取值范围为0～1，默认值为0。

- **亮度扩散**：用于随机设置每条线条不同位置的亮度。取值范围为0～1，默认值为0。

布料纹理的渲染效果如图8-37所示。

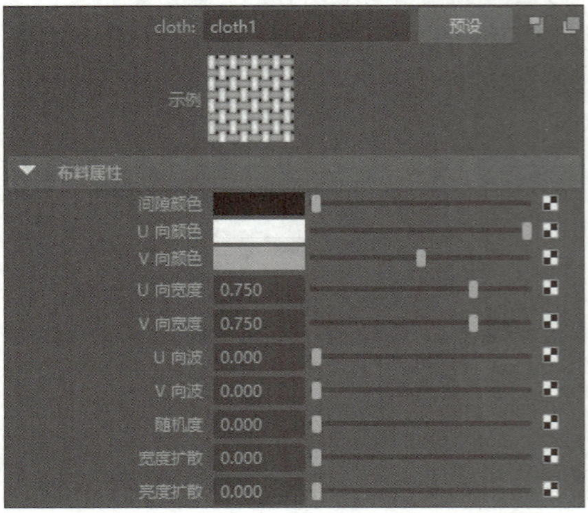

图 8-36

图 8-37

4. 文件

文件纹理是常用的一个节点，任何一张图片都可以文件纹理的形式调入，文件纹理属性如图8-38所示。

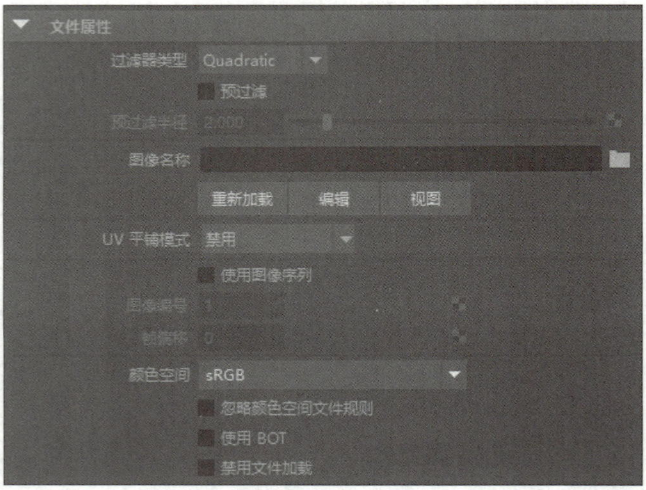

图 8-38

- **过滤器类型**：用于控制纹理的抗锯齿过滤等级。
- **预过滤**：用于为图像去除不必要的噪波和锯齿。
- **预过滤半径**：用于控制去除噪波锯齿的半径大小。数值越大，纹理越光滑。
- **使用图像序列**：用于以序列帧的形式导入动态素材。

文件纹理的渲染效果如图8-39、图8-40所示。

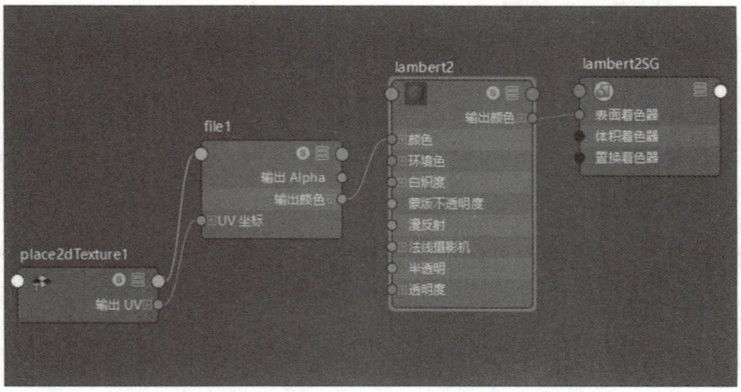

图 8-39

图 8-40

5. 分形

该纹理具有随机功能和特殊的分配频率，可以用来制作凹凸效果，表现粗糙的表面，如图8-41所示。

- **振幅**：用于控制噪波振幅的大小。取值范围为0～1。
- **阈值**：表示噪波的极限值。取值范围为0～1。
- **比率**：用于控制噪波样式的比率。
- **频率比**：用于控制噪波样式的频率。
- **最低级别/最高级别**：表示噪波重复的最小值和最大值。取值范围为0～25。
- **偏移**：用于控制偏移值。
- **弯曲**：用于控制产生变形的效果。
- **已设置动画**：用于开启动画，激活“时间”和“时间比”属性。
- **时间**：用于控制噪波频率的时间比例关系。当时间不为1时，动画不会重复。
- **时间比**：用于确定噪波频率的相对时间比。

分形纹理的渲染效果如图8-42所示。

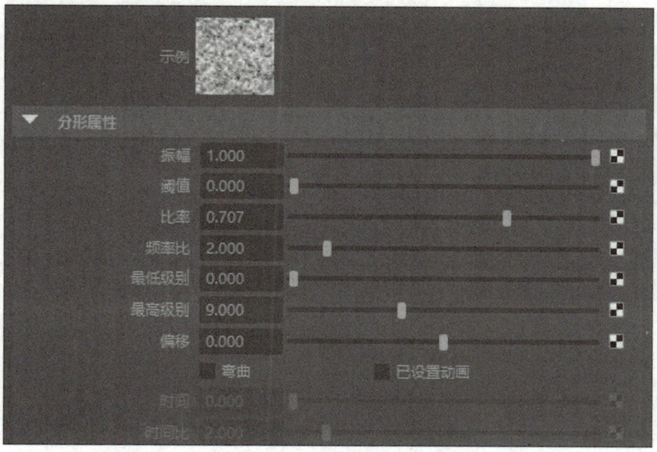

图 8-41

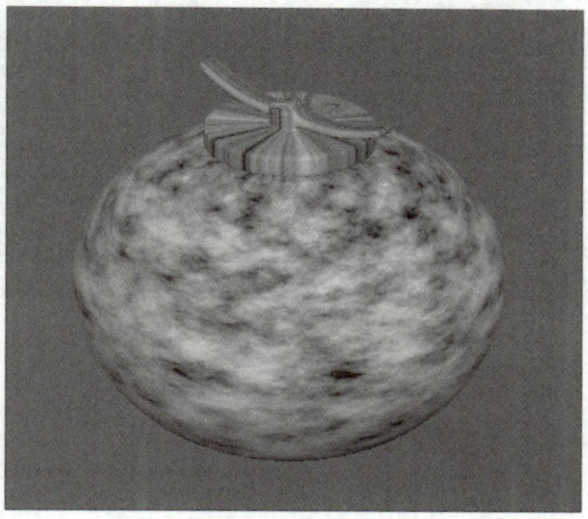

图 8-42

6. 噪波

该纹理适用于表现凹凸效果和制作不规则的怪异纹理效果，如图8-43所示。

- **阈值**：表示极限值，用于控制整个噪波的亮度。
- **振幅**：用于控制纹理中的比例。当数值增大时，亮的区域会更亮，而暗的区域会更暗。
- **比率**：用于控制噪波的频率。增大数值会增大分形的细节，使效果更强烈。
- **频率比**：用于确定噪波频率的空间比例关系。
- **最大深度**：用于控制纹理的计算数量。
- **弯曲**：用于在噪波功能中指定一个膨胀和收缩的变形效果。
- **内爆**：用于控制膨胀和收缩效果。
- **内爆中心**：用于确定膨胀和收缩的中心位置。
- **密度**：用于控制噪波之间的融合数量和强度。
- **斑点化度**：用于控制噪波的随机密度。当增大数值时，会出现大小不一的密度区域。

- **大小随机化：**用于控制噪波圆点的随机尺寸。
- **随机度：**在使用“Billow”噪波类型时，用于控制噪波圆点的数量。数值为0时，所有圆点都被放置在规则的图案里。
- **衰减：**用于控制噪点的衰减效果。

噪波纹理的渲染效果如图8-44所示。

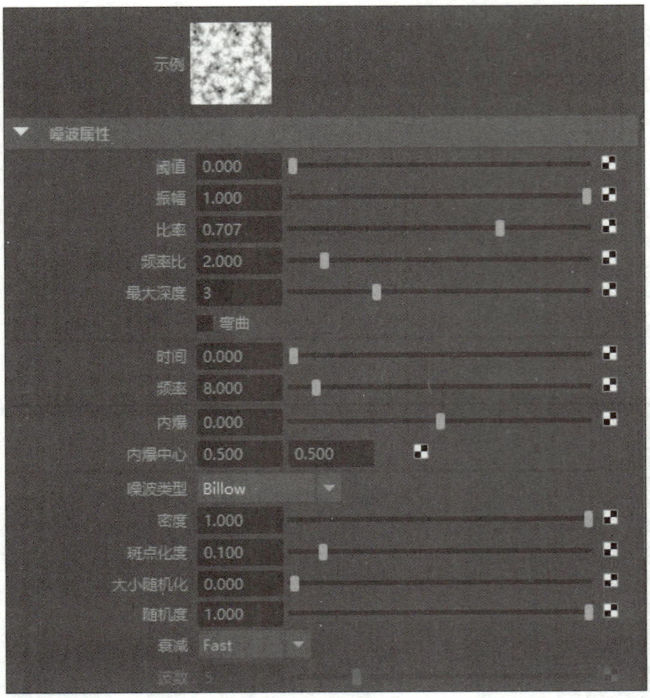

图 8-43

图 8-44

7. 渐变

使用渐变纹理可以创建一种颜色向另外一种颜色的过渡效果，如图8-45所示。

- **类型：**用于控制颜色方向的类型。
- **插值：**用于控制颜色之间融合的方式。
- **选定颜色：**用于控制选择点的颜色，可以连接任何节点来替换现有的单色。
- **选定位置：**用于控制选定颜色的点在渐变中的位置。
- **U向波：**用于控制颜色的横向波纹。
- **V向波：**用于控制颜色的竖向波纹。
- **噪波：**用于控制颜色的噪波大小。
- **噪波频率：**用于控制颜色的噪波频率。默认值为0.5。

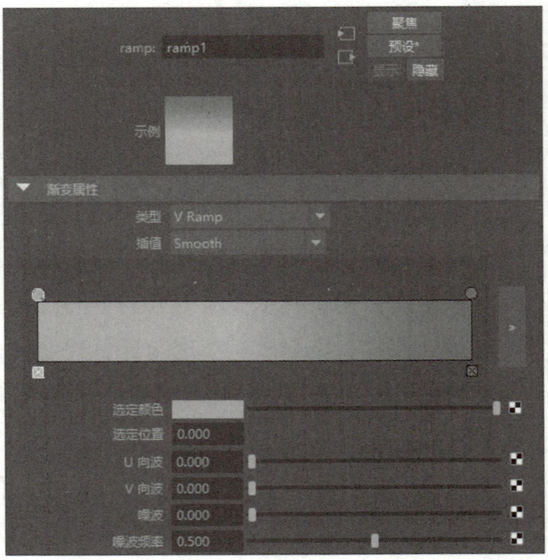

图 8-45

渐变纹理的渲染效果如图8-46所示。

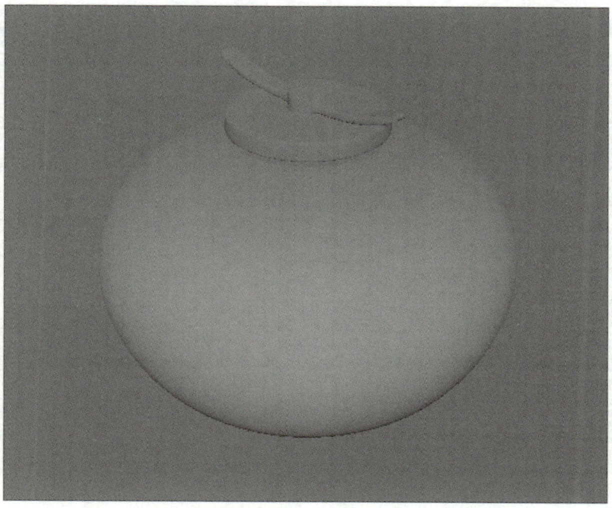

图 8-46

8.5 UV

UV与贴图是相辅相成的。UV相当于贴图在模型上的坐标信息，所以为模型赋予贴图之前必须先拆分模型的UV，以确定贴图纹理在模型上的正确坐标位置，避免贴图纹理的错乱与拉伸。

■8.5.1 UV的概念

UV是将三维模型转换成二维图形的一种手段，将三维模型的表面进行拆分，平铺成二维图形，然后根据转换成二维图形的模型形态，可以在二维软件中进行贴图的绘制。

需要注意的是，只有多边形模型和细分表面模型具有UV点属性，而且UV点的编辑只能在UV编辑器里进行。对UV的编辑、修改不会对模型本身的形状产生任何影响，如图8-47所示。

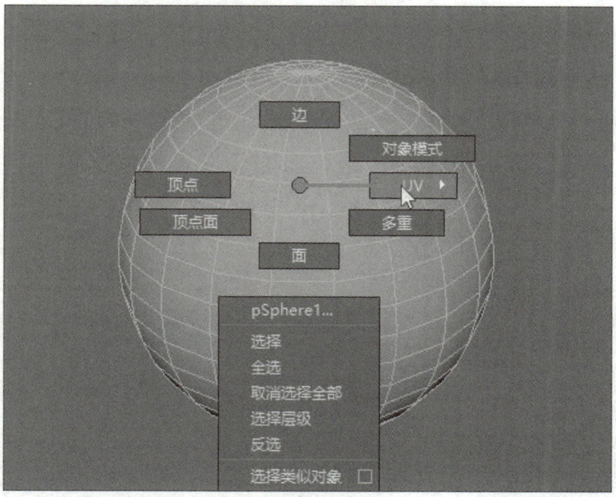

图 8-47

通常来讲，在完成模型的创建后，会为模型赋予棋盘格类的测试贴图，可以通过观察棋盘格的分布效果来快速判断模型UV的变形情况，如图8-48、图8-49所示。

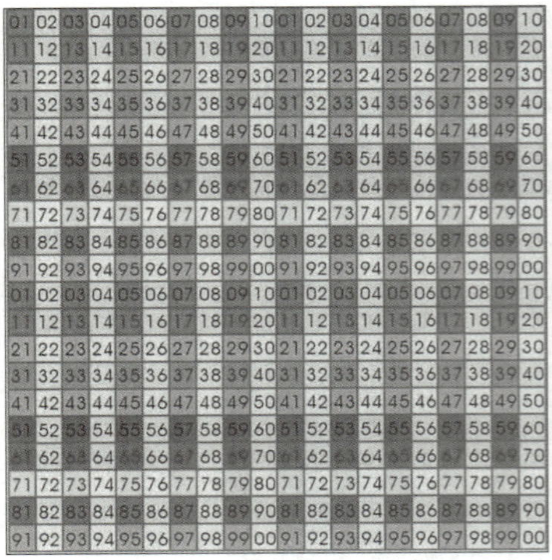

图 8-48

图 8-49

UV编辑流程如下：

- 根据模型的形状确定使用哪种UV映射方式。
- 使用相应的UV映射方式粗略地映射UV。
- 使用UV编辑器进一步完善UV的细节，制作出符合UV编辑原则的UV块。
- 将编辑好的UV以二维图形的形式导出，作为绘制贴图的参考。

■8.5.2　UV映射工具

一般情况下，模型的原始UV是比较乱的，没有办法直接在UV编辑器里进行编辑和整理，需要对模型进行一个初始的UV划分。

Maya根据现实中的物体归纳出3种几何映射方式（圆柱形、平面、球形）和1种自动映射方式。例如人体，头部可以使用球形映射，身体和四肢可以使用圆柱形映射；而自动映射可以应用于不规则的物体，如石头等。

打开UV菜单，可以找到这4种映射方式，如图8-50所示。

这里对平面映射进行详细的介绍。平面映射是通过一个平面将UV映射到模型上，这种方式适用于相对平整的表面。单击“平面”命令右侧的设置按钮，打开“平面映射选项”对话框，如图8-51所示。

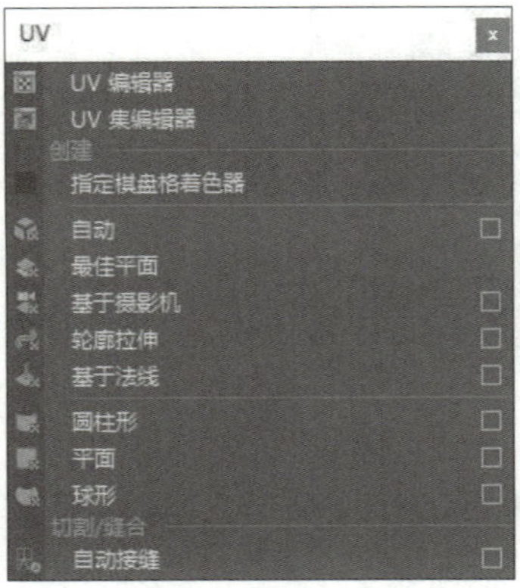

图 8-50

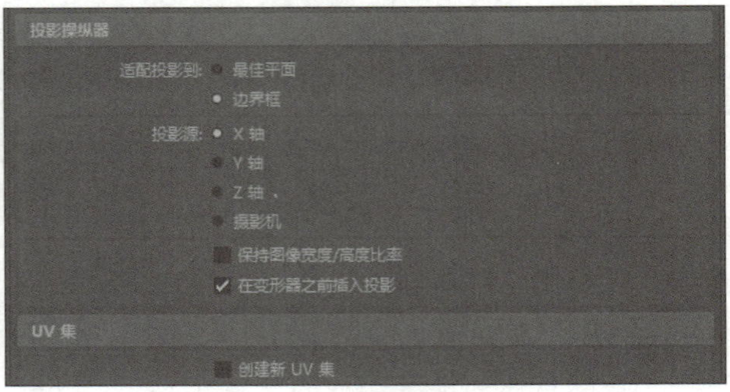

图 8-51

- **最佳平面**：单击该单选按钮，自动使用最佳的平面UV方式映射多边形模型，以改变模型的UV属性。
- **边界框**：单击该单选按钮，以自定义的方向映射多边形模型。
- **投影源**：可以根据模型的实际情况选择x、y、z 3种映射方向，或者使用摄影机的视角决定映射的角度。
- **保持图像宽度/高度比率**：未勾选此复选框进行映射后，模型的UV会充满0～1栅格象限范围；勾选此复选框进行映射后，则UV的每个面与相应模型面的宽高比相同，可以相对缓解拉伸。
- **在变形器之前插入投影**：当多边形模型使用了变形工具后，该复选框是与之相关联的；如果取消勾选该复选框，创建变形动画后，顶点的纹理位置会被变形影响，导致纹理位置产生偏差。
- **创建新UV集**：勾选该复选框，可以创建新的UV集并避免由投影在该集中创建UV。

添加平面映射后，可以通过拖动控制器中心区域的颜色方块移动UV的位置，或拖动四周的颜色方块进行整体和指定方向的UV缩放，如图8-52所示。

单击类似字母T的红色图标，可将控制器切换至旋转控制状态，再次单击即切换回缩放和位置控制状态，如图8-53所示。

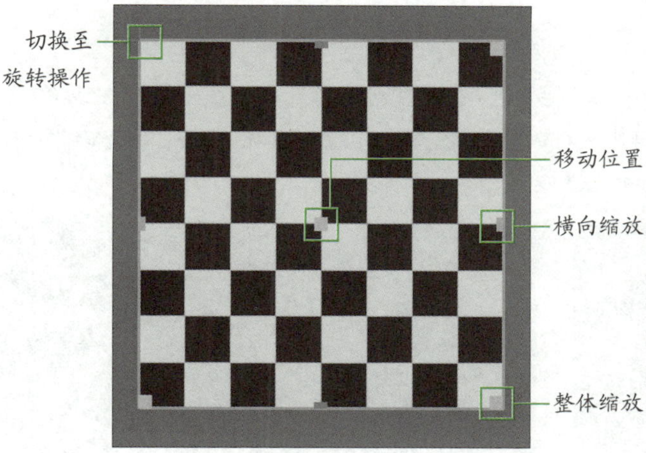

图 8-52

图 8-53

■8.5.3 UV编辑器

UV编辑器是一个专用的UV工作窗口，在这个窗口中可以对UV进行编辑，并将编辑好的UV导出为一张图片，作为二维软件绘制纹理贴图的参考。执行“窗口”→“建模编辑器”→“UV编辑器”命令，同时打开UV编辑器和“UV工具包”面板，如图8-54、图8-55所示。

你学会了吗？

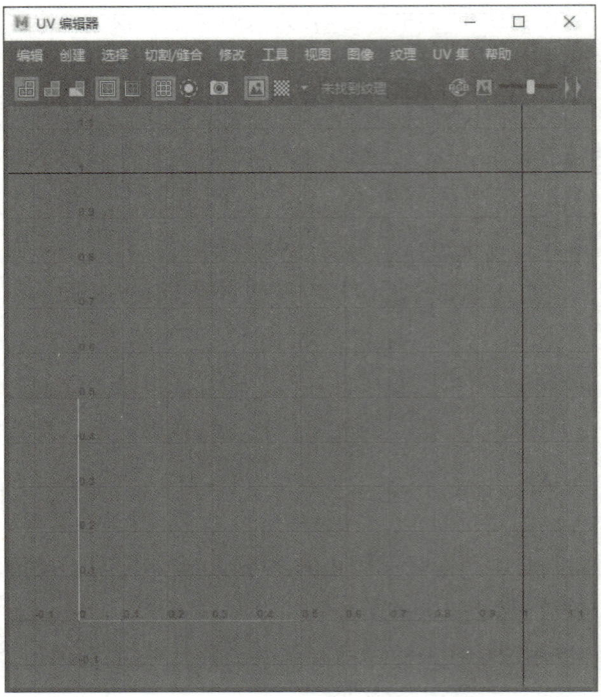

图 8-54

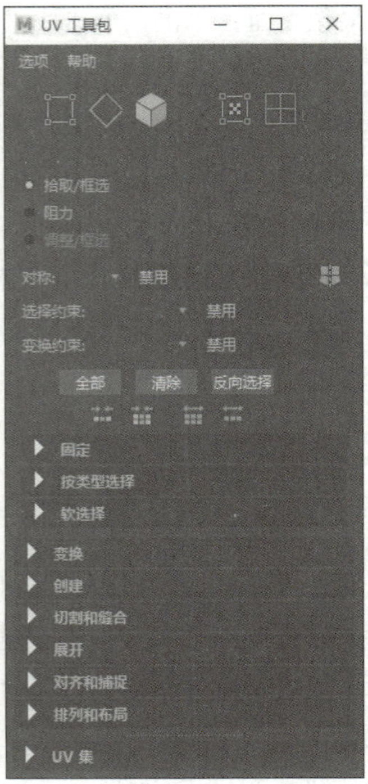

图 8-55

1. UVs的选择和变换

在UV编辑器中如果要对UV进行编辑，就要先进入UV点的编辑模式。在三维视图或者UV编辑器中右击，选择“UV”选项，即可进入UV点的编辑模式，如图8-56所示。在UV编辑器中，可以对UV进行位移、旋转和缩放的变换操作，如图8-57所示。

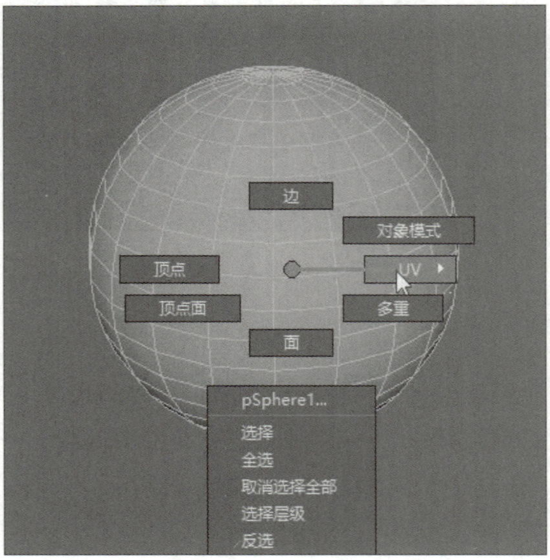

图 8-56

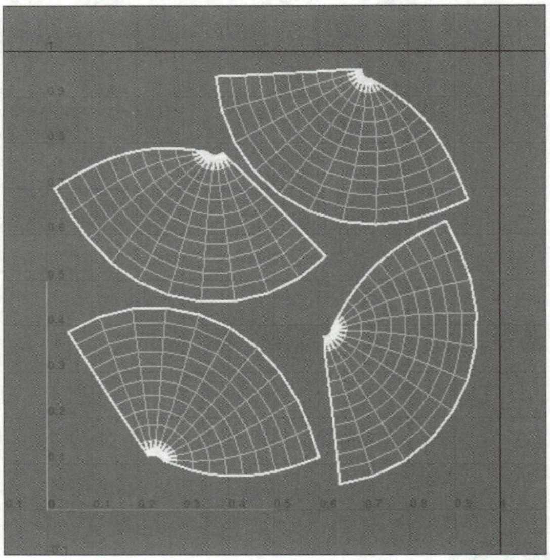

图 8-57

2. 选择连续的UV点（UV块）

选择某一UV块中的任意一个UV点，在按住Ctrl键的同时右击，选择“到UV壳”命令，即可选中整块的UV点，如图8-58、图8-59所示。

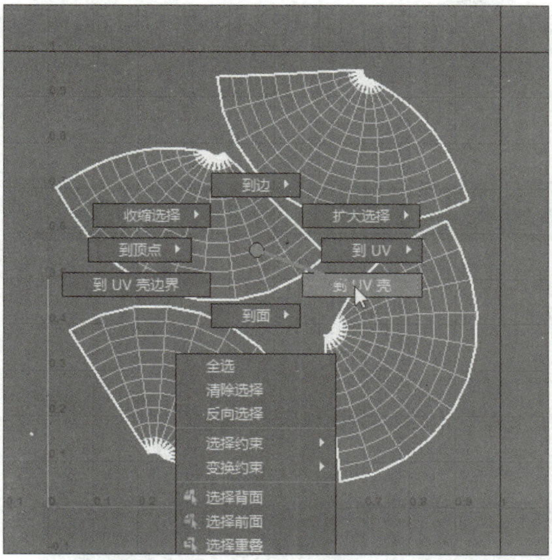

图 8-58

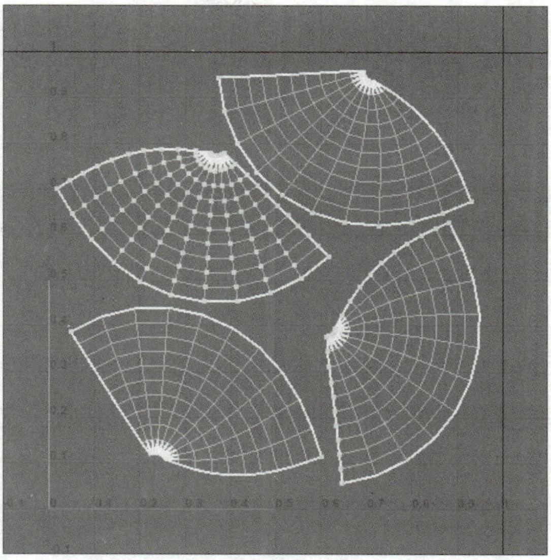

图 8-59

3. UV的图像输出

选中完成UV拆分的模型，在UV编辑器中执行“图像”→“UV快照”命令，打开“UV快照选项”对话框，根据需要对输出图像的保存路径、大小、格式等信息进行设置，然后单击“应用”按钮即可输出图像，如图8-60所示。

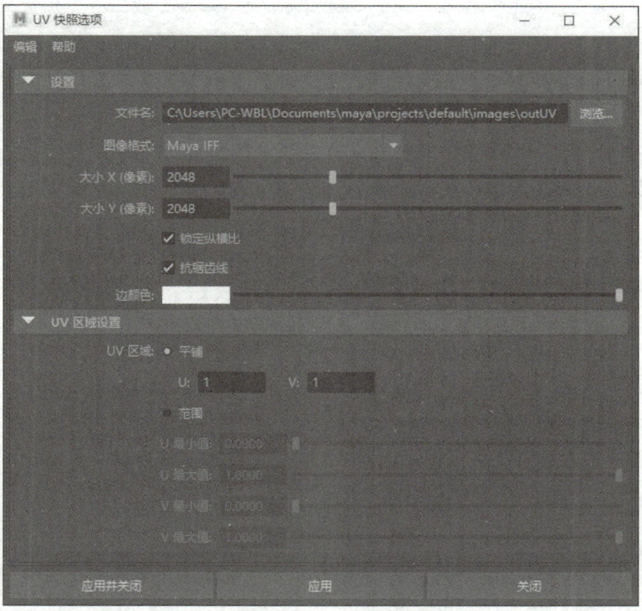

图 8-60

一般来说，最合理的UV分布取决于纹理类型、模型构造、模型在画面中的比例和渲染尺寸等，但也应遵循一些基本原则。

- 除非必要，UVs尽量避免相互重叠。
- UV尽量避免拉伸。
- 尽量减少UV的接缝（划分较少的UV块面）。

- 将UV接缝安排在摄影机不易察觉的位置或结构变化较大、材质外观不同的位置。
- 保持UVs在0～1栅格象限内，并充分利用0～1的栅格象限空间。
- 同一模型不同UV块的比例尽量一致。

8.6 贴图

在完成UV定位后，就可以绘制纹理了。绘制纹理可以使用贴图的方式，而贴图分为很多种，最常用的是颜色贴图，可以最简易、最直观的方式将自己绘制或者准备好的图像体现在三维模型上。下面介绍利用贴图制作杂志封面的方法。

步骤01 创建blinn材质球，单击blinn材质球“颜色”属性右侧的贴图按钮，在弹出的“创建渲染节点”面板中选择“文件”选项，如图8-61所示。

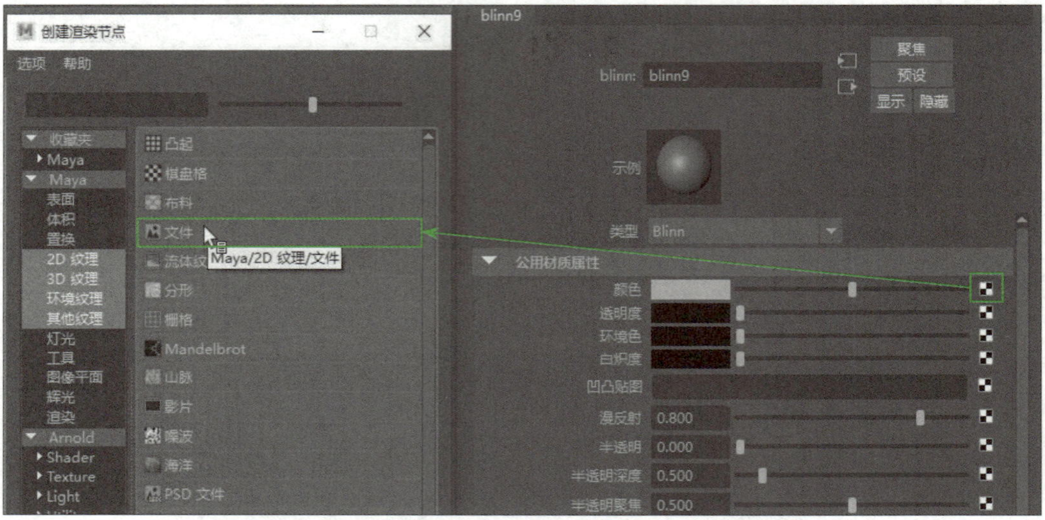

图 8-61

步骤02 单击文件节点“图像名称”属性右侧的文件夹按钮，链接事先准备好的外部贴图，如图8-62所示。

步骤03 将blinn材质球赋予杂志模型作为封面，效果如图8-63所示。

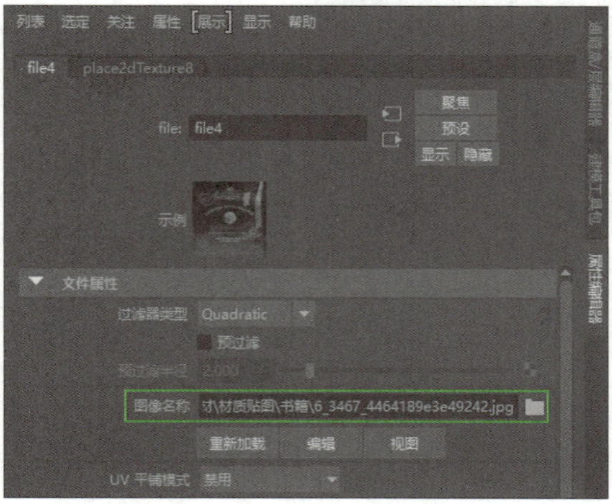

图 8-62

图 8-63

实战演练 制作酒桶上的玻璃杯材质

本例制作放置在墙边的酒桶上摆放着玻璃杯的场景，为场景架设灯光提供照明和阴影，通过引用外部贴图体现酒桶的木头材质，调节材质球的高光属性为玻璃杯模型制作玻璃材质。

1. 设置场景灯光

步骤 01 在制作材质之前，可先创建灯光，以便在制作过程中能更好地看出材质效果。打开准备好的场景文件“制作酒桶上的玻璃杯材质-初始.mb”，执行“创建”→“灯光”→“聚光灯”命令，使用变换工具调整聚光灯图标的大小、角度及位置，如图8-64所示。

扫码观看视频

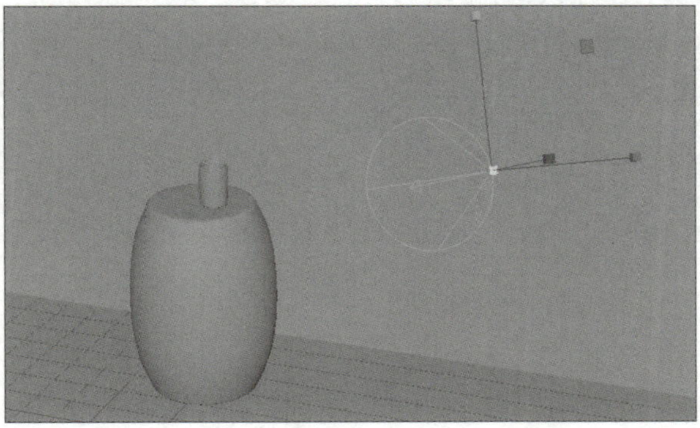

图 8-64

步骤 02 打开灯光的属性编辑器，将灯光的颜色调至偏暖色，调整“半影角度”为30，“衰减”为10，勾选“使用深度贴图阴影”复选框，设置“分辨率”为1024，“过滤器大小”为8，如图8-65所示。

步骤 03 渲染场景，效果如图8-66所示。

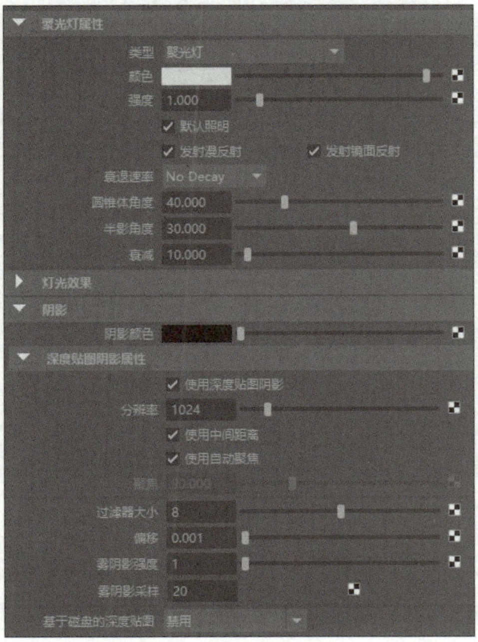

图 8-65

图 8-66

步骤 04 再添加一盏聚光灯作为辅助光源，降低灯光的强度，辅助光源不需要开启阴影效果，如图8-67所示。

图 8-67

2. 制作测试贴图

步骤 01 执行“窗口”→“渲染编辑器”→“材质编辑器”命令，打开材质编辑器。创建一个lambert材质球，双击材质球图标，打开“创建渲染节点”对话框，单击“颜色”右侧的贴图按钮，为其链接一个文件节点，如图8-68所示。

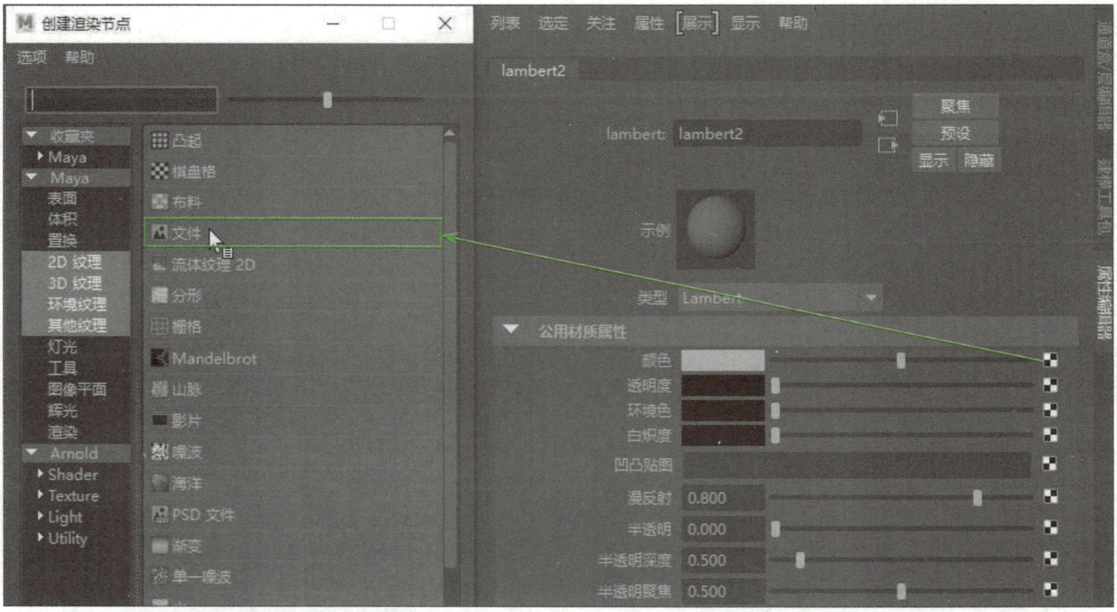

图 8-68

步骤 02 单击文件节点“图像名称”右侧的文件夹按钮，选择测试贴图文件，然后选择酒桶和墙面模型，在lambert材质球图标上长按鼠标右键，选择“为当前选择指定材质”命令，将材质赋予模型，如图8-69、图8-70所示。

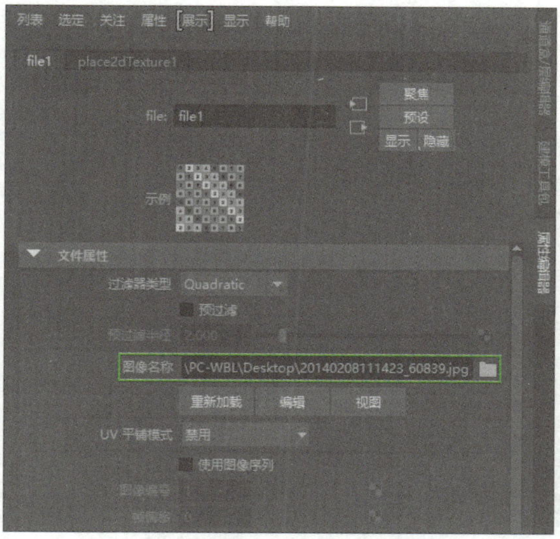

图 8-69

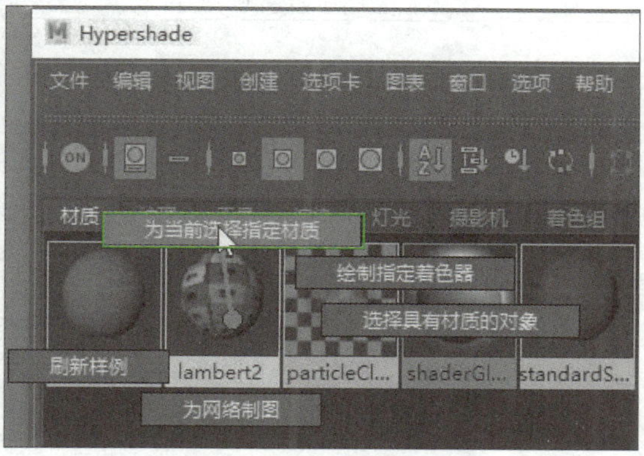

图 8-70

步骤03 选择视图区域，按数字键6，显示贴图效果。观察棋盘格贴图，在某些模型上会出现格子拉伸变形的情况，这说明赋予该模型任何贴图或2D节点都会发生拉伸变形，因此，要调整模型的UV，如图8-71所示。

图 8-71

3. 制作贴图

步骤01 选择酒桶模型，执行“UV”→“圆柱形”命令，在模型表面会出现圆柱形的UV控制器，可通过控制器四周的缩放颜色方块来调整贴图的比例，如图8-72所示。

步骤02 对于酒桶的上、下两个面，需要单独使用平面映射来重建它的UV，如图8-73所示。

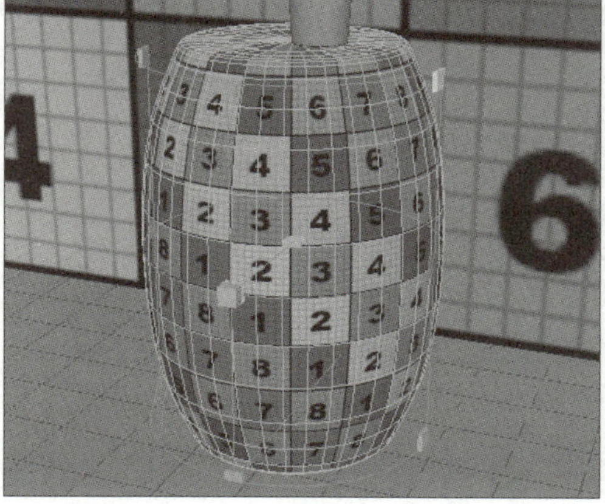

图 8-72

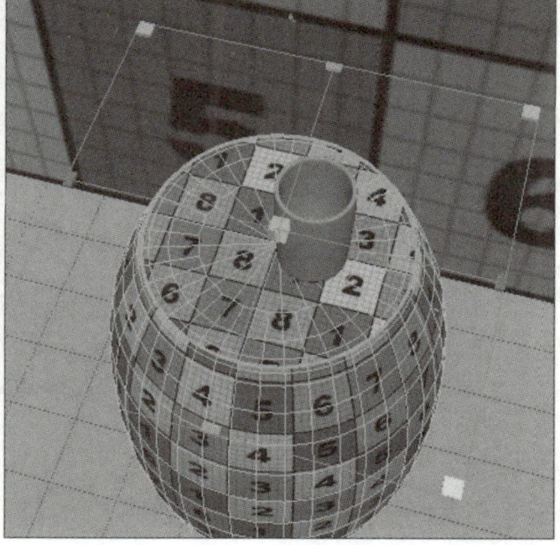

图 8-73

步骤 03 选中酒桶模型，执行“窗口”→“建模编辑器”→“UV编辑器”命令，在弹出的UV编辑器中可以看到酒桶的UV，如图8-74所示。

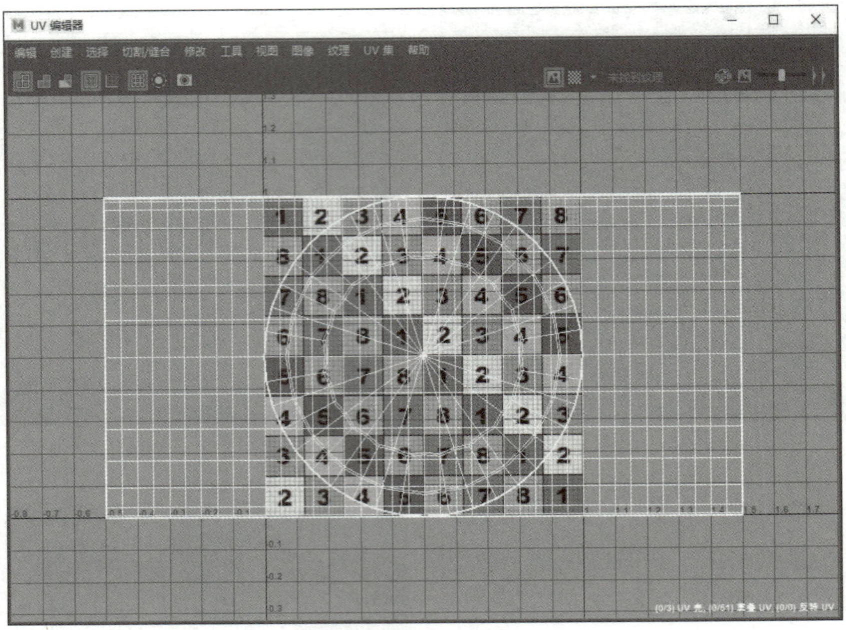

图 8-74

步骤 04 切换到UV壳编辑模式，使用移动工具对分配好的UV进行移动，按R键切换至缩放工具，调整UV的大小和位置，将酒桶的UV放置在0～1栅格象限范围内，然后取消显示纹理贴图，如图8-75所示。

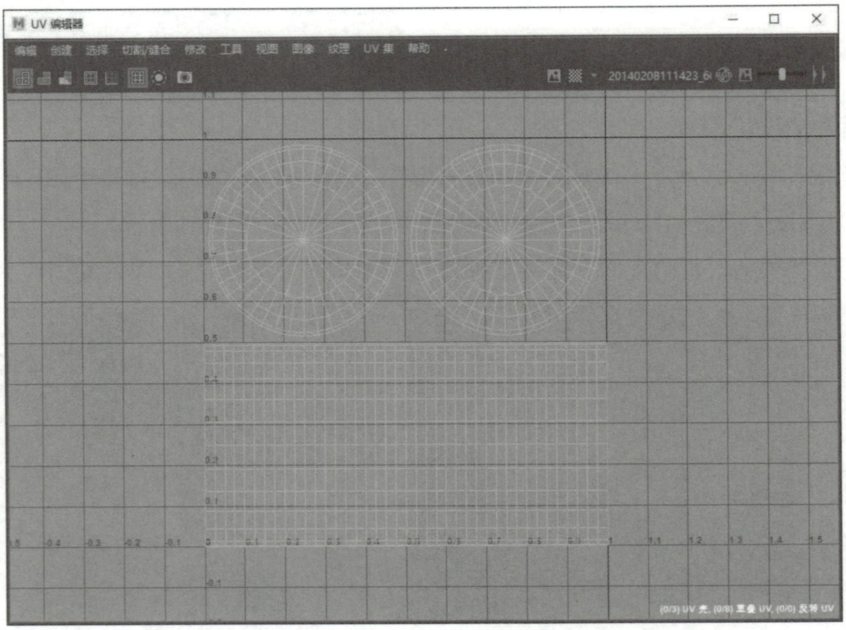

图 8-75

步骤 05 在UV编辑器中执行“图像”→“UV快照”命令，打开“UV快照选项”对话框，设置保存路径，调整“大小X/Y（像素）”为1024，“图像格式”为Targa，如图8-76所示。

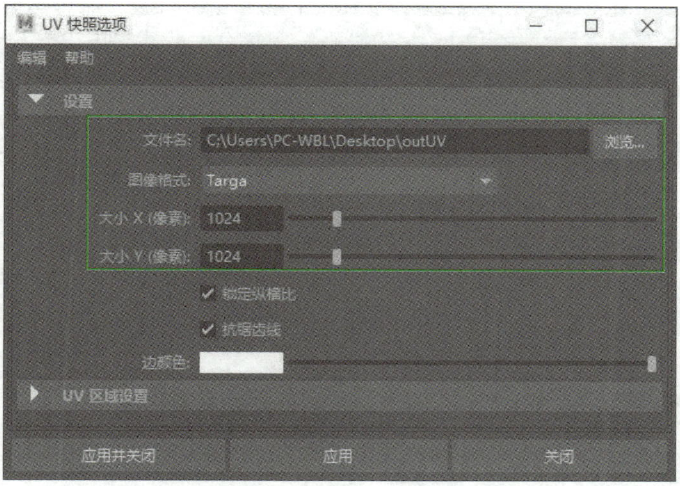

图 8-76

步骤 06 将UV快照图像导入Photoshop中，按照该图像制作木桶贴图，如图8-77、图8-78所示。

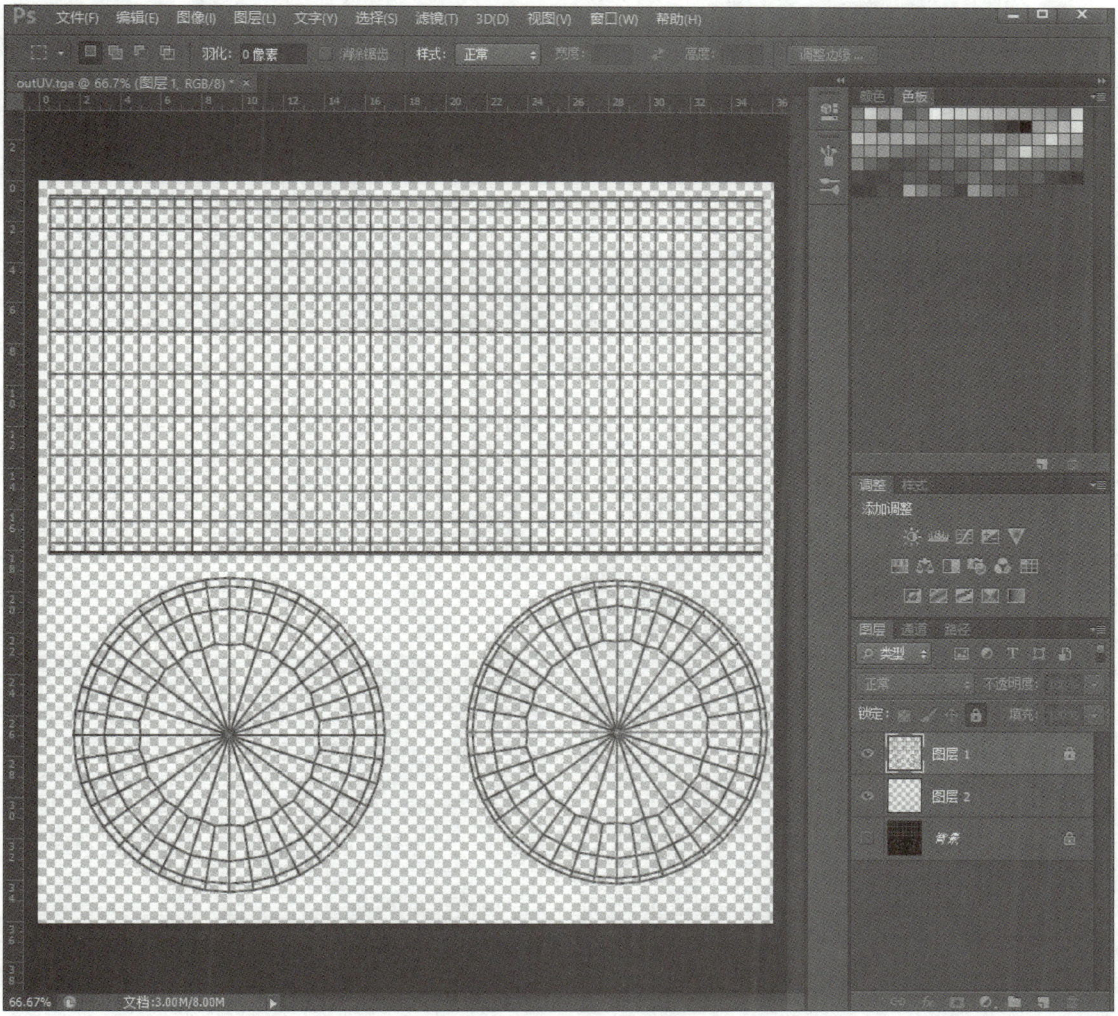

图 8-77

图 8-78

步骤07 创建lambert3材质球，重命名为“木桶”，打开“创建渲染节点”对话框，单击“颜色”右侧的贴图按钮，链接文件节点，单击文件节点“图像名称”右侧的文件夹按钮，找到“木桶”贴图，如图8-79所示，将制作完成的材质赋予木桶模型，如图8-80所示。

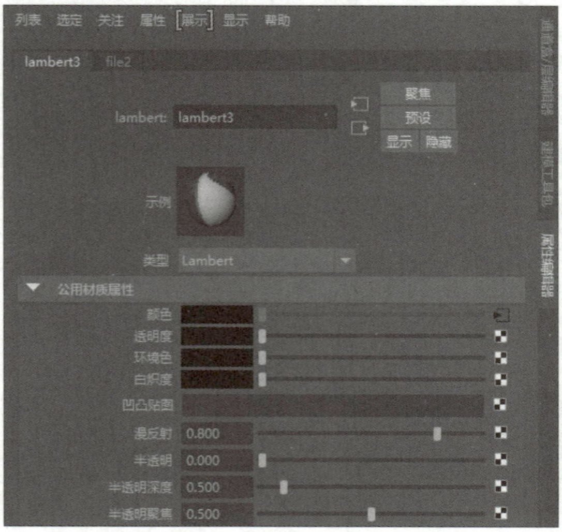

图 8-79

图 8-80

4. 制作玻璃杯材质

步骤 01 创建blinn1材质球，打开“创建渲染节点”对话框，在“公用材质属性”卷展栏中，设置“颜色”为黑色，“透明度”为白色，如图8-81所示。

步骤 02 在“镜面反射着色”卷展栏中，设置“偏心率”为0.13，“镜面反射衰减”为1，“镜面反射颜色”为白色，“反射率”为0.683，如图8-82所示。

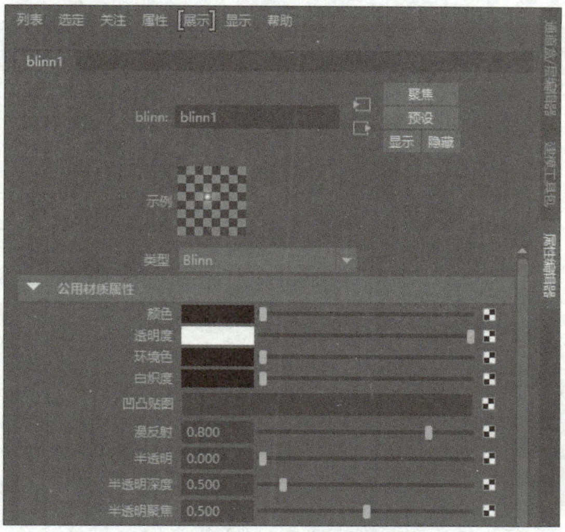

图 8-81

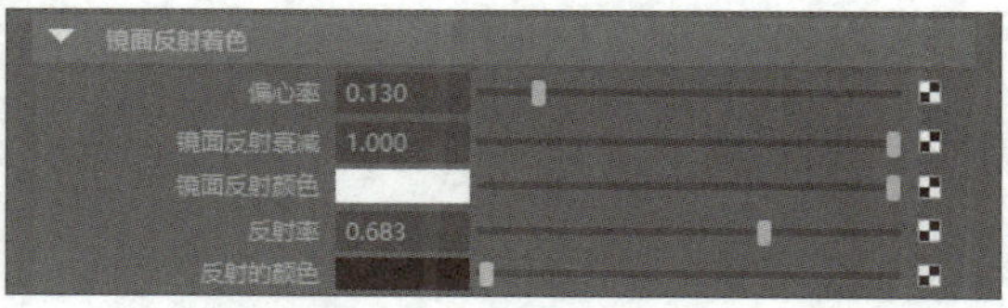

图 8-82

步骤 03 在“光线跟踪选项”卷展栏中，勾选“折射”复选框，设置“折射率”为1.333，“折射限制”为10，“反射限制”为3，如图8-83所示。

步骤 04 将完成属性调整的Blinn材质球重命名为“玻璃杯”，并赋予模型，此时模型呈透明状，在工作区内无法查看准确的材质效果，如图8-84所示。

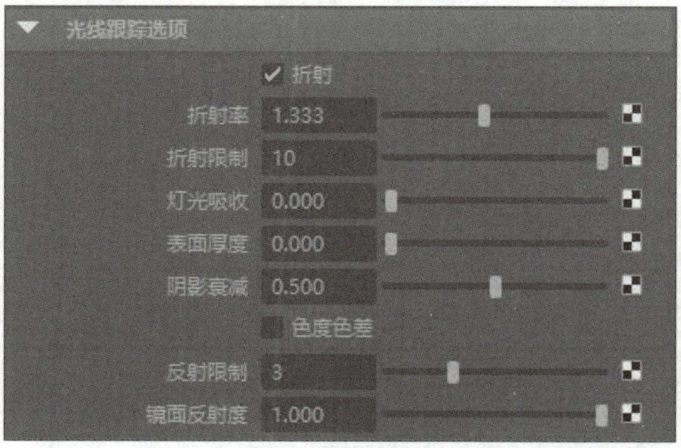

图 8-83

图 8-84

步骤 05 打开“渲染设置”对话框，切换至“Maya软件”选项卡，将“抗锯齿质量”卷展栏中的“质量”设置为“产品级质量”，并勾选“光线跟踪”复选框，如图8-85、图8-86所示。

图 8-85

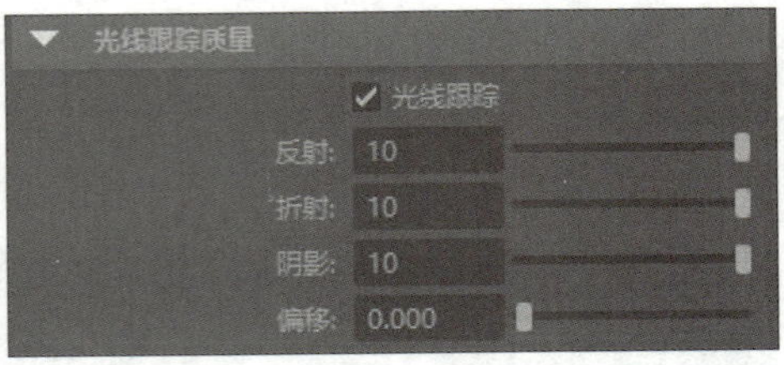

图 8-86

步骤06 单击“渲染当前帧”按钮，观察玻璃杯的渲染效果，如图8-87所示。

5. 制作背景墙面

步骤01 创建lambert材质球，打开“创建渲染节点”对话框，单击“颜色”右侧的贴图按钮，链接文件节点，单击文件节点“图像名称”右侧的文件夹按钮，链接砖墙贴图。

步骤02 将材质赋予墙面模型，如图8-88所示。

图 8-87

图 8-88

6. 渲染效果

步骤01 执行“创建”→“摄影机”→“摄影机”命令，在场景内创建一台摄影机，然后对摄影机的角度和位置进行调整。

步骤02 在视图中执行“沿选定对象观看”命令，进入摄影机视角，选择渲染角度，调整镜头，然后单击“渲染当前帧”按钮，最终效果如图8-89所示。

图 8-89

知识拓展 贴图

1. 漫反射贴图

漫反射贴图一般用于定义漫反射区域的颜色（纹理），也是最直观的贴图。它是纹理的主要表现方式，如图8-90所示。

2. 透明贴图

透明贴图主要是通过Alpha通道定义物体的透明部分。利用透明贴图，可以制作出很多镂空的效果。有了这些镂空的效果，就可以不再使用复杂的模型了。在制作场景时经常会使用透明贴图，如图8-91所示。

图 8-90

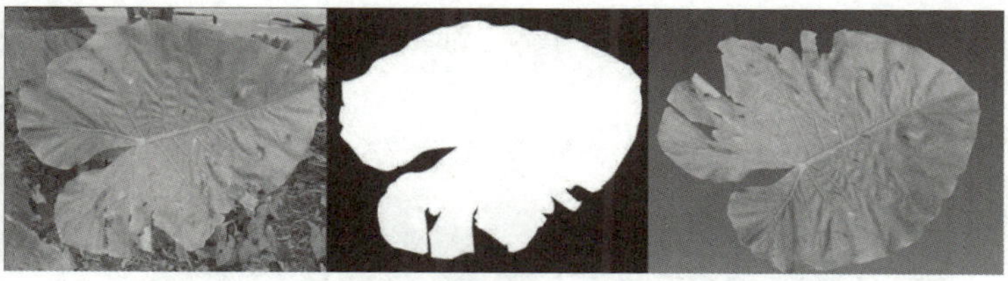

图8-91

3. 反射贴图

反射贴图一般用于定义反射区域的颜色，它与漫反射贴图十分相似。在虚拟世界中物体所处的环境是一种理想的绝对空间，因此，在渲染物体时物体表面的反射区域会被直接渲染成黑色，这就需要使用贴图定义反射区域，从而使物体的质感更真实。通常情况下会将物体所处的环境整体赋予这种贴图，由此也经常将反射贴图称为“环境贴图”。但是在一些特殊情况下，可以对位于同一场景中的不同物体赋予不同的反射贴图，以达到预期的效果，如图8-92所示。

4. 凹凸贴图

使用凹凸贴图可以通过改变物体表面法线的方向，使物体表面在渲染时产生凹凸感，这种变形并不是真实的变形，而是在物体表面法线方向的改变下受到影响的光感。凹凸贴图是在像素级别扰动物体表面法向量的一种光照技术，它一般采用纹理映射表示扰动的大小。在光照计算时考虑到扰动的法向量，不需要增加额外的几何信息，就可以增强被渲染物体的表面细节，如图8-93所示。

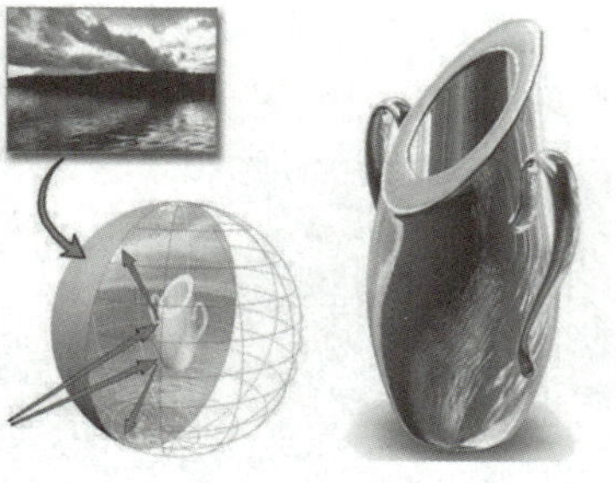

图 8-92

图 8-93

5. 位移贴图

位移贴图是一种改变物体表面的贴图。它通过一种被称为“微多边形镶嵌”

（Micropolygons Tessellate）的技术真正实现改变物体表面的细节。具体操作流程为：首先根据屏幕的分辨率，在模型的可见面上镶嵌与最终像素尺寸相同的微多边形；然后读取一张凹凸贴图，根据表面的灰度确定高度，并根据镶嵌所得到的多边形，沿原先的表面法线方向移动微多边形；再为新的多边形确定新的法线方向，此时物体表面已经增加了新的细节，如图8-94所示。

6. 法线贴图

法线贴图其实与凹凸贴图类似，它显示出来的颜色与它所起的作用并没有直接的联系。确切地说，法线贴图是凹凸贴图的一种实现方式。使用法线贴图可以增加细节，但是缺点也很明显，主要是指它的视角问题。因为法线贴图只是改变表面的光照结果，并没有改变表面的形状，如图8-95所示。只有在垂直于平面时，法线贴图才会发挥最好的作用，这使得法线贴图只能用在对遮挡关系不敏感的场合，例如场景等。法线贴图也可以用于人物，只是不太经得起特写，放大了、角度刁钻了都很容易穿帮。但是，法线贴图的优点是远远大于缺点的。

图8-94

图 8-95

7. AO贴图

AO贴图用于说明物体之间的关系。一般情况下，使用AO Shader定义这种物体之间的关系，大多时候使用的AO 贴图都是通过烘焙制作的，如图8-96所示。AO贴图的优势在于渲染时可以忽略对AO Shader的计算，因为AO Shader使用光线追踪的计算方式，这种计算方式在渲染时比较耗费时间，但是缺点也显而易见，就是会失去AO关系的动画。例如，当一个物体接近另一个物体时，AO区域不会有相应的变化，这在描写细节的镜头中是不被允许的。

8. 高光贴图

高光贴图定义的是光滑物体表面高光的区域与颜色。高光贴图可以是黑白的，也可以是带有一定颜色倾向的。如果高光贴图是黑白的，那么将只强调高光的区域与强度，黑色区域不产生高光，白色区域产生高光，灰色区域比白色区域产生高光的强度弱。在这个基础上可以引入颜色，这个颜色将影响物体表面高光区域的颜色，其原理与漫反射贴图类似，如图8-97所示。

图 8-96

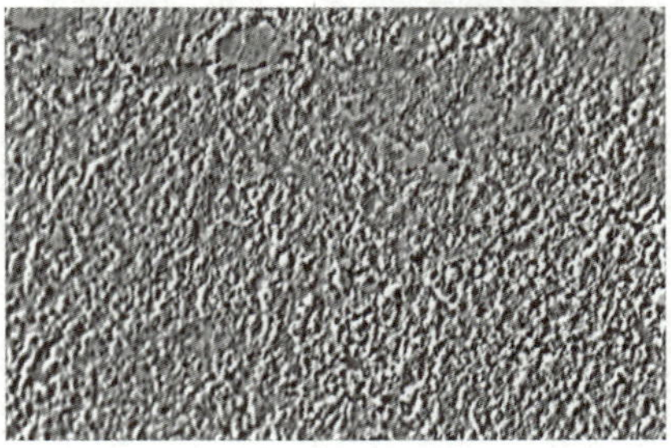

图 8-97

第9章

摄影机与渲染技术

内容导读

在日常生活中，摄影机无处不在。在Maya中，可以通过摄影机观察物体和场景，并可以获得需要的角度，还可以利用渲染器渲染出较为逼真的场景效果。本章介绍摄影机的创建、类型和参数设置，以及渲染器的基本参数和设置。

数字资源

【本章素材来源】："素材文件\第9章"目录下

【本章实战演练最终文件】："素材文件\第9章"目录下

9.1 摄影机知识

在Maya中每新建一个场景就会自动创建透视视图、顶视图、前视图和侧视图4个视角的摄影机，从而组成4个不同的视图，在大纲视图中可以看到这几台摄影机，如图9-1所示。可以根据个人需求创建摄影机，然后对其位置、角度、属性等进行修改。

Maya中的摄影机与现实中的类似，在没有启动动画和渲染功能之前，只是一个观察和定位的工具。

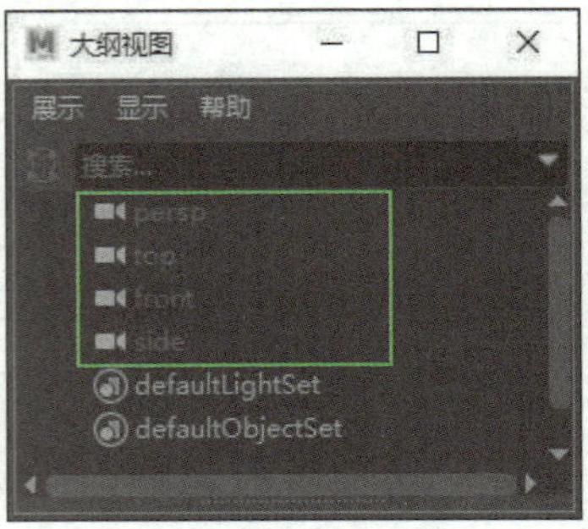

图 9-1

9.1.1 摄影机的创建

在Maya中创建摄影机有很多种方法，常用的方法是使用菜单命令直接创建或者选择特定视图在视图菜单内创建。

执行“创建”→“摄影机”→“摄影机”菜单命令，即可在场景内创建一台摄影机，如图9-2所示。

在“视图”菜单内执行“视图”→“从视图创建摄影机”命令，也可在场景内创建一台摄影机，如图9-3所示。

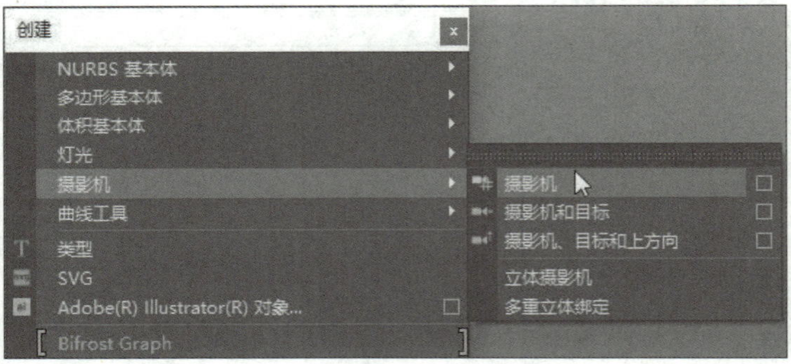

图 9-2

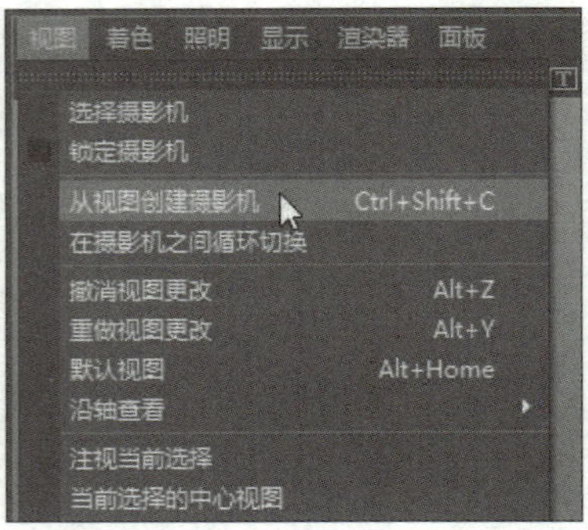

图 9-3

9.1.2 摄影机的类型

摄影机可以分为“摄影机”“摄影机和目标”“摄影机、目标和上方向”3种类型，下面逐一进行介绍。

1. 摄影机

该类型摄影机没有控制柄，常用于制作单帧渲染或简单的场景动画，一般被称为单节点摄影机，如图9-4所示。

2. 摄影机和目标

该类型摄影机有控制柄，常用于制作相对复杂一些的动画，如路径动画或注释动画，一般被称为双节点摄影机，如图9-5所示。

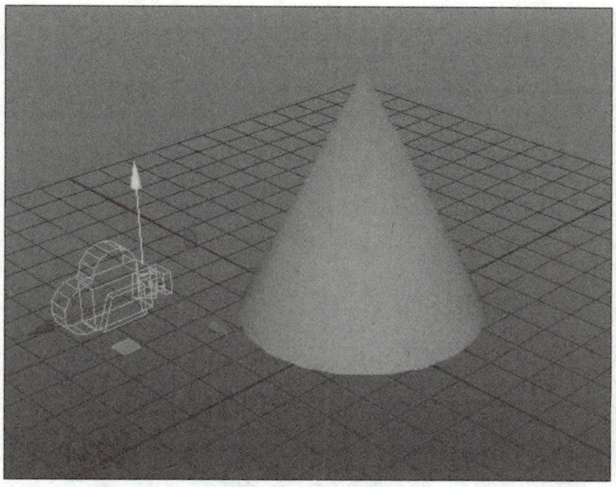

图 9-4

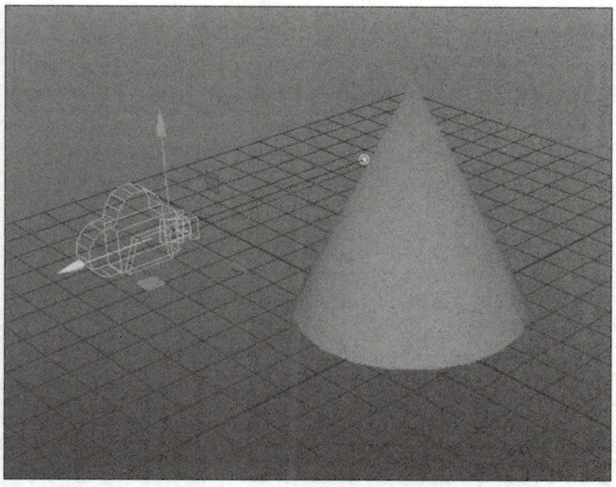

图 9-5

3. 摄影机、目标和上方向

该类型摄影机也是带控制柄的目标摄影机，但比目标摄影机具有更多元化的操作，使用控制柄可控制摄影机的旋转角度，常用于制作一些更复杂的动画，一般被称为多节点摄影机，如图9-6所示。

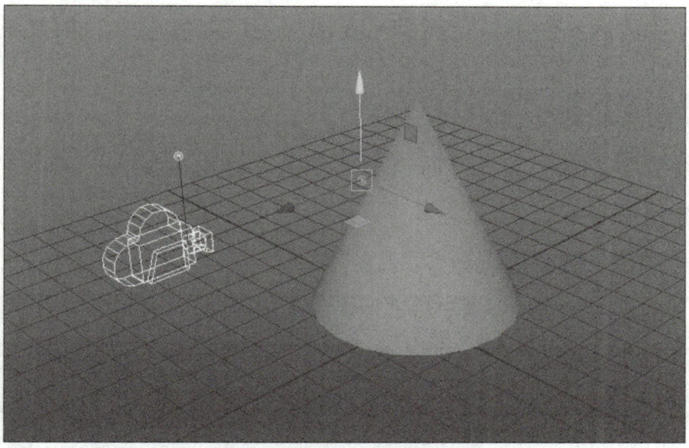

图 9-6

■9.1.3 摄影机的操作

在场景中创建了摄影机之后，可以使用变换工具对摄影机的位置和自身角度进行移动和旋转操作。对摄影机使用缩放工具只能使摄影机的图标大小发生变化，不对实际的摄影机参数产生影响。

选择摄影机，在视图中执行“面板”→“沿所选对象观看”命令，进入摄影机视角。可以使用与操作视图相同的方式更加直观地调整摄影机的镜头。方法如下：

- 使用Alt+鼠标左键旋转摄影机。
- 使用Alt+鼠标中键平移摄影机。
- 使用鼠标中键滚轮推/拉摄影机。

在进入摄影机视角后，可以执行“视图”→“摄影机设置”命令，在弹出的菜单中选择镜头的分辨率门、安全动作、安全标题等需要的辅助显示，如图9-7、图9-8所示。

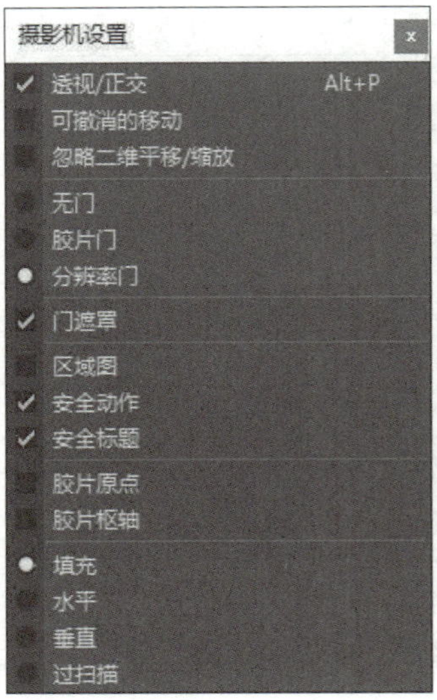

图 9-7

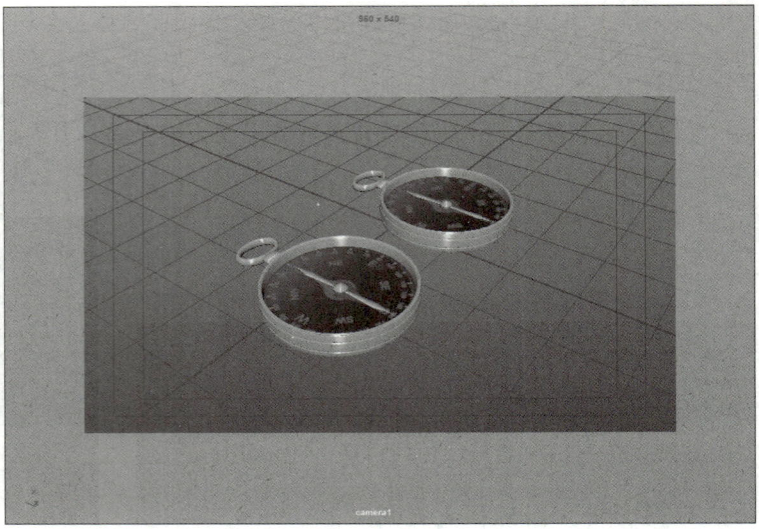

图 9-8

9.2 摄影机的参数设置

创建摄影机后，其默认属性不一定能满足要求，可以对摄影机的相关属性参数进行修改。

■9.2.1 摄影机属性

选择摄影机，按Ctrl+A组合键打开通道盒。其中，“摄影机属性”卷展栏主要用于设置摄影机的基本参数，如图9-9所示。

下面对该卷展栏中的主要参数进行介绍：

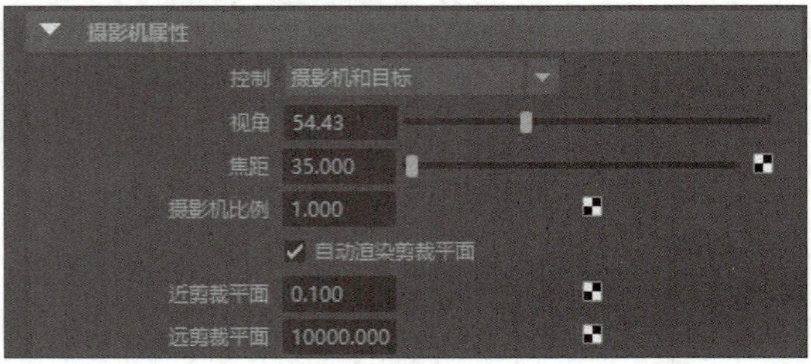

图 9-9

- **控制：** 单击下拉按钮，在弹出的下拉列表中可以选择3种不同类型的摄影机，而不用重新创建摄影机。
- **视角：** 用于设置摄影机的视野范围。视角的大小决定了视野范围的大小，也决定了物体在摄影机画面中的大小。数值越大，物体在摄影机画面中所占的比例就越小。
- **焦距：** 用于设置镜头中心到焦点的距离。数值越大，摄影机的焦距就越大，物体在摄影机画面中所占的比例也就越大。
- **摄影机比例：** 用于按比例设置摄影机视野的大小。数值越小，物体在摄影机画面中所占的比例就越大。
- **自动渲染剪裁平面：** 勾选该复选框后，系统会自动设置剪裁平面。
- **近剪裁平面/远剪裁平面：** 用于设置从摄影机到剪裁平面的距离。

■9.2.2 胶片背

“胶片背”卷展栏用于控制摄影机的“胶片门”“摄影机光圈”“胶片纵横比”“适配分辨率门”“胶片偏移”等胶片属性，如图9-10所示。

下面对该卷展栏中的主要参数进行介绍：

- **胶片门：**单击下拉按钮，在弹出的下拉列表中提供了许多预设的摄影机规格，可根据需要进行选择。
- **摄影机光圈：**用于控制摄影机光圈的高度和宽度。该属性影响“焦距”和“垂直视图”属性。
- **胶片纵横比：**用于控制摄影机光圈的高度和宽度比例。
- **适配分辨率门：**用于控制分辨率门相对于胶片门的大小。
- **胶片偏移：**用于以屏幕为标准来水平或垂直移动分辨率门或胶片门。默认数值为0。

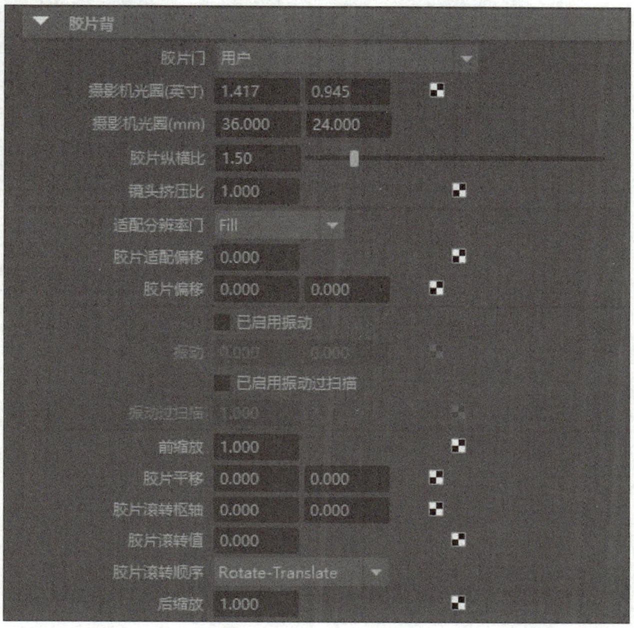

图 9-10

■9.2.3 景深

景深是一种着重表现目标物体的方法，聚焦位置是清晰的，焦点范围外则是模糊的。Maya中摄影机的默认属性是聚焦的，所有被拍摄到的画面都是清晰的。如果需要制作景深效果，可以选择激活景深功能，如图9-11所示。

下面对该卷展栏中的主要参数进行介绍：

- **景深：**勾选该复选框，可以激活景深功能。
- **聚焦距离：**用于控制景深最远点和最近点之间的距离。

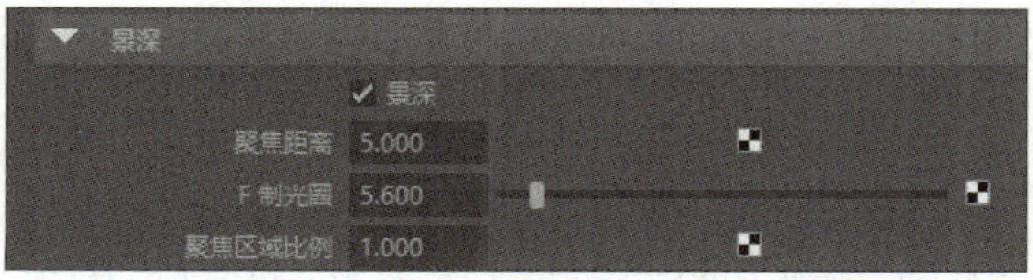

图 9-11

- **F制光圈：**用于控制景深范围的大小。数值越小，景深越短。
- **聚焦区域比例：**用于控制摄影机与物体之间的距离范围。当物体在距离范围内时会清晰可见，反之则模糊不清。

9.3 渲染知识

渲染，英文为Render，是指将三维场景中的模型和光影效果等输出成图像或者影像。在渲染开始之前会按作品要求对渲染参数进行设置，渲染开始后，计算机会自动对数据进行运算。

在Maya中有专门的“渲染”模块，切换至“渲染”模块，会出现相应的菜单。在工具架上也有预设的“渲染”标签，切换至“渲染”标签，可以看到许多与渲染相关的常用命令，如图9-12所示。

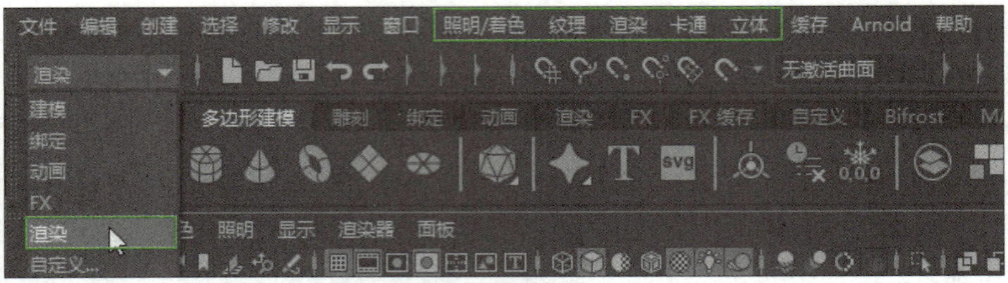

图 9-12

在状态行的右侧有一组与渲染相关的按钮，分别为“打开渲染视图”“渲染当前帧”“IPR渲染当前帧”“显示渲染设置”“显示Hypershade窗口”“启动渲染设定编辑器”。

Maya的基础渲染有两种方式，一种是软件渲染，另一种是硬件渲染。软件渲染是最常用的渲染方式，可以渲染出高质量的图像效果，但渲染速度较慢。硬件渲染是利用计算机的显卡进行实时计算的渲染方式，主要用来渲染一些特殊效果，如粒子特效等，它的渲染速度较快，但渲染质量低于软件渲染。

■9.3.1　渲染算法

在Maya中，无论是内置渲染器还是独立渲染器，归纳起来都可将渲染算法分为3种，分别是扫描线、光线跟踪、光能传递。针对不同的场景需要，可以选择不同的算法进行渲染。

1. 扫描线

扫描线是早期的渲染算法，也是目前发展最为成熟的算法，其原理是将场景中的物体直接投射到视平面上，通过观察物体的纵度来决定物体的效果。扫描线算法最大的优点是渲染速度很快，电影大部分都采用这种算法。

2. 光线跟踪

光线跟踪是一种模拟物体真实质感的高质量算法，可以扫描视平面上的所有像素，找出与视线相交的物体的表面点，以实现逼真的反射和折射效果。

3. 光能传递

光能传递主要用于模拟真实的全局光照明，可以使光线在物体之间产生漫反射效果，计算光线能够影响到的物体区域，直至能量耗尽。

■9.3.2　渲染器类型

三维软件的相关渲染器现在出现了很多种类，其中，Maya的可用渲染器包括Maya软件、Maya硬件、Maya向量、Mental Ray、Arnold 等。

1. Maya软件

“Maya软件”渲染器是Maya默认的常用渲染器，也是兼容Maya所有内置特效（Mental-Ray

材质除外）的稳定渲染器。利用“Maya软件”渲染器可以进行精确的光线追踪计算，模拟光滑表面的反射、折射和透明效果。

2. Maya硬件

利用“Maya硬件”渲染器可通过显卡渲染出接近软件渲染的图像质量，渲染速度比软件渲染要快得多，但是对显卡的要求很高。

3. Maya向量

“Maya向量”渲染器是在Maya中以插件的形式存在的程序，可以用来制作各种线框图和卡通效果，还可以直接将动画渲染输出成Flash格式。利用“Maya向量”渲染器的这一特性，可以为Flash动画添加一些复杂的三维效果。

4. Mental Ray

Mental Ray凭借良好的开放性和操控性被集成到Maya等三维软件中，是一款超强的高端渲染器，能够实现反射、折射、焦散和全局照明等其他渲染器很难实现的效果，被广泛应用于电影、动画、广告等领域。

5. Arnold

Arnold是Maya内置的高级渲染器，也是一款高级蒙特卡洛光线跟踪渲染器。要使用Arnold渲染器，整个场景中就需要尽量使用Arnold灯光、材质、节点、属性等设置。

9.4 “Maya软件”渲染器

“Maya软件”渲染器是Maya常用的渲染器，用于渲染除了硬件粒子以外的所有效果，可以根据需要设置抗锯齿级别来控制渲染的速度和品质。

■9.4.1 “公用”选项卡

“公用”选项卡中的属性是不同类型的渲染器所通用的，可以根据需要设置文件的保存格式和图像大小等。

执行“窗口”→“渲染编辑器”→“渲染设置”命令，或单击状态行中的“显示渲染设置”按钮，打开“渲染设置”对话框，首先看到的是通用渲染设置，如图9-13所示。

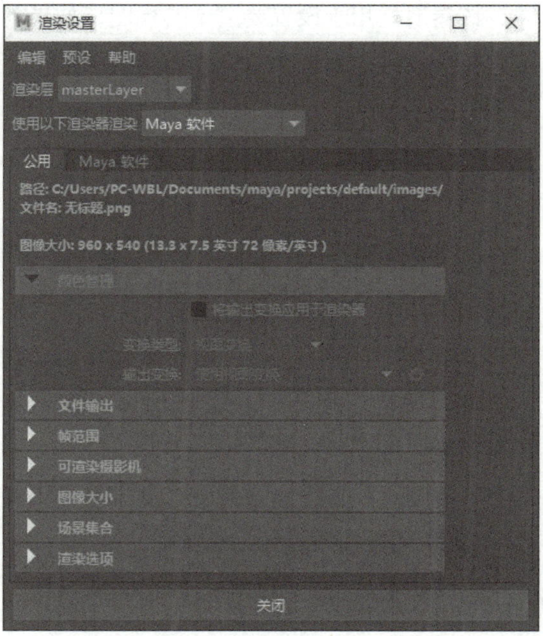

图 9-13

下面介绍几个常用的卷展栏。

1. 文件输出

该卷展栏主要用于设置文件输出的名称和保存格式，如图9-14所示。

- **文件名前缀：**用于设置输出文件的名称。
- **图像格式：**在其下拉列表中有多种图像格式可供选择。
- **帧/动画扩展名：**在其下拉列表中有多项可供选择。其中，“名称”由“文件名前缀”设置决定，#代表序列帧。选择“名称.扩展名”选项，即激活“帧范围”卷展栏中的参数。
- **帧填充：**用于设置图像序列的位数。

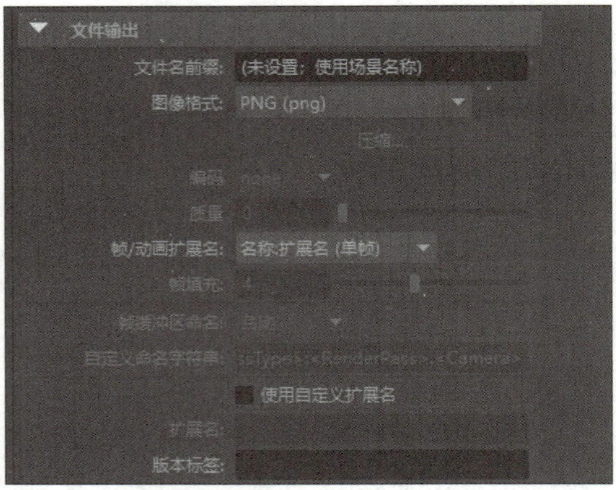

图 9-14

2. 帧范围

该卷展栏用于设置渲染动画的开始帧、结束帧和帧数，如图9-15所示。

- **开始帧：**用于设置渲染动画的起始位置。如果将其设置为20，那么渲染将从动画的第20帧开始。
- **结束帧：**用于设置渲染动画的结束位置。
- **帧数：**用于设置渲染时的帧间隔，即每隔几帧渲染一次。

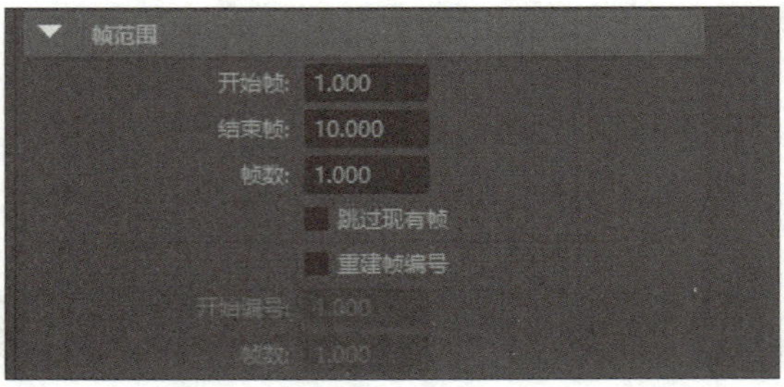

图 9-15

3.可渲染摄影机

该卷展栏用于设置要渲染的视图，如果不进行特殊设置，系统会渲染当前激活的视图，如图9-16所示。

- **Alpha通道（遮罩）：**如果勾选此复选框，渲染出的文件将带有Alpha通道的属性。
- **深度通道（Z深度）：**如果勾选此复选框，渲染出的文件将带有深度通道的属性。

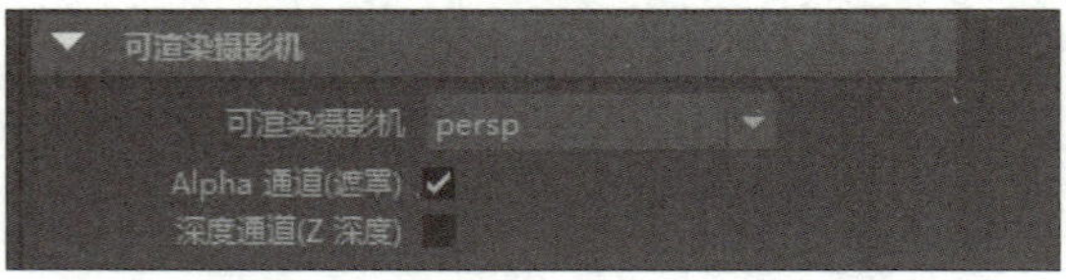

图 9-16

4. 图像大小

该卷展栏主要用于设置所输出的图像大小及精度，如图9-17所示。

- **预设：**在其下拉列表中提供了多种预置分辨率的形式。
- **保持宽度/高度比率：**勾选该复选框，

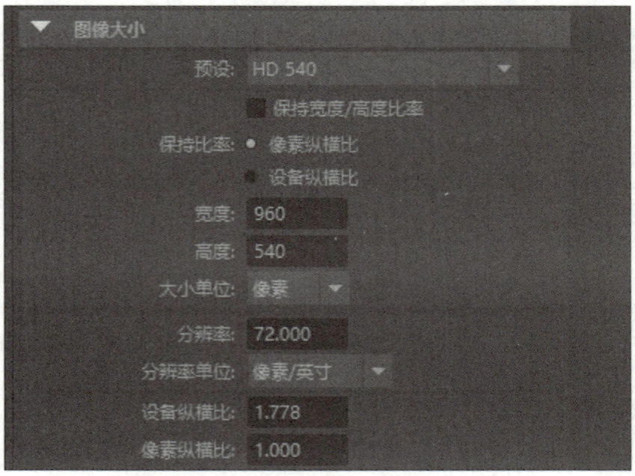

图 9-17

将锁定当前的宽高比。改变“宽度”或者“高度”中任意数值时，另一个数值也将随之改变。

- **保持比率：**包括“像素纵横比”和“设备纵横比”两个单选按钮，分别用于设置不同的图像纵横比。
- **宽度/高度：**用于设置像素的宽度和高度。
- **大小单位：**用于选择图像尺寸的单位，系统默认为“像素”。
- **分辨率：**即图像分辨率，默认分辨率为72。渲染出来的图像用于印刷时，该参数才会起作用。

■9.4.2 “Maya软件”选项卡

下面介绍“Maya软件”渲染器的设置界面，如图9-18所示。

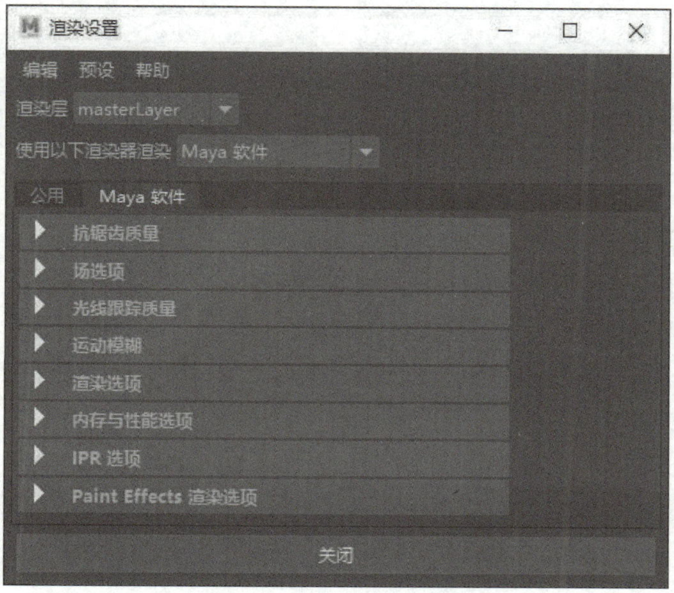

图 9-18

1. 抗锯齿质量

该卷展栏主要用于控制渲染的抗锯齿效果，如图9-19所示。

- **质量：**在其下拉列表中提供了一些预设的抗锯齿级别，可以根据需要进行选择。级别越高，图像的渲染效果越好，但渲染速度越慢。
- **边缘抗锯齿：**用于控制边缘的抗锯齿程度，在其下拉列表中有“低质量”“中等质量”“高质量”“最高质量”4种可选项。
- **采样数：**用于设置渲染结果的采样数值。数值越大，图像的渲染效果越好，渲染时间也越长。

2. 场选项

该卷展栏用于设置渲染图像的上、下场优先级，在其下拉列表中可选择相应的选项，如图9-20所示。

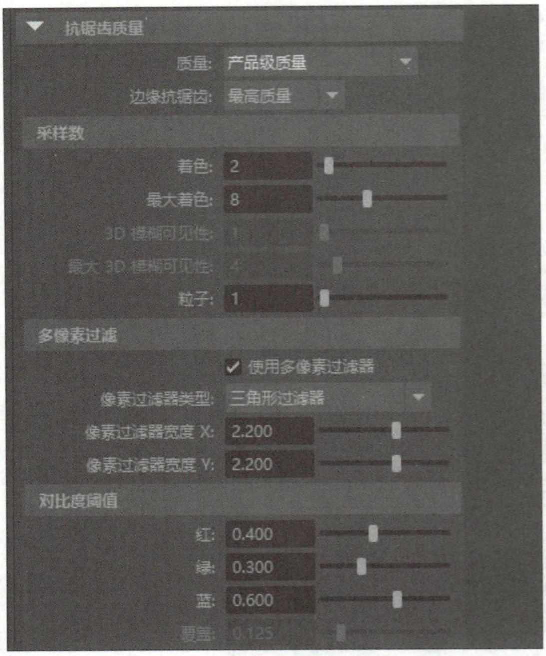

图 9-19

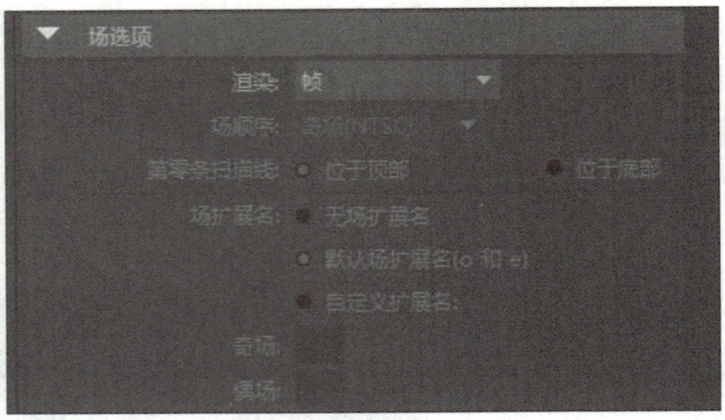

图 9-20

3. 光线跟踪质量

该卷展栏主要用于控制渲染场景时光线跟踪的质量，如图9-21所示。

- **光线跟踪：**勾选该复选框，激活光线跟踪功能，Maya在渲染时会进行光线跟踪运算。
- **反射：**用于设置光线被反射的最大次数，与每个材质自身的“反射限制”共同起作用，以较低数值为标准。
- **折射：**用于设置光线被折射的最大次数，数值一般不超过10。
- **阴影：**用于设置光线被反射或折射后仍能对物体投射阴影的最大次数。数值为0时，阴影消失。

4. 运动模糊

该卷展栏可用于设置场景中的模糊效果，在静态场景的渲染中极少使用，如图9-22所示。

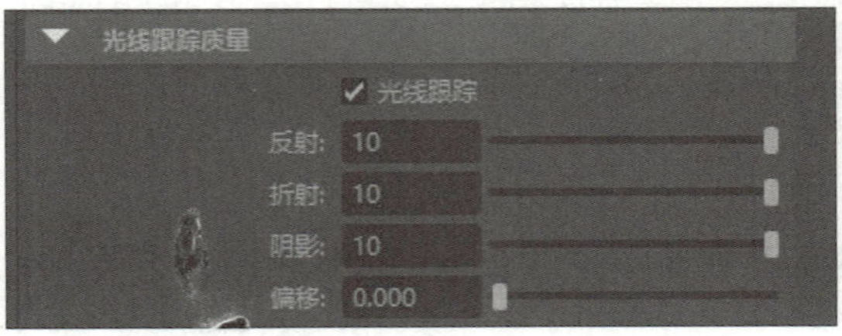

图 9-21

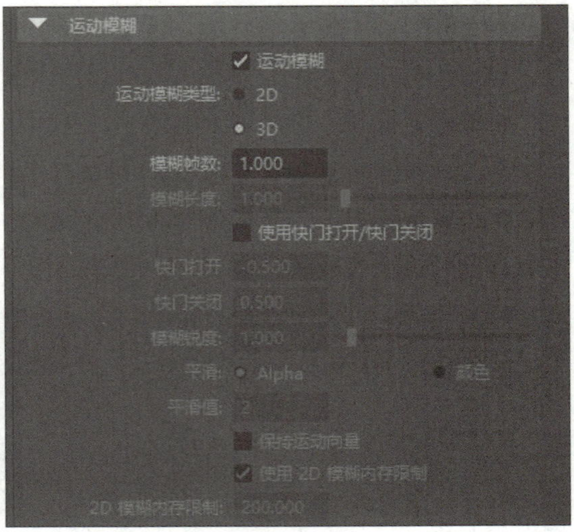

图 9-22

实战演练 渲染箱子小场景

本例为小场景创建摄影机并将其调整到合适的角度。在操作过程中，可以学习运用摄影机以不同的角度表现场景，如何设置渲染选项，从而得到场景渲染效果。

扫码观看视频

步骤 01 执行“文件”→“打开场景”命令，打开场景文件“渲染箱子小场景-初始.mb”，这是一个堆放着箱子的小场景，如图9-23所示。

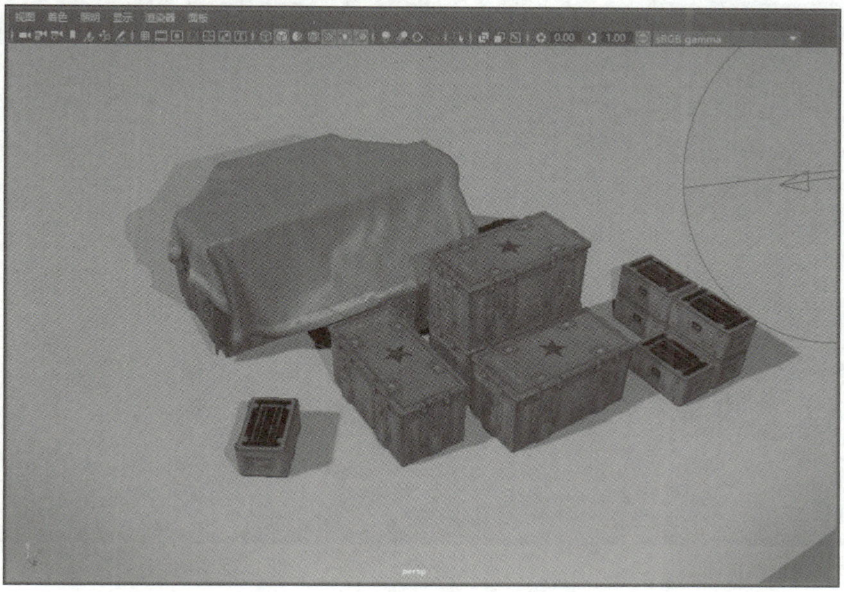

图 9-23

步骤 02 在本案例中需要为场景创建一盏摄影机，并进行渲染设置，执行“创建”→“摄影机”→“摄影机和目标”命令，创建一盏带目标点的摄影机，单击视图布局工具切换到四视图，如图9-24所示。

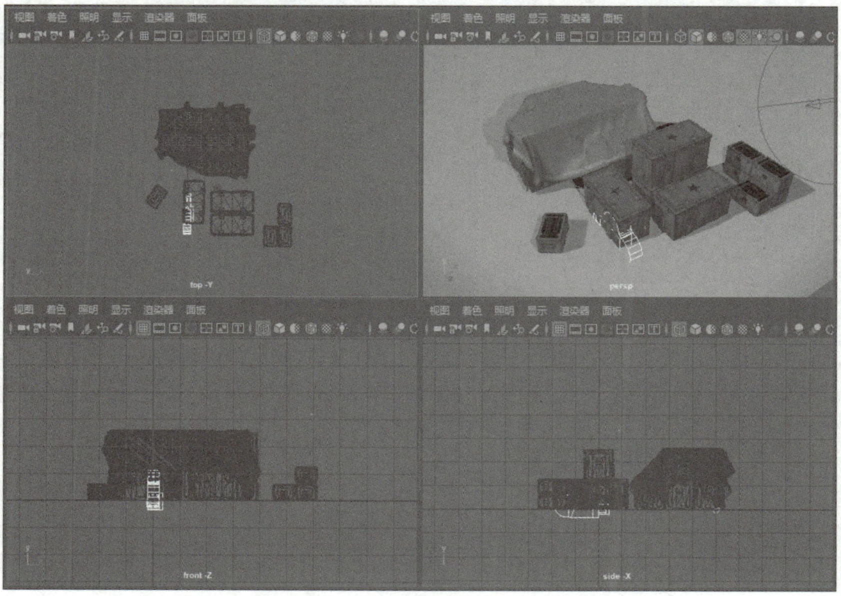

图 9-24

步骤03 在透视视图中执行“面板”→“透视”→“Camera”命令，切换到摄影机视图，并激活“胶片门”，如图9-25所示。

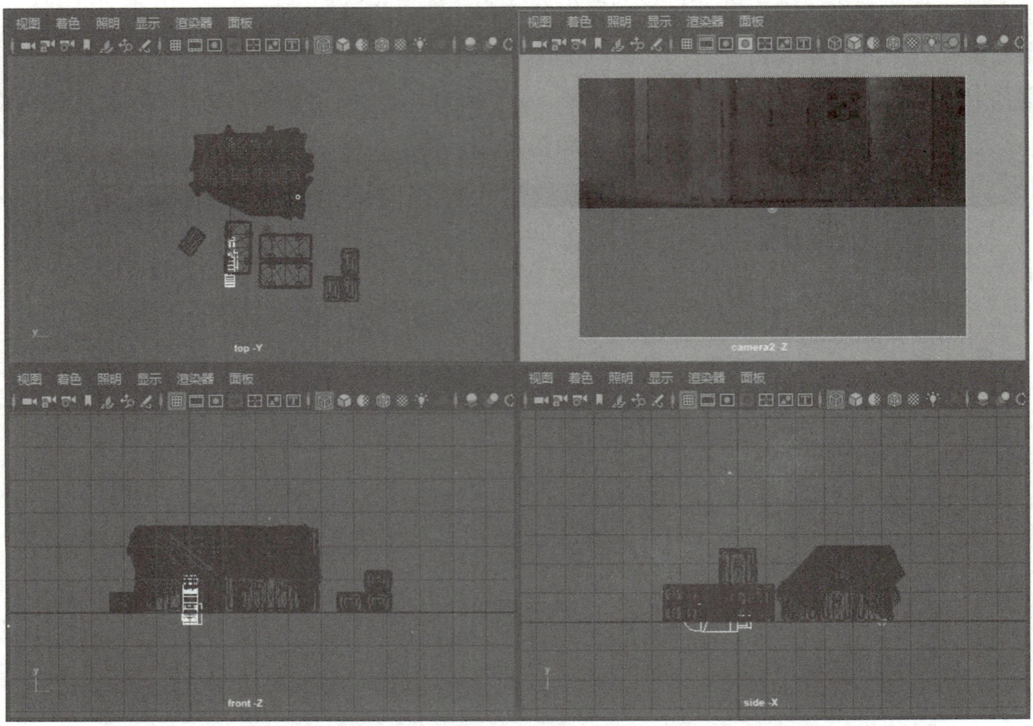

图 9-25

步骤04 在视图中调整摄影机及目标点的位置和角度，如图9-26所示。

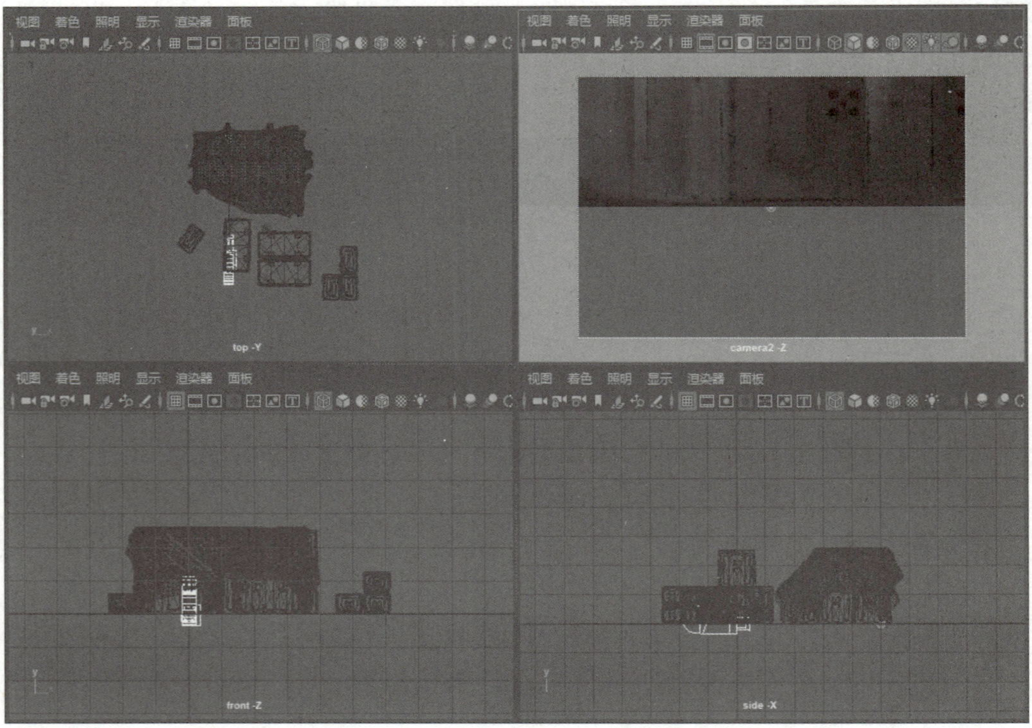

图 9-26

步骤05 在状态行中单击“显示渲染设置”按钮，打开“渲染设置”对话框，在“公用”选项卡中设置“文件输出”卷展栏中的“图像格式”为JPEG（jpg），如图9-27所示。

步骤06 选择可渲染摄影机，如图9-28所示。

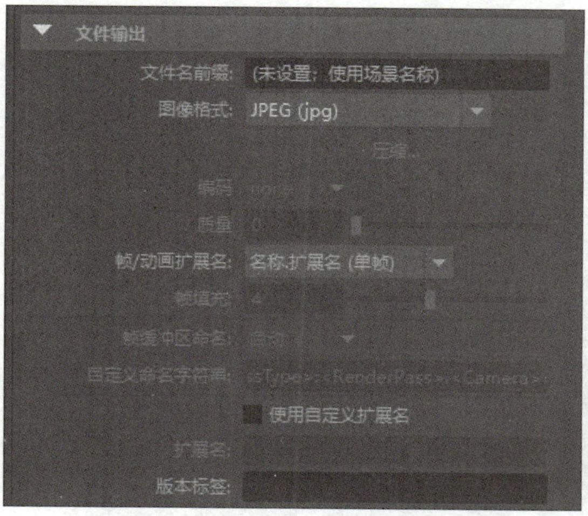

图 9-27

图 9-28

步骤07 设置“图像大小”卷展栏中的“预设”为“HD 1080”，如图9-29所示。

步骤08 切换到“Maya软件”选项卡，设置“抗锯齿质量”卷展栏中的“采样数”，选择“像素过滤器类型”并设置“像素过滤器宽度 X”，如图9-30所示。

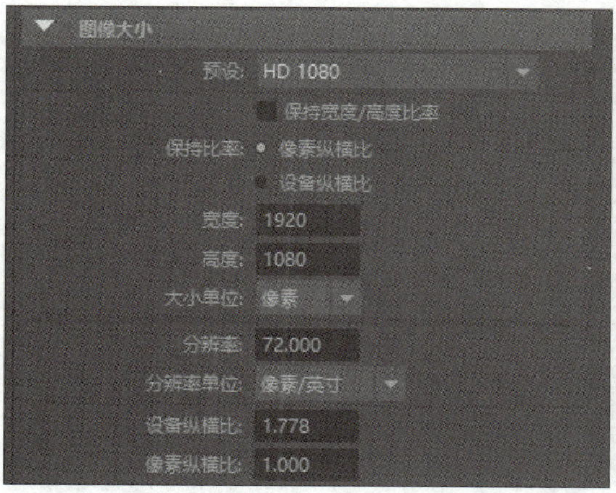

图 9-29

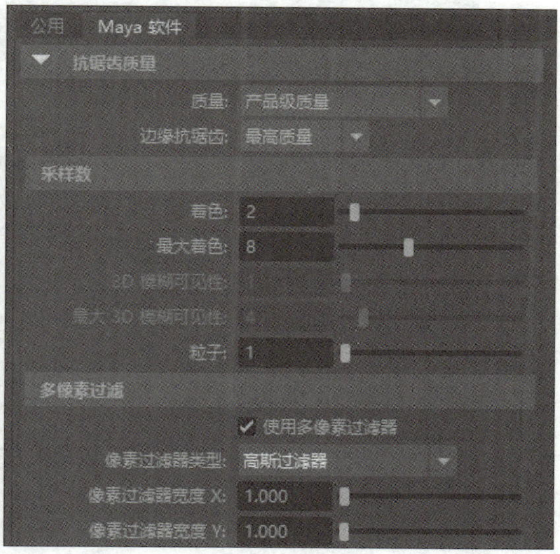

图 9-30

你学会了吗?

步骤09 在状态行中单击“渲染当前帧”按钮，渲染摄影机视图，渲染完毕在“渲染视图”窗口中执行“文件”→“保存图像”命令，打开“保存图像”对话框，指定保存路径并输入文件名，如图9-31所示，单击“保存”按钮，渲染效果如图9-32所示。

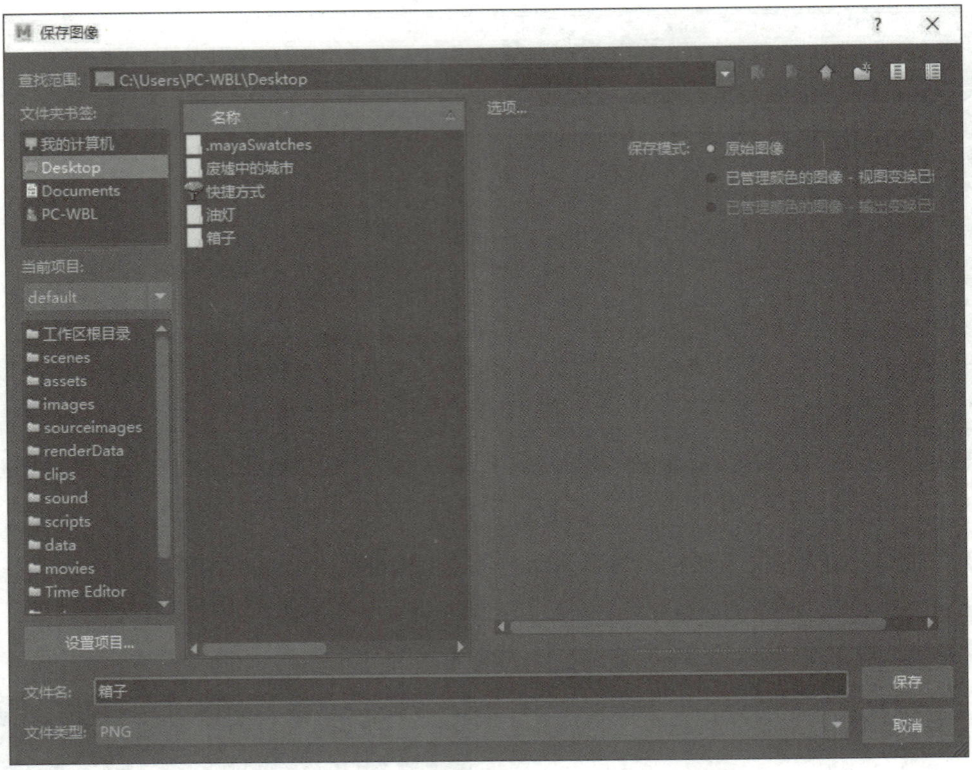

图 9-31

图 9-32

知识拓展 修正渲染图像的细节

如图9-33所示是一个场景的渲染图，图中是颜色通道、AO通道和高光通道的合成效果。看上去还可以，但是场景贴图在三维渲染时绘制得不细致，在场景内墙壁等处的贴图缺少一些必要的细节。由于在三维软件中墙壁的模型和地面的模型是两个分开的模型，贴图不是一张而是多张，会让人感到墙壁和地面是分离的两个平面，而不是一个整体。这个问题在三维软件中的修正比较复杂，需要将模型合并，然后再手绘接缝处的细节，可以在Photoshop中解决这些问题。

图 9-33

本例需要解决的主要问题如下：

- 暗部的地方产生死黑效果。
- 水管贴图的拉伸比较明显。
- 墙壁部分贴图的重复比较明显。
- 地面部分的贴图太干净，与当前场景不符。
- 虽然AO通道强调和修正了墙壁和地面的结合部分，但是墙壁和地面的结合处应该有污渍，在渲染的场景中这个效果是缺失的。

首先修正暗部死黑的问题，效果如图9-34所示，然后修正贴图重复平铺的问题，效果如图9-35所示。

图 9-34

图 9-35

为地面添加一些污渍贴图（如图9-36所示），效果如图9-37所示。

图9-36

由于选用的污渍贴图是黑白图，需要为图片染色以配合场景内的颜色，在此校正为地面的颜色，效果如图9-38所示。

为屋顶和另一面墙壁添加污渍效果和其他纹理细节，效果如图9-39所示。

图9-37

图9-38

图9-39

如图9-40和图9-41所示分别为修正前和修正后的效果。虽然两张图的AO通道、高光通道和颜色通道都是相同的，但是经过处理的效果显然更加真实。

图 9-40

图 9-41